国家重点档案专项资金资助项目

抗日战争档案汇编

上海市档案馆藏「一·二八」事变档案汇编

1

上海市档案馆 编

上海传播出版社

图书在版编目（CIP）数据

上海市档案馆藏“一·二八”事变档案汇编 / 上海市档案馆编 . -- 北京 : 五洲传播出版社 , 2024. 10.
（抗日战争档案汇编） -- ISBN 978-7-5085-5269-9

Ⅰ . K264.310.6

中国国家版本馆 CIP 数据核字第 20244K07G5 号

上海市档案馆藏“一·二八”事变档案汇编

编　　者：上海市档案馆
出 版 人：关　宏
责任编辑：苏　谦
装帧设计：北京禾风雅艺文化发展有限公司
出版发行：五洲传播出版社
地　　址：北京市海淀区北三环中路31号生产力大楼B座6层
邮　　编：100088
电　　话：010-82005927，82007837
网　　址：www.cicc.org.cn, www.thatsbooks.com
印　　刷：天津艺嘉印刷科技有限公司
版　　次：2024年11月第1版第1次印刷
开　　本：210mm×285mm，1/16
印　　张：66.5
定　　价：1080.00元（全两册）

抗日战争档案汇编编纂出版工作组织机构

编纂出版工作领导小组

组　长　陆国强

副组长　王绍忠　付　华　魏洪涛　刘鲤生

编纂委员会

主　任　陆国强

副主任　王绍忠

顾　问　杨冬权　李明华

成　员（按姓氏笔画为序排列）

于学蕴　于晓南　于晶霞　马忠魁　马俊凡　马振犊

王　放　王文铸　王建军　卢琼华　田洪文　田富祥

史晨鸣　代年云　白明标　白晓军　吉洪武　刘　钊

刘玉峰　刘灿河　刘忠平　刘新华　汤俊峰　孙　敏

苏东亮　杜　梅　李宁波　李宗春　吴卫东　何素君

张　军　张明决　陈念芜　陈艳霞　卓兆水　岳文莉

郑惠姿　赵有宁　查全洁　施亚雄　祝　云　徐春阳

郭树峰　唐仁勇　唐润明　黄凤平　黄远良　黄菊艳

梅　佳　龚建海　常建宏　韩　林　程潜龙　焦东华

童　鹿　蔡纪万　谭荣鹏　黎富文

编纂出版工作领导小组办公室

主　任　常建宏

副主任　孙秋浦　石　勇

成　员（按姓氏笔画为序排列）

李　宁　沈　岚　贾　坤

上海市抗日战争档案汇编编委会

总序

为深入贯彻落实习近平总书记「让历史说话，用史实发言，深入开展中国人民抗日战争研究」的重要指示精神，国家档案局根据《全国档案事业发展「十三五」规划纲要》和《「十三五」时期国家重点档案保护与开发工作总体规划》的有关安排，决定全面系统地整理全国各级综合档案馆馆藏抗战档案，编纂出版《抗日战争档案汇编》（以下简称《汇编》）。

中国人民抗日战争是近代以来中国反抗外敌入侵第一次取得完全胜利的民族解放战争，开辟了中华民族伟大复兴的光明前景。这一伟大胜利，也是中国人民为世界反法西斯战争胜利、维护世界和平作出的重大贡献。加强中国人民抗日战争研究，具有重要的历史意义和现实意义。

全国各级档案馆保存的抗战档案，数量众多，内容丰富，全面记录了中国人民抗日战争的艰辛历程，是研究抗战历史的珍贵史料。一直以来，全国各级档案馆十分重视抗战档案的开发利用，陆续出版公布了一大批抗战档案，对揭露日本帝国主义侵华罪行，讴歌中华儿女勠力同心、不屈不挠抗击侵略的伟大壮举，弘扬伟大的抗战精神，引导正确的历史认知，发挥了积极作用。特别是国家档案局组织有关方面共同努力和积极推动，「南京大屠杀档案」被联合国教科文组织评选为「世界记忆遗产」，列入《世界记忆名录》，捍卫了历史真相，在国际上产生了广泛而深远的影响。

全国各级档案馆馆藏抗战档案开发利用工作虽然取得了一定的成果，但是，在档案信息资源开发的系统性和深入性方面仍显不足。正如习近平总书记所指出的：「同中国人民抗日战争的历史地位和历史意义相比，同这场战争对中华民族和世界的影响相比，我们的抗战研究还远远不够，要继续进行深入系统的研究。」「抗战研究要深入，就要更多通过档案、资料、事实、当事人证词等各种人证、物证来说话。要加强资料收集和整理这一基础性工作，全面整理我国各地抗战档案、照片、资料、实物等……」

国家档案局组织编纂《汇编》，对全国各级档案馆馆藏抗战档案进行深入系统地开发，是档案部门贯彻落实习近平总书记重要指示精神，推动深入开展中国人民抗日战争研究的一项重要举措。本书的编纂力图准确把握中国人民抗日战争的历史进程、主流和本质，用详实的档案全面反映一九三一年九一八事变后十四年抗战的全过程，反映中国共产党在抗日战争中的中流砥柱作用以及中国人民抗日战争在世界反法西斯战争中的重要地位，反映国共两党「兄弟阋于墙，外御其侮」进行合作抗战、共同捍卫民族尊严的历史，反映各民族、各阶层及海外华侨共同参与抗战的壮举，展现中国人民抗日战争的伟大意义，以历史档案揭露日本侵华暴行，揭示日本军国主义反人类、反和平的实质。

编纂《汇编》是一项浩繁而艰巨的系统工程。为保证这项工作的有序推进，国家档案局制订了总体规划和详细的实施方案，明确了指导思想、工作步骤和编纂要求。为保证编纂成果的科学性、准确性和严肃性，国家档案局组织专家对选题进行全面论证，对编纂成果进行严格审核。

各级档案馆高度重视并积极参与到《汇编》工作之中，通过全面清理馆藏抗战档案，将政治、军事、外交、经济、文化、宣传、教育等多个领域涉及抗战的内容列入选材范围。入选档案包括公文、电报、传单、文告、日记、照片、图表等多种类型。在编纂过程中，坚持实事求是的原则和科学严谨的态度，对所收录的每一件档案都仔细鉴定、甄别与考证，维护档案文献的真实性，彰显档案文献的权威性。同时，以《汇编》编纂工作为契机，以项目谋发展，用实干育人才，带动国家重点档案保护与开发，夯实档案馆基础业务，提高档案人员的业务水平，促进档案馆各项事业的发展。

守护历史，传承文明，是档案部门的重要责任。我们相信，编纂出版《汇编》，对于记录抗战历史，弘扬抗战精神，发挥档案留史存鉴、资政育人的作用，更好地服务于新时代中国特色社会主义文化建设，都具有极其重要的意义。

抗日战争档案汇编编纂委员会

编辑说明

「九一八」事变后，日本占领中国东北三省，试图建立伪满洲国。为转移国际视线，侵华日军又寻衅在上海挑起「一·二八」事变。一九三二年一月二十八日午夜，日军以所谓「日僧事件」为借口，向上海闸北中国驻军发起猛烈进攻。

国民革命军第十九路军和第五军将士奋起抵抗，在上海民众的支援下浴血奋战，给予日军沉重打击。但是，由于南京国民政府对日妥协，加之日本还未做好全面侵华准备，在达到掩护建立伪满洲国目的的情况下，日本同意停战。一九三二年五月五日，双方签订《淞沪停战协定》。

「一·二八」淞沪抗战是中国十四年抗战的重要组成部分，也是十四年抗战的重要起点之一。淞沪抗战遏止了日军的嚣张气焰，为全面抗战争取了宝贵的备战时间。这场战争也给上海人民带来了沉重的灾难，使上海人民遭受惨重的人身和财产损失。

上海市档案馆拥有丰富的馆藏档案资料，其中有大量抗日战争时期日本侵略上海的档案史料。本书择取馆藏「一·二八」淞沪抗战的相关档案史料编辑而成，选用档案起自一九三二年一月，迄至一九三二年十一月。全书共二册，按照「主题—时间」体例编排，分为事变前后政治军事时局与金融动态情报、事变后市面及公用事业情形、停战会议情形、战区善后委员会工作开展情形、战事损失调查、上海东方图书馆被毁涵芬楼善本书清册等六个部分，分别按时间排序。选用档案均为本馆馆藏原件全文影印，未作删节，如有缺页，为档案自身不全。

本书使用规范的简化字。档案原标题完整或基本符合要求的使用原标题；原标题有明显缺陷的进行了修改或重拟；无标题的加拟标题。标题中人名使用通用名，机构名称使用全称或规范简称，历史地名沿用当时名称，人物姓名、历史地名、机构名称中出现的繁体字、错别字、不规范异体字、异形字等予以径改。档案所载时间不完整或不准确的，作了补充或订正；只有年份的，排在该年末；只有年份、月份而没有具体日期的，排在该月末。限于篇幅，本书不作注释。

由于时间紧，档案公布量大，编者水平有限，在编辑过程中可能存在疏漏之处，欢迎斧正。

编　者

二〇二一年七月

目录

第一册

一、「一·二八」事变后市面情形及公用事业报告

二、停战会议报告

三、战区善后委员会相关文书

四、战事损失调查表及报告

第二册

五、聚兴诚银行关于「一·二八」淞沪抗战前后政治军事时局与金融动态情报

六、「一·二八」淞沪抗战上海东方图书馆被毁涵芬楼善本书清册

一、「一·二八」事变后市面情形及公用事业报告

SC001

各路燈管理處狀況一覽

名稱	留處職員	留處夜	工作情形	附註
滬南	二人	九人	修燈照常 查燈暫停	每日由電話通信無阻
滬北	無人	無人	二月二日起完全停頓	二月一日有軍隊中人沿途高呼閘北市民迅速離境又貼布告准出禁入是以完全退出現在江灣二員每日到局聽候另派工作
浦東	二人	六人	修燈照常 查燈暫停	管理員孫振英於二月一日曾來局一行
吳淞	無人	三人	修燈照常 查燈暫停	管理員蔣鳳陽於一月廿八日來滬領工資後乘火車返淞因蘊藻浜橋不通停車留滬屢次設法前往未果今日又偕安雲五君乘修灯車由中山路淞太路到行前往未知能否通行
江灣	一人	四人	修燈照常 查燈暫停	管理員李殿春於昨日曾來局一行

二月三日 孫開祉

上海沪南船务处关于报告异动文件储藏及日本浪人暴动未逞致上海市公用局的呈（一九三二年二月六日）

第四科 報告書 第二〇八號

事由	地點	日期時刻
異動文件儲藏并附報日浪人暴動未逞由	董家渡碼頭	二月四日下午十時至　月　日　午　時

事實

為報告事本處瀕臨浦江又居于董家渡上南輪渡及擺渡碼頭之間水陸方面均易注目自上月廿八日日兵犯境後我軍警已在本處四周布置防禦工作現日機每向南市拋彈職等恐為波及當將經手簿冊各分為保存鋼印箱叁只送宿舍收藏外所有已經登記之片未換及保留船照裝入兩小櫥送存南會館滬南車務處比較上似覺穩妥其餘次要文件及用具因無處可存故仍舊未動本處警士所佩盒子槍前已由局調回壹支子彈拾粒理合將異動情形備具報告伏乞鑒核并咨第一科庶務股以備查考再者昨夜八時許浦江方面忽來小汽艇一艘拖帶划船兩艘向本處碼頭登岸幸為軍警察覺先詢口令未答該汽艇已開槍來攻我軍警即正當防衛暴徒始未得逞仍向日艦方面逃去祇財局船捐處有流彈槍眼本處毫無傷害合併報陳此上

譚科長

船務股主任宋　呈

考語

附件

滬南船務處科員王汝闓
報告者簽名蓋章
二十一年二月六日

科長按語
呈閱
譚伯英
廿一年二月八日

局長批示
閱
萬候
廿一年二月十日

上海沪北车务处关于报告「一·二八」事变后闸北一带恐怖状况及本处处务情况致上海市公用局的呈（一九三二年二月七日）

B

纸二 2000 20.7.29

上海市公用局 第 页

敬呈者竊閘北於一月二十八日午夜發生戰事後二十九日晨日飛機隨處
擲彈鎗礮聲依然不絕閘北一帶頓陷於恐怖狀態之下華租兩界交
通亦斷絕是日財政局滬北稽征處等職員大都寓居租界迄未能蒞處
辦事職等以寓居華界得按時到處惟人心惶惶逃難者如喪家之犬下午
二時北火車站被炸頓時起火人心更形不安計自一月二十九日起至本月一日車
務處業務方面已完全停頓惟按日尚能冒險到處二日下午閘北居民因奉
十九軍司令部通告限於是日下午十二時以前一律遷出故是晚更形恐惶逃
避者尤衆職與葉凱亦於是晚隻身出避囑公役全大暫時留守三日
晨九時偕葉君於老垃圾橋北岸雇渡船赴閘北擬將車務處重要物品
先行遷出詎是日難民隻身逃避在外者得限令遷移消息後均匆匆乘船赴閘
北搬取行李而未遷出者是日亦急於雇船遷避致蘇州河中船隻擁塞來去
不能職等於九時半上船迄十一時依然未能通過西藏路橋不得已仍上岸折回局

中、下午復乘卡車、走大西路中山路、前赴閘北、詎在二時二十分左右、近中山路橋時、日機四五、翱翔空際、轟聲隆隆、前線業又開火、不能前進、重復折回、五日晨九時、復偕葉君暨吳淞船務處安君雲五、馮君克方等乘坐卡車、前往原擬先至吳淞、再至閘北、後因風聲緊張、吳淞不能前進、乃即轉至滬北車務處、公役金大亦已走避、據車務處隔壁財政局滬北稽征處李巡官云、該處亦有一流彈波及、壁間擊有一洞、幸未傷人、職等當將車務處重要物品遷出、暫存建業里東街七四號、合將經過情形、備文呈請

鈞長鑒核、謹呈

科長譚

滬北車務處車務員 安襄

二月七日

呈閱 譚伯英 館 閱

上海吴淞船务处关于报告街镇被毁及本处处务情况致上海市公用局的呈（一九三二年二月七日）

SC004　4

紙二 2000 20.7.29

上海市公用局　第　頁

敬呈者，職於本月六日偕同吳淞船務處職員搭乘吳淞典當所雇小輪往淞，將船務處暨車務處一切重要物件，當晚運至東滙，今晨搬至宿舍寄藏。所有傢具及笨重物件因無法搬運，仍關鎖在内。當交戰時，全鎮皆在火線以内，守兵預囑人民離開，故昨日途經外馬路，祇見一貧苦者在街口探望。處内公役、警士等，皆于戰後一日逃避。後方船務處北鄰米店已被炮火擊燬，處内房屋與之毗連者亦燬一角，玻璃大半已破，床帳有彈穿之洞。職等擬俟危險程度稍減，再行前去，是否有當，敬祈

鑒核。謹呈

科長

吳淞船務處辦事員安雲五謹呈

二十一年二月七日

呈閱　譚伯英

上海蒲淞船务处关于报告闸北战事后形势严重及本处处务情况致上海市公用局的呈（一九三二年二月八日）

為報告事一月二十八日閘北戰事發生之後滬西日本紗廠林立最近本處者為豐田紗廠該廠所駐日兵甚多我軍環本處防禦深溝高壘形勢十分嚴重本月一日蘇州河内船隻一律避難出口連日河道為之阻塞北新涇方面我軍架浮橋一座為南北運輸孔道每日僅一二小時啟放令出口船隻可以通行進口貨船鑒於形勢危險相率裹足本處業務自一日起遂亦無形停頓該時以日廠逼近情形緊張於本月二日即先將處内重要文件運藏至局本月三日下午三時東隣野村鍋木廠忽然焚燒歷兩晝夜始熄當時本處屋宇最為切近恐蔓延波及曾一面將屋外竹籬撤除一面僱民船一艘將應用傢具悉數搬移船上本月六日以蘇州河面船隻仍然不能進口業務全無日廠駐兵依然未撤時有飛機擲彈擾亂本處所

有用物以籬障撤除保留非易遂亦搬移到局堆存於建業里寄宿舍内除另開傢具清單請轉咨庶務股查考外理合陳明情形請示遵辦謹呈

船務股主任宋轉呈

科長譚

附呈傢具搬存建業里宿舍清單一紙

蒲淞船務處辦事員王惕庵謹呈（印：王惕庵）

廿一年二月八日

請
秦科長核閱後付呈（印）

局長（印：譚伯英）

九日

一科派員點收（印）

附：蒲淞船务处搬存建业里寄宿舍家具清单

蒲淞船務處搬存建業里寄宿舍傢具清單

公事桌	三張	
旋轉椅	三張	
單背椅	三張	
元杌	四張	
單抽長桿	一張	
鋼印	兩付	内缺兩字
面盆	兩面	
面盆架	一個	
淨桶	一架	
大自鳴鐘	一架	
小自鳴鐘	一個	

脚踏車 一輛
盒子槍 一枝 彈子弍拾粒交巡長收藏
木架棕棚床 一張
行軍牀 五張 連帳子
衣蓬橱 一張
電風扇 一架
磁茶壺 一套 連盤子
茶杯飯碗 大小計十六ケ
皮尺 三個
除以上各件仍存本處者保險箱一架 船務處長牌一面
鐵火爐一個 電話機一座 電燈四張 合併聲明

上海沪北广告管理处关于报告「一·二八」事变发生情形及本处处务情况致上海市公用局的呈（一九三二年二月十一日）

SC012

00010

紙〇二

為報告職處在戰區內情形事職處地点在閘北寶山路中興里內首當戰區之衝一月二十八日夜戰事發生時職任維正在告假期內據任處職員張渠群張棵報稱當時情勢恐慌路中不許通行無法出外至翌日（二十九日）下午因見附近炸彈亂擲火光四起始冒險離處繞道大統路由烏鎮路渡至租界趨局報告

局長因當时不及措手各物均未攜帶祗帶現款洋五拾弍元叁角柒分當交會計股保存後於本月七日得繞道赴處攜出簿籍戳記等件（另附清單）交

朱科長保存又現款叁元柒角交會計股保存理合報告謹呈

科長

滬北廣告管理處管理員 任維（印）

廿一年二月十一日

第 頁

附：取出物件清单

取出物件清单

日記簿壹本第六册

總賬簿壹本第三册

收支簿壹本

物品存儲簿貳本

未經收到收據20351、20423、20426、20430號四張（計洋四元）報查 報告登記表附

佣金副收據六拾九張（計洋伍拾玖元四角叁分）

未用四聯收據簿貳本 21001——21100 21101——21200

已用四聯收據簿貳本 稅收二〇四三四止 遗产一九九一四止

已填領款請求書壹張（計洋貳拾貳元玖角玖分）

本處名戳（木質）壹只

本處名戳（橡皮）壹只

收訖戳（橡皮）壹只

稅訖戳記（牛角）壹只

核准戳記（銅質）壹只

臨時戳記（銅質）叁只

驗訖戳記（銅質）貳只

傳單戳記（牛角）叁只

經售戳記（橡皮）壹只

措記簿叁本

皮包壹只

廣告業務及稅收統計表壹本

廣告收據存根十二本乙包

廣告表式粘存簿一中册

廣告股（第五册日記賬壹本 解款清單八拾張）乙包

紙夾壹只（收文賬簿）

紙夾壹只（來件）信札

紙夾壹只（總局油印文件）

上海市公用局关于各路灯管理处情况续报（一九三二年二月十三日）

各路燈管理處情況續報　二月十三日

滬南　照常工作並為防患未然起見將路燈材料陸續運出至建業里十七號暫置

滬北　二月四日向工務局借用汽車一輛運出一部份路燈材料標準鐘每鐘一具子鐘二具及蓄電池等至建業里十七號暫置並由助理員黃席珍住宿該處以便保管

浦東　照常工作管理員孫振英助理員朱仲義每晨到處辦公每晚暫住滬寓

吳淞　管理員蔣凡湯因交通梗阻無法前往維護二月七日由淞避滬之路燈匠張貴琴稱因管理處門前堆置沙袋各工人於六日鎖門走出此後情形不知云云

江灣　二月七日管理處所在之新市路安樂里因軍隊來駐出入不便管理員李殿春將所有路燈材料鎖閉灶披間內員工散避鄉間

上海沪南广告管理处关于报告「一·二八」事变发生后本处业务大半停顿致上海市公用局的呈（一九三二年二月十六日）

SC008

九紙

上海市公用局用箋

敬呈者此次本市事變發生事前本處為慎重起見即將印信重要簿據等物先行取出由經管人妥慎保存以避不虞事變以来滬南一帶仍甚安静其日常需用品概由經管人每日往返隨身携帶應用但業務方面已大半停頓爰於本月十日將各人保存簿據物品之一部彙集包裹繕具細單呈經鈞長核收在案外其餘尚須應用之印信帳簿傢具及存儲物品等理合開具細單備文呈請

鑒核備查謹呈

科長朱

上海市公用局滬南廣告管理處

中華民國二十一年二月十六日

附呈細單一紙

注意 覆函請叙明此函發出年月日

局址 上海新西區市政府路西首
電話 龍華 三號 四號 六號

附：印信账簿家具等物品清单

SC009

〇二紙

印信

本處名戳	壹枚	小橡皮本處名稱戳	壹枚
銅質臨時廣告戳	叁枚	銅質免捐廣告戳	弍枚
銅質核准揭貼公共廣告場戳	壹枚	牛角傳單廣告戳	叁枚
牛角稅訖戳	壹枚	橡皮經手廣告戳	弍枚
橡皮本處名稱地址戳	壹枚	橡皮發號牌戳	壹枚
橡皮審查廣告式樣戳	壹枚	記帳用小橡皮戳	捌枚
橡皮科目戳	拾柒枚	木質科目戳	拾捌枚
橡皮「作廢」「收訖」「留底」戳	各壹枚		

帳簿

日記簿	壹本	總帳簿	壹本
未用總帳簿	壹本	收據存根	玖本

第　頁

違章罰款收據截至二月十六日止共餘7497—7500四張

四聯收據截至二月十六日止共餘20766—20800叁拾伍張

空白登記書

車輛捌百張、臨時壹千張、定期壹千捌百張、包期陸百張、電影叁百張、違章陸百張、免捐貳千捌百張 遊行壹千張、傳單壹百伍拾張、特許叁千張、招牌壹千伍百張、經售陸百張、花柳陸百張、公共廣告場表叁百張、廣告稅繳款單拾叁本

空白執照

招牌旗幟捌百伍拾張、特許柒百拾張、電影柒百拾張車輛貳百拾張

遊行柒百叁拾壹張、船舶肆百捌拾肆張、土地房屋肆百捌拾柒張

手續費收據簿拾伍本

辦公室

傢具

輭門登記櫥	壹隻	定期櫥	壹隻
公事柜	壹隻	執照櫥	壹隻
杉木寫字枱	壹隻	洋木寫字枱	叁隻
花背椅	伍隻	籐圓靠椅	肆隻
方桌	壹隻	中式茶几	壹隻
銅痰盂	壹对	中式靠椅	壹隻
八角鐘	壹隻	瓷痰盂	壹对
通告櫥	壹隻	火爐	壹隻
銀箱	壹隻	大茶壺	壹隻
小茶壺連暖籃	壹隻	瓷盤	陸隻

第　頁

茶杯　叁隻　電話機　壹隻

電燈　肆盞

文具

銅筆架插　捌隻　三眼墨水池　壹隻

軋洞機　壹隻　水盂　貳隻

藍印盒　貳隻　墨盒　細隻內貳隻存部校正處

記事牌　叁張　算盤　貳架

年月日印　貳隻　吸水器　貳隻

吸水板　叁張　鋼筆桿　陸支

大印色缸　貳隻存部校正處　小印色缸　壹隻

節尺　壹支　英尺　壹支

米突尺　壹支　營造尺　壹支

削鉛筆器 壹隻 軋釘器 壹隻

客廳

傢具

玻璃框總理像 壹張 紙對聯 壹付

蓋印桌 壹隻 中式靠椅 弍隻

中式茶几 壹隻

卧室

傢具

舖床 叁隻 中式靠椅 壹隻

痰盂 壹隻 圓凳 弍隻

帆布床 壹隻 電燈 壹盞

交通器具

舊壞腳踏車　弍輛　打氣筒　壹支

腳踏車10 11 12 13（內10 13兩輛奉諭撥借公安局）　肆輛

其他器具

剪草刀　壹把　鉗子　壹把

鐮刀　叁把　引繩針　壹把

斧槌兩用器　壹把　自來水開関　壹把

剪刀　壹把　面盆　壹隻

洋刀　壹把　毛巾架　弍隻

便桶　壹隻　電燈架　肆拾柒隻

100W螺旋頭電燈泡　伍拾隻

上海市公用局关于各路灯管理处情况续报（一九三二年二月二十三日）

各路燈管理處情況續報

二月廿三日

滬南 照常工作並為節省經費起見辭退工匠四人工資發至十五日止岳梅里所租堆置路燈材料之房屋亦先期向屋主說明至本月底止退租

滬北 廿二廿三兩日用修燈汽車運出路燈材料六車至本局建業里十七號暫置又因助理員黃希珍辭職返里改由江灣路燈管理員李殿春常駐十七號以資保管所有該處工匠悉數辭退工資發至十五日止

浦東 照常工作惟為緊縮計辭退工匠三人工資發至十五日止

吳淞 據十五日由淞避滬之工匠曹阿小萬寶生二人來局稱管理處於七日晚被燬以後未能走近云云所有該處工匠悉數辭退工資發至十五日止

江灣 據十九日由江灣來滬之工匠顧阿昌述及十八日赴管理處探視情形見附近民衆紛紛搗毀遷避當將一部份材料運至伊家暫置現在無法再去等情當囑以妥為保管所有該處工匠悉數辭退工資發至十五日止

上海市公用局 第 页

敬查吴淞船务处车务处物件除重要者业已移出外所有牌灯傢具存留尚多在继续炮火轰击之下保全之希望绝少为备将来损失之参考起见谨将所存各件开列于后敬祈

钧鉴

一等船牌及灯照	五十四副
二等	一百十五副
三等	四十五副
四等	五十九副
五等	六十二副
六等	八十五副
七等	三十三副
八等	七十九副

九等	八十五副
十等	九十八副
十一等	一百副
十二等	一百副
	以上計九百五副（八〇九）
自用人力車牌	九十一塊
脚踏車牌	二百五十九塊
小車牌	九十八塊
小貨車牌	九十八塊
中貨車牌	九十八塊
大貨車牌	九十七塊
紅漆二號寫字枱	二張
紅漆三號寫字枱	一張

品名	數量
黑漆二號寫字枱	一張
黑漆三號寫字枱	二張
二斗長方桌	二張
方桌	一張
圓桌面	一張
公事櫃	一只
登記片櫃	一只
二層大櫥	二只
四門書櫥	一只
四斗櫃	一只
茶几	二只
轉椅	二只

二

圓板椅 四張
黑漆木板椅 七張
長方櫈 五張
圓櫈 四張
長櫈 八張
小鉄床 二張
番布小鉄床 一張
棕木床 三張
番布床 二張
鋪板 三副
枱板 一塊
面盆架 一只

品名	數量
小鉄箱連架	一只
電扇	二只
掛鐘	一只
煤爐	二只
算盤	二只
銅茶壺	一只
瓷茶壺	一只
搪瓷痰盂	三只
瓦痰盂	三只
搪瓷面盆	三只
浴盆	二只
鉛桶	三只

三

飯桶 二只
掛樹 一只
飯碗 十七只
菜碗 十五只
四寸盆 六只
小盆 八只
湯匙 十把
缸盆 四只
大鉄鍋 一只
小鉄鍋 一只
玻璃杯 六只
有盆茶杯 四套

茶杯	六只
油衣	五件
救命衣	六件
鉄錘	三个
劈柴斧	一个
電燈	十二盏
電泡	四只
文具	四副
打孔機	一只
揿筆機	一只
橡皮圖章	四十九顆
車務處橡皮章	一盒

鏡架 三个

謹呈

科長

吳淞船務處辦事員安雲五謹呈

二十一年二月二十三日

付第一科

廿三日

上海蒲淞船务处关于报告本处恢复工作情形致上海市公用局的呈（一九三二年三月十日）

SC019

00017

上海市公用局第　頁

為報告事本月二日我軍撤退二道防綫時滬西居民逃難者絡繹於途三四兩日敵軍西侵周家橋陳家渡等處秩序一時紊亂異常蒲淞船務處居蘇州河北岸為敵軍布防要地職等觀察情勢不得已於三日起暫避到局近察看滬西情勢敵軍侵佔以來豐田紗廠設陸軍第二司令部北新涇駐兵扼守距船務處西不及半里亦掘濠駐兵自园每日均有哨兵往來巡查尚未有騷擾情事六區派出所現已復崗職等即於本月十日照舊恢復工作所有恢復情形理合具文呈報即祈

鑒核謹呈

船務股主任宋轉呈

科長

蒲淞船務處辦事員王惕庵謹呈

三月十日

上海闸北船务处关于报告「一·二八」事变后本处处务情况致上海市公用局的呈（一九三二年三月十七日）

紙二 2000 20.7.29

上海市公用局 第 頁

謹呈者竊查一二八滬變發生職處辦公地址適當戰區範圍工作無形停頓

旋奉

鈞諭飭將重要文件器具等暫遷滬南船務處職仍留處看管等因即經于

二月三日遵照辦理嗣於三月二日我軍變更戰略退守第二道防線職處已被

敵軍佔領復蒙

鈞諭飭即到局辦公等因除遵辦外所有職處暫移滬南船務處文件器具

當經遷送建業里五十八九號本局宿舍並已造具清单呈報在案茲因閘北形

勢日趨和緩奉

命于三月十七日與財政局臨時船捐處在老拉圾橋浜南橋堍船上辦公職遵

命前往理合具文報告仰祈

鑒核謹呈

主任宋轉陳

科長譚

閘北船務處助理員李佩雲謹呈

三月十七日

附：闸北船务处移运物件统计表（一九三二年一月三十一日）

閘北船務處移運物件統計表

品名	件數	附註
旋轉椅	5	
辦公桌	5	
捲蓬橱	1	
掛鐘	1	
磁面茶几	1	
花旋椅	2	
双斗文事櫃	1	
單斗文事櫃	2	
銅茶壺	1	
皮尺	1	
鋼印	3	
電扇	1	
文具	5	
號碼機	1	
船務處牛角章	1	
〃〃〃木戳	1	
大小橡皮章	全	
公事包	1	
手槍	1	
子彈	80	
登記凭	全	
未换執照	全	
三聯收據	16	
二聯收據	14	
賬簿	全	

廿一年一月卅一日　報告者

SC020

00018

六三級

第二科報告書第　號

事由：調查滬北廣告管理處及公共廣告場狀況

地點：北四川路等處

日期時刻：三月十五日上午八時至　月　日上午十二時

事實：

本月十四日（樂群）奉派調查滬北廣告管理處及公共廣告場狀況，當於下午一時持同科長介紹函至閘北水電公司臨時辦事處接洽，由該公司潘工程師建臣接見，約定次晨九時前往，職（於十五日晨）八時至公司，潘君告以本日可先視察北四川路及寶山路，明日再至大統路等處，沿途不可作任何記錄，以免危險等語，旋與公司員工等同乘卡車往北四川路，見兩旁廣告牌橫堆兩塊，奧地安門口之電鐘完好如舊，抵江灣路林肯坊轉入寶興路、寶山路，見兩旁廣告牌焚毀已盡，痕跡全無，至寶通路口則見僅存殘餘廣告牌一塊又半截，抵中興里已難辨認，祇見頹垣殘落，瓦礫凌亂，當囑車夫暫停，以窺廣告管理處有無存在，乃車夫以日哨兵密邇，不肯逗留，故不能查視確實，過公安局五區門口見該區房屋無恙，南首廣告牌亦完好，抵虬江路口，兩旁之廣告雖存，但損傷甚多，沿虬江路抵廣東街，廣告牌尚未完整，時已中午，車夫言旋，乃循北四川路歸處，次晨仍擬繼續調查，惟據該公司職員云，稍待數天再來接洽。

考語：

附件

損失單一份

報告者簽名蓋章

滬南廣告管理處助理員張樂群

二十一年三月十八日

科長按語

前並閘北水電公司翁友三云親見中興里房屋完全焚毀故知閘北廣告管理處全部銷滅其損失數目約如附單又公共廣告場損失應候全部視察後再行估計

朱有騫

二十一年三月廿日

局長批示

閱

黃伯樵

二十一年三月廿日

滬北廣告管理處被燬損失單

(一) 資產損失

品名	件數	價值估計
登記櫥	壹只	五十元
雙格公事櫃	壹只	五十元
寫字枱	兩只	八十元
拾斗公事櫃	壹只	二十五元
直背椅	八張	三十二元
小方棹	壹張	拾元
方茶几	兩張	拾元
痰盂	四只	四元
面盆	壹只	壹元

第　頁

保險櫃　壹只　二十四元
掛鐘　壹只　十五元
電風扇　壹只　四十五元
自行車　兩輛　一百五十元
大小電燈　十二盞　七十元
火爐　壹只　二十元
木床　兩只　二十元
板舖　壹只　六元
板壁木料　壹副　二十元
司匹靈鎖　壹只　七元
茶杯　八只　四元
茶壺　壹把　壹元五角

品名	數量	價格
馬桶	壹只	八角
厨房用具	全副	十五元
筆架	四只	二元二角
銅墨盒	四只	三元二角
大紅印泥缸	两只	二元
算盤	两只	二元六角
年月日章	壹只	四角
軋洞機	壹只	八角
吸水板	四塊	一元二角
大鋼夾	八只	一元二角
英尺	壹把	一角
藍印色盒	两只	二元

第　頁

鋼筆桿	四支	五角
鋼筆架	壹只	五角
記事牌	兩只	四角
黑皮包	兩只	十元
筆洗	叁只	六角
號碼機	壹只	三十六元
營造尺	壹把	八角
書立	兩只	三角
搪瓷總理遺像鏡框及對聯	全套	六元
各種廣告登記簿	十六本	六十元
各種廣告空白登記書及執照	八百張	十五元
特許廣告號牌	三百塊	三十元

禁止揭貼鋁皮牌　三十塊　十二元
春夏秋三季制服　五套　一百元
員工衣箱　四只　一百元
員工鋪蓋　三副　三十元
房屋押租　九十元
水表押櫃　十二元
電話押櫃　十元
總計　壹仟壹百九十元零壹角

(二)税收損失

自二月份起每月損失　壹千五百元

上海市公用局关于报告军事区域内附属各机关情形致上海市政府的呈（一九三二年三月十八日）

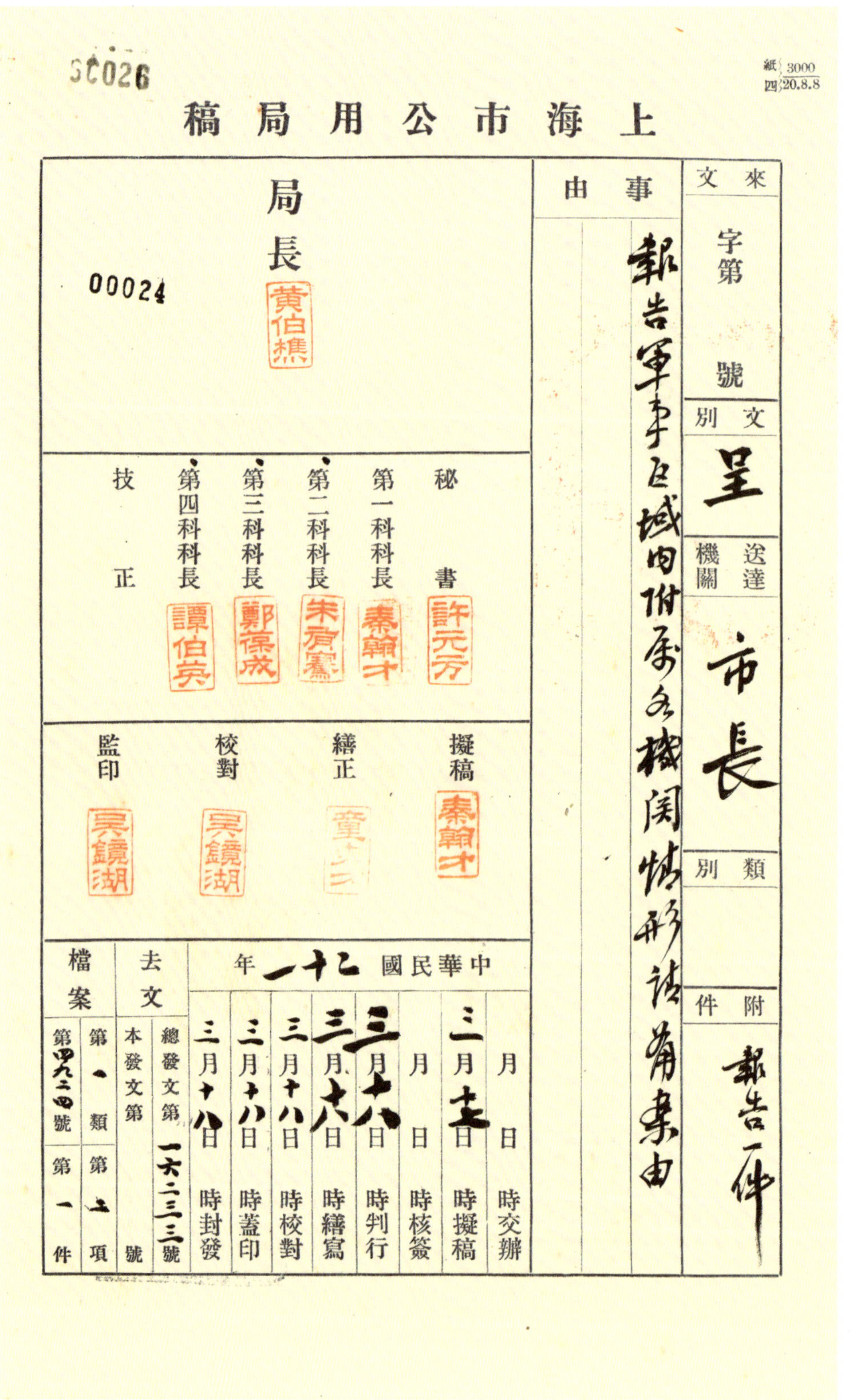

SC026

紙 3000
四 20.8.8

上海市公用局稿

來文	
字第 號	
文別	呈
送達機關	市長
類別	
附件	報告一件

事由：報告軍事區域內附屬各機關情形請備案由

局長 黄伯樵

00024

秘書 許元方
第一科科長 秦翰才
第二科科長 朱有騫
第三科科長 鄭葆成
第四科科長 譚伯英
技正

擬稿 秦翰才
繕正 童□□
校對 吳鏡湖
監印 吳鏡湖

中華民國二十一年

交辦	擬稿	核簽	判行	繕寫	校對	蓋印	封發
月日時	三月十七日時	月日時	三月十八日時	三月十八日時	三月十八日時	三月十八日時	三月十八日時

去文：總發文第一六二三三號；本發文第　號

檔案：第一類第七項；第四九二四號第一件

呈為具報軍事區域內附屬各機關情形，請
予備案事。自一月二十八日本市戰事發生，本
局附屬機關如滬北廣告管理處、滬北吳
淞江灣三路燈管理處、滬北車務處、閘北
吳淞蒲淞三船務處，先後淪於軍事區域。
除蒲淞船務處地位比較安全，旋即照常

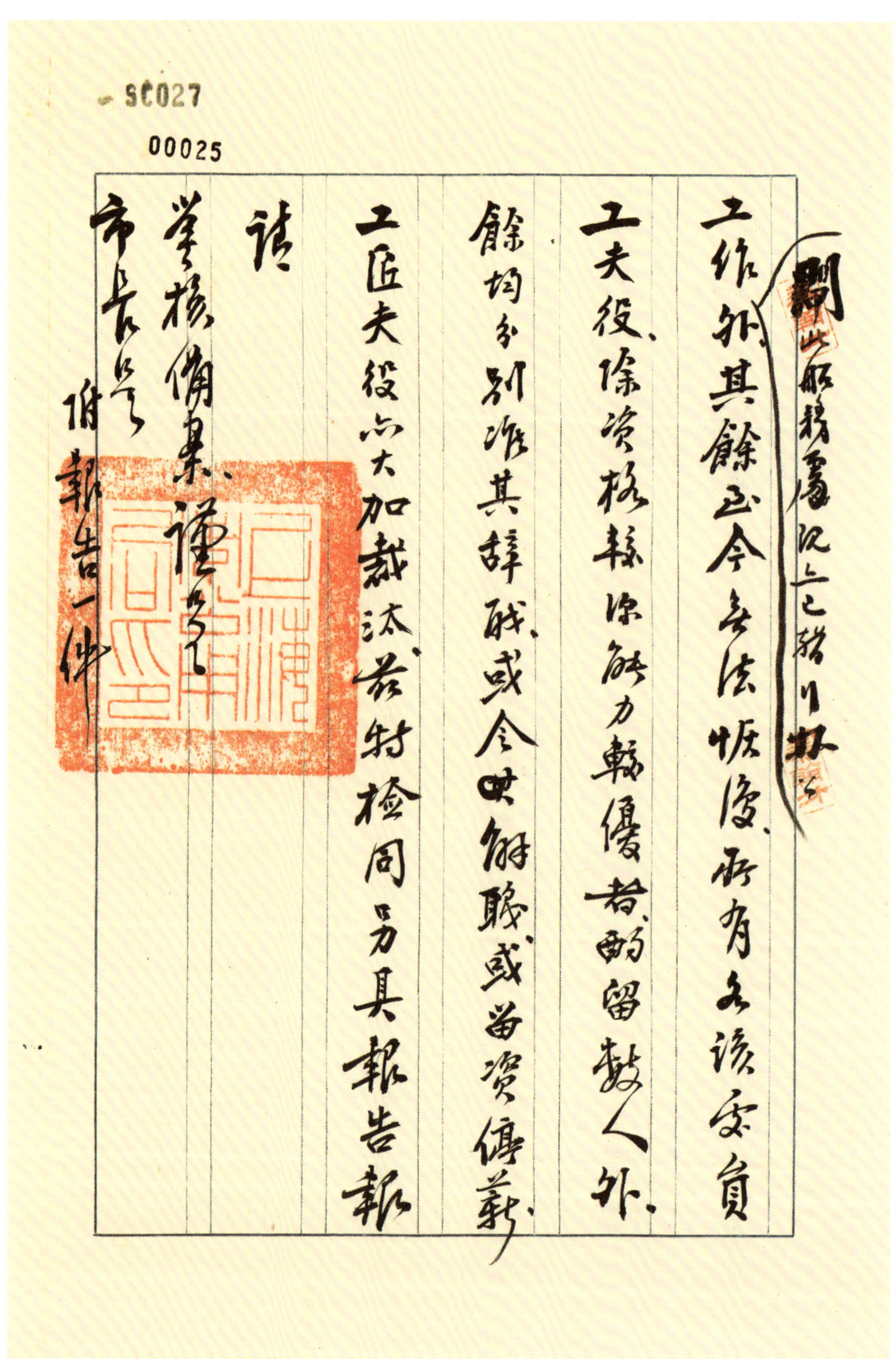

（閘北服務處況亦已稍々收々）工作外、其餘正令無法恢復、所有各該負

工夫役、除資格較深能力較優者、酌留數人外、

餘均分別准其辭職、或令其解職、或留資停薪、

工匠夫役亦大加裁汰、茲特檢同另具報告報

請

鑒核備案、謹呈

市長吳

附報告一件

上海市公用局　第　頁

上海市公用局對於軍事區域內各坿屬機關報告

(一)滬北廣告管理處

該處在寶山路中興里內。職員任維，張樂群，張棵。公役黃玉泉。自一月二十八日夜戰事發生，其地正當衝要，故非常危險。並二十九日上午尚照常工作。(任維在病假中)下午，見日機炸彈亂擲，坿近地方大火四起，乃相偕離處，來局報告。當時祇帶稅款五十餘圓，餘物不便攜走。至二月七日，始冒險繞道前往取出重要簿據文件戳記等等。現張樂群調往滬南廣告管理處服務。任維張棵留資停薪。黃玉泉裁去。該處現[illegible]已焚燬一時尚不能恢復工作。

(二)滬北路燈管理處

該處在閘北民立路六十六號。職員江頌耆，黃席珍。工匠沈錫根等九人。公役吳正發。自一月二十八日夜戰事發生後，至二月一日止，照常工作。二日，十九路軍司令部通告閘北居民出境，始行離處。四日，在福履理路建業里東弄十七號借定房屋一幢，將該處重要文件、路灯材料，連同裝在該處之標準母鐘一具及子鐘二具移往藏備。至二十二日及二十三日，復運取其餘路灯材料，移存建業里東弄十七號。黃廣珍自請去職，經予照准。江頌青留資停薪。工匠沈錫根等九人，公役吳正蕤均裁去。該處現尚不能恢復工作。

（三）吳淞路灯管理處

該處在吳淞外馬路七十號。職員蔣鳳陽，工匠曹阿小等三人。一月二十八日，蔣鳳陽適因公來局；事畢，乘淞滬火車返淞，行至蘊藻浜，橋斷折回。當晚，戰事發生，以後遂未能前往。電話等種種通訊，均阻隔。二月三日，試取道中山路、滬太路等處往探，亦不能通過。至七日，始由工匠張貴榮到局報告，彼等守至六日離處。十五日，又由工匠曹阿小及萬宝生到局報告，該處係於七日晚被焚，是所有公私文件物品均已消滅。蔣鳳陽留資停薪。工匠曹阿小等三人均裁去。該處現尚不能恢復工作。

紙 2000 20.7.2

(四)江湾路灯管理處

該處在江湾新市路八〇二號。職員李殿春、工匠張春泉等四人，自一月二十八日滬戰了發生，至二月六日，照常工作。七日，敵方軍隊前駐新市路，李殿春遂回至本局。工匠等亦散去。十九日，由工匠顧閏昌到局報告，十八日到處探視，將一部份材料移運至其家中，暫為保管。李殿春現在即令看管建業里十七号内路灯材料。工匠張春泉等四人均裁去。

(五)滬北車務處

該處在閘北民立路五十四號五十六號。職員安褒、葉凱，公役何金大，自一月二十八日滬戰了發生後，至二月一日止，照常工作。二日，第十九路軍司令部通告閘北居民出境，始離處。四日，復前往不能進。五日，復往，搶重要文件物品遷至本局在福履理路建業里東弄七十四号所租房屋。職員葉凱調往輪渡總管理處，安褒調往滬南車務處。何金大裁去。該處現尚不能恢復工作。

(六) 閘北船務處

該處在光復路五一九號，職員鄭訓翔，李佩雲，王椿森，公役黃錫恩，潘長生，秦榮根。自一月二十八日戰事發生，該地適在戰區，工作無形停頓。三月二日，吾軍退防後，該處房屋即被日軍佔領，全處中所有重要文件器具等先暫移滬南船務處，由李佩雲駐守看管。嗣為安全起見，復將遷至本局在福履理路建業里所租房屋，三月十七日起，因時局緩和，暫在老垃圾橋南塊船上恢復辦公。職員鄭訓翔留資停薪，王椿森調滬南船務處，公役黃錫恩及潘長生裁去，現另派安雲五會同李佩雲工作。

(七) 蒲淞船務處

該處在吳淞江北岸陳家渡，職員王惕庵，楊益成，吴寶慶，張馥舲，公役林金生，木匠黃鳳祥。自一月二十八日戰事發生，日軍紛往附近豐田紗廠駐守，吾軍亦環繞該處建設防禦工程，形勢極為嚴重。二月一日，吳淞江船隻一律避難出口，業務爲之停頓。因將重要文件，運遷本局在建業里所租房屋。二月三日，東隣野村鋸木廠焚燒兩晝夜始熄，恐以後亦復波及，當將應用傢具悉數搬移本局暫存。至十六日，形勢緩和，遂將應用物件酌量移回，恢復工作。但職務較前稍簡，故將職員吳寶慶、張馥齡解職。

（八）吳淞車船務處

該處在吳淞外馬路五二四號。車務處職員張拓氏，船務處職員安雲五、馮克方、王慕耕、張士君，公役徐天茂、周錦□，木匠黃承煜，船夫楊連生、沈鳳鳴，戰事發生後，即於二月六日將各該處一切重要文件，運至東溝，轉運本局建業里所租房屋。其傢具及笨重物件，因無法搬運，仍放該處。嗣以戰事益烈，全處人線是否可以保全，尚待交通恢復後詳勘具報。該處業務工作，事亦不能恢復，當將職員王慕耕、張士君解職，公役木匠船夫全體裁去，馮克方留資停薪，安雲五調赴滬南船務處。

上海市公用局第二科关于实地调查沪北广告管理处被毁情形的报告书（一九三二年三月二十四日）

第二科報告書 第　號

事由	地點	日期時刻
實地調查滬北廣告管理處被燬情形	閘北寶山路中興里	三月廿二日下午一時至三月廿二日下午四時

事實	考語
奉諭實地調查滬北廣告管理處被燬情形遵於下午一時乘閘北水電公司工程車前往由北四川路轉入東寶興路經西寶興路直達寶山路中興里該里總衖鐵柵關閉堆置沙袋遂繞道由側面越墻跳入查見滬北廣告管理處房屋全部燒燬所剩者祇煤炉一個並大門及招牌尚完整謹此報告	

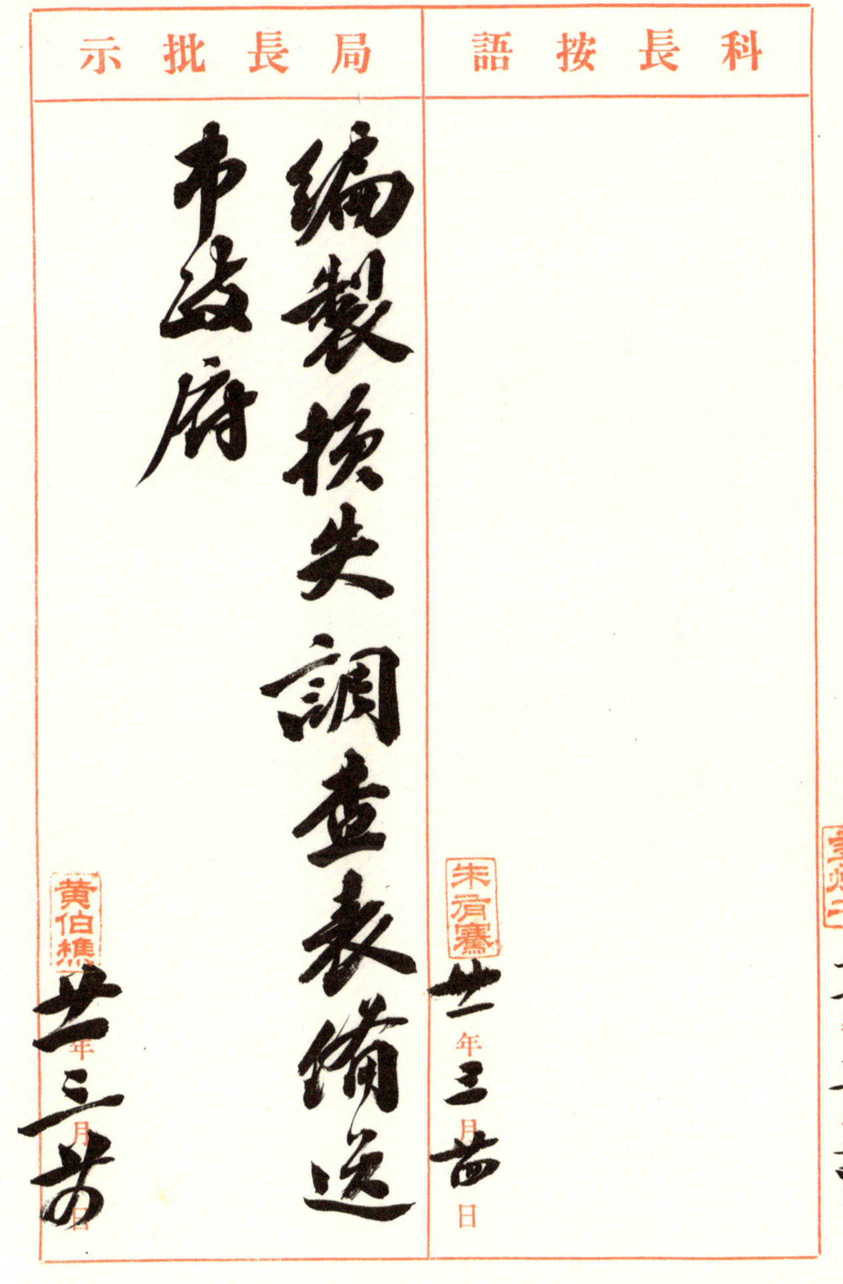
局長批示
科長按語
附件
編製損失調查表備送
市政府
黃伯樵
廿一年三月卅日
朱有騫
廿一年三月卅日
報告者簽名蓋章
廿一年三月卅日

上海市政府关于据报军事区域内附属各机关情形令准备案致上海市公用局的指令（一九三二年三月二十四日）

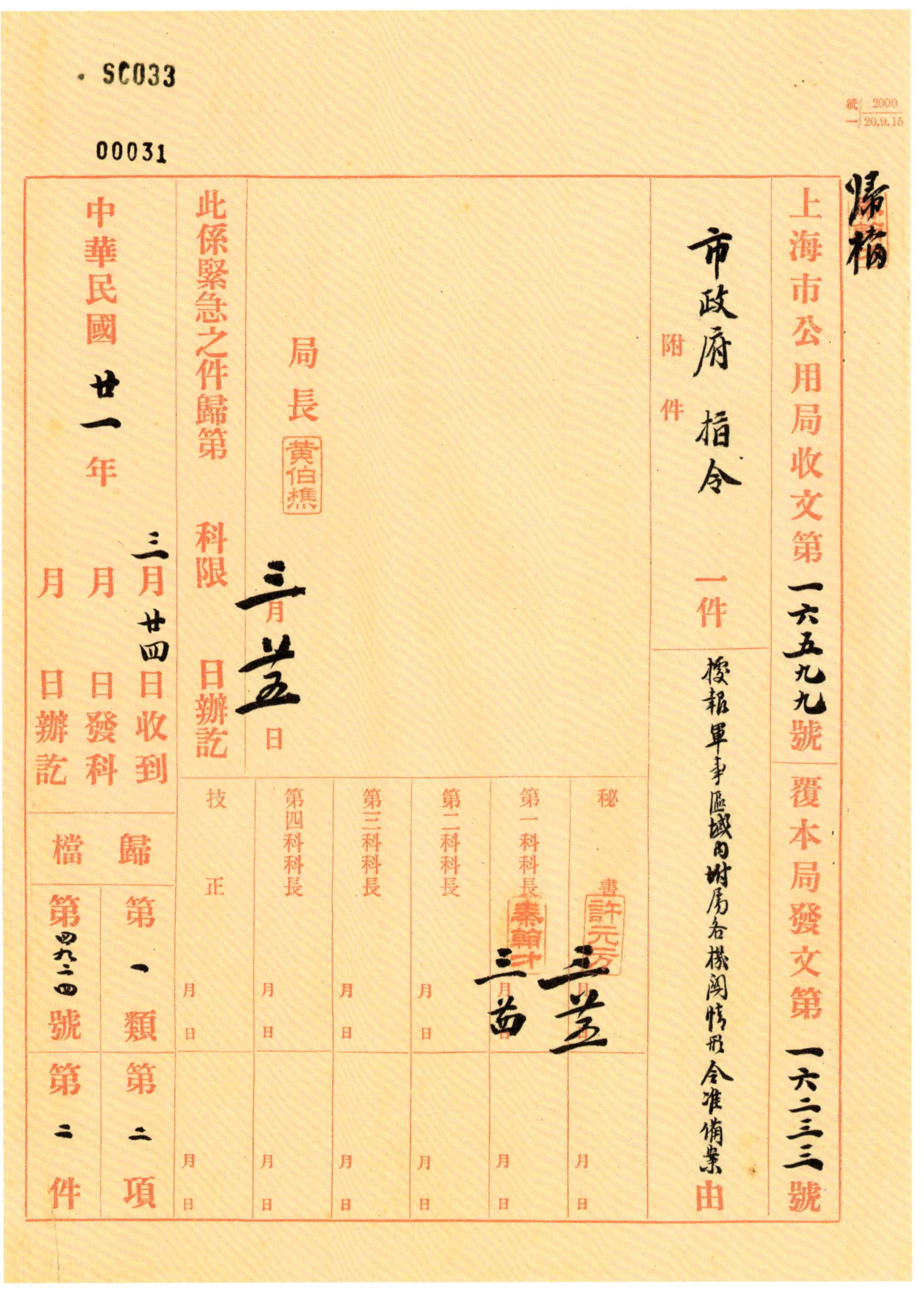

SC033

00031

紙 2000 20.9.15

歸檔

上海市公用局收文第一六五九九號 覆本局發文第一六二三三號

市政府 指令

附件 一件

據報軍事區域內附屬各機關情形令准備案由

秘書 許元方 三月廿五

第一科科長 秦翰才 三月廿四

第二科科長

第三科科長

第四科科長

技正

局長 黃伯樵 三月廿五日

此係緊急之件歸第 科限 日辦訖

中華民國廿一年三月廿四日收到 月 日發科 月 日辦訖

歸檔 第一類第二項第二件 第四九二四號

SC034

上海市政府指令公用局

事由	擬辦	決定辦法	備考
據呈報軍事區域內附屬各機關情形請備案由		00032	

附件

令　字第　號　年　月　日　時到

收文　字第一六五九九號

33　SC035

上海市政府指令　字第678號

令公用局

報告軍事區域内附屬各機關情形請備案由

呈悉准予備案此令

中華民國二十一年三月廿四日

市長 吳鐵城

校對李泰基

上海沪北车务处关于填报战事损失报告表致上海市公用局的呈（一九三二年四月二日）

上海市公用局 第 頁

呈為填送滬北車務處所受戰事損失報告表事竊自一月二十八日滬戰發生後滬北車務處業務即行停頓所有一切文具物品除於二月五日將重要者移出一部份並經呈報在案此外仍存儲該車務處詎二月一日我軍退守第二防線閘北即被日軍佔領而滬北車務處遂亦為日人竊踞據惟道聽途說究以未目覩為不可信遂於三月二十二日上午九時親赴閘北視察過虬板廠新橋橋北塊日軍對於行人有可疑者加以檢查始予放行職過橋即循恒豐路北行沿途均有武裝日軍一二人往來梭巡各處均張貼日軍佈告大意為勸民安居樂業經共和路折至民主路見兩面相距七八步有漢奸一名偕武裝日軍二人亦向該路前進職即緩步尾隨其後至車務處門前該漢奸及日軍即相率走入車務處內職以未便前進始行折回惟車務處房屋及門面裝修均完好未壞至內部如何及一切物品有無損失均未能入內查看故祇可將未移出者一律作損失填報一俟

日軍退出、前往查看後損失與否、再行分別填表呈報、是否有當理合

檢同報告表備文呈請

鈞長鑒核、指示祗遵、謹呈

科長譚

附報告表十三紙

職

辦事員吳寰謹呈

四月二日

付

秦科長臨鑒核

譚伯英

四月四日

上海市公用局关于报告军事区域内各附属机关损失情形致上海市政府的呈（一九三二年四月二十日）

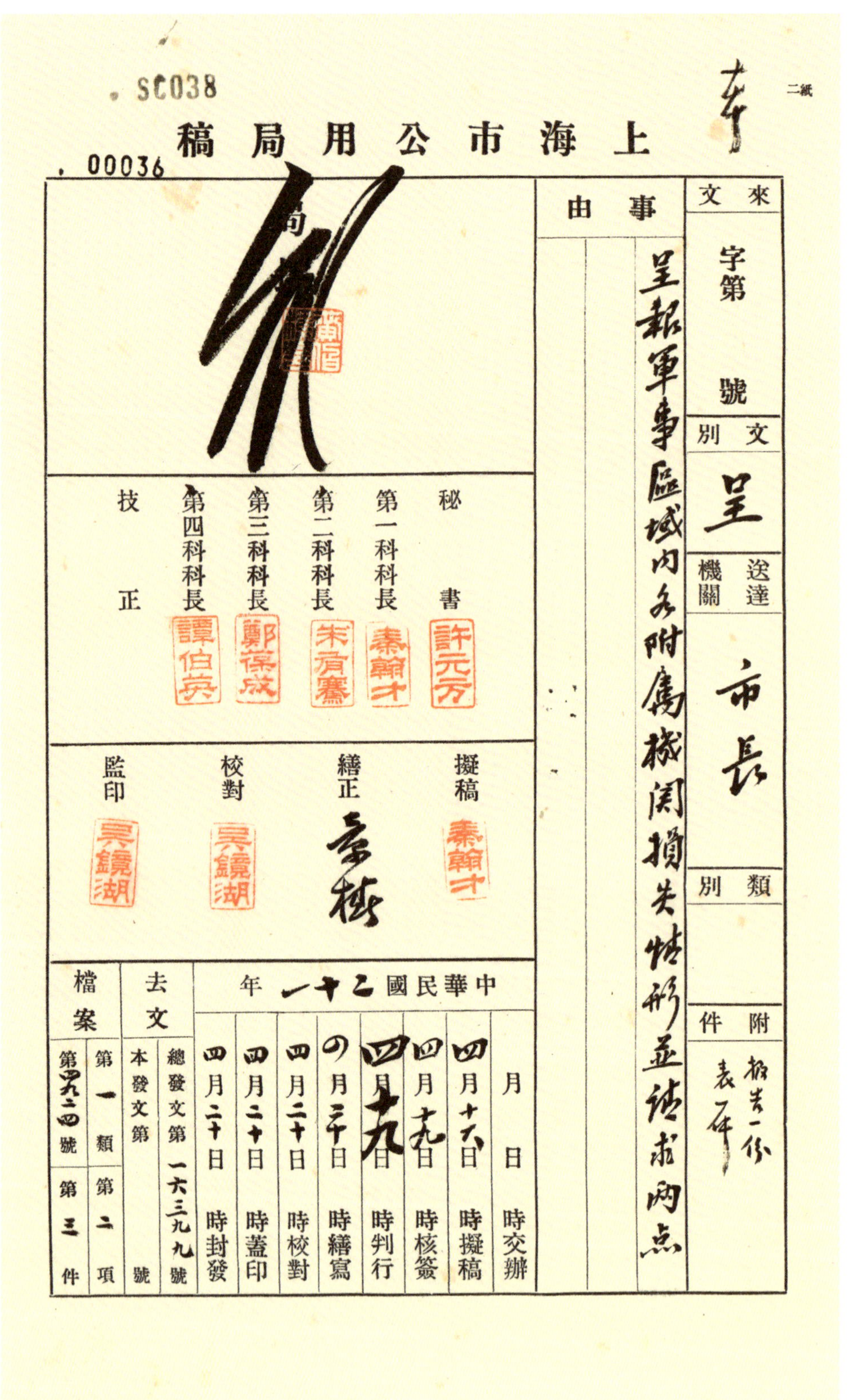

SC038

00036

上海市公用局稿

來文：字第 號

文別：呈

送達機關：市長

類別：

附件：報告一份 表格

事由：呈報軍事區域內各附屬機關損失情形並請求賠償由

局長

秘書 許元方

第一科科長 秦翰才

第二科科長 朱有騫

第三科科長 鄭葆成

第四科科長 譚伯英

技正

擬稿 秦翰才

繕正

校對 吳鏡湖

監印 吳鏡湖

中華民國二十一年

月日時交辦	四月十六日時擬稿	四月十九日時核簽	四月十九日時判行	四月二十日時繕寫	四月二十日時校對	四月二十日時蓋印	四月二十日時封發

去文：總發文第一六三九九號；本發文第 號

檔案：第一類第二項；第四九二四號第三件

二紙

呈為具報軍事區域內各附屬機關損失情形

事查本局在軍事區域內各附屬機關情形業

於三月十八日備文具報並奉

指令六七八號准予備案在案近來調查各該

附屬機關及其員役人等所受損失情形茲

已竣事連同本局直接所受損失分別開表

呈奉

業答並擬請求為感

(一)本局及各附屬機關所受損失均已

准予註銷沒在本局財產目錄中剔除又該項

損失就可以估計價值者計算凡銀二九、三八九·六五圓

至將來照樣置備添價格尚須增加而各路燈損

失一項尚係僅計材料費工資不在其內

（二）員役人等個人損失總計價值銀一、二八九、八〇圓因有若干附屬機關地位比較冷落各該員役均即住宿在內個人物品較多故損失較大且一部分現已遣資停薪倘公家尚有酌量賠償餘地以示體卹乞先 指示

〇六三

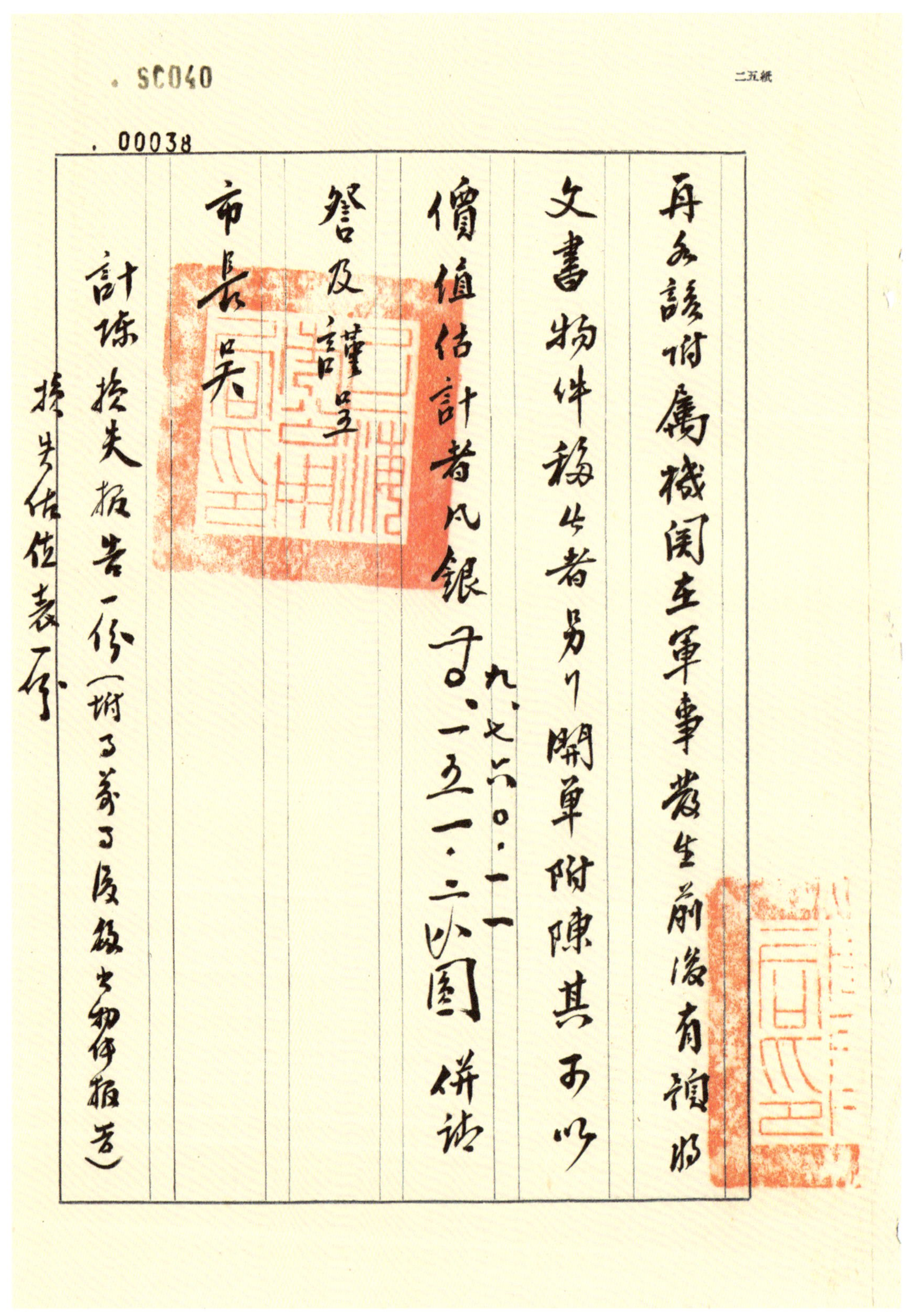
SC040

00038

二五紙

再各該附屬機關在軍事發生前後有損的
文書物件移出者另行開單附陳其可以
價值估計者凡銀子九、七六〇·一一一五一·二以圓併請
詧及謹呈
市長吳
計附損失報告一份（附子第子後發出物件報告）
損失估值表一份

39

上海市公用局所受戰事損失估值表

項別	房屋裝修		牌照壸灯架		路灯		路灯材料		公共廣告場		標準鐘		物品		總計	
本局											1,566	82	221	00	1,787	82
滬北廣告管理處	15	00	45	00					2,137	20			804	90	3,002	10
滬北路灯管理處	50	00			9,326	00	1,655	66					1,446	01	12,477	67
江湾路灯管理處					2,363	00	222	66					759	44	3,345	10
吴淞路灯管理處	15	00			2,327	00	1,106	31					874	84	4,323	15
滬北車務處	85	00	178	07									434	90	697	97
閘北船務處			1,194	56									496	48	1,691	04
吴淞車船務處	360	00	998	76									703	74	2,062	50
總計	525	00	2,416	39	14,016	00	2,984	63	2,137	20	1,566	82	5,741	31	29,387	35

附録

移出物件估值表

部份	價值	
滬北廣告管理處	51	55
滬北路灯管理處	5,476	36
江湾路灯管理處	274	73
滬北車務處	145	38
閘北船務處	2,148	69
吴淞車船務處	1,663	40
總計	9,760	11

個人損失估價表

姓名	價值	
吴恩循	20	00
張樂群，張棣，黄玉泉	110	00
李殿春	120	00
蔣鳳陽	380	00
安豪	157	00
李佩雲	280	00
安雲五	127	80
王慕耕	18	00
王沂之，吴海祥	40	00
徐天武，周勤，沈鳳鳴	30	00
張士君	7	00
總計	1,289	80

上海市政府关于据呈报军事区域内各附属机关损失情形准予存查致上海市公用局的指令（一九三二年五月三日）

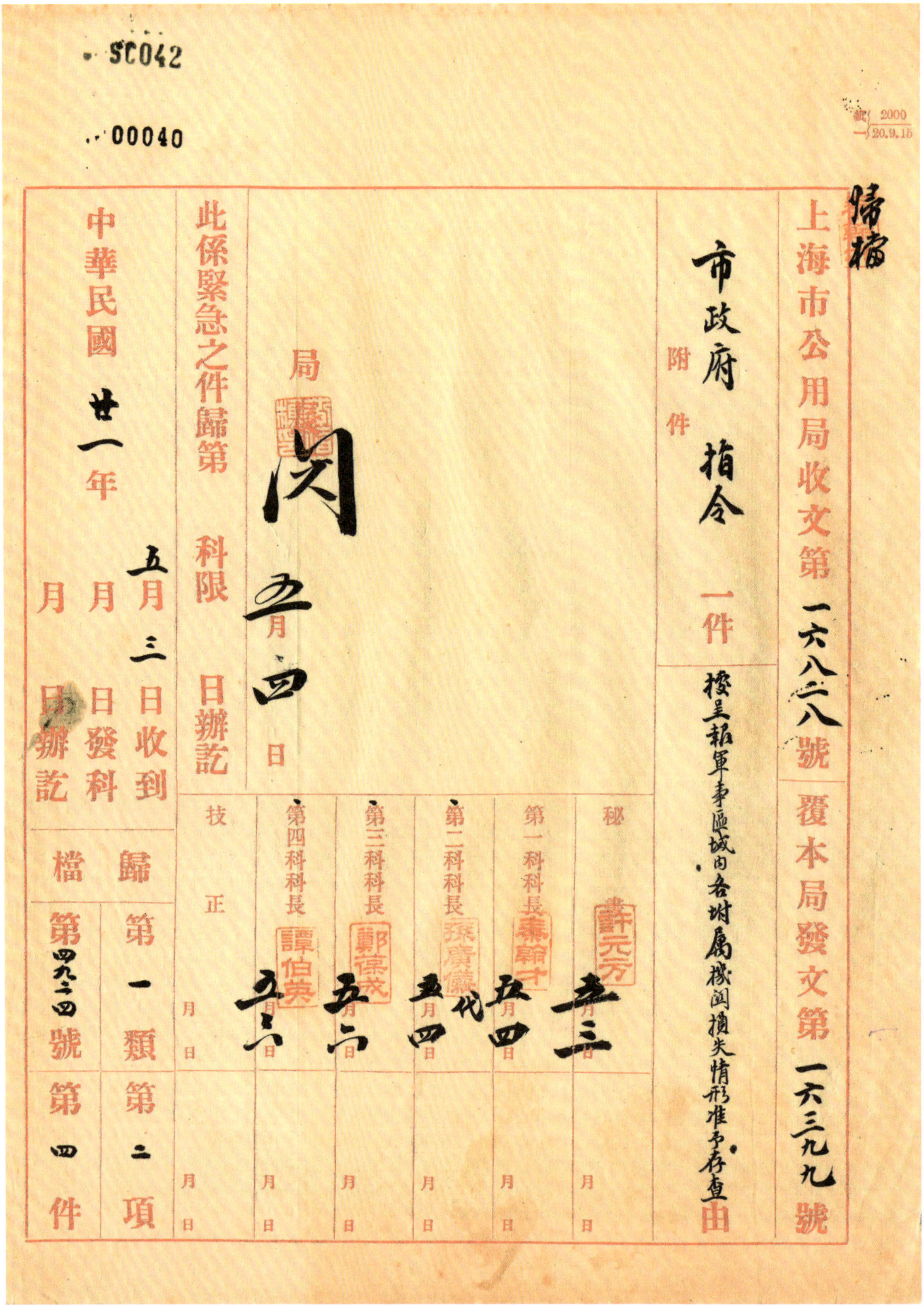

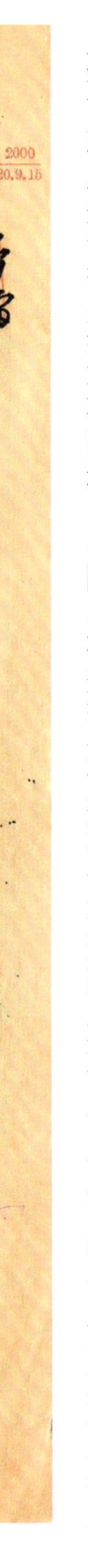

SC042

00040

歸檔

上海市公用局收文第一六八二八號

覆本局發文第一六三九九號

市政府 指令

附件 一件

據呈報軍事區域內各附屬機關損失情形准予存查由

局 閱 五月四日

此係緊急之件歸第 科限 日辦訖

中華民國廿一年五月三日收到 月 日發科 月 日辦訖

歸檔 第一類第二項 第四九二四號第四件

秘書	第一科科長	第二科科長	第三科科長	第四科科長	技正
許元方 五三	秦翰才 五四	孫廣儀 代 五四	鄭葆成 五六	譚伯英 五六	

SC043

上海市政府指令公用局

事由	擬辦	決定辦法	備考
據呈報軍事區域內各附屬機關損失情形准予存查由			00041
附件			

令　字第　號　年　月　日　時到

收文　字第一六二八一號

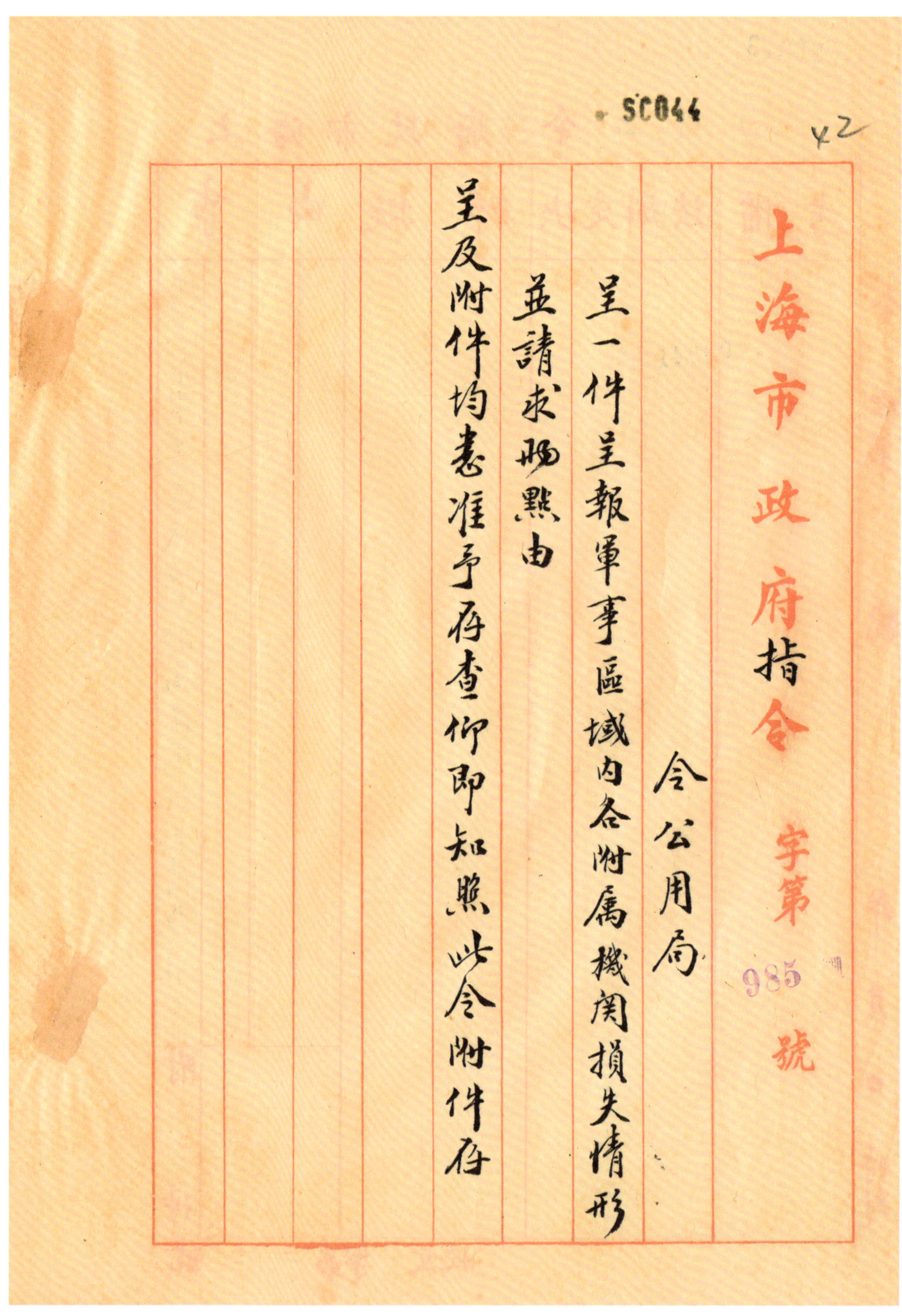

SC044

上海市政府指令　字第985號

令公用局

呈一件呈報事變區域内各附屬機關損失情形並請求賜照由

呈及附件均悉，准予存查，仰即知照。此令。附件存。

SC045 43

中華民國二十一年五月三日

市長吳鐵城

校對沈思淵

上海市公用局沪北广告管理处于战事前后移出物件报告（一九三二年）

上海市公用局滬北廣告管理處於戰事前後移出物件報告(一)

名稱	件數號數	數價值	附註
本處長條木戳橡皮戳	各一個	二圓〇〇	
收訖橡皮戳	一個	〇·三〇	
日記簿	六本		
暫記簿	三本		
總帳簿	三本		
收支日記簿	一本		
物品存儲簿	一本		
未收到收據	四張		
佣金副收據	六九張		
已用未完四聯收據	二本		
已填佣金領款請求書	一張		

SC060

00058

上海市公用局滬北廣告管理處於戰事前後移出物件報告

名稱	件數	號數	價值	附註
税訖牛角戳	一個		一・二五	
核准銅戳	一個		六・〇〇	
臨時廣告銅戳	三個		一八・〇〇	每只六元
驗訖銅戳	二個		一二・〇〇	
傳單廣告牛角戳	三個		三・七五	每只[illegible]
經售廣告標誌戳	一個		一・二五	
皮包	一只		七・〇〇	
		共計價值銀	五一・五五	

上海市公用局沪北路灯管理处于战事前后移出物件报告（一九三二年）

上海市公用局滬北路燈管理處於戰事前後移出物件報告(一)

名稱	件數	號數	價值	附註
100W.插頭燈泡	四三三只		二九四.四四	
100W.螺頭燈泡	二九四只		一九九.九二	
75W.插頭燈泡	六一五只		三六五.九二	
1/2″燈頭	三八八只		一四七.四四	
3/8″燈頭	五五只		九.九〇	
已種燈頭(四分)	一八三只		四五.七五	
1/14皮綫	一圈		一〇.〇〇	
75W.螺頭燈泡	八三只		四九.三八	
40W.插頭燈泡	七二一只		一八四.八六	
1/18皮綫	六圈		二五.二〇	
1/20皮线	一圈半		六.七五	

上海市公用局滬北路燈管理處於戰事前後移出物件報告(二)

名稱	件數	號數	價值	附註
庚種燈架	三六只		一五八、四〇(圓)	
彎束節	一八三只		二〇一、一三	
四公尺燈架	九〇只		一六二〇、〇〇	
己種燈頭(三分)	五〇只		一二、五〇	
150W.螺頭燈泡	八八只		一〇、二〇	
60W.插頭燈泡	二三七只		九八、三五	
40W.插頭燈泡	四五只		一一、七〇	
自由車	一輛		八〇、〇〇	
圖章	一個		〇、二〇	
進料簿	一本		不計	
用料簿	一本		不計	

上海市公用局滬北路燈管理處於戰事前後移出物件報告(三)

名稱	件數	號數	價值	附註
材料進出簿	一本		不計	
工資簿	一本		不計	
標準母鐘	一只		四五九圓〇二	
双面標準鐘	一只		五九六、三〇	
單面標準鐘	一只		四一三、八五	
蓄電池	二箱		四八〇、六〇	
檢流器	一只		八四、五五	
		共計價值銀	五四七六圓、三六	

上海市公用局江灣路燈管理處於戰事前後移出物件報告

名稱	件數	號數	價值	附註
100W. 螺頭燈泡	一〇九只		七四、一二圓	寄在虹鎮張家宅二五號本局路灯匠顧阿昌家
100W. 插頭燈泡	七四只		五〇、三二	又
75W. 插頭燈泡	一〇〇只		五九、五〇	又
60W. 插頭燈泡	五六只		二三、二四	又
40W. 插頭燈泡	七五只		一九、五〇	又
乙種燈頭	一四九只		三七、二五	又
包布	二圈		一、八〇	又
1/18 皮線	二圈		九、〇〇	又
			共計價值銀二七四、七三	

上海市公用局沪北车务处于战事前后移出物件报告（一九三二年）

上海市公用局滬北車務處於戰事前後移出物件報告（一）

名稱	件數	號數	價值	附註
八斗登記片橱	一		圓 二二·〇〇	
鋼印	二		四八·〇〇	每付十六只
鋼印箱	一		四·五〇	
存儲物品簿	二		六·〇〇	
存儲物品編號簿	一		三·〇〇	
收支日記簿	二		六·〇〇	
滬北車務處木章	一		三·〇〇	
滬北車務處牛角章	一		一·六〇	
小木章	一		〇·五〇	
印花税章	一		〇·五〇	
送物簿	一		〇·三二	

上海市公用局滬北車務處於戰事前後移出物件報告(二)

名稱	件數	號數	價值	附註
號碼機	一		三六、〇〇	
自用人力車號牌	壹百方		一八、〇〇	
自用人力車號牌	七十方		一二、七八	第二次移出
繳款单	全份		〇、九〇	
車輛收費月報表	全份		〇、九〇	第二次移出
三聯收據	二十三冊	另附號碼表	十二、七	內十本未用十二本已用未完一本已用完此數另開
弍聯收據	十四冊	又	十六、六	內七本未用七本已用未完此數另開
自用人力車登記片	一六五〇張	三三〇〇	十六、五〇	計每張登記片二號
大貨車登記片	五九五張	一一九〇	十九、七五	
中貨車登記片	三〇一張	六〇二	十五、〇五	
小貨車登記片	一〇五七張	二一一四	十六、五	

上海市公用局滬北車務處 於戰事前後移出物件報告（三）

名稱	件數	號數	價值	附註
小車登記片	三三二五張	六六五〇號	[illegible]	
營業人力車登記片	四〇張	七九號	[illegible]	
三輪貨車登記片	三三張	六六號	[illegible]	
糞車登記片	五張	一六一號	[illegible]	
		共計價值	一四五・三八	

移出收据 (?)字校卷

三联收据号数

1934-1941,=8　1690, 1815,

以上未用者計10册

1933, 1688, 1612, 1850, 1689, 1848, 1838, 1832,

1849, 1814, 1932, 1036, 1833,

以上已用計13册

已用未用總計23册

弍联收据号数

258-264=7

以上未用者計7册

256, 257, 135, 151, 198, 221, 255,

以上已用者計7册

已用未用總計14册

SC126

拔

移出自用人力車號牌號碼表

00124

6516-6550=35方

1646 1707 1797 1803 1837 1848 1881 1888 1950 2036
2117 2127 2175 2129 2188 2257 2308 2337 2347 2348
7523 7553 7558 7655 7700 7757 8012 8046 8126 8216
8282 8330 8419 8488 1084 1093 1094 1096 1098 1100
1104 1110 1112 1118 1125 1129 1130 1131 1140 1151
1293 1337 1344 1348 1357 1394 1420 1557 1571 1583
1676 1706 1752 1813 1956 2044 2065 2083 2098 2112
2115 2171 2231 2243 2245 2276 2280 2281 2320 2491
2493 7508 7584 7604 7608 7611 7623 7651 7704 7747
7767 7791 7793 8009 8020 8024 8062 8072 8080 8129
8144 8148 8165 8171 8197 8200 8219 8220 8221 8237
8244 8250 8262 8266 8280 8289 8295 8300 8302 8312
8317 8329 8331 8333 8351 8353 8365 8393 8425 8453
8455 8462 8473 8481 8482 8484 計136方

以上總計171方

上海市公用局閘北船務處於戰事前後移出物件報告(一)

名稱	件數	號數	價值	附註
藤面圓轉椅	五只	五七五至五七九	五五.〇〇圓	
三號寫字枱	五	二四至二八	一一〇.〇〇	
百葉執照櫥	一	三二五	四二.〇〇	
掛鐘	一	一〇八九	一四.〇〇	
磁面茶几	一	八〇三	五.〇〇	
花背椅	四	七九一至七九四	九.六〇	
双排公事櫃	一	二六四	三五.〇〇	
公事櫃	二	二九一、二九二	三六.〇〇	
単抽桌	二	一九七、一九八	一六.〇〇	
銅茶壺	一		五.〇〇	
皮尺	一		一二.五〇	

上海市公用局閘北船務處於戰事前後移出物件報告(二)

名稱	件數	號數	價值	附註
鋼印	三只		五四.〇〇	每付十二只每只一元五角
電扇	一		四十.〇〇	
文具	二		五.三二	三眼墨水缸二只 墨盒二只 水盂二只 銅筆架二只 吸水紙二只 吸水板二只
號碼機	一		三六.〇〇	
牛角章	一		〇.六〇	
木戳	一		〇.三〇	
公事包	一		五.〇〇	
登記片	全		不計	
未換執照	全		不計	
賬簿	全		不計	
大小橡皮章	七〇		一四.〇〇	

上海市公用局閘北船務處於戰事前後移出物件報告（三）

名稱	件數	號數	價值	附註
三聯收據	一六冊		七圓八四	
二聯收據	一四		六·八六	
小舢板	一		二五〇·〇〇	
舢板引擎船	一		六九九·三七	前在同昌修理因戰事未取回
拖船	一		七〇〇·〇〇	
			共計價值銀二一四八圓六九	

上海市公用局吴淞车务处、船务处于战事前后移出物件报告（一九三二年）

上海市公用局吴淞車船務處於戰事前後移出物件報告(一)

名稱	件數	號數	價值	附註
船舶登記片	全份		不計	缺五〇張
車輛登記片	全份		不計	
保留執照	全份		不計	
保留執照通知單	一三本		不計 十一、四圓	
二聯收據	一〇本		不計 九、八〇	
三聯收據	一七本		不計 八、三	
鋼印	三副 船二 車一		五四、〇〇	
脚踏車	二輛		一六〇、〇〇	
雨衣	一件		二六、五〇	
皮帶尺	二只		二五、〇〇	
號碼機	二只		七二、〇〇	

SC154

00152

上海市公用局吴淞船舶務所於戰事前後移出物件報告(二)

名稱	件數	號數	價值	附註
望遠鏡	一具		四·二〇	
船舶務處木章	二顆		〇·六〇	
船舶務處角章	二顆		一·二〇	
未換執照	全份		不計	
違章船舶統計簿	一本		不計 一·二〇	
收支簿	一本		不計 三·〇〇	
記事簿	一本		不計 〇·六〇	
補牌記錄簿	一本		不計 一·二〇	
船務報告存根	全份		不計	
請示簿	一本		〇·六〇	
送物簿	二本		〇·六〇	以上物係二月六日移出

SC155

上海市公用局吴淞船車務處於戰事前後移出物件報告(三)

名稱	件數	號數	價值	附註
船牌	一七四二塊		一二一九.四〇圓	每塊銀七角
登記片櫃 八斗	一只	一一九一	二〇.〇〇	
公文櫃 十斗	一只	二九三	二〇.〇〇	
小號有煤爐	一只		一八.五〇	以上均二月十六日移出
		共計價值銀一七〇〇.三七圓		

二、停战会议报告

郭泰祺关于三月二十四日停战会议情形的报告（一九三二年三月二十四日）

SC001

三月廿四日停战会议情形

今晨停战正式会议于十时在英总领馆开会，出席者英蓝使、美詹使、义代办、法银秘书（法使代表），日方重光、植田、田代、岛田，我方戴司令、黄参谋长及[illegible]共十一人。入座后植田首先起立致谢参加友邦代表努力促成今日会议之盛意。戴司令亦继起伸谢英使会同[illegible]襄助中日双方促成停战，系根据国联会议决议案之请求，此方为双方[illegible]之处[illegible]，于[illegible]努力并[illegible]本会议必能成功等语。[illegible]宣告开会。

植田首先发言，略谓数日前外交方面代表曾有[illegible]

本條件之商定但當覺寬洽兼顧停戰諸於完全
實有補充之必要日方已擬就草案特提出討論（此
項草案已另電達）並將草案分送侍覽兼當即表
示反對謂日前我方外交代表暨參加各友邦之代表由經
迭次之談話及兩次之會議業已議有基本原則並為
經由中日兩方代表分電本國政府核示認為本案今日
會議應以該項同意之基本原則為討論之根據日方所
提出另擬之草案既不合於會議程序且含有新政治性質之條文與停戰無關之
物事甚多決不能作為今日討論之根據如以為前經
同意之基本原則不甚完備則凡有關係之細目可以隨

2

SC002

附四 日方提出以法加入戴司令之屡次申述 今日停戰
会議只能討論有関停戰及日軍撤退之事件如取
締便衣隊及停止激刺民衆心理之行為等事一節均有
政治性質 本席為軍事代表所負責任係屬軍事性質只能討論与停戰及日
軍撤退程序有関之事項並謂我軍並無便衣隊可以負責声明
如允認在停戰協定內加入便衣隊字樣是無異自承有便
衣隊且便衣隊均係土匪或假冒名義貽害地方之徒随地皆有如日本浪人此在我
軍防線之內者一経査出即行拿办此有案可稽
是取締便衣隊在我方已為事実無庸再在協定內提及規
定等語日方仍甚堅持以為日軍曾受中国便衣隊之

實又從前釋放［有一次交換］中國俘虜時查見三十六名之中有

十名查明係便衣隊，被非在停戰期內［規定］便衣隊之取

締［問題］［條］停戰［完］不臻完全，雙方反覆辯

論時間極久，而日方仍不退讓，蔡當即聲明討論

此種有政治性質之問題，本人不能參預，英使聲［請留俟討論此案時先行］

次討論［第二］條，協為重光所阻，［托辭應先由雙方軍事代表會商交換意見］至午後一時

會議毫無結果而散，午後［三］時繼續會議，日方軍

事代表仍［堅持在協定內］加入便衣隊一條，我方堅不承允，［至此］

［植田竟對戴］司令謂，今日似可暫［作］休息，以使兩代表回

去考慮後再談，戴司令當即答以停戰已屬事實

第二条协定原案有完全实行字样所有一切敌对行为当然包括在内又意似甚充足日方提案实可不需

且要日军一撤则两国人民感情自然融洽恢复便衣队勇等问题均自然消灭今日双方以诚意赴会我方之不能容纳日方意见亦有我方之困难并无一允许在协定内加入便衣队字样并无承认有便衣队且我军负责取缔而取缔便衣队之责实应属于该范围军队不能负此责任日代表谅解并不可因此阻关重要之点使会议停顿阻等语植田方始不言去英美两使四点因意见加以归纳以为然英使乃将彼方之意见归纳拟就一条如下中日当局既已下令停战并双方协定于　日起实行停战双方军队

在贵官辖范围内停止一切敌对行为，询问于停战情形遇有疑问发生时由参加友邦之代表查明之。已植田允据回考虑后再议，遂讨论第一条中提议内第一条第一句 Pending later arrangements 字样，删去日方不允，坚持因为 Pending restoration of normal conditions 以免民众或外国误会，以我国军队在我国领土内之行动自由受有限制，我国主权受有妨害，而免阻碍本会议之进行，且修改字样亦无妨原来精神，此点极关重要，必须修改，但植田则坚持反对修改，谓应遵守原来协定，重要字句不能修改，为驳此我提修改不背原文精

4

頃與子文、少川兄等商議，關於此節不宜過於堅持，如不能[illegible]，删去則不如[illegible]，旧蓋使停戰安案有解決字樣，反不如將[illegible]本稿之影動

SC004

十、

首段弃言

神且條國日方之提案業經修改事同一律，为何不能經長時間之辯論後業經乃作成修案修改如下：During the cessation of hostilities and pending a final settlement, the Chinese troops will remain in their present positions，弟謂一植田亦終允携回考慮討論後告終結約定，次晨十時繼續會議。查今日會議情形，日方植田係首席代表，重光為副（田代副，重光不大発言，何以如此），實係軍人主持，會議恐難有結果，明日開會情形如何，當再續報。

郭泰祺关于三月二十五日停战会议情形的报告（一九三二年三月二十五日）

SC005

三月廿五日停战会议情形

今日上午十时续开本英总领馆续开停战会议，出席人员与昨同。华首先宣读日机廿三日飞杭侦察，并检闸北示威传单，继宣读十九路军电称昨日上午有日军数十人进至太仓附近新木桥等处，向我防线射击，伤我防兵一名，午后三时复来等语。植田谓今日会议席上不能讨论此项事件，只答以此系根据报告情形，请大家注意，并希望在此停战会议期间不再有挑衅行为，以免阻碍会议之进行。继即询问昨日拟就之首段条文，植田允携回考虑，并当日结果如何，植田请暂缓再议，遂续议第一条 "Pending later arrangements" 字样，前谓此项字样原意系指日军撤退之时期而言，有时间性，如认为含有限制中国军队在其领土内之行动自由，则我方万难承认，经双方反复辩论多时，前谓必须解释明白，以免误会，拟一声明如下："China accepts the phrase "Pending later arrangements" on the understanding that it does not imply any restriction upon the right of the Chinese Government to move its troops freely within Chinese territory upon the reestablishment of normal conditions in the area directly which" 以为接受上述字样之条件，余使对上项条件而定之权力根据九国条约维持赞助，英蓝使另拟声明文如下："It is understood that

6　SC006　二

並依重光提議，程方派黃參謀長，日方派田代，會同各國參觀之武官組織一小組委員會，將此線劃定於地圖之上，以資證明。

The agreement does not imply any permanent restriction of the movement of Chinese troops in Chinese territory. 第九條留考慮再議。遂由中國方面依據協定原案說明防線如下：由安亭經蓬閘鎮、素家渡、沙溪、支塘鎮、珍門廟至唐方橋為止。聲明中國方面以誠意將軍事地位告知日方，希望日方勿利用此項知識作軍事上計畫。繼即討論協定原案第二條，日方又擬用其提案撤兵程序改在附件規定，此條不應再有依據本協定之附件……等所列規定撤兵之一定程序字樣，中國認此項字樣之加入，早經重光同意在本文內敘明附件，更有根據本約最重要之問題

（一）第一步撤至公共租界及越界築路毗連地點（二）由上述地點至公共租界及越界築路地帶一步

係附件內之一定程序請問（一）協定簽字後日方何日可以開始撤兵（二）若干時間可以退至一月廿八日以前之原防（三）所謂公共租界及虹口越界築路附近毗連暫住地點究係何處應即照雙方規定植田認協定簽字後一星期內開始撤兵至第二道防線由第二道防線撤退至公共租界及虹口越界築路地帶則須視情形而定須六星期始能撤盡不能指定時間至撤退區域由分為兩個地帶俟日期問確定再行宣佈我方以一星期開始撤兵太遲六星期撤退第一地帶更覺太長勸以縮短期限早日安定人心恢復市面並回復兩國感情於日適

7

二二

SC007

商有利而各國均受其益及覆勅諭亦毫無結果反提出不相干之病人病馬問題謂於撤退時防有病重兵員及受傷戰馬不能移動為人道計請准暫留駐地並留醫藥員照料並若干兵士保護經雙方討論我方為人道主義計允准留醫藥員（病人病畜及醫藥人員由我方負責保護其安全）但兵士等不允留以免發生意外事端經英從旁擬成條如下

The joint Commission to be established under Article — will make any necessary arrangements for the care and subsequent evacuation of any invalids or injured animals that cannot be withdrawn at the time of evacuation. These may be detained at their positions together with the necessary medical personnel. The Chinese authorities will give protection to the above.

一时散会。午后三时续开会议，再讨论撤兵程序问题，事前申述并说明日方并请撤退区域比较不广，且轮舟铁轨道路均有交通便利，无须长久时日。太承日方仍坚持，不让并谓如勉订定，届时亦不到，反而不美。继又问我方特别警察已预备好否，我答以须向京电请北平保安队已抽调五百名，即日当来，当在途中，不久可到。重光谓据报中国方面须由北平调来者系兵士，非警察。我承认确系保安队，以原电被误述兵词。植田又谓日军撤退，中国警察须先来接收，否则日军先退，华警未来，则中间有

不接时期防有盗窃等事故须互协定为条件方好

如谓保安队係我自动声明之事不能作为條件且在

原案已规定令组委员会协同布置移交事宜

将来自可由该委员会办理无须多此一举经长时

间之讨论後英蓝使提议在原案第三条第二句末尾

加 who will take over as soon as the Japanese forces

withdraw 等字样日方所虑可以顾到美旋讨论至日方

说明防线一点田代会同黄参谋长强参加友邦之武官

等（即军事小组委员会）退席至另一房内（令最小组画定我方防

地之如此办法）商酌旋嗣英武官代表回席报告结果称日方

5008·2

書一定撤退防地，線為由獅子林經楊行鎮大場至真如（報告詳文另紙附上），本晚即宣言嚴厲反對，並鄭重聲明根據國聯會議決議案，日軍應撤退至一月廿八日以前原防，及根據前此雙方同意之停戰協定原案所允日軍暫住與毗連公共租界及虹口越界築路地帶原係為事實上之困難起見，今日方以如此遼遠距離之區域作為毗連地帶，與事實相差太遠。兩日以來經過四次會議，無論大小問題，談話直是無結果，今後畫定如此防地線，實屬方面難接受，以此情形雙方不特相距太遠，且從前已經同意之點亦被推翻，繼續討論，徒然廢時，予

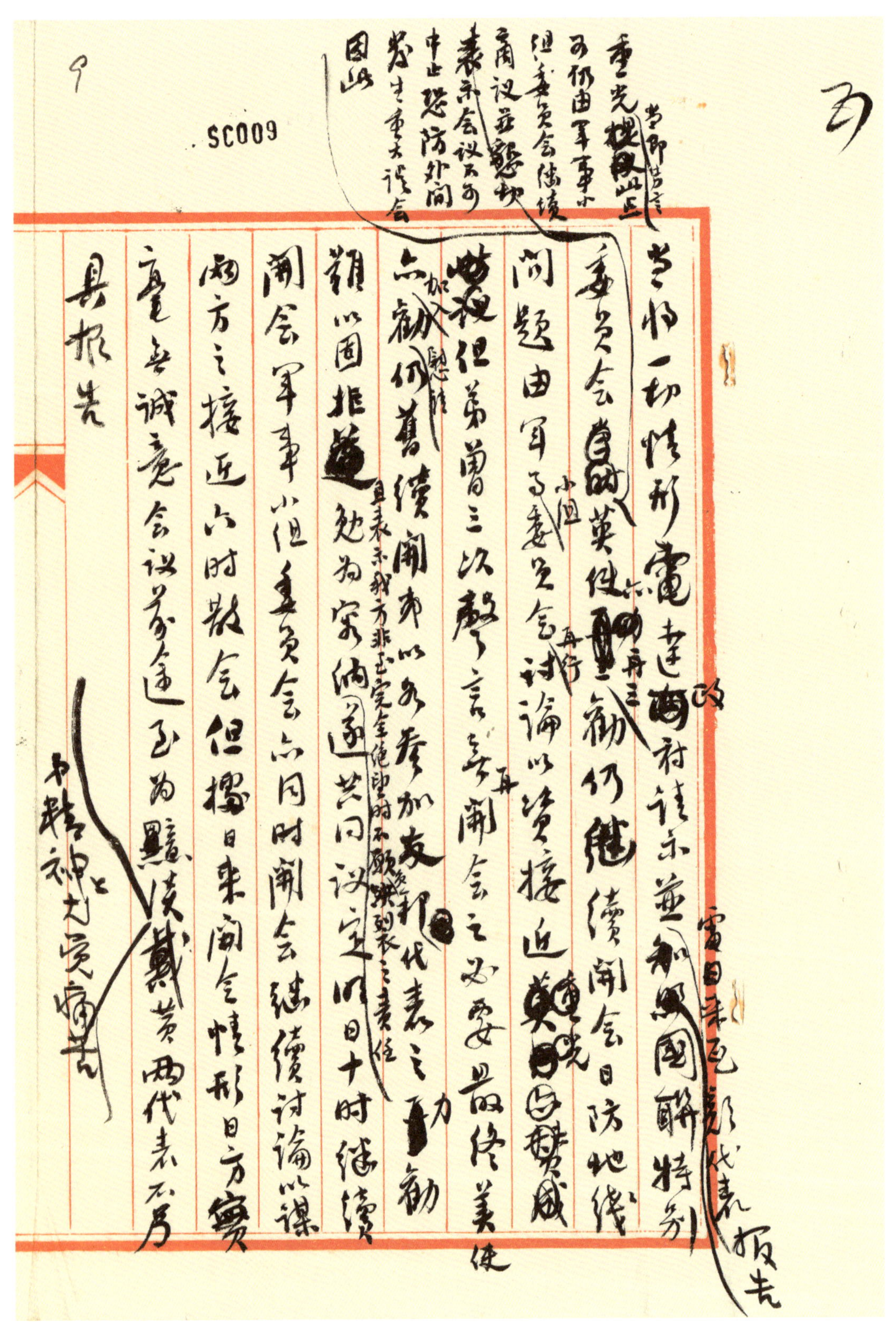

郭泰祺关于三月二十六日停战会议情形的报告（一九三二年三月二十六日）

三月廿六日停战会议情形

今晨十时停战会议在英总领馆继续开会出席人员与昨日同开会后首先讨论第三条及附件双方均认为妥惟植田提出日方草案第五条问我方之意见如何（植田说明用飞机侦察系为明瞭撤兵情形且系双方均用）我谓日方草案尚未经本会议及我方承认此点不能讨论但为优礼起见当将我方意见陈述以资答复我方以为（一）本会议之讨论事件自当以原协定草案为根据盖该草案曾经中日两方代表及参加国之友邦代表交换意见并经会议所产生之同意案件经中日两国政府核准故应严厉遵守不能变更（二）用飞机侦察在事实上实

S048-2

無必要。至原協定草案(甲)条所有疑問發生，由參加友邦之代表查明。兩國之關於撤兵之實行情形通有疑問，當然由參加友邦之代表查明，無須任何一方自用飛機偵察，因飛機偵察極易引起誤會，惹肇事端。有此之種種理由，故希望日方依據原協定草案之範圍根據討論，以免費時。植田謂

機偵察，不當答以國聯……

友邦代表參加……

余與重光公使談話時，業經詳細討論，故在原協定草

對於此層亦經

因方草案第三条係停戰協定根本精神所寄，以至用飛機偵察即所以……

疑點研究停止敵對之行為，且中立國參加代表之調查，不使……

討論……

案第一二兩條內均係自規定過有疑問發生由參加友
邦之代表查明之關於防綫或撤退地点發生疑問者
飭由參加友邦之代表查明且附件內并明定会組委
員会之職权綜上以觀草案原文已屬完備第并付季光
言語告植因以為原案不完備僅可提出補充但勿須另生枝節使為完整之意見起見
無須另提新案爭論頗久旋英擬成英文
如下 The Commission may in accordance with its decisions invoke
the assistance of the Representatives of the participating Friendly Powers in
arranging for reconnaissances by airplanes over such points as
may be considered necessary in order to ~~think~~ watch the performance

此明白规定

If the provisions for the cessation of hostilities 加於附件之末

日方允按照团长意再议，请於日方所提草案第六条第

即声言显说欢日方帅案全文似侧重停战敌对行为之一点，实则

停战敌对行为等于四月停止行动会之所议，专在撤兵，第六条实，此两点系因民族决议案

之点即双方停止敌对行为之协定草案所注意，

并讨论之必要，盖此时既已停战，应急其所当急，若如第六

条之防止启衅，则实为过虑，此为一根本要点，必须辨明，若此

点不辨明，则以后讨论将无意义。重光亦承认谓误解之点

为一根本问题，非原案所有，应不置论，第当毅之英使亦称

是。植田相继发言，谓第六条并非表示双方遵守停战谈判

之意，存之无害，第六条以停战久已实行，不过日方撤兵应乃当务之急

12

SC012

三

蓋擬兵即行以來停戰之完成與確定第六條有如此規定實應在此期中之植田[illegible]後駐防[illegible]為一年常事或中國軍來電述於重視實際情形而當局參移期間的諸非僅對第六條而查實於日方之合[illegible][illegible]重光所[illegible]之原案大有出入後與國聯大會決議精神相背馳故不得不申論及之，辯論[illegible]日方[illegible]至此日方因不復堅持，乃以其[illegible]辯論第七條[illegible]中日文並用而以英文為用，中英三文以英文為解釋標準[illegible]日方同意，會議至十二時散會，約定下次會議於下星期一廿八日上午十時舉行，小組委員會會議同時舉行，下午之兩後繼續會議，詳情另紙

廿日

根告再对会时重光出示此间报纸询以披露会

议情形本子书答称此次谈判系根据团体决议而参与

首全世界各国所属目非一秘密会议可比前数日以无具体结果

每次会议由会议草拟一简单公报交新闻界发表

日方捕翻 根本

完且恐妨碍会议进行故严守秘密昨日席上

情势之优越不得不酌量宣布以释群疑

日方既提出会议认为亦自有公开 董我方言

光照大臣

均有以已经达实而系开其秘密否认

日有许 报

如不相

日方相询

又顷据我方出席军事小组委员会之黄参谋长报告

会结果日方将狮子林杨行大场真如之线叙提

虬江湾闸北引翔乡四区为我驻地我方拒绝下午继续开会结果日方放弃在宝山[illegible]各区域所要求吴淞镇张华浜一带虬江湾闸北则保留再议引翔乡毗连租界为日军飞机场所在地力主非暂驻该地不可下星期一上午再继续开会又据（特别秘密）黄参谋报称英美武官密告黄参谋长云日方军队五万余马五千匹重炮百五十尊加以辎重事实上我方或须允许其暂时借用淞沪路以东之地段中央意见如何祈请示及以资应付

郭泰祺关于三月二十八日停战会议情形的报告（一九三二年三月二十八日）

SC015

连日会议结果，双方对於原协定草案不无增损之处，英使因於上星期休沐之暇，将双方提出之增加条文或删改字句综合一气，拟一新草案（附后），俾便讨论。今日之讨论，即以此为根据，讨论第一条时

三月廿八日停战会议情形

今日上午十时在英总领事署继续举行停战会议，出席人员与前日同。首由植田首先发言，谓新草案第一案内停止一切敌对行为文中应加入停止便衣队活动，盖便衣队在日本军中乃战斗行为之一种，其活动係多方面的，欲[illegible]中国说明其性质，明文列入草案。当即一味否认事实之中国并有便衣队之组织，前次宣言述之二十六人中有便衣队十人，在南京即其明证云云。[illegible]当局称，本日应按新草案讨论，不必多有[illegible]便衣队一层，在第一次会议中曾经五小时之讨论，说明我方军事代表曾再三声明我军实无便衣队

今菲岛事变提诚意之文，若相辅主列入，则我方亦可
提出证人以资对抗，如此徒增纠纷，几非本会之福。至
于三十六人之事，本人殊不明了，应请我方军事代表
解释。顷据司令部称，美述三十六人系军队方面枪杀，实
未将同日公安局……日方交还三十六人，其中四人实
系平民，日方所传实系便衣，盖系答之误。植田继言沈……华方……师长……部令
……令中曾有派便衣队之事，言时并我方所派……
发往……解释称我所派者系侦探而非便衣……
非根据条约，我国军队中必无便衣，依条约须着制服，其植田仍持其意
见，后又发陈说主张，根据新料宪进行讨论，君新之文新

16

SC016

二

则又意开倒车，将永无进步。至此英使摘言主张改 all hostile acts 为 all and every form of hostile act。弟称原文已极包括，广意毋庸更动。日方坚持要保留再议，我方亦须再考虑。旋讨论第二条，弟当声明新草案所载我方撤兵条文乃实英使所拟，我方原文与之微有出入，故本席仍主用我方自拟者。植田谓我方条文实嫌宽泛，大可不必。并询撤后地方常状态作何解释。弟当以商协撤后人心安定等之抽象言思答之。彼复询状态恢复系由何人决定。弟答以此系事实问题，双方当可同意，如有争执，将由参加友邦代表决。重光接称 pending later arrangement 之极明了撤兵来此

重光语口头上解释可以接受见之文字则不可植田语日方只有对内之困难

停战后只为避免商定时间起见自以附入「当能撤后」为宜在

彼个人间均无问题似无须此但恐是以为我国调动军队之主权受有限制在签字时不得不多

此一层文重光仍主不加英使乃提出采用于后于 arrangement 后加

upon the re-establishment of normal conditions in the areas dealt

with by this agreement. 而停战协定作为总论第 对此接受可照拟 植田提出第三条 出自日方所拟

用原文声明保留至此乃接议及第三条

第二号附件文如下 The withdrawal of the Japanese troops to the localities

indicated in annex III will be commenced within one week of the

coming into force of the agreement and will be completed in 4 weeks

from the commencement of the withdrawal. The joint Commission……

17

SC017

并（三号）附件为第三条要点，已将六星期撤兵期限减由前线撤完
为四星期，（其）以示诚意，并欲贵方缩短期限之意，甚为感谢
但目前最重要之点，乃在由前线撤退至公共租界及虹口越界筑路，恢复一月廿八日以前原状
并此点为国联会议决之……撤退，贵方所提附件对于此点应重要之
中日接壤地点最后本撤退日期，竟阙付缺如，未免相差太多，且违
与此国联会议之……尚不将此要
点列入退兵集议之手续，再先指出又提出根本要点，为
吾人非我提出，乃国联会议决议案及协定草案所已规定者，因于暂
时过字样，事先话时间甚短，不必规定，视情形如何即可早日
撤退，现不能预断，弟认此系最要之点，何时日方可以完全

撤兵：若谓须视地方情形为何方能撤，则吾人可断定，日军早撤一日，则地方情形早一日复元。若日军留驻西贡、海防及其附近，则地方情形不能复元，因情形不复元即不撤兵，则日方将永无撤兵之日。

撤至谷共(?)独界及红河越界等战斗地带以内，不只吾人极所欲知，即国联亦至所注意。英使并拟加入一段如下：The further withdrawal of the Japanese troops to the areas mentioned in the first sentence of Article III will be completed as soon as local conditions permit of such reductions in the numbers of said troops as will enable them to be accommodated in the said areas. 弟谓此即日方所说，均不能接受。重光谓此即余所能说之极限也。弟谓华军既无进攻日军之意，日方何须在沪留驻大军队[显似作援]，使人惊异，且违反前议精神。岛田参言：驻兵花钱甚钜，极愿早日撤退。弟谓既然如此，何不

3017-2

18

SC018

定期。余迭次与重光谈话时，渠始称因事实上之困难，故不能不有暂住之设，并无他意，守以暂住而发为视情形再撤退，如此解释，暂时字样是另加新意，且已非事实上困难之问题矣。余先欲修改第三条之文，以使容纳我方意见，事设不能修改，亦不用修改，余所得政府训令对日方撤兵偏以一月为期，但因知在事实有困难，故未尝提出，是出日方并无相难之意。双方屡辩论，仍无结果，时已一钟，遂暂休会。下午三时续开，来首先报告前後指挥蔡廷锴电称，自停战以後日军仍向陆渡桥、安亭、黄渡进逼，我军早已由安亭撤至庐宗浜，乃日军仍大队进击，请提出会议注意等语。植田否认进逼，并谓

要方不进来我方不进去云云，闻会议仍续议附件第五号第

除重申前说外，并记四日方所提附件对于第三条所说之

撤兵程序只做到一小部分，前之日军暂住公共租界及虹

口越界筑路毗连地点，系因日侨人数众多为事实之困

难起见，故有此举，然所谓暂时必须确定期限，至于安全以本地情状为

在撤之标准是带有政治性质，恐要发生误会，况日军

早撤则原状早复，如不撤则百不能恢复原状，故必须按

第三条条文办理，不得稍为变更，此点无商量之余地。

而日方仍坚持不让，不得已暂议第四条，重光谓本条共同

委员会证实双方撤退，而第五条则遇有疑义由参加友邦国代

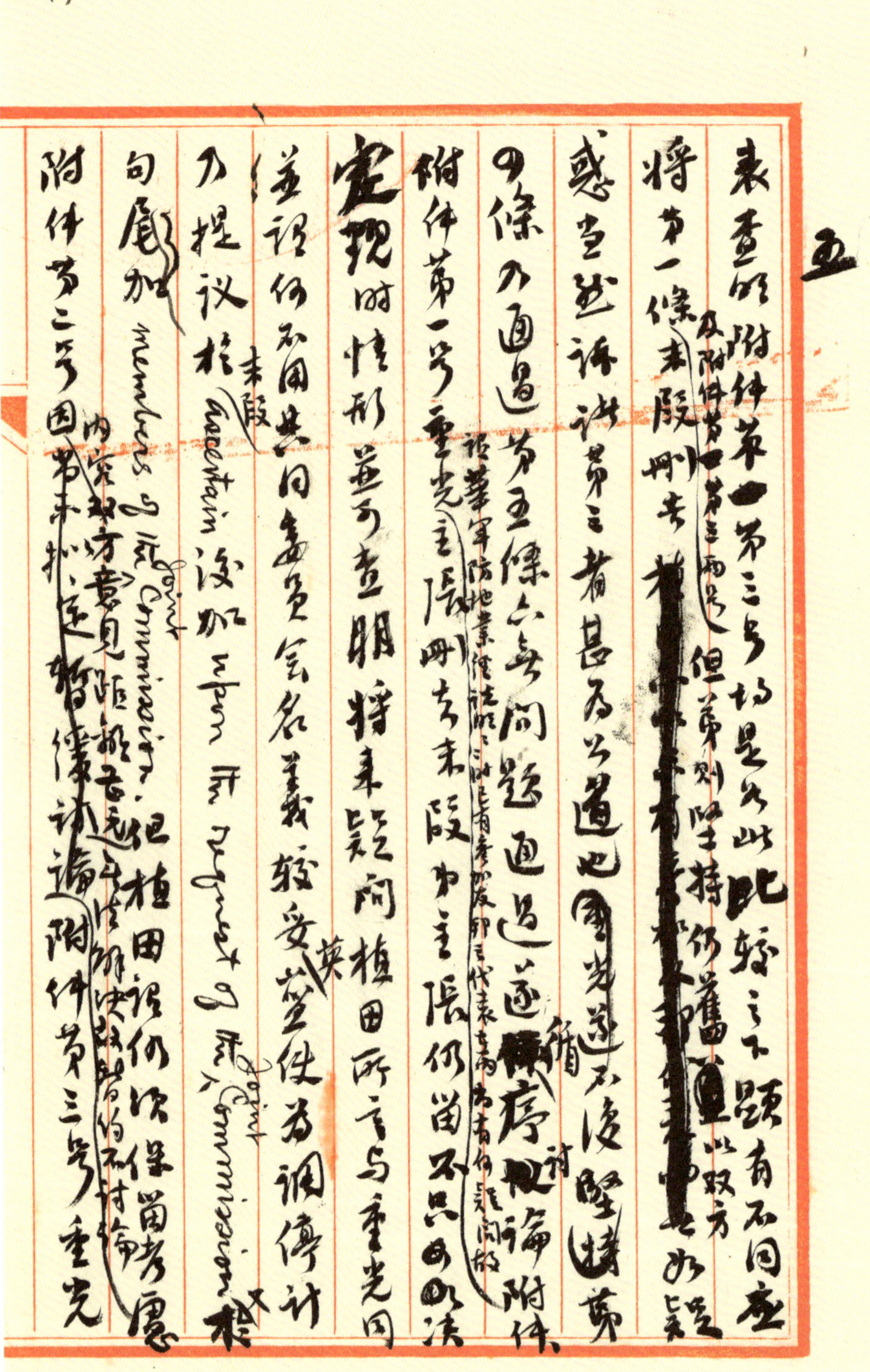
19

SC019

表查明附件第一第二号均是如此，比较之下显有不同，应将第一条末段删去，但第对附件特别注重以双方感受述语，讯第二者甚属必要也，因为前不复坚持第四条乃通过第五条其余问题通过，并讨论附件，附件第一号重光主张删去末段，中方主张仍留，不然如此决定现附情形并可查明将来疑问，植田所言与重光同并谓何不用共同委员会名义，较妥，英使为调停计乃提议于末段后加 upon the request of the Joint Commission 但植田谓何须保留考虑句，后加 members of the Joint Commission，附件第二号因第未拟定，暂缓讨论附件第三号，重光

主張删去末段理由同第一項末段堅持存留首次兩段除內
容實質外文字上通過附件第四項關於用飛機偵
察一節植田謂須修改爲於必要地點得以飛機偵察
其由中日委員會商後行之中謂此項意見與第一項日方所
提無甚差別已討論多時故有內之新草案
條文況允許對方用飛機偵察有妨我國之領空主權故
參加友邦代表互內認難容植田謂應先由雙方自行
用飛機偵察俟有疑問再由參加友邦代表查明中謂中國
如確有不履行停戰情形甚願第三國參加友邦之代表查明植
告余相信渠等決不偏袒中國余以爲新草案之方式

20

SC020

六

第请汝有怀疑
可由第三者查
察以昭允当事方面
由实参加

甚好 植田乃请参加友邦代表侦察时亦加入中日双方
代表刘沈侦察较为亲切适当 遇有使用飞机侦察
之必要时 每次须先得中国政府之许可方为合法 其
同委员会中有中国代表二人 即代表中国政府给予
许可在手续上并不困难 而在形式上则必须由 具
备主权者我国 关系不可不如此也 因拟于本附件之末
加添一句文如下 It will be necessary for the Chinese members
on behalf of the Chinese Government to signify their concurrence
which will not be unreasonably withheld. 日方亦保留异议
至此英国武官到会代表军事小组委员会报告 议

withheld

情形界称小组委员在会讨论之中设作战区域，缩小并设法
探索日方所需之区域究为何地，现已归缩至闸北
江湾两区，吾人曾询问日代日方在闸北所需
究为何地，据日代答称须与首席代表商议，俟星期三再
谈，因此遂休会。本日大会议据报后，乃询日代何时再开小组会
议，日代语星期三上午，众无异议，本会议遂于六时休会，约
定明晨十时继续开会
~~再截至今日止会议结果如后~~
~~第十条 保留~~
~~第十一条 保留~~

三月二十八日会议结果（一九三二年三月二十八日）

14

SC014

肖

会议结果　三月廿八日

截至今日止按照所附條款草案次序結果如下

第一條　保留

第二條　保留

第三條　第一項保留

第四條　通過

第五條　通過

附件第一項　第二段保留

附件第二条　保留

附件第三条　第二段保留

附件第四号

在讨论中

郭泰祺关于三月二十九日停战会议情形的报告（一九三二年三月二十九日）

21
SC021
三月廿九日停战会议情形
停战会议本日午前十时仍在英总领事馆举行，对方出席人员均与昨日同，首由英使蓝[illegible]发言，谓连日讨论计共时二十一小时又半之久，除不同重要之四五两条外，尚少进展。本人以友谊态度，盼双方对于小节勿过坚持，俾前会议较易开展云云。本席[illegible]对蓝使表示谢意[illegible]。会议进展颇困，我方所顾且我方对于小节每加[illegible]，对方辄提出新问题[illegible]。是我方对于会议进展实已尽力不少[illegible]。即使[illegible]问题於过去廿小时共计讨论竟[illegible]六小时之久[illegible]事[illegible]时间[illegible]。盖停战[illegible]协定[illegible]自动[illegible]，[illegible]撤兵一点，乃[illegible]本会[illegible]主席之友[illegible]

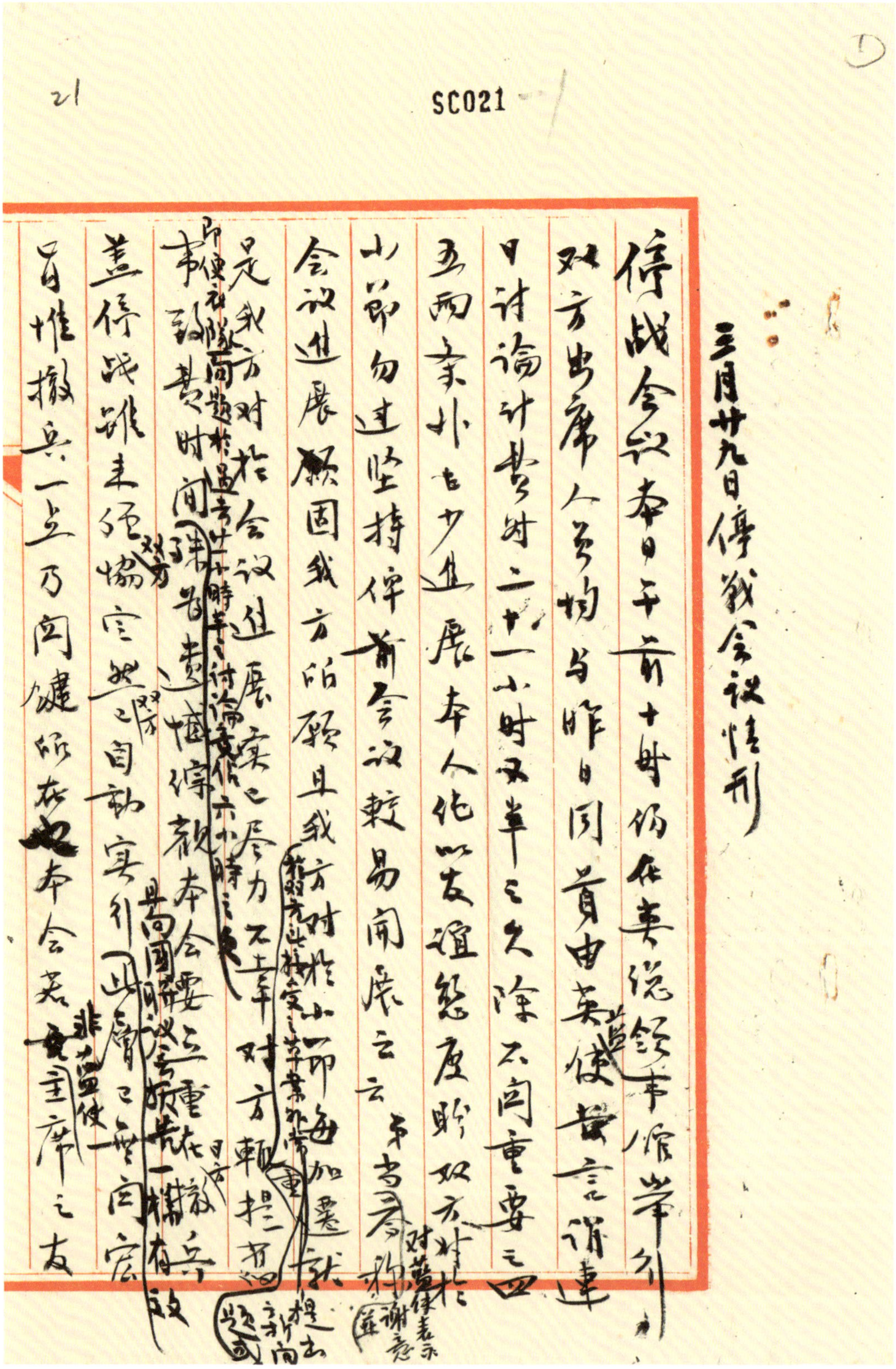

灵巧的运用

谊的斡旋，倘此小小结果亦不可得，本人推进应设

我方所会议人之所能致力者，主要之限期撤兵问题，迅谋解决

若不于一定期限内撤退，则上海附近之人民能受何福利，而家产庐墓亦不能安心

射之区域……对于本地……

第一问题于一小时半之讨论中毫无结果，又于半小时之讨论

对日方撤兵之期限亦不肯承认，是无诚意也

今日未有结果……植田亦答称：连日症结所在，乃地点及

期限二端，现既提交小组，亦当有时商量，敝方允将所

提六周内撤完，较昔四周迟，足见我之让步，亦无非表示诚

意，即有时间，所幸英使所拟此案之有过居之斡旋

第一条起讫，本首述第一条第二，明我方原案所无，后并

容纳日方意旨及让步，英使之修正，姑先列入，似无可

议之处，植田答称：便衣队问题，多费时间，贵方须亦

22

SC022

言及英既经蓝使说明 all and every form of hostile acts 包括便衣队在内，敌方若等重英使意见，声明同意一节，参以原文实已含糊，遗不必特提便衣队，若日方定要列入，则我亦当提及我方派人，如是殊不能费时而属无味。至此第一案宣告此项案通过。继议第二案，即所谓撤退使有权酌加有决定之早晚，并〔已〕提向南京请示，本日继续仍加保留。讨论第三案，即所谓我方主要原则，为第一日即恢复一月二十八日以前原状，至第二日乃因顾全事实，（暂驻昆山连区域一之）暂时容允将来撤退，前始自可按程计程明定日期，若日方不允明列期限，则本会将无法进行云云。重光接称，暂驻地点之交小组待其讨论

嘉附件五如日方之意，则第三条当无问题（同时须声明
中组除设地点 localities 外，亦须设文华军防线 [illegible]）弟
当答以撤兵系暂個的，中国不能容纳其程序之半。植
田谓时间与地点乃连带问题，在未设定地点以前，自
不能单独设定时限，于是本条仍归保留。至第四第
五两条昨已通过，今日再通过後，遂进而讨论附件，弟称附件
第一号我方对昨日之修正表示同意。植田谓该号第一
段实无必要，应作取消。弟谓以该段已讨论多日，[经双方全体 [illegible] 表] 且重之不、
无异议，何忽从昨日起始声言无存在之必要。植田答称
地点既定以後，如有疑问，可由当事者共同意见会查明，无须借由

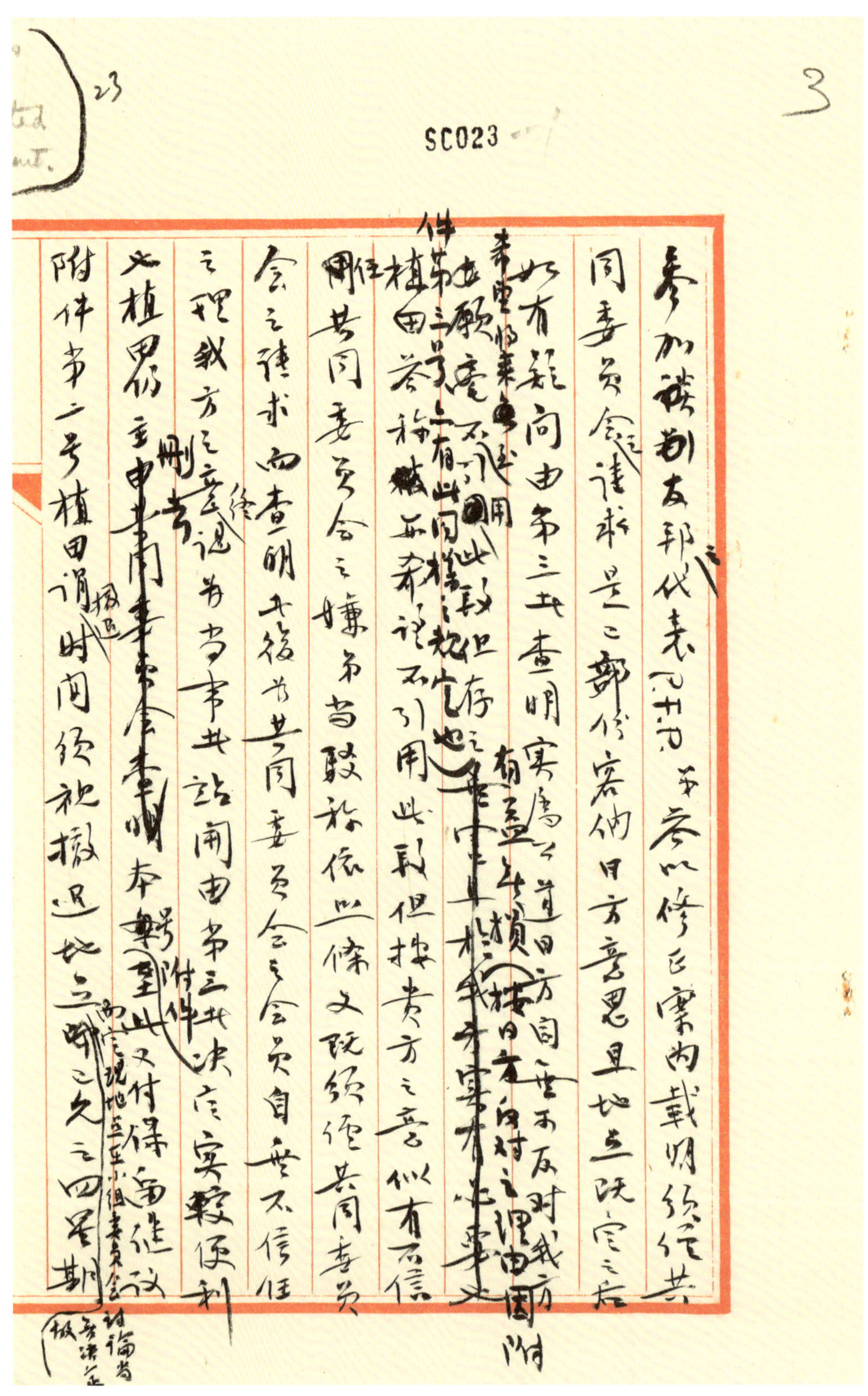
SC023

参加谈判友邦代表……并参以修正案内载明须从共同委员会之请求是之节。今容纳日方意思，且照……之后如有疑问，由第三者查明实……

The withdrawal from the adjacent localities to the International Settlements and extra Settlement roads as mentioned in Article III, will be completed within ...... weeks from the signing of this agreement

須加以詳為

而無加保留第四聲明於附件內加入下列一節：依本協定第三條日兵從虹口租界越界築路區域及毗連地帶區域之撤退應於本協定簽訂後……星期內完成之。

植復前之言之故方甚願早撤但時間不能決定須視情形而定

第當時貴方願意早撤此與我方意思相同至不能決定時間則在我方甚感困難此點前曾再三辯難

遷實以日兵一日不撤則國聯決議一日未實行與本協定第三條第隨之原則不能撤退區內並切撤退十五一日未實現且日兵不退地方當然不能恢復，人心無由安定有背本會目的有失我國立場

難承受接我國政府原擬提案本定一週內撤至租界及

日軍應於……星期

虹口越界築路

24

SC024

越界築路區域之毗連地點，再四月廿八日以前撤防（依諒解）

對方來書提出（有事實之困難）今日方仍久不宜於……彼此根本問題不能解決，於新州字相去更遠我方

實無從超越此困難（再行遷就恐會議難再進行）詳細謂貴方對敵方意見及敵方代表

地位恐仍有不明瞭之處，敵方實撤早撤，但以地方情況關係

決不能預定時間限制，貴代表將貴方提案當中不提

後對我方四周之意不堅持，足見貴代表於地方情形明

瞭事實困難，亦盼對敵方更加諒解之……參酌我方之先其

暫駐（日兵）數量……事實上不能容納，此點書能預計（日）

程明定期限，若地方情形則……我方……（而言實在……日兵之必要……）到此……英使擬令

擱言提出折衷條文如下：The further withdrawal of the Japanese troops to the areas mentioned in the first sentence of Article III will be completed as soon as local security permit such —— ——

密 时空
三刊

reductions in the numbers of the said troops as will enable them to be accommodated in the said areas. This will be effected as soon as possible in accordance with the spirit of the Resolution of March 4th and the discussions which preceded its adoption.

第叁对其所拟者详加了解考虑日方亦声明保留乃将第三条末（但允一定期限 我方总难同意）

加讨论仍照当保留致至附件第四号附第说明将维护领空

主权对飞机侦察须违背我方之言（即昨日之补充）英使谓

本协定决定飞机侦察案文对中国以 free will 参加决定（本协定）

俟（後經中國）政府批准自无损于主权 第仍以各点交国分享 share 主

权为虑斯时日方以昨日提出之新提案相进，并当声称日方

第一次提案已与新草案不同，今之新提案则相去更远我

方实难迁就并主张仍以新草案措辞至此兰使谓日方之

案拟予修正如下：："The Japanese and Chinese members may agree to the Commission to arrange for and undertake in such manner as it deems best reconnaissance by air over such points as may be considered necessary in order to watch the carrying out of the provisions regulating the cessation of hostilities. The Chinese members, on behalf of the Chinese Government, will signify their concurrence."

用打字打
此一段

对此似仍不满意州道歉
第并希查近令对方之言将 新案原文照修改如下 The signature of P.T.P.
春楚乃又就新州军修改如下 The Commission will in accordance with its decision intimate in manner as it seems best of articles I,II and of the question of the carrying out to this procedure
表示可接受但因与州已电东京所请诚有出入为此一切须在华盛顿作宣式设至
但日方仍不让步相异而散
此日午后一时许乃宣佈教会并约定明晨开小组会
议星期四晨续开大会

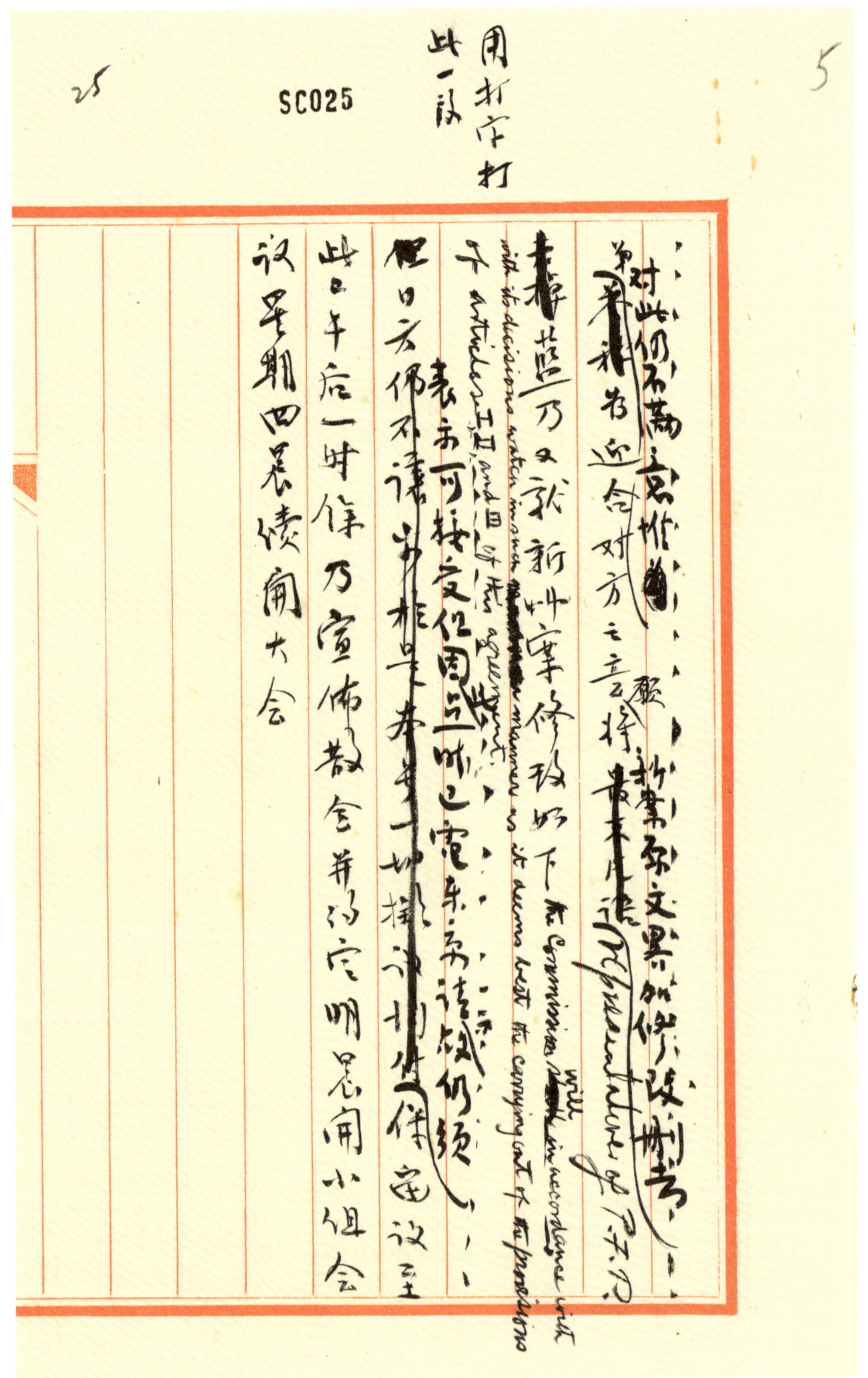

郭泰祺关于三月三十一日停战会议情形的报告（一九三二年三月三十一日）

SC026

开会时英使谓今日吾人先讨论重要之点，再讨论次要者，各人意见如何，余均谓仍以先将次要各点解决，然后再讨论重要之点为宜，遂开讨论

三月卅一日停战会议情形

今晨十时停战会议继续在英总领事馆开会，出席人员与前同。新公开案第一条业经通过，今日首讨论第二条，英使主张用其所加字样 upon the re-establishment of normal conditions in the areas dealt with by this Agreement，惠同其所拟之中国方面声明一段第二语拟加字样似可勿须，或将 upon 一字改为 concerning，经英使所拟声明仍不足以表示我方意思。英使谓 concerning 一字与意义不妥，查光则称原文已甚清楚，句须加条字或附声明来说明白，相告我政府之意系添加字样附带我方声明，俾相原

未作为本方协议提议中国方面为保持民众说话可

以单方向会议宣言解释暂时性质对六条不反对讨论

请界原文连英蓝使所加字样通过

条文如下

The Chinese troops will remain in their present positions pending later arrangements upon the re-establishment of normal conditions in the areas dealt with by this Agreement. The aforesaid positions are indicated in Annex I to this Agreement.

并附中国之宣言如下

Declaration by the Chinese Delegation.

During the time of discussion, the Chinese Delegation made

英蓝使谓照此讨论第一条时日本要加入任何队字样 and 增加 form of 四字时日方宣称以证为便于队之活动亦包括在内即可接受会议遂为照定以此法条遂即通过今日对于本案均不亦假此处理耶

本委会议席上者均系签字九国条约国及系国际联盟会员国对于中国之领土主权之完整自当尊重而不……会议以外……人心同即激如不说明易滋误会

27

SC027

to the meeting a declaration to the following effect:—

It is understood that nothing in this Agreement implies any permanent restriction on the movements of Chinese troops in Chinese territory.

会议亦表示接受。至此第二条遂完全解决。第三条仍保留未议，第四第五两条暂经通过，无问题。继议附件，讨论附件第一号，英蓝使谓应付此号之困难，何不亦用应付第二条之敏捷。重光谓困于本号之末段与第三号之末段相同，方有一法律上之困难点，即吾人是否可以承受他国人员视察我军防地而无本国人员参加是也。此纯係法律问题，业向东京请训，亟俟覆到再

被市认此係日方片面立场至我方对并无此项困难除非第三者对我

前方防卫兒案

第一号及第三号未提均保留继续讨论附件第二号市认

双方应此会议係以至诚谋局势之解决以便平常状态

迅速恢复两国感情与通商实深[illegible]敦信日方亦同此见

解然欲达到此共同目的必须移去我国人民所曾经

我方上

受之痛苦损失及种种刺激之观念设日军仍驻

此

本土其唯一之结果只有使中国人民永不能忘其疮痛

实足以阻碍平常状态之恢复使中日两方之共同目

及两国感情

的不能达到再对吾人认为上海常态已逐日恢复之中

在

鉴於现时租界当局业已决定取销戒严钟点是其

而租界商家亦决定恢复营业

明訴吾人深信除事实上之困难外日军决無暂借(在以其)租界
及越界築路(实無留驻大部军队之其他)连地点之理由日方当局[illegible](很)能规定一
全完撤退之期限(之)关于期限问题我方已极度优容故
未曾定要(期限)日履行(郎以)而让日方自(商)定以此则日方应迅定
全撤期限否则人心不安(激剂仍留)市面不復(常态亦不能恢復)殊不足以促成吾人共同
之目的也植田說其代表所云上海常態日渐恢復[illegible]已为
顾虑此層固是我国軍隊撤退原因之一但是(现时)尚未達
到可以完全撤退之情况與其要(中国)人民忘却戰时之
痛苦無寧使[illegible]國(消滅以往)肇事之原因以能消滅肇事原
因則自然無駐兵之必要現時尚未到此程度故尚未

說定完全撤退時期也重光復述植田之言並舉今日西文報所載[illegible]消息一段內稱中國各報社會謂再度發生之抗日運動之言論現時之不穩情況及現時之中日會議有何結果仍將對日長期抵抗繼續進行此等言論均屬一致受近日寧粵雙方領袖之決議案所鼓勵等語以證明現時情況尚未許定完全撤退之時期如詳貴方對此點消息自然有其見解但自我方立場觀之鏟除此項運動其最良之效果莫如日軍迅定一完全撤退期限表示並無其用之惡意蓋外軍在境最足以刺激人心發生惡感而阻礙常態之恢復故日軍一日不離華境華人一日不能平心靜氣若是因[illegible]

果吾人曾经迭次表明对於租界及外人之生命财产毫无仇视之意，即在最困难之时期，吾人仍保持理智忍耐，尊重租界之中立与外人之安全暨生命财产，对於此节政府与人民均属一致，外人无容怀疑，此点在战事激烈时期已经证实，可以尝後日使之言，英美重光语已往不谈，只谈现在事实以何之应付耳。英美使参言，程双方所言均有甚高见，双方意思亦都互堪钦佩。中国要求撤兵有定期，而日本则坚持不必有定期，视情形而定迅速撤退。两方各执相持不下，

英首相……实有一段

to the areas mentioned in the first sentence of Article III will be

The further withdrawal of the Japanese troops

completed as soon as [illegible] of local security permit

reductions in numbers of the said troops as will enable them to be accommodated in the said areas. This will be effected as soon as possible in accordance with the spirit of the Resolution of March 4th and the discussions which preceded its adoption.

●研究或能获得圆满办法今日重申此旨颇为注意本

以其文字过于空洞对时期限一点毫未提及实不能

满足我方要求因签之贵使所有提案本席亦不提

纳此条列属于例外耳以前次会议本席亦有提案

一条但为日方拒绝致造成今日之困难中国政府认

SC030

五

为难以逾越。今日方以地方安全为全撤之標准，则於此處我方認为日兵现时已可全撤，其不肯者大有政治内幕也。戴司令向請双方開会，纯本至誠，貴方主張暫駐西比里區域撤退，大民衆已有疑懼，但區域之大小或为事实上所必需，然將定期限实可商量，倘不定日期，則暫时守標作为視情形而定，則未免過於空洞，民衆更加懷疑。本席之意实單定期完全撤退，以最短之期限为最好。至此義，庶使發言諸双方均有真实之困难，但以本会議席上之群賢畢集，豈竟一籌莫展？本席以为調停有法想打開僵局，謹加入莫使之籲懇，希望双方渡過此難関，重光

以暂时字样为双方共同之点其市府争持要件乃言
且研究案之提案如不能用再试用其他方法双方坚
持已堪惋惜也本人赞成先讨论他题植田谓适才
戴代表之意思很是明白(一)说我方所要地方是大(二)撤兵
又无定期使民众怀疑查我方军队数目众多与所要地
方比较地方已属很小当预备会时双方均承认有此需要现时
不能不顾及之至会内所议之件内容外间如何能知晓必系
看报上所登的暂时两字是很明白的无驻兵的意
思戴司令答称附近两字无界限因毗连两字有界限故
外交代表已订明毗连字样暂住区域不能不说明并

31

SC031

日军人数众多固了实上困难尚可通融至撤退必须定期并无暂时二字漫无界限不特民众怀疑即我等在席上亦不能不怀疑也至报纸记载内容并非我方发表但对于人民的采纳是要宣布的况我方以人民为主不能不顾及民意本席以为视情形而撤退过于空洞

植田谓区域问题在小组讨论若在大会内讨论更为困难

至撤退一层我们很愿撤退贵方以我方之主张视情形不能定期为不然并试及关贵方何时恢复常态贵方亦可示一定期限可谓在我方看起来日军可以即时撤退租界当局已取缔戒严铺店商民亦已决定复业

The Commission will in accordance with its decisions watch, in such manner as it deems best, the carrying out of the provisions of Art. I, II & III of this Agreement

上海常状已復，毫無疑义，租界安全，毫無顧慮。
中国政府与人民向極为重视租界之中立与安全，并保護外人之
生命财产，在战事期间最困难时期内，仍十分忍耐，毫
無違反上述两节之行为，足资佐证。所以地方情形为
撤兵之標准，则我方决不能容纳。並且日军一日不撤，则常
態一日不復，日军早撤，则常態早復，两国感情与通
商均可早日回復也。议至此，英公使提议讨论附件
第四号未议和词（法方拟议），中国方面可以接受，但日方则谓现
正電東京请示，須俟覆再议。十二时二十分散会，约定
星期六上午十时續開会议。

郭泰祺关于四月二日停战会议情形的报告（一九三二年四月二日）

SC032

32

四月二日停战会议情形

今日上午十时停战会议续在英总领事馆开会，出席人员与前同。英蓝使首先发言，谓上次会议业将第二条全条通过，进步甚好，今日亦希望有同样进步。现在由有附件第一、第三两号之末段及第四号之末段为待解决事，先请阅。于第一节、三节两号末段，英方谓法律上之点未能接受者，俟奉到东京训令可以接受。遂一致通过。关于第四号末段，植田谓该段内含有可以使用飞机之意义，但文字上并未书明。停战区域地面广大，非用飞机不能侦察，倘日方认为有用飞机侦察之必要时，希望亦以同委员会可以允准中

该观段由委员会以贯彻为最善方法字样，意义甚广
（删去：……委员会……凡经委员会决议者……）英使亦云然。
逐一磋商，遂使该现在除附件第二号外余俱解决。
中日暂住之区连地点问题与完全撤退日期系相依
相联的。植田谓关于日期英方有无好办法，中谓此次停
战撤兵会议，其根本目的系在图谋和平，迅速结束战事，
俾可迅速恢复双方感情上之商务上及种种其他之关系，
凡是可以促进此目的者皆应迅速努力去做，凡是足以阻碍
达到此目的者皆应努力除去。我方已经屡次说过，此次
战事我国人民所受痛苦，双方各均所深知，故必须早日移

SC033

二

去戰後劫痕使其可以安心從事地方上之善後工作早日恢復常態我方最

重要的表示即是貴方指定完全撤退期限此層不止與

我方有利即與貴方亦有利蓋為消弭糾紛案撤兵亦

有定期現在何獨不然植田謂由毘連地點撤退至租

界須視地方安全情形而定而貴方既不能指定何日

全滬善後事件與此次情形兩樣不能相提並論

可以恢復原狀日方豈能亦不能指定最後撤退日期本

謂本席前已說過上海已逐漸恢復原狀如租界已取

銷戒嚴鐘點一日商店不少已回來中國商店業已開市凡此

種種皆是上海已恢復原狀之表示再就上海租界[illegible]

微特無仇視之意抑且

全問題而言中國政府與人民始終一致[illegible]尊重租界

中立區之安全並極力加意保護界內界外之外人之生命財產此層在我方
最激烈民情最昂激之時已能證明況現在原狀恢復更
無問題矣我方要求日軍定期撤完亦即完成原狀恢復
步驟之最後一步重光謂日僑在租界界外者有被華人甚至華
軍攻擊之虞現時常態日漸恢復因承認但……人
以為日軍留駐可使日僑較為放心我謂撤退後有特別
保安隊可以保護但重光仍以為未足我謂中國之意極
誠摯昨日日方發言人竟表示日軍撤永不撤退之
表示與日方堅不肯限期之態度益使吾人對於日方誠意……
退中國人民一日不能恢復其冷靜之頭腦至保護日僑

之生命财产，中国政府自当负责。凡事应以事实为断，此次日本纵使东三省，吾国人民极为愤慨，然以吾国之于日人在吾国之众，而在此期内日人生命财产上所受之损害极属细微，可以证明吾人保护日侨之注意周密。重光谓损害甚多，而况以之比较侨居朝鲜之中国人民之生命财产在万宝山案发生后所受之损失，诚不可以道里计。朝鲜亦日本之一部，设中日易地而处，又将如何？比较而言，中国政府在最困难时期内实已尽其保护之责矣。为使吾人不必详讨此保护的程度问题，最好且议别其余问题，于附件第二号余所拟加入之一段如何加以稍修改

加入期限，则重光仍主不能定期，重申前论不误。（我方可接受）

日方因策英国侨民之安全，坚持留驻太平洋（?）……但此种办法是否对乎？

英方目的则撤驻，英方目的系在通商，而通商则须

靠非中国人民之好感，如民众不能去其疑虑，何能生友

好之感情？是则日侨通商之目的完全失败。盖友好

感情乃通商之必需条件也。如对此两点一不予促成，无

果自破败其目的。重光谓在协定内订明期限，即谓如

不定期限，中国人民不能放心，不能冷静。重光谓济南事件

延两年之久，尚谓希望此济案之修而非济案之始。日方

须在半道与吾人相就，方可。英益任乃谓吾拟折衷

关于附件第四二号首段仍旧加入，弟所拟一段及修改语暂时字样太过空洞，不能接受，国家生命甚长，百年一瞬，亦可作为暂时解释也。重光乃谓实系考虑，但是否能在条文或附件内加入期限表示同意，现尚待东京训令，未便表示意见，而谓大会一时既无解决办法，何不另将期限问题交一小组讨论，重光以为可交军事小组讨论，但英使及弟均以为此非军事专门问题，由另一小组研究文字上之起草为宜。盖在会议席上双方已觉其难，谓不如此或不足以打开僵局也。重光谓是否须小组讨论，且俟下次会议时再定。盖亦在此期间东京训令或可到也。至此英使乃提议於本星期末休沐之暇，将一星期以来草案参详之

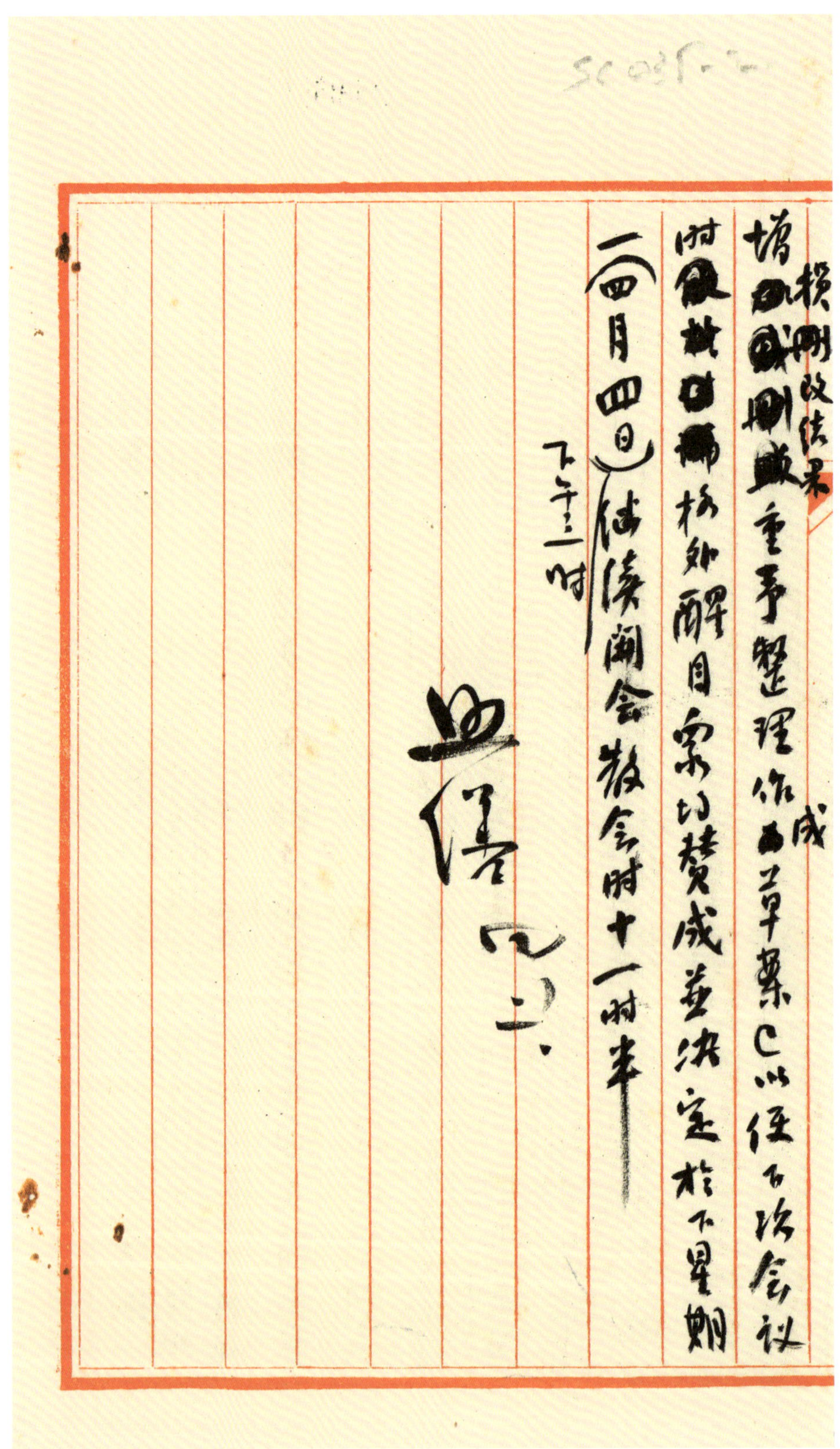

根据删改结果重予整理作成草案以供下次会议

附……外聘目录均赞成并决定于下星期

一（四月四日）继续开会

散会时十一时半

SC036

36

四月四日停戰會議情形

今日下午三時停戰會議續在英總領事館開會出席人員與前同英藍使謂上星期末休休之暇所作成新草案已想各人已得到一份植田謂已收到但附件第四號內四星期之限因與撤退地點有關該項地點現在軍事小組內討論尚未決定因此四星期之限尚須保留特為聲明英使謂誠然此不過草案耳植田謂暫駐地點問題在小組內雙方討論甚有進步但現發生一重要問題即蘇州河以南及浦東華軍防地之說明華方以此兩地與戰事無關不肯說明故代表以為此係根本第一要件必須決定茲請植田代

表提出苏州河以南及浦东我军防地问题中国方面闻
之殊深诧异此两处不在本会议以范围以内亦且双方未提及
上星期五各国公使参会时各国武官报告此节亦均
极为诧异盖苏州河以南及浦东两方面始终未曾与日
军发生冲突现在说明防地须以曾发生过冲突之地及军队
为限否则以范围太广无论在何处之中国军队日方均可
要求说明驻扎地矣在原则上中国决不能承认植田所预备
会上并未有限制说明的地方本会议宗旨是完全停战关于苏州河
以及浦东我军驻地问题小组内已曾提及贵方代表说电
政府请示并非如贵代表现时所说为新问题也该两处

37　SC037　二

我军防地如不说明，则我军于后面侧面均可来袭，于敌军实为危险。敌军系保护侨民，如我军可随时来袭，则不能达到保侨之目的。若谓适才说过此系原则问题，不能讨论，本会讨论范围只以曾经发生过衝突之地点为（及参加战斗之军队）限，苏州河以南及浦东直至今日并未提过，决对不能承认。如以护保侨民为理由，即可要求中国说明任何驻军地点，不特范围过广，抑且于我国领土主权均有妨碍。苏州河以南及浦东两处地点及军队均未曾与日方发生过接（此点有重大问题，不能讨论）触，不特在原则上即在事实上亦不能讨论。植田谓郭代表说中国代表未曾提过苏州河以南及浦东地方華軍駐地問題，但是否提過，一查便知。至於又日軍以保僑為理由，要求中國說明何以駐軍地點範圍太大，其實日方所要求亦以上海停戰之地為範圍，不至如此之廣。蓋不說明恐日軍受危險，而又不能達到停戰會議目的，故須說明定。於協定之內，此節至為要緊。弟誤對於此點，我方意思業經明顯，此小組會議內曾經提及，係此組逾越範圍，不能承認，此係原則問題。至日方語恐側面後面有危險一節，不只在原則上不能提出討論，即在事實上亦相隔太遠。我方自始至終完全係自衛，受人攻擊，方始抵抗，決未進攻他人，[illegible]日方此節[illegible]慮至于

38

SC038

三

实上也不会有两立原则上我方决不能承认讨论此点希望贵方明白此项争执惟有请参加友邦代表解释耳植田谓贵代表说中国军係自卫未曾进攻不能承认且亦不敢保将来不进攻浦江对岸不必一定大军来攻即以擾亦可打到由此看来敌军将其侧面后面均有危险如苏州河以东及浦东华军驻地不说明恐不能达到停战目的最好在附件第一号内说明但贵方又不同意现在且说附件第二号之完全撤退期限问题贵方希望我方指定期限现我方自拟动声明上次会议所提另组小组委员会一节可以不必声明书文如下

The Japanese Government take this

opportunity to declare that, as soon as the local conditions in and around Shanghai so improve as to afford a sense of security to the Japanese nationals as regards the protection of their lives, property and lawful pursuits, the Japanese troops will be further withdrawn to the International Settlement and the extra-Settlement roads in the Hongkew district as before the incident of January 28, 1932.

市谓本席有一句话要问植田将军，我们是讨论撤兵而植田将军再

的说撤退只退至固以达地点后面侧面将来如有危险一再

的说将来云云，观此语气似预备久驻不退而设为预备

久駐根本上不必發生此項顧慮，應請答復。植田謂：我国軍隊撤退，使兩国軍隊分開，不至衝突，只有單一方面分開，並不完全，必須蘇州河以南及浦東亦分開，停戰方得完全。至於表代說久駐一節，日軍並無久駐之意，蓋該浦東隔一江，已天然分開，江中又有日本兵艦，且又有法租界相隔，兩方軍隊始終未有發生衝突，未曾發生過衝突之軍隊及地点，當然不在本会議範圍之內。敵方對於停戰完全誠意，既是停戰，則已戰之軍隊且已停戰，其未戰之軍隊焉有再出來挑戰之理。日方顧慮不近情理，係決無此故，在原則上及事實上此問題均不能討論。植田謂：郭代表以浦江為天然隔離，其實人亦渡

過確是不易但不說大砲即以小槍亦可打到 負有兵艦亦
不能防止兵艦亦可被打故須阻止此項危險方能放心若方（不是）
道說過浦東及蘇州河以南兵軍隊現在不是要求撤退是
要求說明 戴司令（語）不曾說過蘇州河以南及浦東兵軍
陳 英藍使語請注意第一條內有 cease all and every
form of hostile act 完全停戰之意思已（甚）見 重光語誠然
但現討論之點係植田所提兩地是否在第二條所稱中
國軍隊防地之內即（交）小組討論者是也 又在軍事上有無（是否須說明之必）
說明之必要即須說明 中語在戰爭時吾人未曾（一次）開過
浦東及蘇州河以南地方以資進攻 重光語貴方代曾說

蘇州河以南無軍隊 英美使亦以為問 弟答以不能奉答

英美使說據法代表意見可於第一條第二句 cease 之後加

around Shanghai 二字意義即十分完全 弟以此兩字牽

入我區以外地點（張民宗誤會）不能接受 且原文意思已足（不應發生問題）今加入新地

點及新軍隊誠屬多事 英美使說第一條之意義已足

加入二字無甚關係 英美使之張加入以安日方之心 植田說

加入二字意義更完全（不必接受）至蘇州河以南及浦東華軍駐地位

不說明一節 尚須考慮 弟說第一條已經通過 不必討論也

如要加入兩字 我方接受 日方不提蘇州河以南及浦東駐軍地位 再

請英國聯絡作到 則我方亦可接受 至此植田說此點暫且

此點牽涉原則問題 且超越本會議範圍

關於完全撤退一節之　仍無一定期限

擱置且先說日方自動宣言本說日方宣言並不足使

第三條較為明瞭，但重光植田均稱此係日方商議多時之

結果，此是很大讓步，力謂我方主張要在協定內規定日

軍完全撤退日期，今以宣言出之，在形式上已與我方

意見不合，再則撤兵仍無定期，在內容上亦復相去甚

遠。重光植田堅以定期為難，少談關於定期，我方願以貴方

商定，不自定限期，已是十分圓融體諒，貴方可諒解，至於協定內還不過

某某日撤完，當不可。惟重光謂如定期到時不能撤退，

豈不失信，如此謂係特別情形，所另一問題，可以不論，況日兵一撤

原狀即恢復，何並有意料以外之事，且貴方表示願

邦亦助恢復原状对恢復原状之第一要莫甚於定期完全撤退安定人心恢復市面不止对中国有利即对全世界均有好印相也植田谓我方已極讓步希望我方亦極讓步此種宣言以形式言已離開協定範圍須請示政府我国民衆对本席責備甚嚴已見今日各報如再讓步不堅持定期恐無以对民衆帥被打矣植田谓貴方要撤廢方定期完全撤退但完全撤退須視地方情形而定今日之声明書即表示撤兵誠意如谓对於貴方有兩点要再說明者(一)用声明書而在協定内規定在形式上已相離甚遠且無一定期限内容亦相去過甚(二)要地方恢復原状日軍駐在一天即不能恢復一天日軍早

撤一天，則原狀早恢復一天，是循環的。定期全撤，與貴國保僑通商之旨符合。植田謂敝方之所書，貴方認為不滿，但在敝方已是很讓步，撤兵不擬定，貨不能說定期限。戴司令謂吾所書太空洞，原狀恢復須日軍撤退而後能。日軍不撤退，人心不安定，不能恢復原狀，故必須定期。又如不定期，則安全狀態已復，而日方認為未復，豈非又生爭執。植田謂照此說法，則到期時縱常態未復，亦須撤退矣。戴謂現已無何亞，尚有此顧慮。植田謂華租兩界為戒嚴，戴司令謂因日軍未撤之故。雙方反覆辯論，真毫無結果。英藍使乃謂自開會以來，此係第十一次（第三星期），共費三十六小時

七

SC042

现时双方不能同意之点只此一点双方必须尽量交换意见期于散会前有具体方式可供研讨或在日方宣言之未加添时期以偿中国之希望电先询可否考虑日方宣言中所谓之一定期限则不能考虑本席已让步至极端民情愤慨我方困知贵方有困难但我方之困尤难牺牲大并在战事上我人所受损失极大且较日方多也更提议在日宣言后加 which they expect to be able to complete

within …… 1932字样我方可予考虑日方仍难接受意英蓝使乃提议我方将日方宣言请示南京日方删将我方加于字样请示东京谓可以照办但南京政府

训令对五期限甚是，此切惟恐未能让芳植田亦认

东京训令已甚明白，始为请示，但恐不能满意答复，

再六时半散会，约定星期四上午十时再续开会。

而谓本会议之有无结果，全视东京之覆训。旋

英美两使均劝重光竭力向东京疏解，俾会议有成功，

希望不使天下人失望，重光复以此意告植田。

此传

一行密阅陆参赞长

南京外交部一行两日陆参赞寸

郭泰祺关于四月七日停战会议情形的报告（一九三二年四月七日）

四月七日停战会议情形

今日上午十时停战会议仍在英总领事馆开会，出席人员与前同。植田首先发言，谓协定第一条加上海周围字样，敝方不反对，但敝方在原则上认苏州以西及浦东华方驻军确在协定第一条及附件第一号范围之内，贵方不以为然，是敝方不能承认，但使贵方有困难，不便在协定或附件内说明，大可以其他方式表示之。申说关于第一条原文之意义详而且尽，本不须加添字样，但因日方坚欲我方说明苏州以西及浦东驻军地位，请代表拉加添上海周围字样以便容纳。日方主张我方以日方要求说明苏州以西及

浦东华军驻地方发生新问题，牵涉原则问题，盖中（并对日军撤退诚意）
国在其领土内驻军不容他国过问，昨已反覆说明（再则冥然参入不在协定范围以内之新问题，使民众方面必抱怀疑而起反感）
承认讨论，但为东亚和平起见，曾表示如日方不提苏州
河以南及浦东驻军问题，该代表所拟添加之字样可以接受（则中国方面对）
敌方今日之立场仍是如此，现时我们应实事求是，迅速讨论（唯一应）其
（厥由）第三条，该条明白说明日军应撤至一月廿八日以前原防，惟因
事实上之困难，故许暂驻所谓毗连地点，而在会议讨论
中日方语气显露欲久居毗连地点之意，双方争执此
系焦点。日军在毗连地点既是暂住（在事实上），我必有考虑其后面侧
面，当在战争激烈期间我方未曾利用苏州河以南及浦

上项已注明

二

东駐军以後日方说有恃狙界及浦江以为天然之間隔耶 苏真申明在原則上不能承認日方要求我方说明苏州以南及浦东駐军防地植田问苏州以南及浦东问题双方業經及處讨论苏问贵方此兩處究竟是否在第一條範圍以内乃認當然不在範圍以内停战会议以範圍以當[illegible]我有關係之軍隊及區域为限中国軍隊在其領土内随處皆有豈能如要求说明植田请贵方以苏州以南及浦东不在第一条範圍内日方不能承認如杭州等地可谓太遠此兩處在上海附近必須列入範圍第一条加入上海週圍字樣足見大家都有此意如有困難说明方式不妨稍為変通双方争执無

法进展，英蓝使乃谓现有两個方法可打開僵局：(一)此点
留俟再议，(二)详细分晰苏州河南中国驻军防线，曾忆中
国方面说过浦东无军队，如谓因此点发生原则上问题，不
能再继续讨论，且于事实问题上亦无讨论之必要。协定
第一條节三向已足敷用，如有对停战疑问发生时，可依据该约规定
由参加友邦代表查明之。植田仍坚持要我方说明，如谓此点关于俾得达完全停战目的
已经再三申述，不必多说了，以要早日达到完全停战目的，
最好军早日完全撤退回国，国联会议决议案本会议协定
草案均对停战撤兵相提并论，停战业经实行，现下
最要问题即是完全撤退，恢复一月廿八日以前原状，惟

因予实上之困难，故许日军暂驻田比连地点，此不过附带的，而主要之点则在全撤。况系暂驻，仍须顾虑侧方后方。植田谓：贵方以日军全撤问题与此点相提并论，徒增复杂。况暂住昆连地点，乃协定所许，本谓并不复杂。国联会议决议案及协定草案对停战撤兵相依相提并论，第三条允予暂住，但应从观全条文意，如主要之点在回复，自背以前原状暂住原因只是人数众多之实上困难问题而已，并无其他问题（如日方情形、日侨安全等等），以此为范围讨论，更为简单。植田谓：贵方对于敌方意思恐有误会。敌方系要达到完全停战目的，我军一面撤退，贵军一面驻定双方方可不至再有接触，而达到完全停战目的。如中

国驻军地位不说明则日军驻地亦不能定戴司令谓苏州河以
南向有军队现仍有军队驻扎但未曾与日方发生接触
至浦东方面若本有驻军因避免与日军冲突故已调走如
日方要求说明纳入协定范围以内且以后我军不能进驻该处矣植田谓浦
东现有若干军队戴司令答称不多但在原则上言苏州河以
南及浦东方面既未曾接触字样不应提植田又问是否凡
未曾接触过的军队概不在内亦谓当然不在内否则全国
军队其驻地均须说明矣植田谓只说战区附近军队在苏
州河以南及浦东者未说该二处我方军队驻扎地点在事实上贵方实已明瞭
在原则上不应议及植田谓如说明防地仅限于苏州河以北

西河之南及浦东均不在内则实成大问题。蒋谓日方纯从军事立场上观察，我方则从原则上观察，实不能再讨论理由，业经反覆说明，无法再说。我方从原则上观察实系一大问题，第一条第三句已有机关，将来如有问题可以运用。植田谓此问题很重大，应再说明苏州河以南及浦东均在本协定范围以内。郭谓我方曾经再三声明，凡未曾参加战争之军队及地点不在协定范围以内，在原则上说不能有问题，在事实上说不至有问题。植田又谓从原则上言，在苏州河以南及浦东军队须在协定以内，并受其拘束。郭谓余已再三说明，以曾经参战过之军队为限，苏州河以南及浦东华军情形日方已知之，不並再說明此次南京政府訓令亦未提及此兩要案，無法再討論。至此英藍使乃謂第一條上海週圍字樣適用於一切軍隊，蓋此條有一般的拘束力，豈無違反停戰之可能，此係一問題。至蘇州河以南及浦東駐中國軍是否亦加說明，又係另一問題，且係一般問題。以華人觀之，日軍撤退以後，有蘇州河及滬租界隔開，日軍側面不足虞。重光謂植田心中以為滬租界至蘇州河之間有一段閘口地方，如不說明中國軍隊可以由彼闖入，使日軍側面堪虞。英藍使謂既是如此，僅限於說明該段，即可滿植田將軍之意矣。重光謂日方要有保護耳，至方式可隨便。英使謂第一條已足敷用，不須已擬請示政府給予保證可也。英使主張交軍事小組一併研究妥善解決方法。植田謂實際問題可交小組

研究原则问题则仍保留在大会讨论中谓如在小组原则上无妨碍之范围内觅得一事实上可以使贵方满意之方法固属甚善但贵方所谓原则不知何指至我方所谓原则乃指中国军队在本国领土战事地区内有自由调动之权之原则也植田谓我国军队在领土内自可随便调动不生问题但在停战区域内只限于苏州河以北实为未定所谓原则即指苏州河以南及浦东军队之是否在协定范围以内之原则耳我谓此问题交小组讨论总方案暂不植田亦同意英蓝使乃提议双方各将其意见以关于此点之会议纪录刊改其小组之代表于草议中谓关于第二条当有一定日期通过此条

时中国方面有宣言一段业经会议接受兹再表明蒙认各异议英公使拟讨论附件第二号但植田以为丢此正为告一段落彼攻再议遂约定饭后三时续开会议散会十二时一刻（下午三时续开会议）

48　SC048　六

下午會議摘要

下午三时继續開會，植田首詢我方請示對其上次所提之重大聲明書政府有何意見。弟答稱：上次會議討論第三条及附件第二号時，日方所提聲明書，本人當即表明形式上內容上均不满意。蓋就形式言，不在協定之內；就內容言，仍未明定期限，均不足以饜我方之望也。其時因拘其公使之請，故向南京請示。現覆訓已到，所言與本人當日表示相同，且進而對於地方情形及日僑安全兩点有所解釋，其意謂地方情形所及政治性質，且在原則上係一新問題，不在原定範圍以內，至

於第三條第二項我方之所以應允日軍暫駐毗連區
域之一節，僅因日軍人數眾多，租界一時不敷容納，並
非他故，未涉及地方情形及日僑安全問題。日方宣言措辭與之不合。至日僑安全問題
日內瓦開會時，雖曾論及，但係日方片面之詞，然我國對此早已準備
自動調北平保安隊維持治安，在該會議
時即已聲明，足見我之努力，日方當可無慮，且我國對
於租界安全毫無侵犯之意，且維持尊重其中之安全，此在戰時，
已足証明，我國自有算信，今後更以保安隊，尤足見我方
辦理週密，日方應無疑問。我方認為關鍵所在厥為
明定日軍最後撤退期限一點，蓋非如此不能使該條條

又等於殘缺，即本會目的無未實現。現日軍暫駐院绝非事實上之困難，則將來撤退開始人數當然日少，自可按程計算，預定期限。至於超越範圍之新問題，應不置論，且預備會議時雙方已相約不復重提出新的要求，則向題之梅田轉稱貴方對敝方聲明書既不能同意，並敝方立場業經累次詳明，毋庸贅述。一言以蔽之，最後一步之撤退不能限期，須視情形而定。貴方謂對於保僑業已盡力，寔則事變前後日僑均有遭受損害情事，敝軍此次來華原為保僑，自當以常態恢復僑民安全為撤退條件，因此不能預定期

限，但願早日撤退。弟當答稱：貴方所提僑民被害乃一
新問題，撤兵一政治問題，談到損害，則我國人民所受損害
奚啻僑民。雙方既議定我三條原則為限，今若加入新
新問題，不獨違反前議，抑且有背國聯決議之精神，
此點前已再三解釋。植田答稱：貴方保僑之言，聞之欣（貴方標語仍有攻擊我方共我方）
悅，但仍以僑民安全為慮。重光插言謂：並未提出何種新
問題，日軍暫駐（係）見之協定。至此弟乃宣讀三條全文，並聲
明日駐兵暨撤退地點乃容納其剩餘問題（守備）以解決其一時事（實）
實上之困難，為使擴詢日方東京訓令。重光答稱東京（今日日方顯然有第三條首句罷兵不願而但屬第二句但言實惟令至精神中不合）
困其地位之困難，迭次訓令尚允明定時間。弟笑謂我方為

八

SC050

50

境艰难较日更甚美使乃转询弟对日方声明及其修正有何意见弟答以此系另一新问题出原定三条办法之外美使谓诚然但为双方谋接近不得不如此并弟谓日方宣言不独政治上生一新问题抑开一奇例盖不啻为保护租界内之日侨而须驻军于我领土之内也至此美使乃声言惟有下述三项办法（alternative H）（一）接受日方声明书但附入时间限制（二）对日方宣言表示同意并附以华方之宣言或保留（即停战会议之结果）（三）关于撤兵时间对其他均不同意弟谓第一项办法第二条原文既附入时间为此方情形及日侨安全等之原因其尚及新问题有背于国联议案精神不能开意限制但因其带有新问题点等于在限制之外因之意弟二项办法更不如前者因内阁不能接受第三条外似应其余审是本会议将陷于失败地位

SC050-2

但本会议系根据国联决议案而召集，而友邦代表亦系根据国联决议案而参加。今遇此僵局，应由中日双方并请友邦代表将所有经过情形报告国联，会所日内瓦相距遥远，情境复不如上海之深切，或可得一公正解决。我方此次出席会议，实具诚意，以前种种遇事让步，尤足证实。但时已至此，如不议定，则有背协定草案原议及国联决议案，且我民众亦必认政府为丧权失败之政，此时只有坚持不允，无法进行讨论。惟有将全部经过打开僵局，此外不过停顿谈判，决定我国祗有将经过原委报告，本会议决议，要使谓各提议方谓第四条经过纯意请报告国联，足以表明我等已无能为，我等惟有静待我等

九

SC051

政府後命，倒不如对此争点再擬折衷另想办法。美使詹森或将散劃如此殊堪遗憾，我等为避免此种不幸之局势，及法意代表均同此見。植田亦称指责国联固有道遠心情的好處，但究不免隔膜的地方，且对善意協助的友邦代表亦不甚妥，故不能同意。本人对友邦代表之努力應致謝意，对於会议前途仍希待有结果，爲起稱本人对於四友邦代表之友谊的斡旋應致謝意与敬意。本人之[illegible]所以提議無指责国联讓非捐損教之意，实以讨论至此山窮水盡不得不另闢途徑，如有其他方法，无不樂於讨論。至植田将軍声明頗有结果，本人實具同情，我方國常以诚挚的態度、謙讓的胸懷以從事會议，如英使

另出共: alternatives (1) and (2)

alternative (1) The Japanese government take this oppor-tunity to declare that, as soon as local conditions in and around Shanghai so improve as to afford a sense of security to Japanese nationals as regards the protection of their ~~nationals~~ lives, property and lawful pursuits — and they hope that condition will have so improved within six months or sooner — the Japanese troops will be further withdrawn to the International Settlement and the Extra-settlement roads in the Hongkew district as before the

the incident of Jan. 28th, 1932.

Alternative (2)

The Chinese Government, in taking note of the declaration of the Japanese government that (quote Japanese declaration) hereby place on record their understanding that the terms of the present Agreement for rendering definite the cessation of hostilities and regulating the withdrawal of the Japanese forces in accordance with the resolution of the assembly of the League of Nations of March 4th will not be finally implemented until the Japanese troops have been withdrawn to the International Settlement and the Extra-settlement roads in the Hongkew district as before the incident of Jan. 28th, 1932, in accordance with the provisions of Article III of this Agreement.

再者请示对上次谈话之日方声明如加最后一次之补充表示而以接受书即否认并辩称上次对其形式及内容均已声明不满且系单系一种同意之函或述允许政府谈判方面之结果无言示并说明我方求一简明之声明如辞意含糊尚待解释并不能接受并无以对民众之因即将日方拟定声明如下：

53　　SC053—1

重光仍主用其原有声明，并谓与国联决议并无冲突（人数太多）

谓如第三条原文字义不合，日方除因事实上困难外，立即撤

弟以为若依我之解释，本周盖我退出日应无条件撤

（四月廿六以前之原状）无不得藉口担保侨等安全也。英美使询弟对其所拟折

衷方案之意见，弟谓无论(一)(二)均无纳入我方之意，与我政府今早寄

来训令不合，英使方另加修正，作为alternative II A. 弟

SC253-2

全部功之经过和平及促成中日和谐之表申求迹希望美及法意代表使美使

表示廿日稿好作[illegible]仍不足以助我签字美使谓此亦所以迎合中国之意弟谓仍无明白期限本人不能签字恐我国政府亦不能为我一人签字本人记得日方对我方代表之声明能表同意重要之谓不能（美专家等谓如不能明定时限之）则请提而求方请示我方并将日方提议请示政府令则请贵方将我方意见亦向贵方政府请示一道如其不能则即提交十一日举行之国联特别委员会议此时法代表在拟一折衷声明书並双方阅后同意将其原文如下：

至此美使请双方将Alternatives I II III各向政府请示

弟谓廿六月期限太长我政府必不接受但为尊重友邦（恐均不能接受）好意起见亦可请示但此项折衷办法均与我方训令相距此应明白声明共文。重光时机请示亦不可对其将代

临时提出至五六时一刻宣告散会约定星期六下午再开

郭泰祺关于四月九日停战会议情形的报告（一九三二年四月九日）

四月九日停战會議情形

今日下午五时停战会议续在英总领事馆开会出席人员与前同英蓝使首先发言问上次会议有三项办法双方允请示政府现在结果如何植田谓三案均与我方向来主张不同但一方为各公使美意一方为希望本会议有好结果故已接受三案中之第一案第二案关于该三案本席于上次会议席上允为请示政府时业经切实声明该三案不能满足我方之意因与政府训令意旨相违背恐难接受之办法为友邦参加代表之美意故姑允为之耳现在结果政府覆训已到对该三案深感不满意并该三案对我方所

要求款之最后拟定期限始终未得确实解决，日政府所接
受之第一案虽有期限，而其外务大臣则解释谓六个月非
最后撤退期限，乃地方情形改善之期限，与我方意见相
去更远。英美乃出示东京九日日本联合社消息一则（原文附后），重光谓如并
英方解释之不同耳，东京政府方有一办法，兹特提出
遂将电示方式提出。重光反对，谓前次会议英方对日
我方所提宣言已表示加一限期即可接受，今日方所接
受之第一案与之大致相同，而英方又不同意，另提新案，
谓关于前次日方宣言我方十分满意，日本政府又不能接受，
事恐现提并非新案，不过修改字句，略有出入耳

55

SC055-1

二

至此英使主張設法使双方接近，并詢弟對於第一案措辭有何異議，弟答以措辭除及日僑生命之保護及安全一点不能同意，蓋因於此点我方已有單獨自動的声明，并後自動調來北平保安隊以資保護，是日方聲明中無須及此。何況人數安全以有程度的差異，殊無絕對的標準，將來安全與否必因主觀的不同而生爭執，且事實上日僑業得安全，若声明中附入安全，向逕除徒然引起我方民众懷疑外，實無其他用處。英使乃稱綜觀双方意見，所異者(一)日方主張附入安全，華方僅允說及常態；(二)日方措辭用武裝，華方則用

SC055-2

Expect 日方所提六月，华方减为四月，二者相距不远，不难接近。重光参称其数日之讨论，惟得前日之三案，意以为择一而行可已，不料尚须寻章摘句，讥为费时费事。英使谓然，则曷不以第一案原文作基础，更行修辞，以期符合双方意旨？弟即声言本人推市政府并未附入何项意见，今政府之不同意，实以其不能满足民意。重光笑谓该案原为不满日方之意。英使于是作成一折衷方式，时美使实赞助之，并谓安全无绝对观念，如此（指normal言）包括日方之意，其原文如下：

ALTERNATIVE I.

The Japanese Government take this opportunity to declare that, as soon as local conditions in and around Shanghai return to normal—and they hope that conditions will have so returned within six months or sooner—the Japanese troops will be further withdrawn to the International Settlement and the Extra-Settlement roads in the Hongkew district as before the incident of January 28th, 1932.

SC056

三

弟吉參稱此項修正尚須請示政府，盖其異乎本最訓令。重光則謂弟復開倒車，弟答以係根據英美二使之修正進行討論，弟一案係開倒車之提議。重光接稱該案彼已接受，是華方之另生枝節，弟謂實則安全問題，我方已有聲明，且調動係安隊，何況事實上即為保僑，亦無留駐大軍之必要，按之華北國[illegible]協定上，則更無外國軍隊留駐布國領土之理，故提出安全問題實於協定內，為貴方之節外生枝，徒退不進，致我方不復堅持固定時間，已為十分讓步，即允日軍之暫駐，無非顧全事實際外還就吾人之再度請訓，實以超出訓令範

SC056-2

团乃讨论後，沈要之举非欲扩大多事。市云：重光答称：协定内未列明撤兵之时限，实则第三条业已订明日军係暂驻。至此，市復询以联合社之东京电讯是否日方官方果有此项解释，重光当即否认。市谓：恐不尽然。彼答：其言当可置信。市谓：贵方此项消息徒然引起我方民众怀疑，是置我方代表於困境，英使亦不直该社所为。重光復对该项消息切实否认，并示歉意，并谓以後如有类似传述……

（此处两行经涂改：……重光於村提及第二三两案……；……不再就……英美之使……）

第一案原案请示政府。重光则谓彼方前之提议

57　SC057-1

但政府能否接受尚属疑问

已属勉强，彭再引请示英使仍能多请示节
答称我政府对于事实容易同意，惟对时间之由
六月改为四月，措辞亦大加修正，故我方不能再提向南
京请示，英使笑称重光谓值此最
后努力，如双方对请示一层不能同意，则吾人惟有另行设法
向政府报告，且国联十一日特别委员会开会亦必急待此
间消息，但郭人对彼能以会议进行消息见告甚此美
使言力言双方相距过远，吾人应致力以促成协定
英使乃询重光可否以华方请示之事报告东京并询
其对于本日修正之意见，重光答称昨之请示今后改

変根深恐較之又況實有未便美使搁言謂未應由
双方祈之一方單独負之則無意义重光轉詢美使謂
我方之立（第三條修正）究何所指英使答称六月政四月一節暂不置
議僅對於 return to normal 之字樣提出請求而之節即声
言本人对於昨今兩次消息不知係何所指未必再重光
（今晨以）至此數言彼方代表為境之困难語久於今晚八时
以電話通知英使告以我方再向若干請求議至此（第一　意義稍我方請求與否於待此信決定）
止六时五十五分宣告散会（約定）
如双方均允接受於下星期一

附聯合社消息本文一紙

午後三时再开

另引寫

58

SC058

第一條

中日當局，既經下令停戰，茲雙方協定，自一千九百三十二年　　日起，實行停戰。雙方軍隊盡其力之所及，在上海週圍，停止一切及各種敵對行爲。關於停戰情形，遇有疑問發生時，由與會友邦代表查明之。

第二條

中國軍隊，在本協定所述區域內之常態恢復，未經決定辦法以前，留駐其現在防地。此項防地，在本協定附件第一號內列明之。（華方聲明，本協定對於中國軍隊在其領土內之調動，并不含有任何永久之限制，合併聲明。）

第三條

日本軍隊撤退至公共租界暨虹口越界築路地帶，一如一九三二年一月二十八日事變以前之原狀・但鑒於須待容納之日軍人數衆多，有若干部隊，可暫時駐紮於上述區域之毗連地點・此項地點，在本協定附件第二號內列明之・

第四條

爲證明雙方之撤退起見，設立共同委員會，列入與會友邦代表爲委員・該委員會並協助佈置撤退之日軍與接管之中國警察間移交事宜，以便日軍撤退時，中國警察立即接管・該委員會之組織，及其辦事程序，在本協定附件第三號內訂明之・

第五條

本協定自簽字之日起，發生效力・

本協定用中・日・英・三國文字繕成，如意義上發生疑義時，或

或中・日・英・三文間發生有不同之意義時，應以英文本爲準・

60

SC060

年　月　日訂於上海

中日代表簽署

見證人（依據國際聯合會大會三月四日決議案與會友邦代表）簽署

協助談判之各

附件第一號

本協定第二條所規定之中國軍隊防地如下；

查照附黏上海區郵政地圖（比例尺十五萬分之一）由安亭鎮正南，蘇州河北岸之一點起，沿安亭鎮東最小浜之西岸至望仙橋，由此北過小浜至沙頭東四基羅米突之一點，再由此西北上至揚子江邊之滸浦口，并包括滸浦口在內。

關於此項防地，遇有疑問發生時，經共同委員會之請求，由與會友邦代表委員查明之。

SC062

附件第二號

本協定第三條所規定之地點如下；

此項地點，在附黏四地圖各別標誌爲A，B，C，D，并稱爲一二三四各地點。

地點（一）見A圖　　雙方訂明：（甲）吳淞鎮不在此地點內（乙）日本不干涉淞滬鐵路暨該路工廠之工作。

地點（二）見B圖　　雙方訂明：萬國跑馬場東北約一英里許之中國公墓，不在日軍暫用地點之內。

地點（三）見C圖　　雙方訂明；曹家寨及三友織布廠，不在此地點之內。

地點（四）見D圖　　雙方訂明：暫用地點，包括日本公墓及墓東入口之路在內。

關於此項地點，遇有疑問發生時，經共同委員會之請求，由與會友邦代表委員查明之。

日本軍隊向上列地點之撤退，於本協定簽字後一星期內開始，並於開始撤退起，四星期內撤完。

依照第四條所設之共同委員會，對於撤退時不能移去之殘疾病人或受傷牲畜，醫藥人員，得遺留原地，由中國當局給予保護。

採取必要辦法以資照料并办理其日後之撤退事宜此項人畜連同必需之

64

SC064

附件第三號

共同委員會，以委員十二人組成之。中日兩政府暨依據國際聯合會大會三月四日決議案，與會友邦代表即英，美，法，義，各公使，各派文武官吏代表各一人爲委員。各委員依照委員會之決定，於必要時，得雇用助理員若干人，所有關於程序事宜，由委員會斟酌辦理；其決定以過半數行之。遇可否相等時，主席有投票取決權。主席由委員會內與會友邦代表委員中選舉之。委員會依照其決定，以其認爲最善之方法，監視本協定第一，第二，第三，各條之履行；並對於履行上述各條之規定，有任何疏懈之時，有促使注意之權。

SC065

65

日支停戰協定案

日支兩軍ハ左ノ通協定ス。

第一條

日支兩軍ハ昭和七年三月　日午前（後）　時ヨリ一切ノ戰鬪行爲（別衣隊ノ活動ヲ含ム）ヲ停止ス。

停戰中日支兩軍ハ各他方ノ名譽ヲ毀損シ又ハ民心ヲ刺戟スルカ如キ一切ノ言動ヲ爲サヽルヘシ。

第二條

支那軍ハ後日ノ取極アル迄其ノ現駐ノ地點ニ止マルヘシ。

前項ノ地點ハ附屬書第一ノ通トス。

第三條

66

SC066

日本軍ハ昭和七年一月二十八日ノ事變前ニ於ケルカ如ク共同租界及虹口方面ニ在ル租界外擴張道路ニ撤收スヘシ。尤モ收容セラルヘキ日本軍ノ數ニ鑑ミ前記地域ノ附近ノ地方ニモ當分ノ間駐屯セシメラルヘキモノトス。

前項ノ地方ハ附屬書第二ノ通トス。

第四條

兩軍ノ撤收ヲ認證スル爲參加友好國ヲ代表スル委員ヲ含ム共同委員會ヲ設置スヘシ。

右委員會ハ撤收日本軍ヨリ交代支那警察ヘノ引繼ニ關シテモ協力スヘシ。

右委員會ノ構成及手續ハ附屬書第四ノ定ムル所ニ依ル。

67

SC067

第五條

日支兩軍ハ停戰實行ノ確否ヲ監視スル爲必要ニ應シ所要ノ地點ニ對シ飛行機ニ依ル偵察ヲ行フコトヲ得。

右偵察ニ使用スル飛行機ハ左ニ定ムル標識ヲ附セラルヘシ。

日本軍使用ノモノ

支那軍使用ノモノ

第六條

日支兩軍ノ何レカノ一方カ本協定ニ定ムル條項ニ違反スル場合他ノ一方ハ本協定ヲ遵守スル義務ナキモノトス。

第七條

本協定ハ其ノ調印ノ日ヨリ效力ヲ生スヘシ。

68

SC068

本協定ハ日本語及支那語ノ本文各二通ヲ作成ス。

68

SC069

附屬書

一、附屬書第二ニ定ムル地方ヘノ日本軍ノ撤收ハ停戰協定實施ノ日ヨリ一週間以內ニ開始スルモノトス。

右撤收ニ際シ收容シ難キ患者又ハ病馬發生シタル場合ニハ衛生機關（若干ノ護衛ヲ附ス）ト共ニ現駐地ニ殘置スルコトアルヘシ。

右ニ對シテハ支那官憲ハ保護ヲ與フヘシ。

二、日本軍ノ撤去セル地域ニハ支那側ニ於テ本協定調印後　日以內ニ協定第四條第二項ニ定ムル交代特別警察隊ヲ配置スヘシ。

70

SC070

附屬書

共同委員會ハ日本國政府、支那國政府竝昭和七年三月四日國際聯盟總會決議ニ從ヒ本商議ニ助力セル友好國ノ代表者タル米國、英國、佛國及伊國ノ支那駐劄ノ外交代表者ノ各ノ代表者タル文官及武官各一名宛即チ十二名ノ委員ニ依リ構成セラルヘシ。

委員會ノ決定ニ從ヒ共同委員會ノ委員ハ隨時其ノ必要ト認ムル數ノ補助員ヲ使用ス。手續ニ關スル總テノ事項ハ委員會ノ裁量ニ委ネラルヘク、委員會ノ決定ハ多數決ニ依リテ決セラレ議長ハ決定投票權ヲ有スヘシ。議長ハ委員會ニ依リ參加友好國ヲ代表スル委員中ヨリ選出セラルヘシ。

71

SC071

支那國政府ノ別個聲明（停戰協定成立前又ハ之ト同時ニ發出セラルヘキモ本協定ニ附屬セス）

一般事態ヲ平靜ニシ且事變ノ影響ヲ受ケタル地域ノ安定及平常狀態ノ速ナル回復ヲ確保スル目的ヲ以テ、支那國政府ハ上海租界附近ノ撤兵地域ニ於ケル平和及秩序ノ維持ノ爲ニ自ラ進テ特別警察隊ヲ設置シ其ノ警察官及指導官トシテ專門家ヲ招聘スルノ意嚮アルコトヲ茲ニ表示ス。

月　　日ノ日支停戰協定第四條第二項ニ定メラルル交代支那警察ハ前項ノ特別警察隊ヲ以テ之ニ充當スヘキモノトス。

第一條

日本國及中國ノ當局ハ既ニ戰鬪中止ヲ命令シタルニ依リ昭和七年五月五日ヨリ停戰ガ確定セラルルコト合意セラル雙方ノ軍ハ其ノ統制ノ及ブ限リ一切ノ且有ラユル形式ノ敵對行爲ヲ上海ノ周圍ニ於テ停止スベシ停戰ニ關シ疑ヲ生ズルトキハ右ニ關スル事態ハ參加友好國ノ代表者ニ依リ確メラルベシ

第二條

中國軍隊ハ本協定ニ依リ取扱ハルル地域ニ於ケル正常狀態ノ回復後ニ於テ追テ取極アル迄其ノ現駐地點ニ止マルベシ前記地點ハ本協定第一附屬書ニ掲記セラル

第三條

73

SC073

日本國軍隊ハ昭和七年一月二十八日ノ事件前ニ於ケルガ如ク共同租界及虹口方面ニ於ケル租界外擴張道路ニ撤收スベシ尤モ收容セラルベキ日本國軍隊ノ數ニ鑑ミ若干ハ前記地域ニ隣接セル地方ニ當分ノ間駐屯セシメラルベキモノトス前記地方ハ本協定第二附屬書ニ掲記セラル

第四條

相互ノ撤收ヲ認證スル爲參加友好國ヲ代表スル委員ヲ含ム共同委員會ヲ設置スベシ右委員會ハ又撤收日本國軍ヨリ交代中國警察ヘノ引繼ノ取運ニ協力スベク右中國警察ハ日本國軍ノ撤收スルトキ直ニ引繼ヲ受クベシ右委員會ノ構成及手續ハ本協定第三附屬書ノ定ムル通ナルベシ

第五條

本協定ハ其ノ署名ノ日ヨリ實施セラルベシ

本協定ハ日本語、中國語及英吉利語ヲ以テ作成セラル意義ニ關スル疑又ハ日本語、中國語及英吉利語ノ本文ノ間ニ意義ノ相違アルトキハ英吉利語ノ本文ニ據ルベシ

昭和七年五月五日上海ニ於テ之ヲ作成ス

陸軍中將

特命全權公使重光葵代理
公使館一等書記官

海軍少將

陸軍少將

外交次長

陸軍中將

陸軍中將

同席者トシテ

昭和七年三月四日ノ國際聯盟總會決議ニ從ヒ商議ニ助力スル

76

SC076

友好國代表者

中國駐劄英國公使「サー、マイルズ・ウエッダーバーン、ランプスン」

中國駐劄米國公使「ネルスン、トルースラー、ジョンスン」

中國駐劄佛國公使「アンリー、オーギュスト、ウイルダン」

中國駐劄伊國代理公使伯爵「ジェー、チアノ、デイ、コルテラッツォー」

77

SC077

第一附屬書

本協定第二條ニ定ムル中國軍隊ノ地點左ノ如シ

附屬縮尺十五萬分一郵政地圖上海地方參照

安亭鎭ノ正南方蘇州河上ノ一點ヨリ北方安亭鎭ノ直グ東方ノ「クリーク」ノ西岸ニ沿ヒ望仙橋ニ至リ、次デ北方ニ「クリーク」ヲ越エ沙頭ノ東方四キロメートルノ一點ニ至リ、次デ西北方楊子江上ノ滸浦口ニ至リ且之ヲ含ム

右ニ關シ疑ヲ生ズルトキハ問題ノ地點ハ共同委員會ノ請求ニ依リ共同委員會ノ委員タル參加友好國ノ代表者ニ依リ確メラルベシ

78

SC078

第二附屬書

本協定第三條ニ定ムル地方左ノ如シ

前記地方ハ甲、乙、丙及丁ト標記セル附屬地圖ニ區劃セラル右ハ第一、第二、第三及第四地域トシテ引用ス

第一地域ハ「甲」地圖ニ示サル(一)本地域ハ吳淞鎭ヲ除外スルコト(二)日本國側ハ淞滬鐵道又ハ其ノ工場ノ運用ニ干渉セザルベキコト合意セラル

第二地域ハ「乙」地圖ニ示サル國際競馬場ノ北東方約一哩ニ當ル中國人墓地ハ日本國軍隊ニ依リ使用セラルベキ地域ヨリ除外セラルルコト合意セラル

第三地域ハ「丙」地圖ニ示サル本地域ハ曹家寨及三友織布工

79

SC079

場ヲ除外スルコト合意セラル

第四地域ハ「丁」地圖ニ示サル使用セラルベキ地域ハ日本人墓地及之ニ至ル東方ノ通路ヲ含ムコト合意セラル

右ニ關シ疑ヲ生ズルトキハ問題ノ地方ハ共同委員會ノ請求ニ依リ共同委員會ノ委員タル參加友好國ノ代表者ニ依リ確メラルベシ

右ニ示サルル地方ヘノ日本國軍隊ノ撤收ハ本協定ノ實施ヨリ一週間以内ニ開始セラルベク且撤收開始ヨリ四週間内ニ完了セラルベシ

第四條ニ依リ設置セラルベキ共同委員會ハ撤收ノ際引揚ゲ得ザル患者又ハ傷病動物ノ看護及其ノ後ノ引揚ニ付必要ナル措置ヲ講ズベシ

右患者又ハ傷病動物ハ必要ナル衞生人員ト共ニ之ヲ其ノ現在地點ニ殘置スルコトヲ得中國當局ハ右ニ對シ保護ヲ與フベシ

80

SC080

第三附屬書

共同委員會ハ十二名ノ委員卽チ日本國及中國ノ政府竝ニ三月四日ノ國際聯盟總會決議ニ從ヒ商議ニ助力スル友好國ノ代表者タル米國、英國、佛國及伊國ノ中國駐劄外交代表者ノ各ノ代表者タル文官及武官各一名ヲ以テ構成セラルベシ共同委員會ノ委員ハ其ノ隨時必要ト認ムル數ノ補助員ヲ委員會ノ決定ニ從ヒ使用スベシ手續ニ關スル一切ノ事項ハ委員會ノ裁量ニ委ネラルベク、委員會ノ決定ハ多數決ニ依リテ爲サルベク、議長ハ決定投票權ヲ有スベシ議長ハ委員會ニ依リ參加友好國ヲ代表スル委員中ヨリ選出セラルベシ

委員會ハ其ノ決定ニ從ヒ其ノ最良ト認ムル方法ニ依リ本協定第一

81

SC081

條、第二條及第三條ノ實行ヲ看守スベク且前記三條ノ何レカノ規定ノ實行ノ懈怠ニ對シ注意ヲ喚起スルノ權限ヲ有ス

三、战区善后委员会相关文书

戰區善後委員會委員名單

吳鐵城
史量才
虞洽卿
王曉籟
張公權
陳光甫
李銘
秦潤卿
劉鴻生
王一亭
陳炳謙

吳序恩
洪蘭祥
王增祜
朱家驊
周念祖
俞鴻鈞
殷汝耕
蔡增基
溫應星
黃柏樵
金里仁

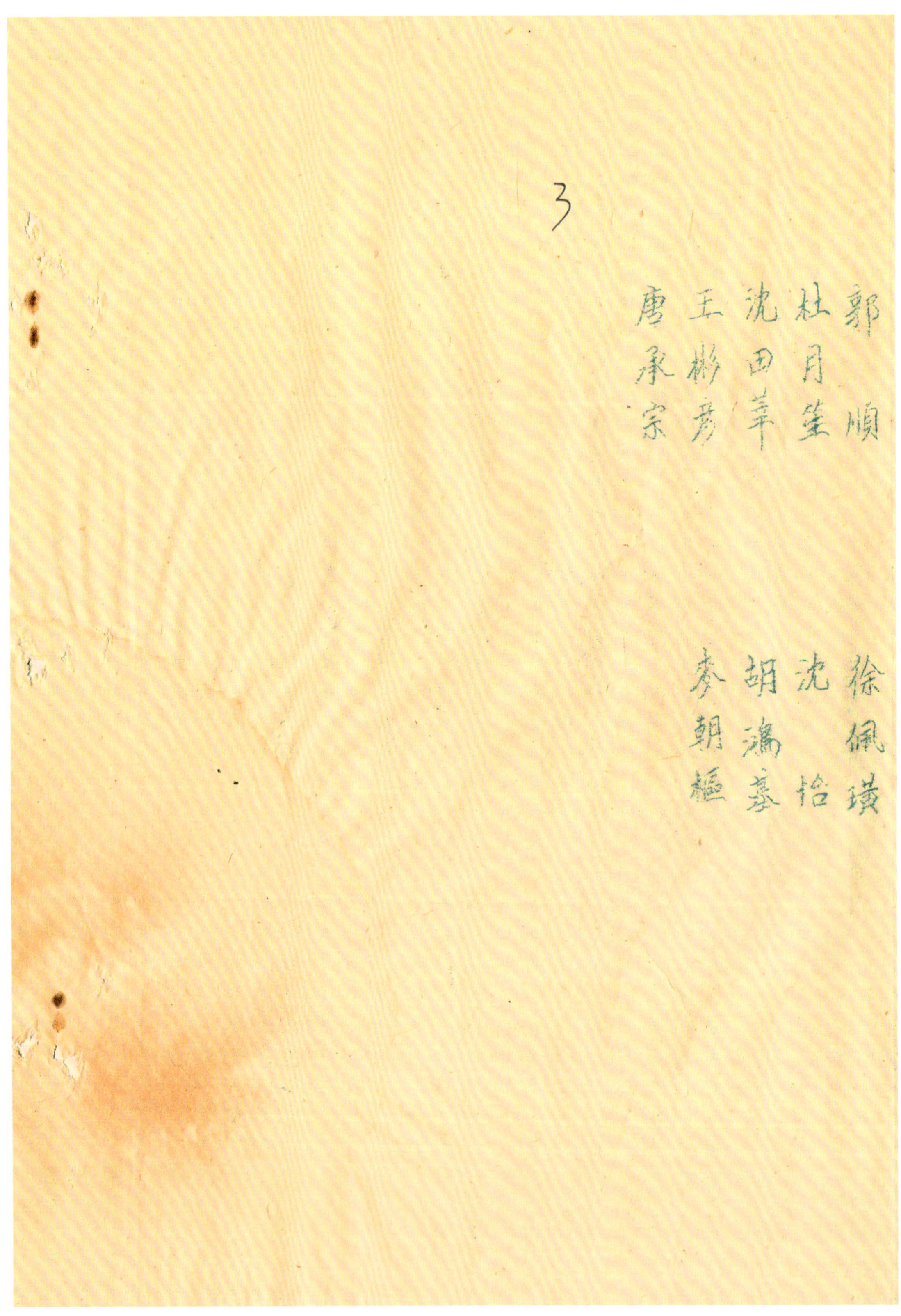

3

郭順
杜月笙
沈田莘
王彬彦
唐承宗

徐佩璜
沈怡
胡鴻基
麥朝樞

上海市戰區善後委員會組織規則

第一條　上海市政府為集思廣益積極籌謀市內戰區之善後事宜起見組織上海市戰區善後委員會（以下簡稱本委員會）

第二條　本委員會之籌議範圍如左

一、關於戰區內之公安及警衛事項

二、關於戰區內之難民救濟事項

三、關於戰區內之公共衛生及防疫事項

四、關於戰區內之公用事業事項

五、關於戰區內之工務事項

六、關於戰區內之教育事項

七、關於戰區內之土地整理事項

第三條　本委員會設委員三十一人除市長參事秘書長暨各局長為當然委員外由市長就地方人士中聘請之

第四條　本委員會委員長由市長兼任副委員長由聘任委員中推選

SC004　5

第五條　本委員會得聘任專门委員並委任辦事員

第六條　本委員會委員為無給職惟專门委員及事務員得酌支夫馬費

第七條　本委員會每星期舉行常會一次其日期由會議決定之如遇重要事故得由主席（委員長）召集臨時會議

文字礼拜四開会

第八條　本委員會得分組辦事其辦事細則另定之

第九條　本規則如有未盡事宜得隨時提會修正之

第十條　本規則自市政府公布之日施行

上海市戰區善後委員成立會並第一次會議紀錄

地點 市政府 時間 五月二十三日下午五時

出席者 委員長吳鐵城 委員史量才 虞洽卿 王曉籟（史量才代）張公權 陳光甫（鄒健峰代）秦潤卿 劉鴻生 王一亭 陳炳謙 郭順 杜月笙 沈田莘 王彬彦 唐承宗 當然委員 吳序恩 洪蘭祥 王增佑 朱家俊 周念祖 俞鴻鈞 殷汝耕 蔡增基 溫應星 黃伯樵 金里仁 徐佩璜 沈怡 胡鴻基 麥朝樞（張秉輝代）於午時四十分開會

主席 吳委員長

議決事項

（一）推定史量才虞洽卿二人為副委員長（二）通過組織規則全文已

於上次發表惟於原文第七條將主席二字修改為委員長(三)決定設立審核設計救濟三組各組人選由委員長與副委員長商擬後交下次會決定辦事細則由市府擬定後交會通過(四)切實調查戰區情況決定准於明後日由市府主管各局會同戰區善後委員切實調查後報告下次常會討論(五)常會期決定每星期四下午五時舉行第二次會定本星期四舉行

上海市戰區善後委員會第二次會議紀錄

地點 市政府 時間 五月廿六日下午五時

出席者 吳鐵城 史量才 虞洽卿 王揖祐 陸炳鑑

張公權（金侯城代） 杜月笙 金承宗 洪蘭祥

王彬彥 郭順 陸文甫（郭壽華代） 周憲祖 朱家俊

吳序恩 沈田莘 王一亭 秦潤卿 王曉籟

俞鴻鈞 殷汝耕 李朝樞（張秉彝代） 金里仁

沈怡 蔡增基（沈怡代） 黃伯樵 徐佩璜

胡鴻基

主席 吳市長

報告事項　報告工務局、土地局、衛生局等所呈之報告，後即開始討論審核、設計、程序三組人選問題、條文討論之種種辦法等

三組委員　(一)審核組俞鴻鈞、徐公權、秦潤卿、劉鴻生、殷汝耕，由俞鴻鈞召集　(二)程序組王一亭、陸伯鴻、郭順、杜月笙、王彬彥、唐承宗、吳彥恩、洪蘭祥、王揖祿、朱家俊、周念祖、吳醒亞，由王一亭召集　(三)設計組王曉籟、陳光甫、李銘、蔡增基、溫應星、黃伯樵、金里仁、徐佩璜、沈怡、胡鴻基，由王曉籟召集

0009012

~~039~~

SC012

戰區籌款　戰區各種籌款辦法，會議時曾要加討論，故將來款項如何籌措，現尚未定，大致將先由設計組委員擬具籌措辦法，再行交會討論。

衛生新告　衛生局報告：(甲)清道：(一)三月廿六日接發之事務所以北京路鐵路以南之地段內，僱臨時清道夫一百六十名，於六日之內，將宿積垃圾完全清除，自三月卅一日起，已將清道工作恢復常態，即于僱用臨時清道夫內，錄留八十一名，專司該段內每日之清道工作，惟街中宿積垃圾雖已清除，但因市民陸續遷回，打掃房內，並將家中堆積垃圾處務、假于戶外、故運除之作、仍甚繁重。(三)五月九日接處江灣彭浦、兩區派夫清除宿積垃圾、計派往江灣之清道夫八名、(因瓦礫遍地、須俟瓦礫運畢、方可清除清道、兩區清道之需不多)派往彭浦之清道夫三名(因居戶不多、且街中存積垃圾較少)(三)五月廿日據答各戶籍組以北、閘北戶籍組以西、柳營路以南之地面、之區由派往之臨時清道夫六十四名、從事于宿積垃圾之清除、但一星期即可出清、而接受清道常態、此項宿積垃圾、多用以填沒附近死水池浜、上處煤屑、五月日據處之甚為巨、臨時清道夫之名、前往偏陰岩積炭坡、約數日之後、亦可恢復常態、(乙)消毒、用漂白粉或石灰澆水、由管理清道人員監察情形、指示清道夫、於岩積炭坡清除屍行之、又於居住人家附近或毒穢堆積處、於擬除屍亦須實行消毒、(丙)防疫、遭受兵災之區、擬為市民注射於防霍亂及傷寒疫苗、已擬有實施計画、呈請市府核示、俟批准、即可實行、惟為迅急起見、現抽派注射公務員二人、每日前往閘北、設攤實施、受益人注射防疫針、自五月廿日起至廿四日、共注射五千餘針、因猶待作大規模之推行也、(丁)診療、亦已擬有完

并实施诊疗办法、呈请市府核示、俟批准、即实行、

（戊）检验物品、亦已拟具工作办法、呈请市府核示、俟批准、即予实施、

土地部告

土地局所拟整理战区土地办法部告如下

（一）吴淞、江湾、闸北、引翔、殷行、彭浦、真如等区内、凡有前请丈量立界换证补证或请立永租契之件、均候先办理、所有战区内旧有租契地图亦急须先行拍绘、以免冒认移界等情、并待检查、（二）吴淞江湾两镇及闸北地方房屋、被燬颇多、户地界址、依照地形图册及四邻业主之证明、由本局派员带领分处办

理测勘事宜，以清经界。㊂布告各业主，如因原定地段界址不清而发生土地纠纷，或因年久及其他产权证据者，限三个月内觅具殷实铺保，呈报本局，以便登记，并设法补给手续。㊃凡受实各区内之产户地经界，依旧清楚，及产权毫无纠纷，完全无缺，而续有纳税者，应由本局登报通告，如三个月内无人提出反对者，准予照案。㊄于区内地形变迁，应重行测丈，以为规画道路及河道之基础，而道路经整理后，沿路产户地新界，必须重行清丈，至经前所作地界，亦应重行复位，所有旧区城近华埠各界界石，并应重加修

某某區、以上整理每區、預計自入手整理之日始、約須兩個月、可以完成、

工務報告

工務局存擬整理我區工務報告如下

㈠撤除防禦工物、閘北、江灣、吳淞、市區、作戰最久、防禦工事、異常堅固、凡屬各路口要隘、均有沙袋鐵網、層層密布、前先將防禦之程拔除、現已經完竣者、為光復路、烏鎮路橋堍、大統路新閘橋堍、老靶子路、長安路口、蒙古路、國慶路口等處、此外各處、當于一星期內、拔除完畢、㈡填平壕溝及修復被炸路面、此項工作、已經完竣者、有大統路、金陵路、新民路、新疆路、蒙古路

等处，并饬各处亦于一星期内蒇事。㊂出清路面、疏通沟渠。战区以内，全成瓦砾场所，铺盖路面，几有尺余之厚，全部数量，殊堪惊人，自宜从速清除，以利交通。闸北方面，先将宝山路、虬江路等重要道路，尽先出清，约一星期完工。同时出清江湾、吴淞等处街道上之砖头瓦砾。江湾已开工，限三天内完工。吴淞亦已着手开工。至于沟渠之疏通，亦为第一次接收区域内者（即原公安局第四区）已将完全整理就绪。㊃修理道路。于恢复交通之作完成后，即开始修复路面，计现已开工之者，为交通中山路、沪太路等干道，限兩星期完成，其修築辦法，將次第要修。（一）收拾駁岸橋梁，作戰之時，往往扼守河濱，所有河旁駁岸行受砲火最凶，而以吳淞港浦及蘊藻浜北岸之駁岸損壞最甚，其已經着手收拾者，如光復路烏鎮路橋面一帶，及大陸銀行堆棧前，修築部分，橋梁已經修理者，如恒豐橋之面等，其在查勘中者，則如光復路一帶受損之橋梁駁岸碼頭。（二）調查被燬及危險房屋，戰區以內，被燬房屋，大都危墻聳立，傾坍堪虞，損及行人，首先着手調查，燬屋數量及危險情形，現已將第一次檢收區內，被燬房屋，調查完竣、並已籌備將危險房屋、從事拆除、以策安全、㈦整理戰區道路系統、除此重要市區道路系統、除開北吳淞二區已經規定外、其餘尚付闕如、此次遭罹兵燹、市鎮民居、十九被燬、所有縣鄉交通三處、正在設法修正、自應先將擬成之道路系統、酌量現狀、加以改善、並將未經規劃之村鎮道路、如江灣等處、從速整理、俾市民營造時、有所依據、同時籌畫復興戰區工程計劃、以謀將來之發展、

上海市战区善后委员会审查设计两股联席会议记录（一九三二年五月三十日）

上海市戰區善後委員會審查設計兩股聯席會議

時期 五月三十日下午四時

地點 上海市政府

出席委員 金里仁 景崧代 陳光甫 鄭健峰代 李銘 樊介堂代

蔡增基 沈同代 黃伯樵 溫應星 徐佩璜

殷汝耕

主席 俞鴻鈞 羅經猷代 王曉籟

一、主席報告

二、黃委員伯樵報告

三、各公司代表報告

甲、閘北水電公司代表（沈銘盤〔翁友三〕）報告

該公司受戰事損失約計如下

a、電氣部份 六九四、九〇〇元

b、自来水部份二九、〇〇〇元

c、房屋器具七五、九〇〇元

共計七九九、八〇〇元

d、營業方面損失約一、七五〇、〇〇〇元

e、負債六、七〇〇、〇〇〇元（以上另表）

以現時状況欲恢復營業修理購置及到期欵項必須清償者約計需欵二百萬元目前最要者需一百萬元其餘一百萬元亦係必不可少者但可略緩一步耳 各董事股東方面現亦正在竭力籌措大約可以鳩集五十萬元之譜

乙、翔華電氣公司代表（唐經綬）報告

該公司所受損失各部合計約為三、九五二元（另表）

丙、寳明電氣公司代表（姚畬蓀）報告

該公司所受損失各部合計約為一二、五〇〇元、恢復急需最低限度約計六五、九〇〇元、（另表）

該公司明日開股東大會股東方面如何維持應具報告再行核辦

丁、真如電氣公司代表（甘鴻達）報告

該公司所受損失各部合計約為二五五〇元（另表）

恢復急需最低限度約需四千元

戊、華商公共汽車公司代表（施體奮 黃中文）報告

該公司所受損失各部份合計約為五八、〇四二元（另表）

恢復急需最低限度約需弍萬元

巳、滬太長途汽車公司代表（洪景平）報告

該公司所受損失各部合計約為二六四、五〇〇元（另表）

恢復急需最低限度約需一四六、九〇〇元

董事會可以湊集四萬餘元 餘十萬元請求協助

庚、交通部上海電話局代表（黃倚青）報告

該公司所受損失各部合計約為二一三、八〇〇元

議決

一、閘北水電公司擬予籌墊一百萬元

二、真如兩公司由公用局擬具方案或由閘北水電公司設法補助或予合辦

三、寶明電氣公司應俟報告到後再行核辦

四、華商公共汽車公司二萬元滬太長途汽車公司十萬元擬照予籌墊

五、上海電話公司由會商請淞滬善後委員會電請交通部速予設法恢復

上海市社会局第二科关于战区农业善后计划暨经费概算致局长的签呈（一九三二年五月三十一日）

22.5.31

签呈　民國二十一年五月卅一日　二科

事由：拟具戰區農業善後計劃暨經費概算祈核示由

附件：二件

科長按語：救濟農民不容稍緩，擬將本計劃單獨呈府核奪。

秘書核註：似可照擬辦理，仍候鈞裁。

局長批示：照擬辦理。六

簽呈人須於簽呈書尾簽名蓋章

呈為簽呈事竊查自一二八事變以後戰禍蔓延被災
區域在本市範圍以內者有閘北、引翔、江灣、吴淞、殷行、
彭浦、真如等區各村農民爲避免砲火起見多逃避一
空其住宅非被砲燬即遭刼掠損失不可計數故欲求
農村復興自不可不講救濟之道迭奉
市政府訓令以關於戰區復興事宜在中央已組有淞
滬戰區善後籌備委員會本市亦有上海戰區善後
委員會之組織飭即就各該範圍以内擬就善後計劃
並在財力所及擬具需用款項概算呈候核奪等因奉
查農村復興與救濟乃本局職責所在現各戰區業經

先後接收本局為籌劃善後實行救濟起見擬即派員分赴各戰區災地調查以明瞭農村損失程度同時擬撥款補助各被災農民使其購買種子肥料耕牛及耕種用具以濟農艱再行張貼佈告使一般逃亡在外之農民回鄉復業如此農村然後有復興之望惟此等調查与救濟事業需要鉅款理合擬具戰區農業善後計劃並開列善後需款概算簽請

鈞長鑒核仰祈呈請

市政府准予在戰區善後經費項下撥　元應用以資救濟

實為公便謹呈

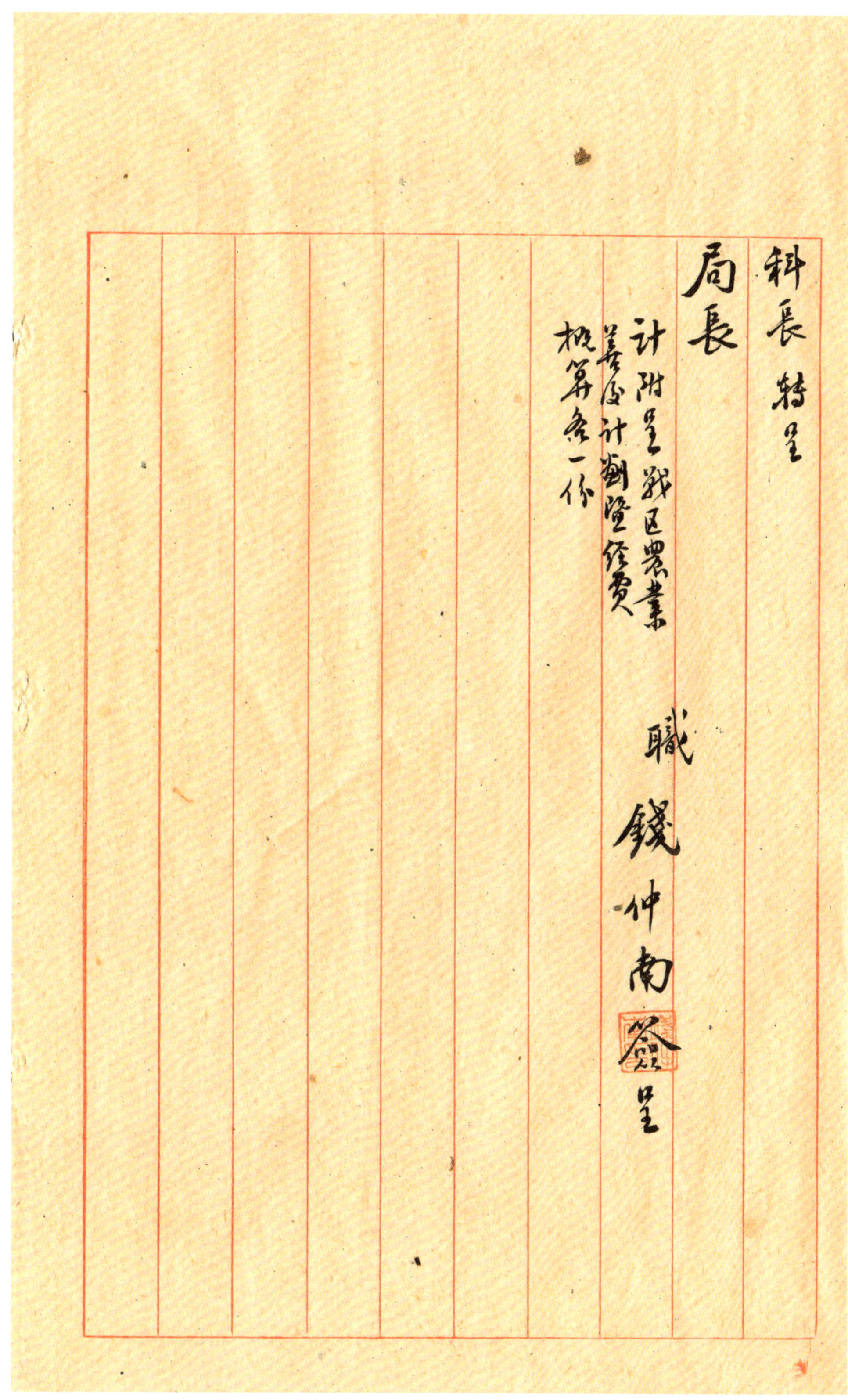
科長 轉呈

局長

計附呈戰區農業善后計劃暨經費概算各一份

職 錢仲南 簽呈

附一：战区农业善后计划

戰區農業善後計劃

一、戰前各區農村概況

自一二八戰事發生後，吳淞、殷行、江灣、閘北、引翔、真如、彭浦等區均在戰線以內，此數區中除閘北、彭浦及引翔等接近熱鬧市區，農田較少外，其餘各區均有多數農村，廣大農田，在戰事發生以前，據本社會局所調查，殷行區有農村二一五、農戶三〇六九、農民一五五二五、耕地面積二六二八八畝、江灣區有農村一九七、農戶三四二七、農民一七七三七、耕地面積二三八九三畝、吳淞區有農村一一一、農戶一二〇三、農民六二一四、耕地面積一一五八二畝、真如區有農村二六二、農户四五二四、農民二四八八二、耕地面積三八四五四畝、彭浦区有農村一〇五、農户一七八〇、農民九三一四、耕地面積七六七五畝（闸北引翔缺如）戰事發生多数農村或被火焚或遭砲燬農民流離死亡在所難免農田挖掘戰壕平地变为溝壑惟其損害究至若何程度非俟詳加调查难于明瞭也

二、農村调查　欲求農村之复兴必先明瞭其損害程度与破壞狀况然后可以着手救濟与建设本社会局對於工商業戰事損害调查前曾会同市商会及会計師公会製發表格分别照式填寫然而填寫此項表格者

多係智識階級之鎮市中人，智識簡單之鄉村農民填寫者可謂絕無僅有，且此種表式亦未盡適用於農村，調查農村之表格應簡單明瞭，俾農民易於填寫，故此項調查表格製定時應注意關於農村房屋之狀況、農工人口之變動、田地農作之傷害及家畜農具等資產之損失等，均應注意，以便統計時有所比較。農民目不識丁者頗多，填寫調查表格至感困難，故各戰區調查宜由社會局令飭各區市政委員負責雇請熟悉本地情形之調查員若干人（調查員之多寡

應視區域之廣狹暨農村之多少各區未可一律）由各
隨合攜類器予津貼此項調查員攜帶表格分
赴各受災農村代各農民填寫損害狀況限於一定
期間內調查完竣將表格交由各該區市政府委員
採送本社會局彙案統計
在調查開始時即由社會局分別派員前往各區實地
視察被災狀況兼督促各調查員努力工作
三、救濟辦法　一方着手農村調查同時又須講求
救濟辦法方可使農業不致衰落農民衣食足然
後可求建設農村亦可漸次復興應需款項自當在

戰區善後經費項下撥給茲略述救濟辦法如左

(甲)撥款補助農民購買種子、肥料、耕牛及耕種用具以資救濟，茲分述如下

(1)種子　本市各區夏季播種主要作物為棉稻豆三種，棉花種子業由社會局發給各區及時栽種，而稻則此時為期已晚，惟大豆尚可播種，應撥款補助俾農民購買

(2)肥料　農作物收穫之豐多寡與肥料之有無大有關係，戰區農民大多室空如洗，[illegible]張不繼購買肥料自屬困難，非撥款補助購買實難望農作物

三、豐收

(3)耕牛　戰區耕牛多被日軍宰食，農田耕作至感困難，故對於戰區農民購買耕牛應加以補助，凡購牛一頭，補助資金若干，以示獎勵而資救濟。

(4)耕種用具　戰區耕牛缺乏，農具亦多損失，應由戰區善後會撥款購買耕種用具，如車水機、打稻麥機、新式犁鋤等，廉價售給或貸與農民使，一則藉資救濟，同時灌輸新農業於農村，以資改良，實一舉兩得。

(乙)分别減免新舊田賦　戰區農民經濟困難，對於新

舊田賦有未易担負之處應調查戰區受災之輕重分別減免田賦以輕負担

(丙)曉諭農民回鄉復業　戰事發生戰區農民多逃亡除外應將政府对於救濟農民辦法佈告週知使一般農民回鄉復業

戰區農業善後經費概算　一〇二一〇〇元

戰區農業善後經費

第一款　農村調查費　一一〇〇元

第一目　印刷費　三〇〇元

（說明）印刷調查表及損失報告冊等費如上數

第二目　調查員津貼費　七二〇元

（說明）戰區除閘北外共有六區平均每區派調查員六人以調查二十日為限期每人每日津貼膳食旅費等一元合計如上數

第三目　旅費　八〇元

（說明）調查時每日由局派員分別前往各區視察監督共需旅費如上數

第二款　救濟費　一〇〇〇〇元

第一目　種子費　七〇〇〇元

（說明）以五千元購豆種以二千元購其他短期作物種子

第二目　肥料費　三〇〇〇〇元

（說明）戰區耕地面積共約十一萬畝以十萬畝計算平均每畝補助三元合計如上數

第三目　耕牛費　一〇〇〇〇元

（說明）耕牛每頭補助五十元以二百頭計算合計如上數

第四目　農具費　五三〇〇〇元

（說明）我區農家約一萬五千餘戶其損失農具者以七千戶計每家補助四元為共二萬八千元此外以二萬五千元購車水機合計如上數

上海市政府为战区善后整理事宜致各局的训令（一九三二年五月）

市府為戰區善後整理事宜訓令各局

為令遵事查淞滬戰區善後事宜奉中央明令組織淞滬戰區善後籌備委員會主持辦理本市乃江蘇省亦各成立戰區善後委員會負調查設計實施等責現在本市內各戰區亦已次第接收關於整理工作業經令飭擬具計劃呈報在案所有本市戰區復興事項應視地方情形及需要妥擬詳細計劃以策進行除分令外合亟令仰該局即便遵照就主管範圍妥擬詳細計劃連同概算書限於文到一個月内呈報以憑察核此令

為令飭事查關於本市戰區市政整理經費業經提交第二百〇二次市政會議令財政局籌撥五十萬元以資應付議決通過在案現在本市戰區既已次第接收關於整理事項亟應分別擬具計劃以策進行除分令外合行令仰即便遵照

SC008

9

就主管範圍擇其急切不容稍緩而為市庫財力所能建者迅即分擬具體計劃

連同概算書呈候核奪此令

上海市工务局拟具整理计划（一九三二年五月）

工務局所擬具之整理計劃如下

(一)房屋之尚堪修理者准照原狀修復暫免收進路線(二)修理工作範圍較大者得業主聲請本局派員指導免繳圖樣(三)房屋毁壞過甚事實上已不能修理者應予翻造(四)翻造及新造房屋仍照本市暫行建築規則辦理(五)在本市接收後三個月內請修建房屋一律免納照費但自給照日起三個月內延不動工者原照作廢又工務局之整理計劃已由市府備案其文云呈悉所擬戰區內修建房屋辦法尚屬妥善應准備案仰即知照此令

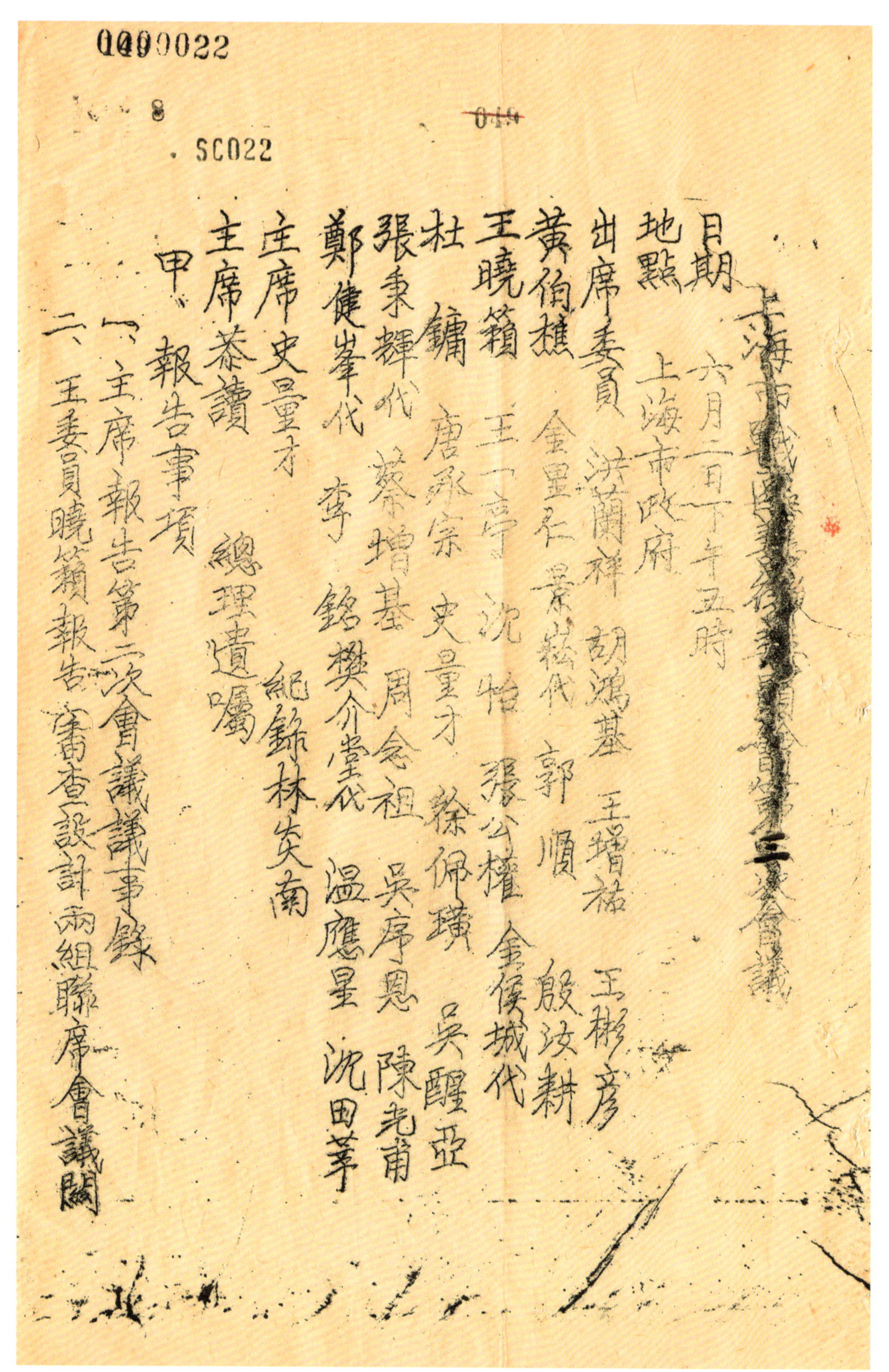

上海市戰區善後委員會第三次會議

日期　六月二日下午五時

地點　上海市政府

出席委員　洪蘭祥　胡鴻基　王增祜　王彬彥

黃伯樵　金里仁　景裕代　郭順　殷汝耕

王曉籟　王一亭　沈怡　張公權　金侯城代

杜鏞　唐承宗　史量才　徐佩璜　吳醒亞

張秉輝代　蔡增基　周念祖　吳序恩　陳光甫

鄭健峯代　李銘　樊介堂代　溫應星　沈田莘

主席　史量才

主席恭讀　總理遺囑　紀錄　林炎南

甲、報告事項

一、主席報告第二次會議議事錄

二、王委員曉籟報告審查設計兩組聯席會議關

於恢復戰區内公用事業等款辦法情形（報告另紙）

三、主席報告關於田賦減免問題與江蘇善後委員會協商情形

（江蘇善委會方面以各縣被災情形輕重不同自應分別辦理故從調查入手須俟各縣詳細報告後再行核辦）

四、主席報告關於商請淞滬善後委員會提先撥款辦理急賑情形

（急賑預算一百一十萬元由中央擔任五十萬元市府十五萬元省府十五萬元維持會方面三十萬元其支配方法常熟崑山兩縣十萬元太嘉寶三縣五十萬元閘北方面五十萬元目前最要者為圍岸稻種民房應先從此三項着手

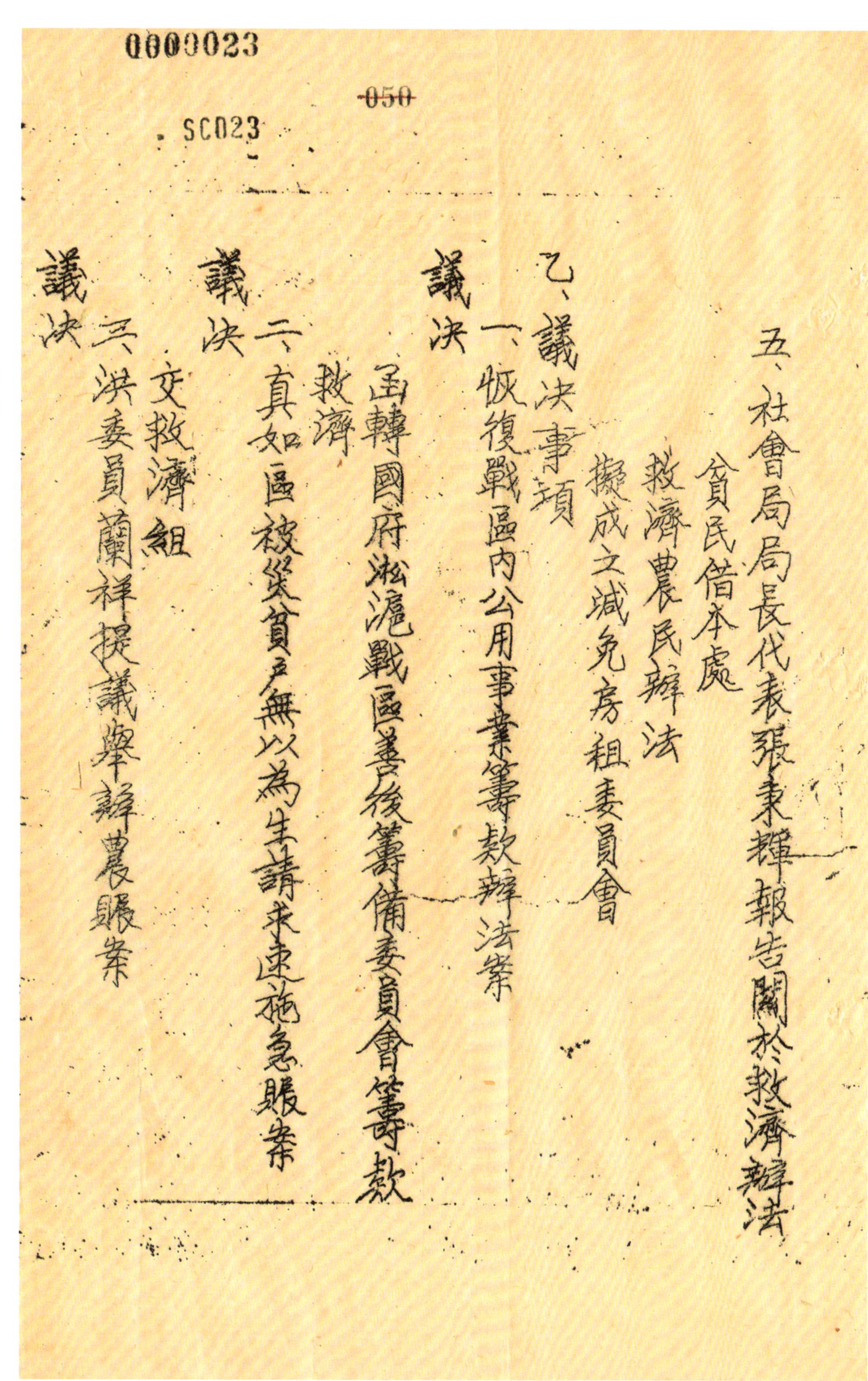

0000023

~~050~~

SC023

五、社會局局長代表張秉輝報告關於救濟辦法

貧民借本處

救濟農民辦法

擬成立減免房租委員會

乙、議決事項

一、恢復戰區內公用事業籌款辦法案

議決　函轉國府淞滬戰區善後籌備委員會籌款救濟

二、真如區被災貧戶無以為生請求速施急賑案

議決　交救濟組

三、洪委員蘭祥提議舉辦農賑案

議決

交救济组
四、扬州八邑旅沪同乡会宋士骧来函提议处理
　　欠租办法案
议决
　　交社会局

上海市社会局第四科科长张秉辉关于报告出席上海市战区善后委员会会议经过情形致局长吴醒亚的呈（一九三二年六月三日）

報告書

民國二十一年六月三日 第四科

事由：呈報代表出席上海市戰區善後委員會會議經過情形呈乞鑒核由

附件：
善委會審查設計股紀錄一份
教育局管理計劃一份
衛生局報告并附件三種
揚州同鄉会致善委會函一件

科長按語：

秘書核註：

局長批示：

報告人須於報告書尾簽名蓋章

呈為呈報事 東輝昨奉
鈞長諭派代表出席上海市戰區善後委員會遵於午後五時前往市政府參加計到
委員杜月笙王一亭王曉籟等二十八人由副委員長史量才主席行禮如儀後即開始討論
東輝即以本局目前對於閘北戰區最關切要之貧民借本及農賑兩案所有救濟計劃並
各種進行步驟當場向衆報告僉認此案極關重要應列為議案請主席付與討論當場通
過並議決交本月六日救濟組會議時詳密審核再辦尚有揚邑州八邑旅滬同鄉會因減免
房租事函請善委會提出討論衆認此案係屬房客房東糾紛之事應交社會局主辦 東輝即
將本局承辦減免房租曾經擬具意見送呈
市府請示迄未奉到指令故未着手辦理各緣由詳為報告後經主席將該函交由本局辦理
並囑迅呈

市府從速解决以免糾紛又衛生局胡局長提議現在淞滬戰區善委會對於戰區各鄉村已開始調查工作應請社會局速即派員分赴各鄉區實地調查以明真相並將調查情形報告本會經衆議决交由本局迅辦遂宣告散會所有奉派出席會議經過情形理合備文呈報

鈞長鑒核至派員分赴戰區各鄉村調查情形係屬第二科主辦應請

諭知該科遵辦合併陳明謹呈

局長吴

科長張秉輝謹呈 六月三日

附呈 善委會審查設計兩股會議紀録一份 教育局戰區市立學校臨時整理計劃一份

衛生局報告并附件三種 揚州八邑旅滬同鄉會公函善委會一件

上海市战区善后委员会救济组会议记录（一九三二年六月六日）

上海市戰區善後委員會救濟組會議

日期 六月六日

地點 上海市政府

出席委員 王增祜 吴醒亞 張秉輝代 吴序恩

杜鏞 唐承宗代 唐承宗 王彬彦 周念祖

郭順 王一亭

主席 王一亭 紀錄 林炎南

一、主席報告

六、議決事項

甲、社會局提議戰區農業善後計劃

乙、真如區被災貧户無以爲生請求速施急賑案

丙、洪委員蘭祥提議舉辦農賑案

丁、江灣區受災奇重應請提前舉辦農事急賑案

以上四項併案討論

議決

a 農事借本　以戰區農民為限每人十元至三十元免收利息惟須本區農民二人以上之擔保於第一年收穫時歸還半數第二年還清

b 農村房屋借款　以戰區房舍受有損毀者為限每戶五十元至二百元應將田單抵押年息八厘分兩年歸還

c 貧民借本　每人五元至三十元須二人以上之擔保（但不得互相連保）分三期歸還每兩個月為一期六個月還清還清後得再借

d 極貧者查戶口酌定急賑每一大口給洋兩元小口一元老弱孤寡殘廢等會同慈善機關設法救濟

以上辦法應從調查入手由社會局派員會同市政委員負責辦理務於最短期間調查完畢

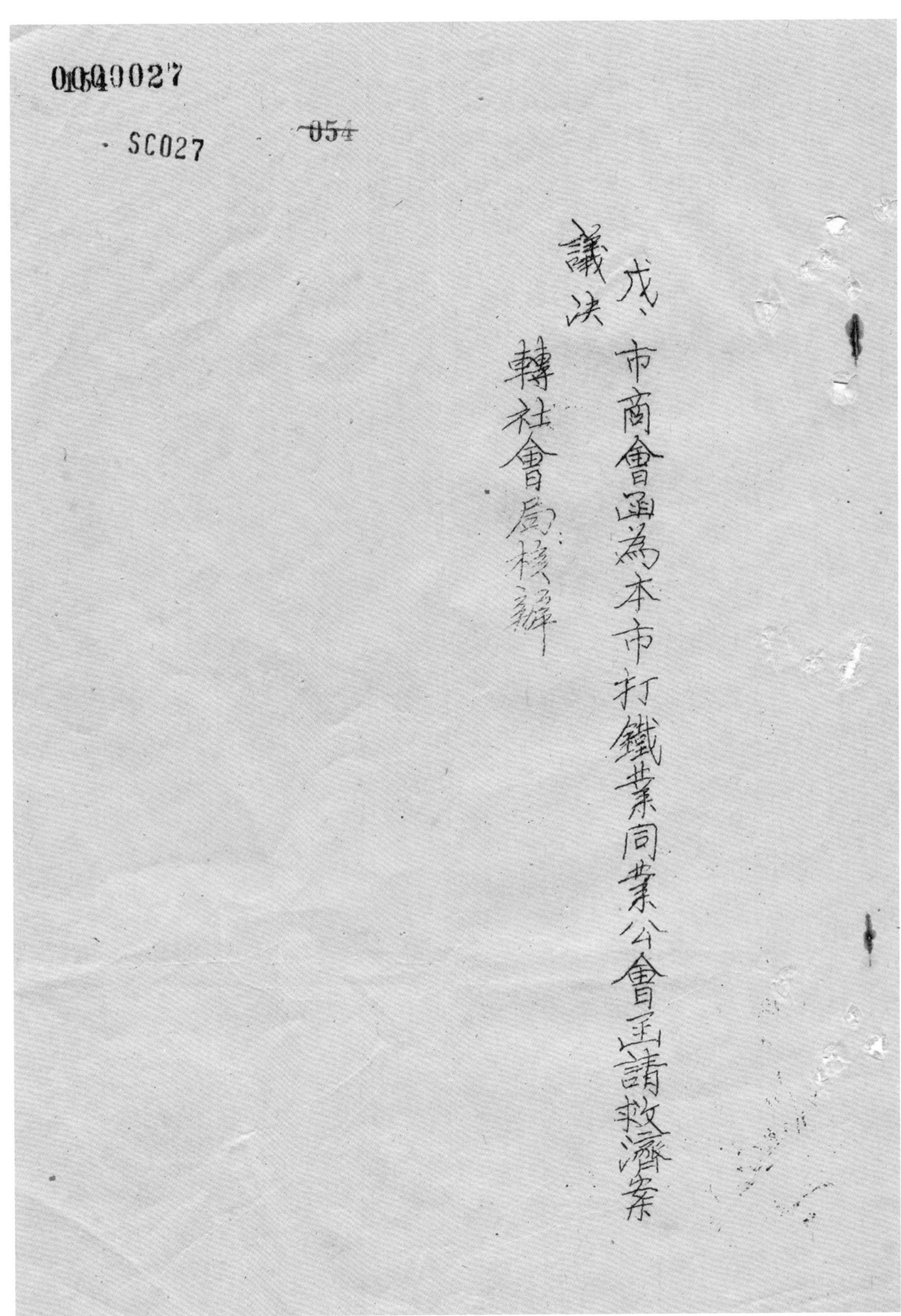
0540027
SC027
054

戊、市商會函為本市打鐵業同業公會函請救濟案
議決　轉社會局核辦

上海市社会局第四科科长张秉辉关于报告出席上海市战区善后委员会救济组会议经过情形致局长吴醒亚的签呈（一九三二年六月七日）

0005028

11

SC028

签呈

民國廿一年六月七日

事由	科長按語	秘書核註	局長批示
奉派出席上海市戰區善後委員會經過情形請鑒核由			
附件			

科

簽呈人須於簽呈書尾簽名蓋章

呈為呈報事。秉輝昨奉

鈞長派往戰區善委會代表出席救濟組小組會議，遵於午後五時前往

市府參加，計到王一亭、郭順、杜鏞等十人，開會如儀，由王一亭主席。秉輝

當將本局所擬具之戰區農業善後計畫及擴充貧民借本兩案提出審

查討論，結果僉謂貧民借本應以戰區為標準，由五元至二十元，免利分三期

歸還，以每兩個月為一期，六個月還清，以後得再借。如係極貧之戶，則先從

清查戶口入手，酌定救濟方法，預計每大口二元，小口一元，此款請求政府另撥

救濟費支給，不在借本之列。至農業善後計畫，據各市政委員報告，

戰區農民大多數已還鄉，從事耕作，本局所定計畫似不適用，應另辦

農民借本，視所種田畝之多少為標準，暫為擬定借本由十元至三十元，免

利須有擔保。還本分為二期收熟，第一年還半數，第二年還清。他如借款建築房屋，亦為目前所需要。擬每戶由五十元至二百元，須將田單作抵，年息八釐，分兩年歸還。此為共同討論救濟方法之大概，仍須擬具計畫書交由下次會中決議。旋即宣告散會。所有會議經過情形，理合具文呈報

鑒核。查考再派員會同各鄉區市政委員調查農民損失，係屬二科事務。

應請

諭知二科即日派員前往會同調查。合併陳明，謹呈

局長吳

科長　張東輝　謹呈　六月七日

附呈本局所擬戰區農業善後計劃一份

上海市战区善后委员会第四次会议程序（一九三二年六月九日）

上海市戰區善後委員會第四次會議程序

一 報告事件

A 主席報告

二 提議事件

A 救濟組擬定救濟農民恢復農村被毀房舍暨貧民急賑辦法案 原則通過

b 衛生局擬具整理戰後衛生事項計劃案

C 教育局擬具戰區市立學校臨時整理計劃案

上海市社会局第四科科长张秉辉关于报告出席上海市战区善后委员会第四次会议经过情形致局长吴醒亚的呈（一九三二年六月十日）

0000031
SC031

报告書

民國廿一年六月十日 第　科

事由	科長按語	秘書核註	局長批示
奉派代表出席戰區善委會經過情形請鑒核由			

附件

報告人須於報告書尾簽名蓋章

呈為呈報事 秉輝昨(九)日奉　派代表出席戰區善委會第四次會議遵於午後五時前往市府參加計到委員虞洽卿史量才王曉籟等廿九人開會如儀由吳市長主席一、主席報告近日視察各戰區情形并籌畫災區復興各方案二、副委員長史量才報告本日參加淞滬戰區善後籌備會談話會對急賑籌款各種辦法大約決定先籌一百十萬元政府撥八十萬元地方協會籌三十萬元先撥五十萬元交與上海市戰區善委會辦理急賑分配應用三、委員王曉籟報告設計組工作情形并望大家對於復興設計盡量貢獻意見四、委員王一亭報告救濟組審查社會局提議貧民借本及戰區農業計畫經過情形五、秉輝奉　主席諭將本局所

撥貧民借本及農村救濟從略報告并將現在本局已辦之貧民借本經過情形詳為說明報告事件完畢即開始討論提議事件

(1)救濟組擬定救濟農民恢復農村被毀房舍暨貧民急賑辦法案

(議決)原則通過併交社會局長會同王一亭先生商定辦法派員分赴各鄉區鎮密調查(2)衛生局擬具整理我縣衛生事項計劃案

(議決)交由市府辦理(3)教育局擬具我區市立學校臨時整理計畫案(議決)由市府併辦遂宣告散會所有奉 派出席會議經過情形理合備文呈報

鈞長鑒核再開會完畢之際市長叮囑各委員談話謂近數日漢奸與共產黨四處活動希圖破壞接後之作并造作多種不

利諸言尤甚共匪更有大規模之計畫擣亂密訊該党匪擬在本月十二日（即星期日）作總罷工之暴動現市府與英法租界當局均有相當預防不過請大家注意而已等因合併陳明謹呈

局長吳

科長 張秉輝 謹呈

上海市戰區善後委員會第五次會議程序

日期 六月二十三日下午五時

地點 上海市政府

一、主席恭讀 總理遺囑

甲、報告事項

A、主席報告

乙、提議事項

A、工務公用兩局提上海復興戰區工程計劃案

b、衛生局提戰區復興衛生計劃案

C、各市政委員提變更土地局規定清釐戰區土地辦法第四項案

D、公用局提真如電氣公司因戰事損失請援助案

上海市戰區善後委員會第五次會議

日期　六月二十三日下午五時

地點　上海市政府

出席委員　王增祜　蔡增基　吳醒亞　張秉輝代

黃伯樵　金里仁　郭順　沈怡　胡鴻基

陳光甫　鄭健峰代　温應星　朱家傑　朱宗洛代

李銘　樊介堂代　駱清華　馬少荃　杜鏞

唐承宗　徐佩璜　洪蘭祥　俞鴻鈞　殷汝耕

秦潤卿　沈田莘　王曉籟　王延松　張公權

金侯城代　吳序恩　王彬彥　虞洽卿　史量才

主席　吳鐵城　紀錄　林炎南

主席恭讀　總理遺囑

甲、報告事項

一、主席報告第四次會議議事錄

一

二、主席報告各處來函

三、沈委員怡報告擬具復興戰區工程計劃大意

乙、議決事項

一、滬北各路商界總聯會呈請救濟災民復興商市案

議決 轉淞滬戰區善後籌委會請速撥款救濟

二、市民聯合會虹口各區分會辦事處函送市聯十五分會委員祝志純函控鄉長翟小香縣公安局科長李林士非法索詐請函太倉縣徹查案

議決 函送市政府轉太倉縣核辦

三、社會局提請增撥借本處基金十萬元以資收復戰區貧民借本之用案

議決 送請市府核辦

四、工務局提復興戰區工程計劃案

議決　交審查股審核後彙案報會

五、衛生局提戰區復興衛生計劃案

議決　交審查股審核後彙案報會

六、決委員蘭祥等提變更土地局規定清整戰區土地辦法第四項案

議決　送請市府提交市政會議核議

七、唐委員承宗提論為戰區之各市集商民重建市房劃入新路線内之民有基地應不論面積之大小一律照估定價格給價案

議決　函送市政府核議

上海市社会局第四科科长张秉辉关于报告出席上海市战区善后委员会第五次会议经过情形致局长吴醒亚的呈（一九三二年六月二十四日）

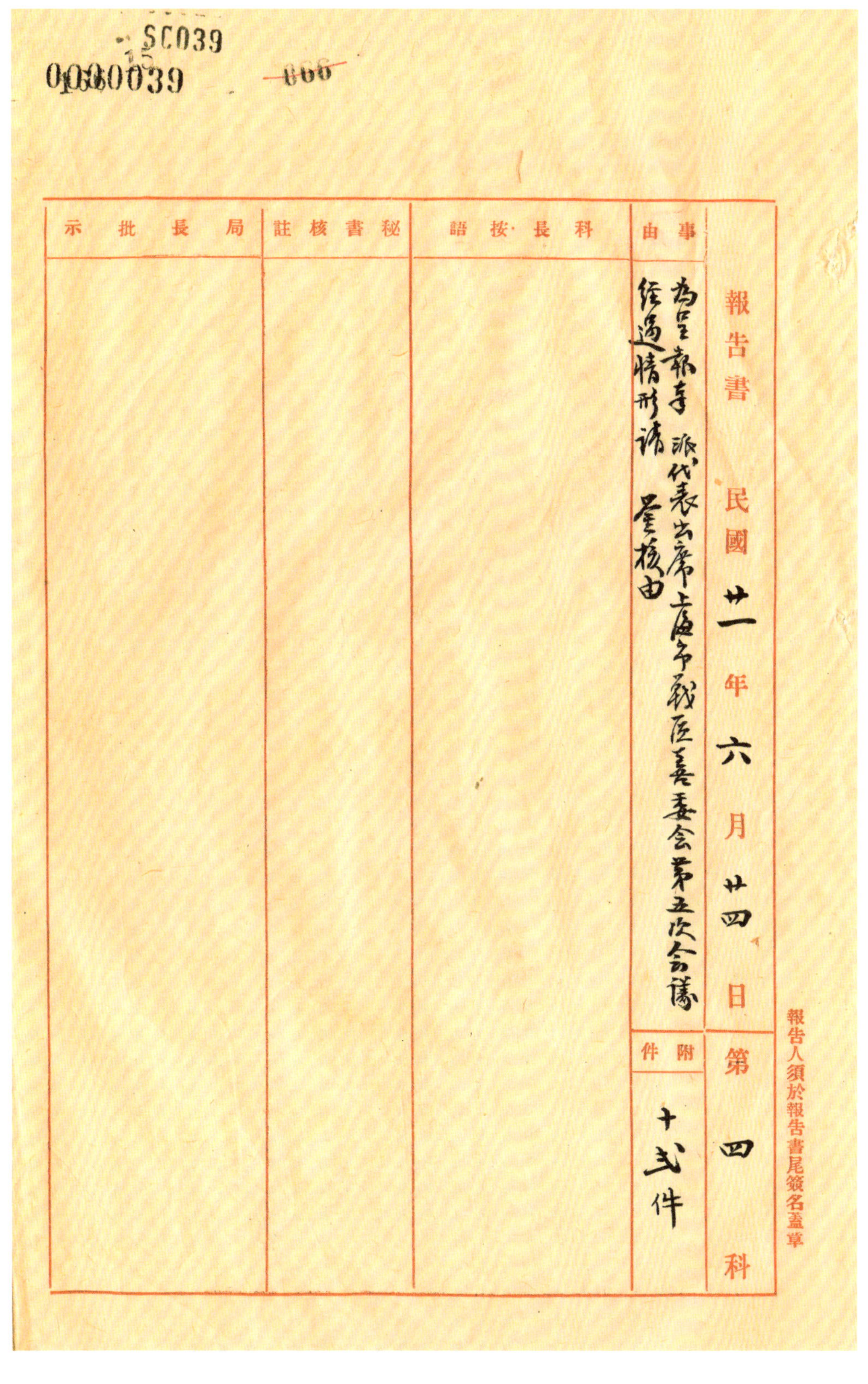
0010039
SC039
066

報告書　民國廿一年六月廿四日第四科

事由：為呈報奉派代表出席上海市戰區善委會第五次會議經過情形請鑒核由

附件：十式件

科長按語：

秘書核註：

局長批示：

報告人須於報告書尾簽名蓋章

呈為呈報事昨(廿三)日秉輝奉
派代表出席上海市戰區善委會第五次會議遵於午後五時前往市政府參加計到委員杜月笙王曉籟虞洽卿史量才等廿人開會如儀由吳市長主席(一)主席報告上次流會情形以及上次會議議決各項救濟及復興之款項現因淞滬籌委會宋委員長辭職問題未解決忽又赴平赴京故指定迄今尚未撥到(二)史量才先生報告進催中央撥款經過情形旋即開始討論(1)關于社會局提議撥款十萬元擴充貧民借本救濟戰區災黎案經本會救濟組審查原則已通過應如何實施議決交由市政府辦理(2)工務公用兩局提議上海復興戰區工程計畫案議決交審核組審查於下次會議時再行討論(3)衛生局提戰區復興衛生計畫

案併予審核組審查(4)各市政委員會交土地局規定清釐戰區土地辦法第四項案議決交市政府酌辦(5)公用局提真如電氣公司因戰事損失請援助案設法緩議遂宣告散會所有奉派代表出席会議經過情形理合備文呈報

鑒核再昨会各局均有油印工作報告并有計畫書等呈會惟本局尚未擬辦最好通飭各科在最短期間將調查戰區農工商業狀況以及救濟復興各種計畫作一整個報告書并擬定復興辦法彙印成冊預備下次會議時送會建議合併陳明謹呈

局長吳

附件 計十二件

科長 張秉輝

六月廿日

上海市战区善后委员会第六次会议程序及议事录（一九三二年七月十四日）

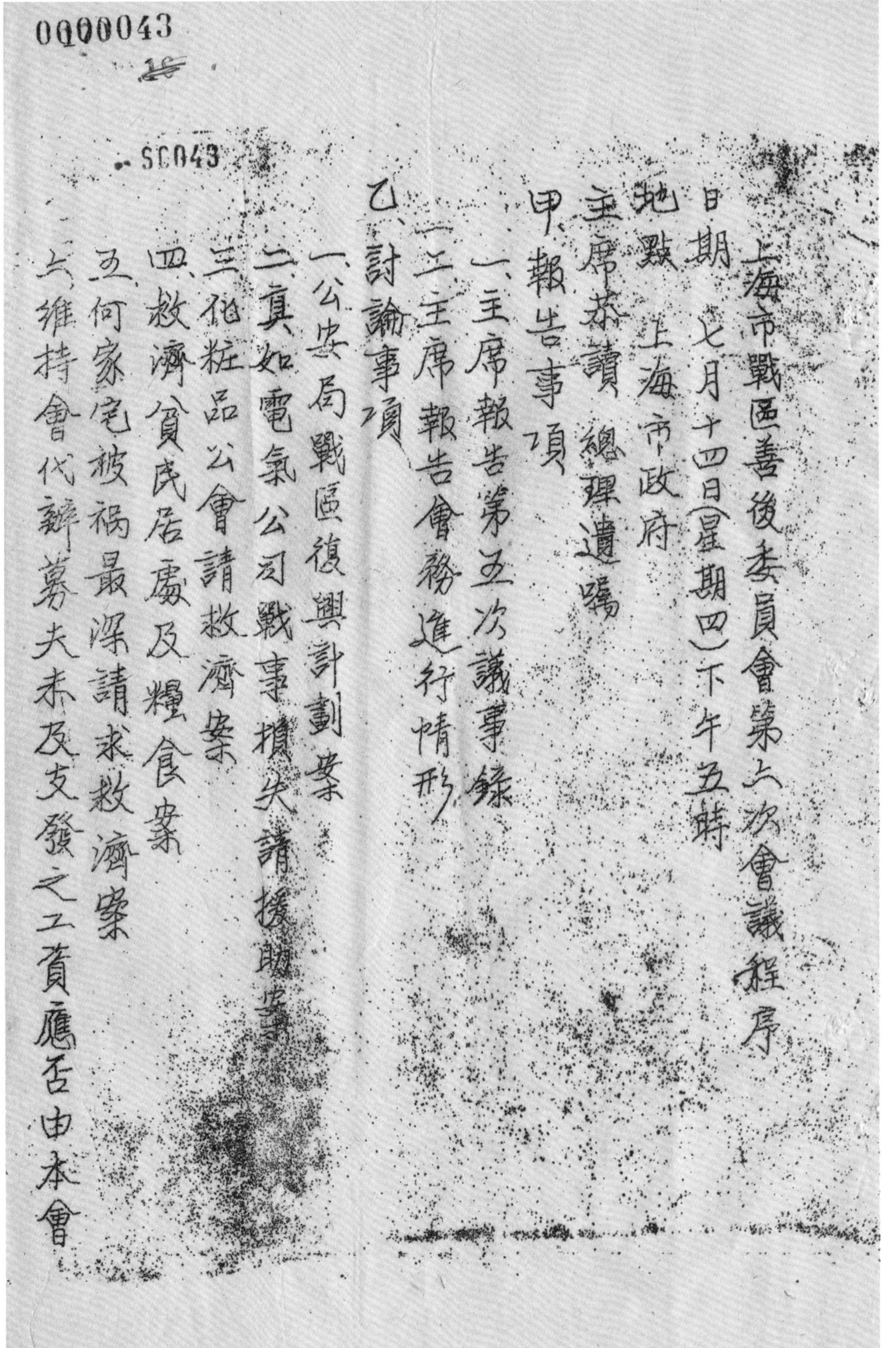
0Q00043

SC043

上海市戰區善後委員會第六次會議程序

日期 七月十四日（星期四）下午五時

地點 上海市政府

主席恭讀 總理遺囑

甲、報告事項

一、主席報告第五次議事錄

二、主席報告會務進行情形

乙、討論事項

一、公安局戰區復興計劃案

二、真如電氣公司戰事損失請援助案

三、化粧品公會請救濟案

四、救濟貧民居處及糧食案

五、何家宅被禍最深請求救濟案

六、維持會代辦募夫未及支發之工資應否由本會

069

補發案

七、社會局戰后復興計劃案

上海市戰區善後委員會第六次會議議事錄

日期　七月十四日（星期四）下午五時

地點　上海市政府

出席委員　蔡增基　金里仁　畢崧代　杜鏞　唐承宗代

唐承宗　李登輝　胡鴻基　沈田莘　俞鴻鈞　溫應星

虞洽卿　張公權　金侯城代　沈怡　劉鴻生　李銘

樊介堂代　秦潤卿　郭順　周念祖　徐佩璜　鄭通和

洪蘭祥　王曉籟　史量才　殷汝耕　吳序恩　嚴恩棫代

吳醒亞　張秉輝代　黃伯樵

主席　吳鐵城　紀錄　林炎南

主席恭讀　總理遺囑

甲、報告事項

一、主席報告第五次會議議事錄

二、主席報告會務進行情形

三、俞委員鴻鈞報告交涉D區撤兵情形

乙、討論事項

一、史副委員長臨時提議限定戰區救濟範圍案

議決

該會辦理戰區救濟應以上海市為範圍

二、史副委員長臨時提議修改救濟組議定救濟農民辦法案

議決

原案第一項「年息八釐」句刪「分兩年歸還」句下加如無田單或覓殷實店鋪或即以所造之房屋為擔保

三、淞滬戰區善後募委會函撥十五萬元為本市急賑應如何支配案

議決

責成救濟組會同社會局就十五萬元範圍妥為支配從速辦理急賑

四、公安局戰區復興計劃案

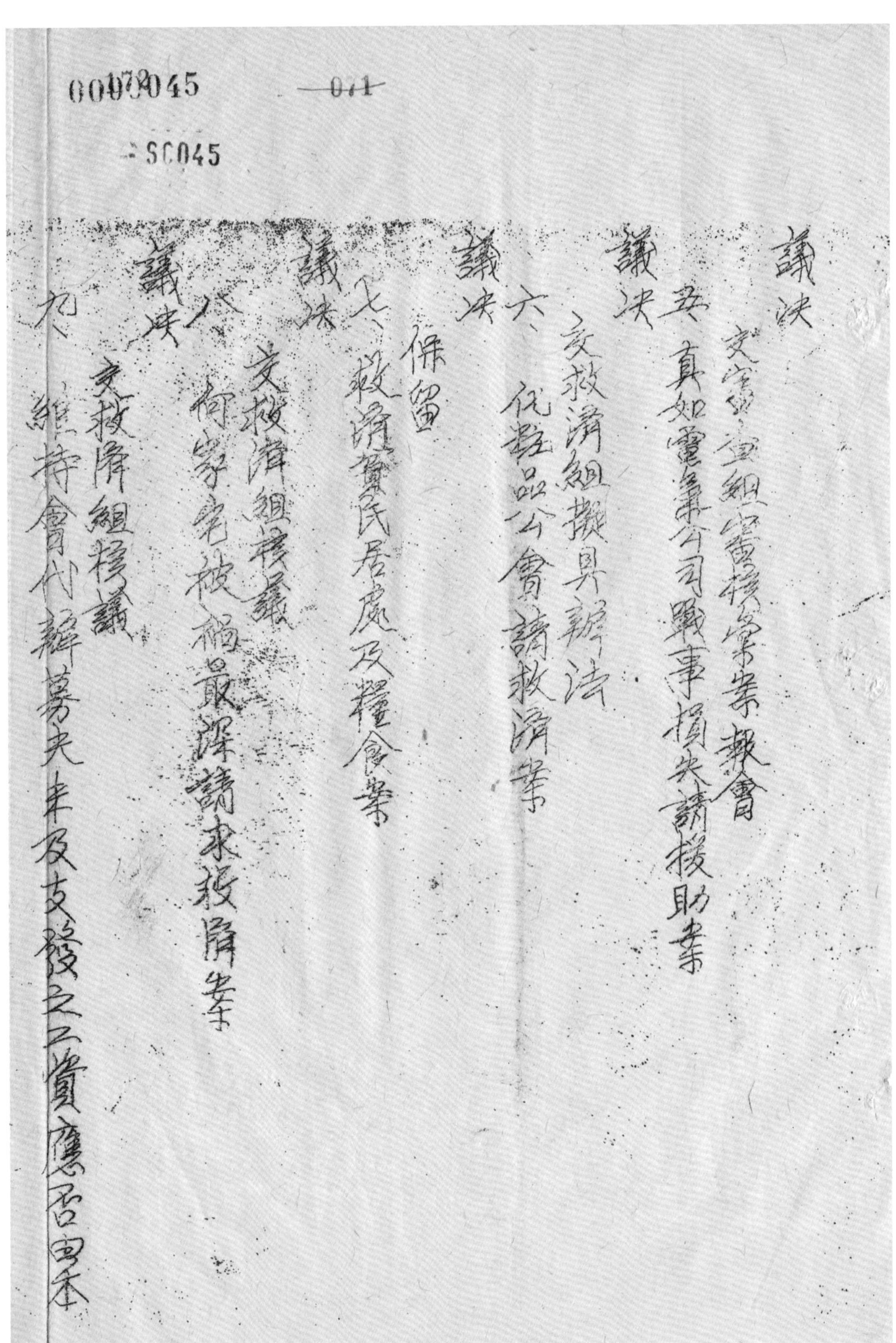

議決 交宣傳、宣組審核各案報會

五、真如電氣公司戰事損失請援助案

議決 交救濟組擬具辦法

六、化粧品公會請救濟案

議決 保留

七、救濟貧民居處及糧食案

議決 交救濟組核議

八、何家宅被禍最深請求救濟案

議決 交救濟組核議

九、維持會代辦募夫來及支援之工資應否由本

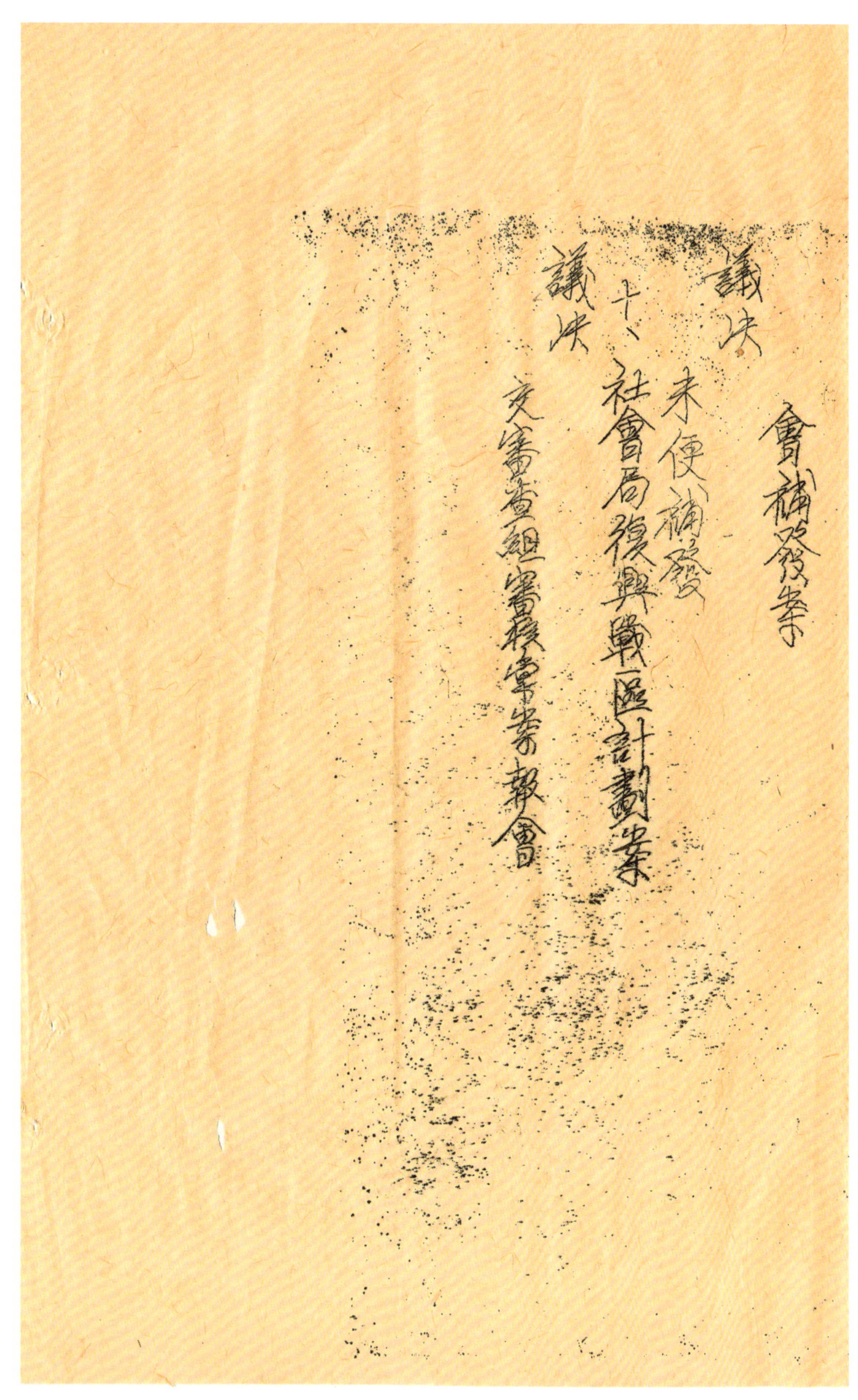
會補發案

議決　未便補發

十、社會局復興戰區計劃案

議決　交審查組審核後案報會

上海市社会局第四科科长张秉辉关于报告出席上海市战区善后委员会第六次会议经过情形致局长吴醒亚的呈（一九三二年七月十五日）

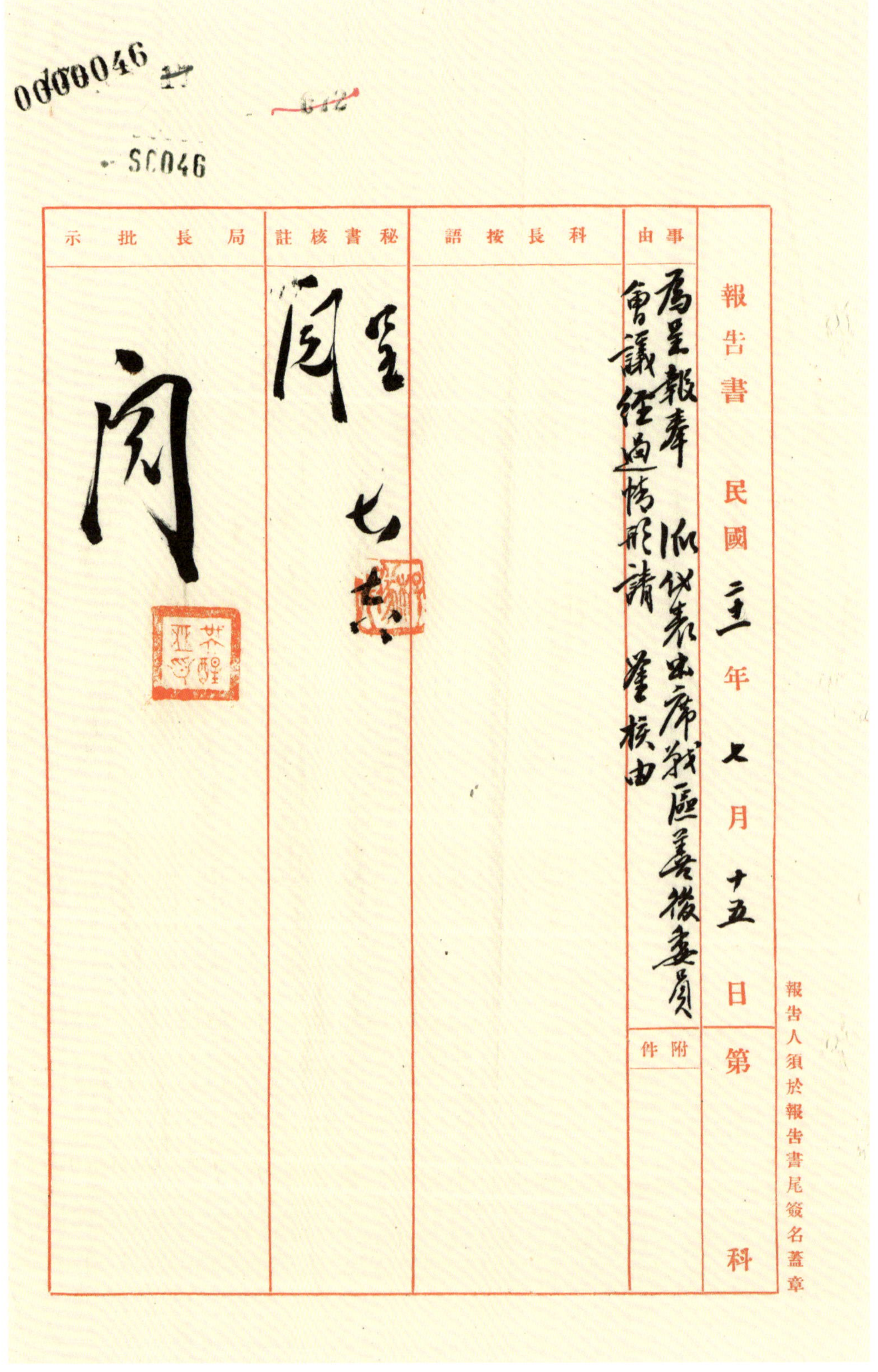
0000046
SC046

报告书 民国二十一年七月十五日 第 科

事由	科长按语	秘书核註	局长批示
为呈报奉派代表出席战区善后委员会议经过情形请鉴核由		呈 七、十六	阅

附件

报告人须於报告书尾簽名蓋章

呈為呈報事東輝奉

派代表出席上海市戰區善後委員會第六次會議遵於

昨（十四）日午後五時前往市政府參加計到委員虞洽卿王

曉籟史量才等二十八人由吳市長主席行禮如儀首由主

席報告兩次流會情形以及領到撥款十五萬元應先酌

量分配旋即討論該款用途當議決在最短期間交由

救濟組會同社會局積極辦理急賑。十五萬元分配用百

分法別為四項用途。（一）房屋用百分之四十。（二）小工商業用百

分之十（三）農民借本用百分之四十。（四）貧民借本用百分之十。

次則討論各項提案並分別決定辦法計（一）公安局戰

區復興計劃案決交審查股先行審核（二）真如電氣公司戰事損失請援助案決從緩議（三）化裝品公會請救濟案決從緩議（四）救濟貧民居處及糧食案決交救濟組辦理（五）何家宅被禍最深請求救濟案決從緩議（六）維持會代辦事務夫未及支發之工資應否由本會補發案決另案辦理（七）社會局戰區復興計劃案決與（一）案併案辦理除將會議程序及各項提案一併檢呈外理合將代表出席情形備文呈報仰祈

鑒核再關於辦理急賑事昨奉　市長面諭由本局會同救濟組從速進行惟救濟組負責人王一亭先生昨

未到會、拟日内往謁妥商辦法後、再請

核、示合併陳明謹呈

局長吴

科長張秉輝謹呈

附呈戰區善後委員會會議程序及各項提案各一份

上海天生祥西號

上海市战区善后委员会第七次会议议事程序及议事录（一九三二年七月二十八日）

上海市戰區善後委員會第七次會議議事程序

日期 七月廿八日下午五時

地點 上海市政府

一、主席恭讀 總理遺囑

（甲）報告事項

一、主席報告上次議事錄

二、主席報告會務進行情形

（乙）討論事項

一、沈文彬等呈稱慘遭兵燹生計艱難懇予救濟案 交救

二、精益實山等三廠因战事被毀請求設法恢復以重實業而維生計案 移社

三、災區火險賠款協進會請求救濟俾達到賠款之目的案 交審

四、審查組報告審核各局戰後復興計劃情形應如何進行請公決案

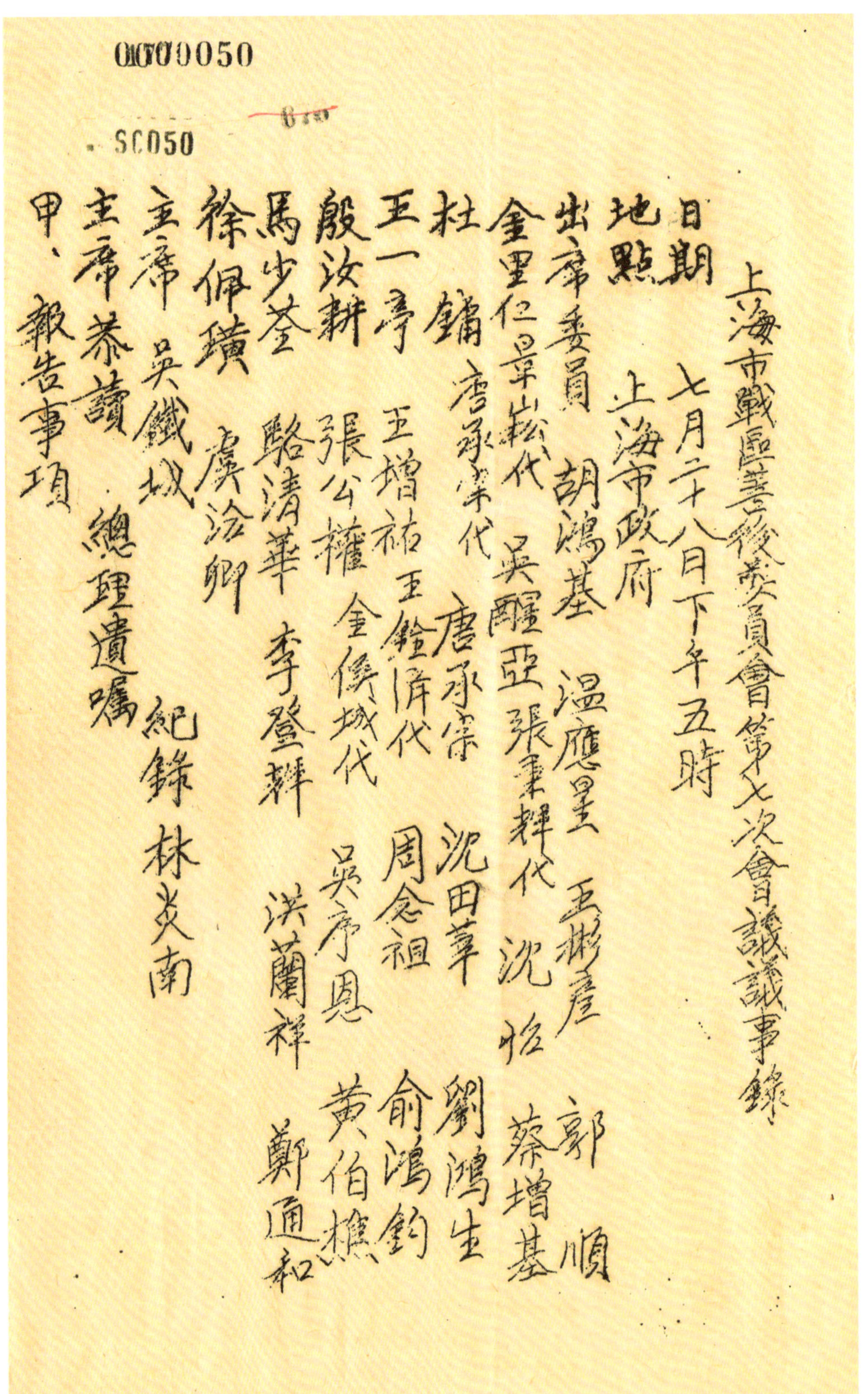
0000050

SC050

上海市戰區善後委員會第七次會議議事錄

日期 七月二十八日下午五時

地點 上海市政府

出席委員 胡鴻基 溫應星 王彬彥 郭順

金里仁 吳崧代 吳醒亞 張秉輝代 沈怡 蔡增基

杜鏞 唐承宗代 唐承宗 沈田莘 劉鴻生

王一亭 王增祐 王銓濟代 周念祖 俞鴻鈞

殷汝耕 張公權 金侯城代 吳序恩 黃伯樵

馬少荃 駱清華 李登輝 洪蘭祥 鄭通和

徐佩璜 虞洽卿

主席 吳鐵城 紀錄 林炎南

主席恭讀 總理遺囑

甲、報告事項

一、主席報告第六次會議議事錄

二、主席報告會務進行情形

三、社會局報告調查戰區鄉鎮被災情形

四、俞委員鴻鈞報告審查組審核各局戰區復興計劃書情形

乙、討論事項

一、蔡局長提議徵收土地稅為復興經費案

議決　原則通過交財政局會同土地局擬具詳細辦法提會討論又臨時籌款辦法交設計組擬議

二、沈文彬等呈稱慘遭兵變生計艱難懇予救濟案

議決　交救濟組核議

三、精益、寶山等三廠因戰事被毀請求設法恢復以重實業而維生計案

議決

送請市政府轉交社會局

四、災區失陷賠款協進會請求救濟俾達到賠款之目的案

議決

交救濟組核議

五、請李委員登輝、鄭委員通和加入設計組案

議決

通過

六、江蘇省戰區救濟委員會寶山分會函為撈挖走馬塘等五河地分市縣應通盤籌辦理檢送

議決　圖書函送轉請施之案

轉浙滬戰區善後籌委會

上海市战区善后委员会救济组会议事录（一九三二年七月二十八日）

上海市戰區善後委員會救濟組會議事錄

日期　七月二十八日

地點　上海市政府

出席委員　王彬彥　吳醒亞　張秉輝代　唐承宗

王一亭　王增佑　王銓濟代　周念祖　吳序恩　洪芝祥

主席　王一亭　紀錄　林炎南

一、主席報告

二、議決事項

一、淞滬戰區善後籌議會來函為本會函請撥發急賑十五萬元應先將整個計劃連同統計表送會審核案

議決，趕速編造計劃書暨統計表以便送會

二、真如公司戰事損失請求救濟案

議決

與公用局提請協助戰區水電公司自戰事損失各案

併案辦理

三、何家宅被禍最深請求救濟案

議決

俟舉辦急賑同時救濟

四、救濟貧民居處及糧食案

議決

留備參考

五、支配急賑款項案

議決

A農郵房屋借款　　百分之五十

B. 農事借款　百分之廿

C. 貧民借本　百分之廿

D. 極貧急賑　百分之十

上海市社会局第四科科长张秉辉关于报告出席上海市战区善后委员会第七次会议情形暨战区救济工作款项用途分配致局长吴醒亚的呈（一九三二年七月二十九日）

0000052
19
~~073~~
SC052

報告書

民國廿一年七月廿九日 第四科

事由	科長按語	秘書核註	局長批示
為呈報奉派出席上海市戰區善後委員會會議情形暨戰區救濟工作款項用途分配由		閱 七、廿九	閱

附件：十三

報告人須於報告書尾簽名蓋章

呈為呈報事　秉輝　奉
派代表出席上海市戰區善後委員會第七次會議遵於
昨(二十八)日午後五時前往　市政府參加計到委員王一亭
虞洽卿劉鴻生等二十餘人由吳市長主席行禮如儀主
席報告後即開始討論各提案並議決辦法(一)沈文彬等呈
稱慘遭兵燹生計艱難懇予救濟案決交救濟組核辦(二)精
益等三廠因戰事被燬請設法恢復案決轉社會局辦理(三)災
區火險賠款協進會請求救濟案決交審查組審核(四)審查組
報告審核各局戰區復興計畫情形應如何進行案決依原
定計畫分別緩急辦理散會後接開救濟組小組會議由

王一亭主席　秉輝　當代表報告本局辦理戰區救濟工作因專款尚未撥下未能積極進行情形旋即討論該款用途決將十五萬元別為四項用途用百分法分配之(一)房屋借款百分之五十(二)貧民借本百分之二十(三)農民借本百分之二十(四)救濟極貧百分之十所有借款手續及各項章程暨由本局擬辦各災區人口及房屋損失數量統計均交由本局擔任辦理並由大會具呈向淞滬善委會領款以便積極進行除將會議程序及各項提案一併檢呈外理合將代表出席情形備文呈報仰祈

鑒核關於本局應辦戰區農村貧戶及赤戶人口暨鄉區

房屋被燬等调查统计事项应请

谕知二科遵照迅令各区于三日内重行分别造报以便

汇办谨呈

局长吴

科长张秉辉谨呈

附呈战区善后委员会会议程序及各项提案各一份

上海市戰區善後委員會第八次會議議事程序

日期　八月十一日下午五時

地點　上海市政府

一、主席恭讀　總理遺囑

甲、報告事項

一、主席報告第七次議事錄

二、主席報告會務進行情形

乙、討論事項

一、江灣區被難同鄉聯合會函催救濟案

二、何家宅代表何瑞保等呈催剋日撥款救濟案

上海市戰區善後委員會第八次會議議事錄

日期 八月十一日下午五時

地點 上海市政府

出席委員 王彬彦 蔡增基 張公權金侯城代
溫應星 沈怡 胡鴻基 郭順 陳炳謙
郭順代 金里仁景嵩代 陳光甫 董承道代
王增祐王銓濟代 周念祖 馬少荃 駱清華
馬少荃代 沈田莘 王一亭 黃伯樵 許允方代
杜鏞 唐承宗代 王曉籟 唐承宗代 唐承宗
李銘 樊介壽代 洪蘭祥 史量才 王延松
徐佩璜 虞洽卿 鄭通和 殷汝耕
吳醒亞 孫詠沂代

主席 吳鐵城 紀錄 林炎南

主席恭讀　總理遺囑

甲、報告事項

一、主席報告第七次會議議事錄

二、主席報告會務進行情形

乙、討論事項

一、江灣區被難同鄉聯合會函催救濟案

議決　交救濟組核辦

二、何家宅代表何瑞仁等呈催尅日撥款救濟案

議決　交救濟組核辦

三、史副委員長量才提議組織特別委員會負責籌議復興經費案

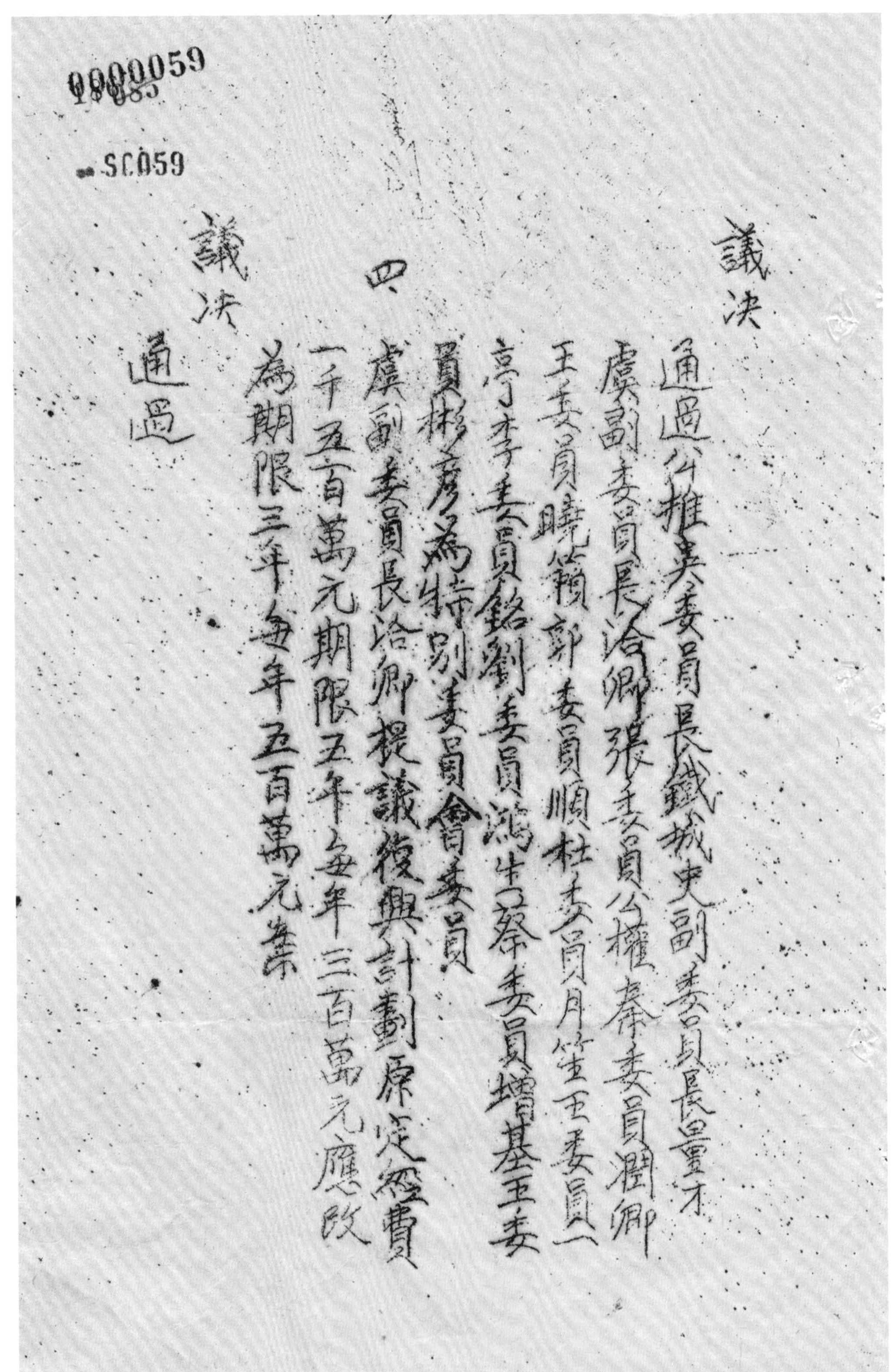

議決 通過公推吳委員長鐵城史副委員長量才虞副委員長洽卿張委員公權秦委員潤卿王委員曉籟郭委員順杜委員月笙王委員一亭李委員銘劉委員鴻生蔡委員增基王委員彬彥為特別委員會委員

四 虞副委員長洽卿提議復興計劃原定經費一千五百萬元期限五年每年三百萬元應改為期限三年每年五百萬元案

議決 通過

上海市社会局第四科科员孙咏沂关于报告出席上海市战区善后委员会第八次会议情形致局长吴醒亚的呈（一九三二年八月十二日）

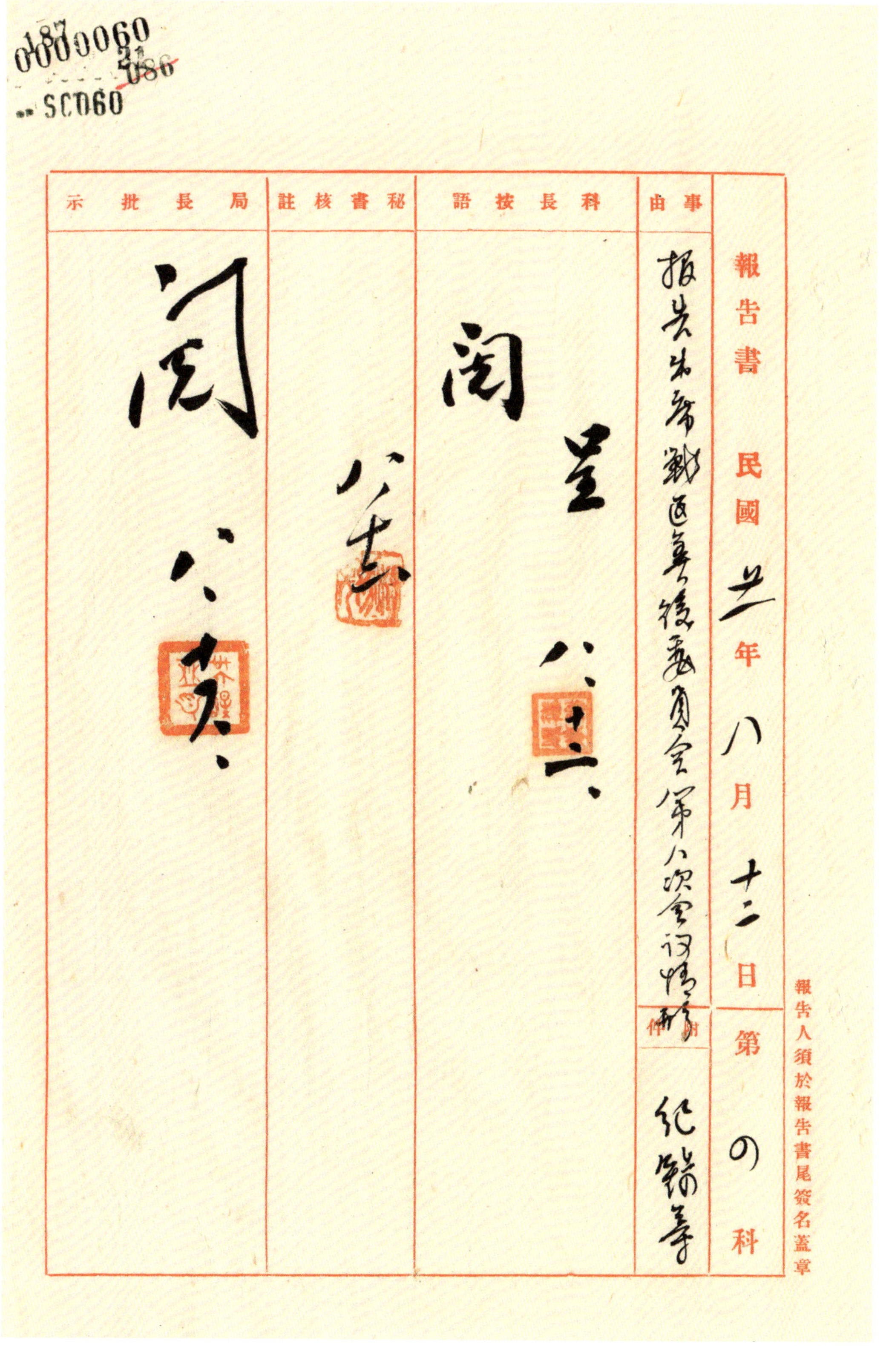

報告書　民國廿一年八月十二日第四科

事由：報告出席戰區善後委員會第八次會議情形

附件：紀錄壹

科長按語：呈　八.十二

秘書核註：閱　八.十三

局長批示：閱　八.十六

報告人須於報告書尾簽名蓋章

為報告事。竊奉

派代表出席第四次戰區善後委員會第八次會議，遵於十一日下午五時前往。計出席者沈局長、徐局長、胡局長、王一亭、虞洽卿、王彬彥等三十餘人，市長主席。決定由王一亭先生與淞滬戰區善後委員會請發急賑，當允撥三十五萬元，俟領到即行着手辦理急賑。今擬檢同救濟組會議紀錄、戰區農村房屋農具家畜損失調查表及清查工作報告各一份呈報

鑒核。謹呈

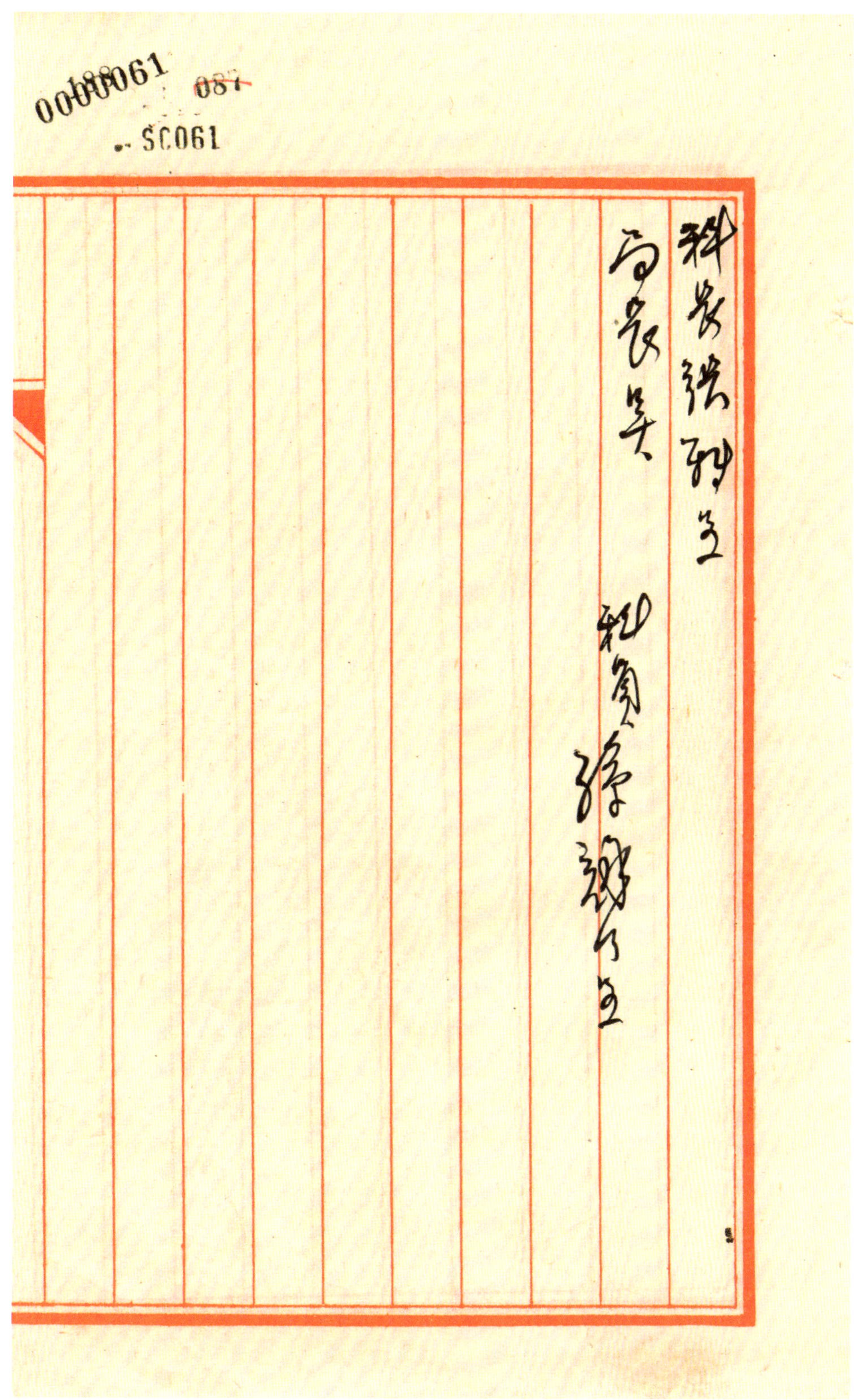

科长张[illegible]呈

局长吴

职员徐[illegible]行呈

上海市战区善后委员会第九次会议议事程序及议事录（一九三二年八月二十五日）

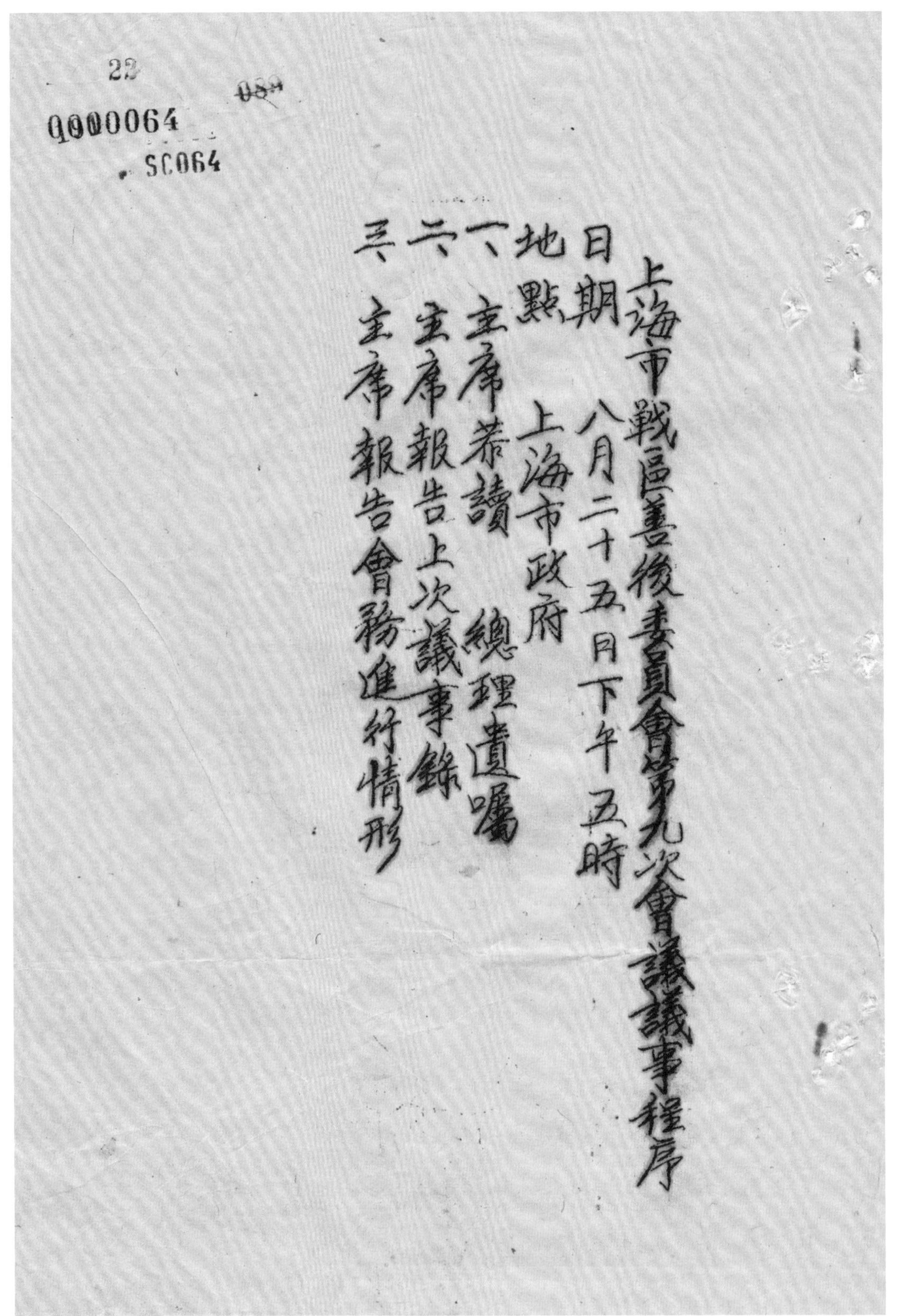
22
089
Q000064
SC064
上海市戰區善後委員會第九次會議議事程序
日期　八月二十五日下午五時
地點　上海市政府
一、主席恭讀　總理遺囑
二、主席報告上次議事錄
三、主席報告會務進行情形

090
Q000065　SC065

上海市戰區善後委員會第九次會議議事錄

日期　八月二十五日下午五時

地點　上海市政府

出席委員　沈怡　黃伯樵　王彬彥　陳炳謙　周念祖

王增祜　王銓濟代　王曉籟　吳序恩　吳子久代　吳醒亞

張秉輝代　蔡增基　金里仁　景嵩代　殷汝耕　郭順

秦潤卿　徐佩璜　鄭通和　溫應星　李登輝　史量才　杜月笙　王延松　俞鴻鈞　沈田莘　唐承宗

虞洽卿　李銘　樊介堂代　駱清華　馬少荃　劉鴻生

王一亭　洪蘭祥　張公權　金侯城代

主席　吳鐵城　紀錄　林炎南

開會如儀

一、主席報告第八次議事錄

二、主席報告會務進行情形

三、主席报告此次會議無議案應改為談話會
四、蔡委員增基報告接洽復興借款情形
五、秦委員潤卿報告與銀行界方面接洽情形
六、主席報告本市勞資糾紛情形
七、俞委員鴻鈞報告本市謠言甚盛影響治安情形
八、王委員一亭報告接洽本會急賑款項情形

上海市社会局第四科科长张秉辉关于报告出席上海市战区善后委员会第九次会议情形致局长吴醒亚的签呈（一九三二年八月二十六日）

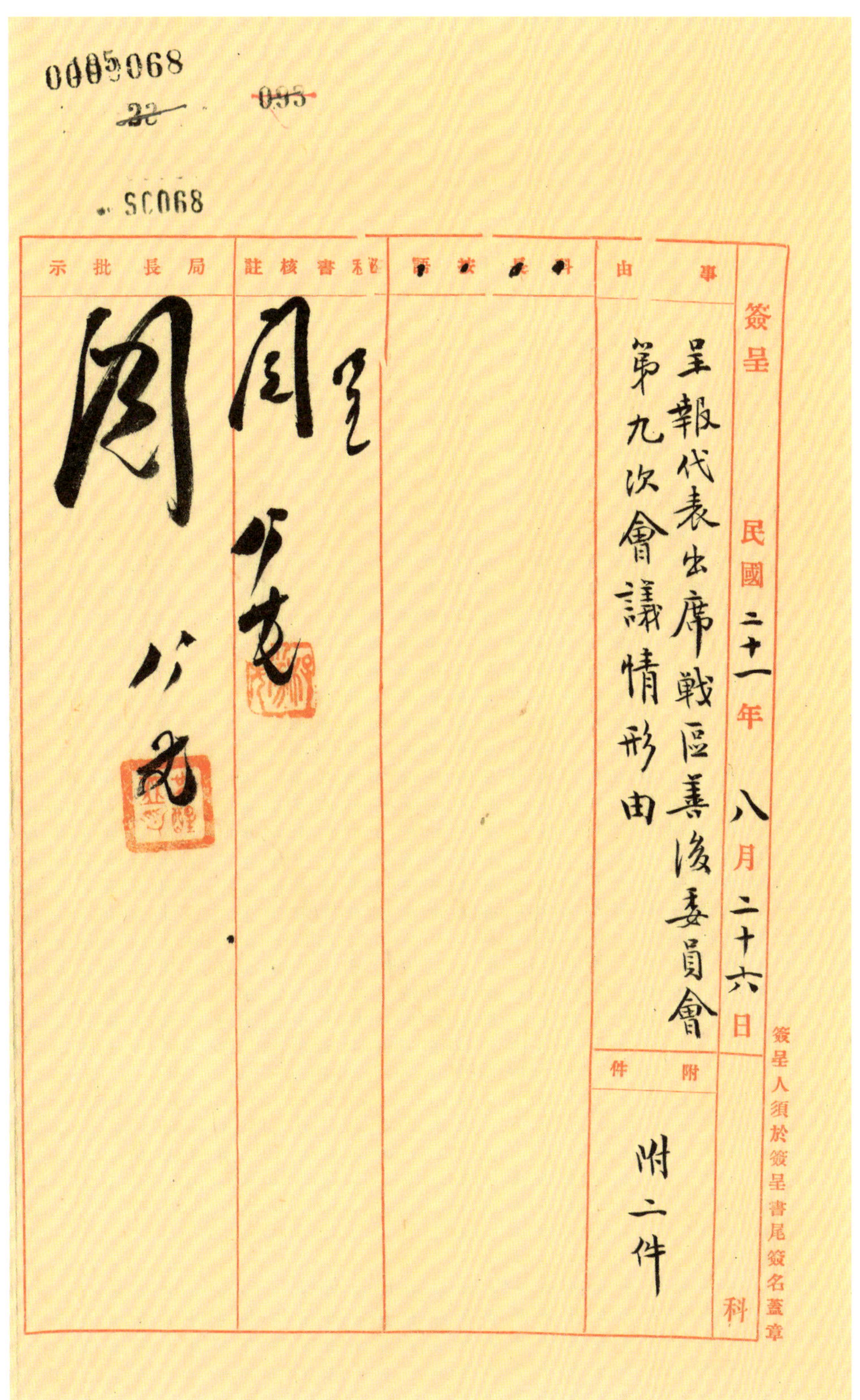
0005068
SC068

签呈　民国二十一年八月二十六日

事由：呈报代表出席战区善后委员会第九次会议情形由

附件：附二件

签呈人须於签呈书尾签名盖章

科

秘书核注：周〔周〕呈 八月〔?〕

局长批示：阅 八月〔?〕

呈為呈報事秉祥奉
派代表出席戰區善後委員會第九次會議
遵於昨(二十五)日下午五時前往計到虞洽
卿史量才杜月笙王曉籟等二十餘人市
長主席報告上次會議經過及最近工潮
洶湧情形須謀救濟辦法旋即討論各
項救濟問題經議決交由救濟組辦理並
推王一亭委員向淞滬戰區善後委員會
請領專款比即散會理合檢同善後款項
分配計劃書及第八次會議議事錄各一

份將代表出席經過情形備文呈報仰祈

鑒核謹呈

局長吳

附計劃書及議事錄各一份

科長張秉輝呈

八、廿六

上海市战区善后委员会第十次会议议事程序（一九三二年九月八日）

上海市戰區善後委員會第十次會議〻事程序

日期　九月八號下午五時

地點　上海市政府

開會如儀

甲、報告事項

一、主席報告上次議事錄

二、主席報告會務進行情形

乙、議決事項

一、本市被災中等學校委員會請求救濟案

上海市社会局第四科科长张秉辉关于报告出席上海市战区善后委员会第十次会议情形致局长吴醒亚的呈（一九三二年九月十日）

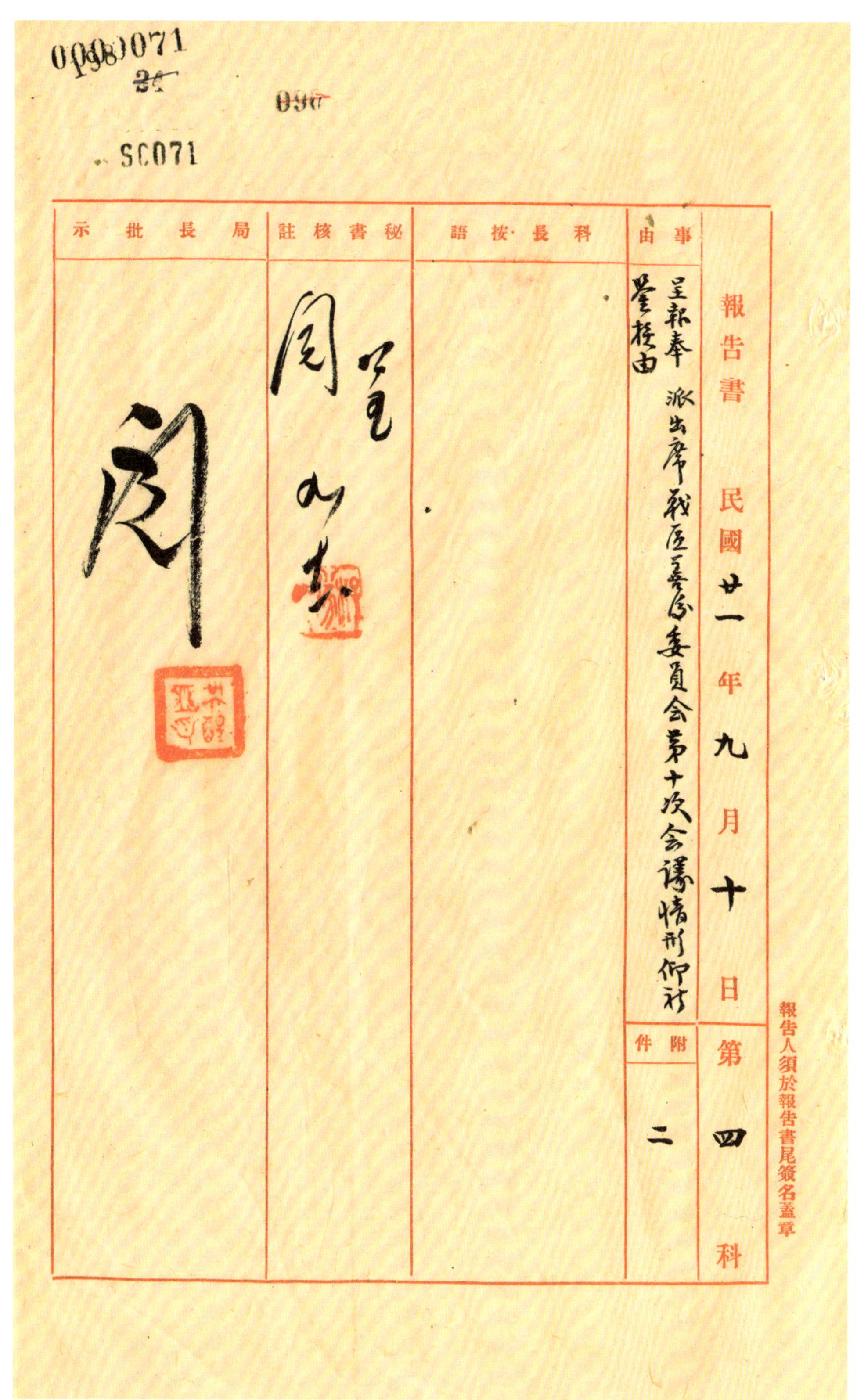
0098 0071
SC071

报告書

民國廿一年九月十日 第四科

事由	科長按語	秘書核註	局長批示
呈報奉派出席戰區善後委員會第十次會議情形仰祈鑒核由		閱呈 如基	閱
附件 二			

報告人須於報告書尾簽名蓋章

呈為呈報事奉　諭代表出席本市戰區善後委員會第十次會議遵於昨（八日）日下午五時前往市政府到有虞洽卿史量才等二十餘人市長主席由　秉輝　代表報告關於振款分配計劃經到會委員討論頗久旋即議決兩案（一）本市被災中等學校委員會請求救濟案決交市教育局會同審核組查明核辦（二）淞滬戰區善後籌備委員會允先撥賑款十五萬元請備文具領並將貧民借本、建屋借款、工商業借款詳細計劃及各鄉區房屋地段間數說明開具備案、議決將急賑名義改為救濟、所有分配計劃及借款辦法、交由社會局會同救濟組迅行辦理具報、茲謹檢附議事程序及第九次會議二

00009072

097

SC072

事錄備文呈報代表出席經過情形仰祈

鈞長鑒核謹呈

局長吳

附呈會議程序及第九次會議議事錄各一份

科長 張秉輝 謹呈

上海市社会局第四科科长张秉辉关于报告出席上海市战区善后委员会救济组会议情形致局长吴醒亚的签呈（一九三二年九月十三日）

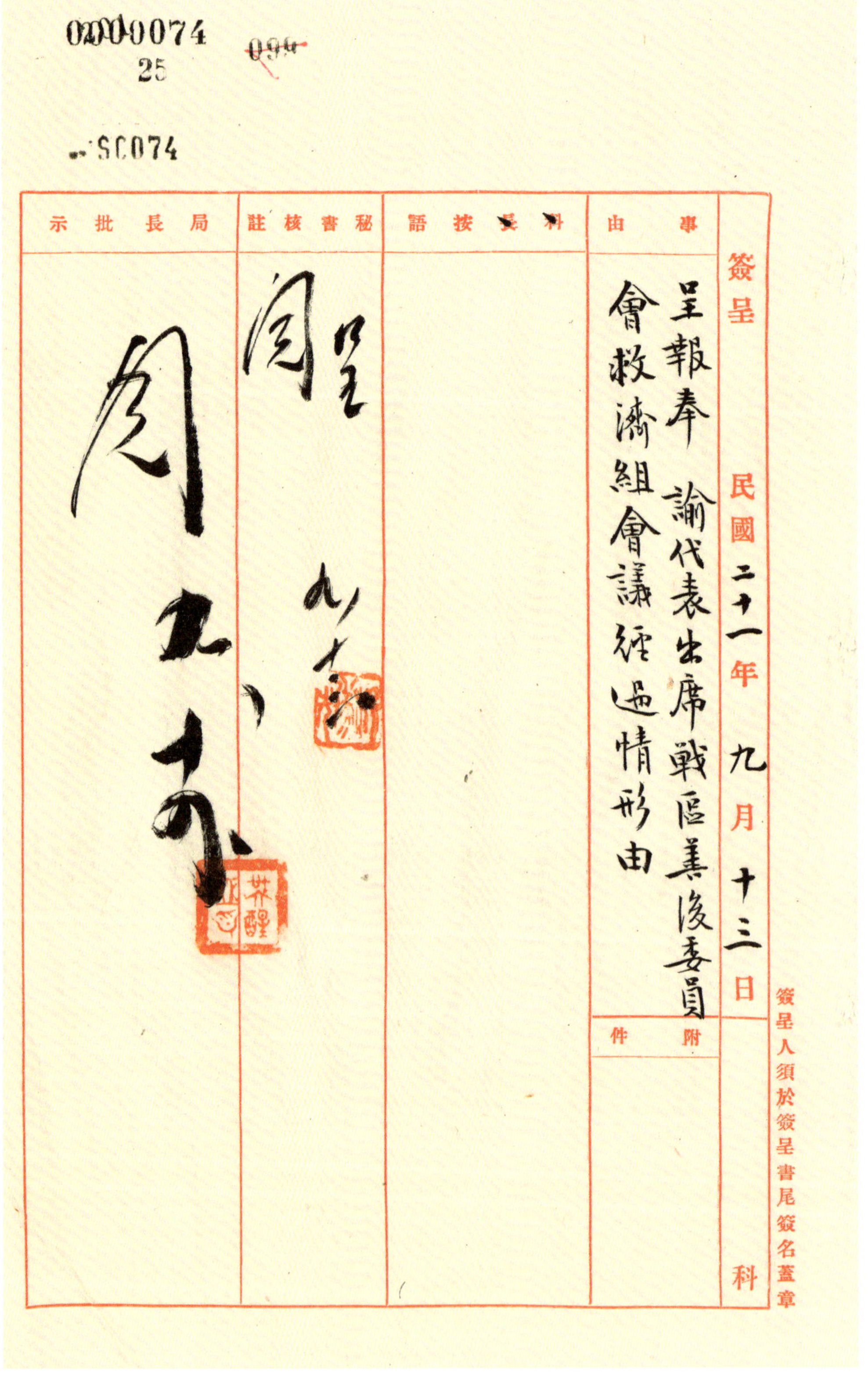

0000074
25
099
SC074

簽呈　民國二十一年九月十三日　科

事由：呈報奉諭代表出席戰區善後委員會救濟組會議經過情形由

附件

科長按語

秘書核註：閱[illegible]

局長批示：閱[illegible]

簽呈人須於簽呈書尾簽名蓋章

呈為呈報事奉
諭代表出席戰區善後委員會救濟組會議
遵於昨日(十二)下午四時前往市政府出席到
有王一亭郭順王彬彥等十餘人即由秉輝
報告分配各鄉區賑款辦法並經討論決定下
列事項(一)辦理急賑因時期已過決定取消
不再辦理(二)社會局所擬分配貧民借本計劃
中以廿五萬計算閘北區原應分二萬元決於
其中減去五千元移作閘北臨時救濟如
施粥等項費用小工業借本每戶以五百元

為限建屋借款每户以自五十元至二百元為度期間分四年還清每年十月底各還本四分之一貧民借本分兩年還清每半年還本四分之一(三)臨時救濟借本處章程經逐條審查修改決提出下次大會通過(四)請社會局辦理借本事宜完全負責所有借本處應用表冊簿據以及各種物件由社會局速辦提交大會核議以上各項經決定後至七時三十分散會理合將奉 諭代表出席經過情形備文呈報仰祈

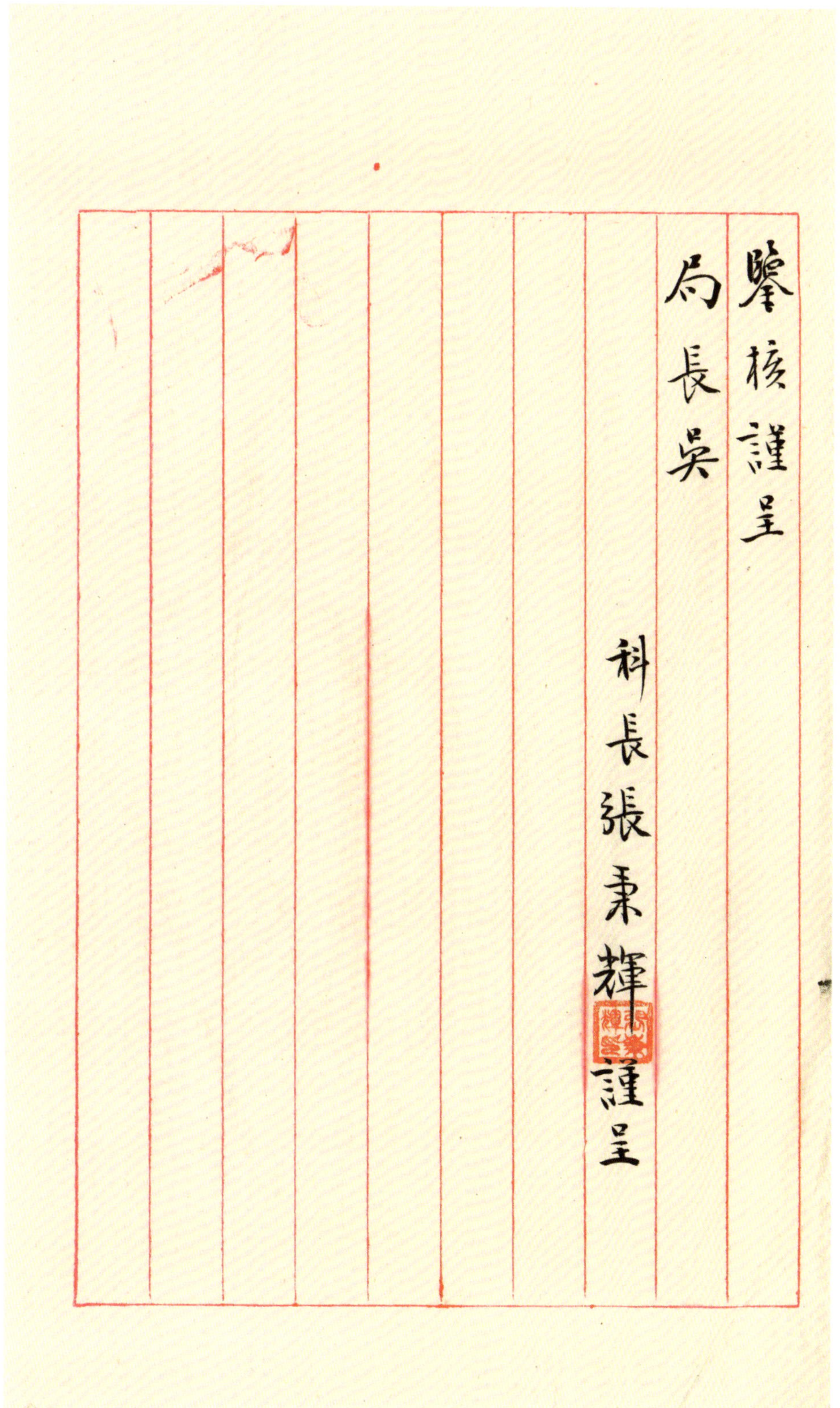

鑒核謹呈

局長吳

科長張秉輝謹呈

四、战事损失调查表及报告

係六十分之一为赤貧 计一，八二〇口 依據以上列數照大小口比例得下數目

係五十分之一为赤貧 計三一，八三二 依據前數照大小口比例得下數

戰區貧戶調查表

區別	貧戶數	赤貧戶數	貧戶人數 大口	貧戶人數 小口	赤貧戶人數 大口	赤貧戶人數 小口
吳淞	五一六	四二八	一六三三	六二六	一二一九	七一三
江灣	三四五	三九三	八八五	六一一	六六三	五一五
殷行	六一六	二一六	一七八三	一一七六	六三八	三四八
彭浦	三六八	三三九	一一八六	八七七	六一八	四三九
引翔	一〇一三	二六五二	三六一〇	二六四八	八一一八	五二二五
真如	六月份	五，三一二户	十八，一四口		一，〇九六	七一五
閘北	四區 四區一 四區二 五區	二四，〇五一 四，一五四 一二，一七九 一二，六一〇	一三，一九三四 五二，三五〇〇 五四，二九八 一〇，八八七		一八，二七一	一三，五六一

總計赤貧 大 三〇，五二二 小 二一，五五二

大60，540口

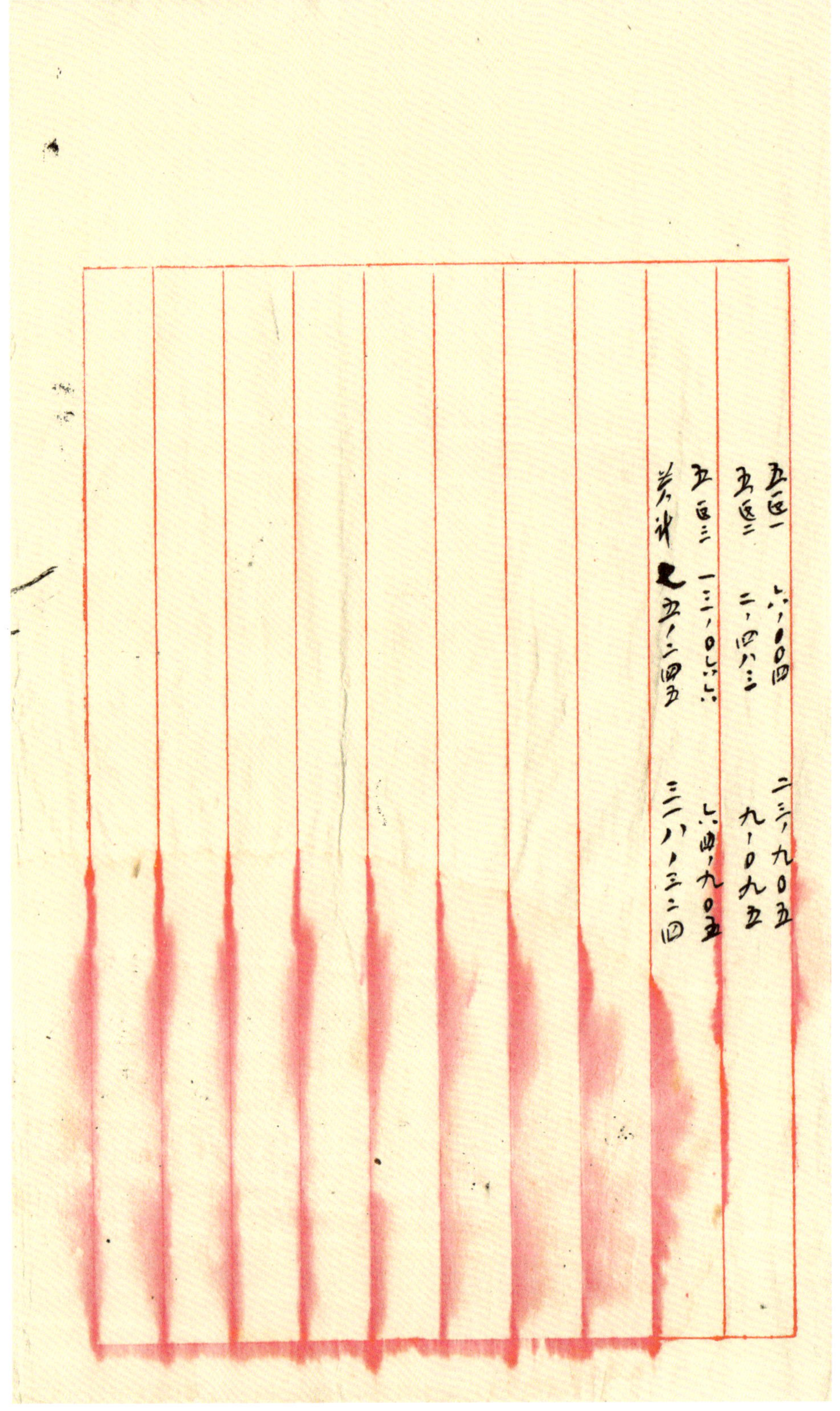

五区一	六，一〇四	二三，九〇五
五区二	二，四八三	九，〇九五
五区三	一三，〇六六	六四，九〇五
共计	七五，二四五	三一八，三二四

假定二〇四間與吳淞同

戰區房屋農具家畜損失調查表

區別	房屋損失 間數	房屋損失 價值	農具損失	家畜損失
吳淞	二一〇〇間	四二〇〇〇〇元	一三〇〇〇元	八一〇〇元
殷行	三九八	一五九二〇〇	五六七四	一一三五二
江灣	一〇〇〇〇	二〇〇〇〇〇〇	二三〇〇〇	二二〇〇〇
彭浦	四二八	一三五二五〇	九二四八	八六八
引翔	八六二	一六四三二〇	八六四五〇	九五八〇
真如	一一〇	二二〇〇〇	六一〇〇	一〇〇〇〇
南北	假定二〇四與吳淞同			

上海市公用局对于所受战事损失报告（一九三二年）

上海市公用局對於所受戰事損失報告

一 物品

名稱	件數	號數	價值	附註
脚踏車	三輛	市七、六〇、六三	一六五.〇〇圓	借與憲兵
帆布床	四只	一一九七、一一九八、一一九九、一二〇〇	二〇.〇〇	十九路軍調用管理車輛人員帶往真如於退卻時遺失
自動號碼機	一只	不列號	三六.〇〇	同前
共計價值銀			二二一.〇〇	

上海市公用局對於所受戰事損失報告

(二) 標準鐘

名稱	件數	號數	價值	附註
標準鐘廣告柱	一支	一四	一八七．〇二圓	在閘北寶山路南口
雙面標準鐘	一只	一四	五九六．三〇	又
雙面標準鐘	一只		五九六．三〇	在滬北路燈管理處
高欖	二架		一〇〇．〇〇	又
充電開關板	一塊		一六九．二〇	又
		共計價值銀	一五六六．八二	

上海市公用局沪北广告管理处对于所受战事损失报告（一九三二年）

上海市公用局滬北廣告管理處對於所受戰事損失報告

一 房屋

甲	一般的損壞情形	房屋全部燒燬
乙	本局裝修之損失	约值銀十五圓
丙	其他記錄	
丁	如欲恢復工作原屋是否可用或須裝修約需費若干	須另租新屋

上海市公用局滬北廣告管理處對於所受戰事損失報告

二 表單簿冊（一）

名稱	件數	號數	價值	附註
定期廣告登記簿	一本			
特許廣告登記簿	一本			
遊行廣告登記簿	一本			
臨時廣告登記簿	二本			
傳單廣告登記簿	二本			
土地房屋廣告登記簿	一本			
車輛廣告登記簿	一本			
船舶廣告登記簿	一本			
電影廣告登記簿	一本			
招牌旗幟廣告登記簿	一本			
包期廣告登記簿	一本			

上海市公用局滬北廣告管理處對於所受戰事損失報告

二 表單簿册(二)

名稱	件數	號數	價值	附註
免捐手續費登記簿	一本			
經售廣告登記簿	一本			
各種廣告登記書	七〇〇張			

上海市公用局滬北廣告管理處 對於所受戰事損失報告

三 牌照套燈架

名稱	件數號數	數價值	附註
各種廣告執照	一〇〇張	三.〇〇圓	
特許廣告鏡牌	三〇〇塊	三〇.〇〇	
禁止揭止鉛皮牌	三〇塊	一二.〇〇	
		共計四五.〇〇圓	

上海市公用局滬北廣告管理處對於所受戰事損失報告

四 公共廣告場

名稱	件數	面積	價值	附註
公共廣告場	四一塊	六五平方公尺	一八〇一圓八〇	閘北戰區內
臨時廣告場	一四塊	八二平方公尺	二四〇、〇〇	
党政軍機関佈告牌	六塊	三二平方公尺	九五、四〇	
			共計二一三七圓、二〇	

上海市公用局滬北廣告管理處對於所受戰事損失報告

五 物品(一)

名稱	件數	號數	價值	附註
登記櫥	一只	三二九	五〇.〇〇	
双格公事櫃	一只	二六二	五〇.〇〇	
寫字枱	二只	一五一、一五二	八〇.〇〇	
花背椅	六只	七六三至七六八	三〇.〇〇	
十方櫈	一只	二四七	一〇.〇〇	
方茶几	二只	八〇一、八〇二	一〇.〇〇	
痰盂	四只		四.〇〇	
面盆	一只		一.〇〇	
保险櫃	一只	四三三	二四〇.〇〇	
掛鐘	一只	一〇八〇	一五.〇〇	
電風扇	一只		四五.〇〇	

上海市公用局滬北廣告管理處對於所受戰事損失報告

五 物品(二)

名稱	件數	號數	價值	附註
自行車	二輛		一五〇圓〇〇	
大小電燈	一二只		七〇、〇〇	
火爐	一只		二〇、〇〇	
棕墊架	二只	五一二、五一三	二〇、〇〇	
木板床	一只	一〇六九	六、〇〇	
板壁木料	一副		二〇、〇〇	
司匹靈鎖	一箇		七、〇〇	
茶杯	八只		四、〇〇	
茶壺	一只		一、五〇	
馬桶	一箇		八〇	
廚房用具	全副		一五、〇〇	

SC056

00054

上海市公用局滬北廣告管理處對於所受戰事損失報告

九 物品（三）

名稱	件數	號數	價值	附註
筆架	四只		六圓五〇	
銅墨盒	四只		三·二〇	
大紅印泥缸	二只		二·〇〇	
算盤	二只		二·六〇	
年月日章	一只		四〇	
軋洞機	一只		八〇	
吸水板	四只		一·二〇	
大銅夾	八只		一·二〇	
英尺	一根		一〇	
藍印色盒	二只		二·〇〇	
鋼筆桿	四支		五〇	

SC057

00055

上海市公用局滬北廣告管理處對於所受戰事損失報告

五 物品（四）

名稱	件數	號數	價值	附註
鋼筆架	一只		圓五〇	
記事牌	二塊		四〇	
黑皮包	一只		五、〇〇	
筆洗	三只		六〇	
號碼機	一只		三六、〇〇	
營造尺	一支		一〇	
書立	二只		三〇	
搪瓷總理遺像鏡框及對聯	各一只	二〇三、二一〇八	六、〇〇	
春夏秋三季制服	五套		一〇〇、〇〇	春秋二 夏三
揭示玻箱	一只	四五	四、二〇	
共計			八〇四、九〇	

00056

SC058

上海市公用局滬北廣告管理處對於所受戰事損失報告

六　私人損失

名稱	件數	號數	價值	附註
員工衣箱	四		一〇〇.〇〇圓	吴思循張樂群張樑黄玉泉各一只
員工鋪蓋	三		三〇.〇〇	張樂群張樑黄玉泉各一個
			共計價值銀一三〇.〇〇	

上海市公用局沪北路灯管理处对于所受战事损失报告（一九三二年）

SC061

00059

歸檔

上海市公用局滬北路燈管理處對於所受戰事損失報告

一 房屋

甲 一般的損壞情形

在我軍放棄閘北前並無損壞現為日兵佔據將來日兵撤退後能否仍照原狀未可逆料

乙 本局裝修之損失

職員卧室夹板標準鐘蓄電池室木柵及柵門價值銀五十圓

丙 其他記錄

丁 如欲恢復工作原屋是否可用或須加裝修約需費若干

須俟日兵撤退後察勘情形方可決定

上海市公用局滬北路燈管理處對於所受戰事損失報告

二 表單簿冊(一)

名稱	件數	號數	價值	附註
定貨單	一本			
收貨單	一本			
發貨單	一本			
工作單	一本			
修理路燈登記簿	一本			
支款表	一冊			
工作報告	一冊			
材料報告	一冊			
路燈按月統計表	一冊			
添裝整理路燈報告單	一冊			
修燈統計	一冊			

上海市公用局滬北路燈管理處對於所受戰事損失報告

二 表單簿冊(二)

名稱	件數	號數	價值	附註
路燈一覽	一冊			
路燈図	一份			
收支日記簿	一本			
存儲物品簿	一本			
存儲物品編號簿	一本			

上海市公用局滬北路燈管理處 對於所受戰事損失報告

三 路燈

名稱	件數	號數	價值	附註
甲種燈架己種燈	四九		一四七〇.〇〇圓	
丙種燈架己種燈	四		一〇四.〇〇	
丙種燈架乙種燈	七七		二〇〇二.〇〇	
丙種燈架四連燈	一		三一.〇〇	
丁種燈架乙種燈	九六		一九二〇.〇〇	
對綳四連燈	二		四六.〇〇	
對綳己種燈	八		一四四.〇〇	
庚種燈架庚種燈	四〇一		三六〇九.〇〇	
		共計價值	銀九三二六.〇〇圓	

上海市公用局滬北路燈管理處對於所受戰事損失報告

四　路燈材料(一)

名稱	件數	號數	數價值	附註
200W.螺頭燈泡	二只		圓三、〇六	
100W.插頭燈泡	六只		四、〇八	
100W.螺頭燈泡	七只		四、七六	
75W.插頭燈泡	一〇只		五、九五	
乇種燈	一九只		一〇四、五〇	
乇種燈罩	一〇四只		一七、三七	
乙種燈	五九只		二九五、〇〇	
庚種燈罩	一一四只		一二五、四〇	
鉄盆罩	一二只		三、三六	
6″白元罩	三只		四、二〇	
3/8″燈頭	九只		一、六二	

上海市公用局滬北路燈管理處對於所受戰事損失報告

四 路燈材料(二)

名稱	件數	號數	價值	附註
乙種燈頭	三九只		圓九、七五	
二公尺半燈架	一三只		六五、〇〇	
三公尺燈架	二六只		三四三、二〇	
40W.插頭燈泡	三三只		八、五八	
舊泡	一九〇只		不計	
四連燈	三只		三〇、〇〇	
1/18皮綫	二圈		八、四〇	
曲脚白料	六五只		九、七五	
蝴蝶白料	六六只		九、九〇	
炮杖白料	一六五只		四、六二	
保險白料	一六五只		三三、〇〇	

上海市公用局滬北路燈管理處對於所受戰事損失報告

四 路燈材料(三)

名稱	件數	號數	價值(圓)	附註
牛角白料	三〇只		八、七〇	
保險鉛絲	一圈		〇、九〇	
黑色布	二圈		一、八〇	
防竊套	九四只		三七、六〇	
丁字鐵板	一〇塊		五、〇〇	
角尺鐵板	一五塊		四、五〇	
焊錫	三條		〇、九〇	
白漆	一听		五、〇三	
八寸方箍	九只		四、九五	
十寸方箍	九二只		四八、七六	
八寸折角箍	六只		六、四〇	

上海市公用局滬北路燈管理處對於所受戰事損失報告

四 路燈材料(四)

名稱	件數	號數	價值	附註
十二寸方箍	四只		二、〇〇圓	
鉛絲繩	一圈半		一二、〇〇	
辛種架	一三只		五二、〇〇	
矮脚燈頭	二四只		一二、〇〇	
紅丹	一會半		六八、四〇	
灰漆	半會		二二、八〇	
庚種架	四九只		二一五、六〇	
彭束節	五七只		六二、一七	
十寸折角箍	四只		二、〇〇	
十二寸折角箍	一六只		八、〇〇	
黑漆	一斤		四、一八	

上海市公用局滬北路燈管理處對於所受戰事損失報告

四 路燈材料(五)

名稱	件數	號數	價值	附註
四公尺燈架	一只		一八〇〇圓	
150W.螺頭燈泡	一只		一、五	
硃漆	一听		一〇、四五	
60W.插泡	一八只		七、四七	
40W.螺頭燈泡	五只		一、三〇	
		共計價值	銀一六五五圓、六六	

上海市公用局滬北路燈管理處對於所受戰事損失報告

五 物品(一)

名稱	件數	號數	價值	附註
二號寫字枱	一只	三三	二二、〇〇圓	
舊寫字枱	一只	一四六	一〇、〇〇	
圓椅	二只	六二六、六二八	四、八〇	
材料架子	八只	四九四至五〇一	一〇〇、〇〇	
公事櫃	一只	二八六	一八、〇〇	
畫圖板	一塊		五、〇〇	
方桌	三只	二四八至二五〇	一三、五〇	
馬案桌	四只	二一九至二二二	一二、〇〇	
靠椅	二只	六一〇至六一一	八、〇〇	
方櫈	二只	九九〇、九九一	一、〇〇	
圓櫈	二只	九七八、九七九	一、〇〇	

上海市公用局滬北路燈管理處對於所受戰事損失報告

五 物品(二)

名稱	件數	號數	價值	附註
床架	四副	五二三至五二六	一四圓〇〇	
門鎖	一把		一·〇〇	
火爐	一只		一八·五〇	
小枱鐘	一只		三·六〇	
米達尺	二支		〇·三二	
記事牌	一塊		〇·二〇	
打孔機	一只		一·〇〇	
算盤	一把		一·三〇	
墨盒	二只		一·六二	
印泥盒	二只		一·二〇	
筆洗	一只		〇·二七	

上海市公用局滬北路燈管理處對於所受戰事損失報告

五 物品(三)

名稱	件數	號數	價值	附註
筆筒	一只		圓0、三五	
吸水板	一塊		0、三五	
吸水器	一只		0、一六	
圖章	七個		一、四0	
藍印盒	一只		一、00	
鋼筆桿	四支		0、四八	
自由車	六輛		四八0、00	
磁牌子	四塊		六、00	
雨衣	一0件		一三0、00	
雨帽	一0頂		五、00	
套褲	一0双		一0、00	

上海市公用局滬北路燈管理處對於所受戰事損失報告

五 物品(四)

名稱	件數	號數	數價值	附註
電扇	一只		四二、〇〇圓	
電燈	六盞		二四、〇〇	
電筒	三只		二、八〇	
茶壺	一把		一、二〇	
茶杯碟	四套		一、四〇	
鋁壺	二只		二、〇〇	
痰盂	三只		〇、九〇	
字紙簏	一只		〇、五〇	
面盆	一只		〇、五〇	
拖把	一個		〇、四〇	
畚箕	一只		〇、一〇	

SC074

00072

上海市公用局滬北路燈管理處對於所受戰事損失報告

五　物品（五）

名稱	件數	號數	價值	附註
升高梯	一輛		二〇〇圓、〇〇	
大貨車	一輛		二五、〇〇	
竹梯	二五只		七五、〇〇	
鏈條	二〇條		三〇、〇〇	
鎖	二〇把		一〇、〇〇	
三脚板	四副		一六、〇〇	
保安皮帶	四條		三六、〇〇	
老虎鉗	一只		一〇、〇〇	
鏈條鉗	一把		八、〇〇	
拉扦子	一只		四、〇〇	
鋼鋸	一把		二、〇〇	

上海市公用局滬北路燈管理處對於所受戰事損失報告

五 物品(六)

名稱	件數	號數	價值	附註
搖鑽	一只		七圓〇〇	
十寸曲条鑽	二只		一、〇〇	
二磅榔頭	一只		一、五〇	
手鎚	六只		三、六〇	
扁銼	三把		二、一〇	
圓銼	三把		一、八〇	
鉗子	四把		四、〇〇	
旋鑿	五把		一、五〇	
水手刀	四把		二、四〇	
活動螺絲板手	五把		七、五〇	
螺絲鑽	三只		一、二〇	

SC076

00074

上海市公用局滬北路燈管理處對於所受戰事損失報告

五 物品(七)

名稱	件數	號數	價值	附註
刮刀	二把		圓 〇、四〇	
鏟刀	一把		〇、二〇	
漆刷	二把		一、〇〇	
指燈鉛桶	二只		〇、八〇	
米達尺	一支		〇、一六	
鉛皮字樣	一副		一、五〇	
工具袋	六只		一八、〇〇	
木葫蘆	一只		〇、五〇	
磨石	一只		三、〇〇	
吊繩	一條		一、〇〇	
		共計價值	銀一四四六、〇一圓	

上海市公用局江湾路灯管理处对于所受战事损失报告（一九三二年）

上海市公用局江灣路燈管理處對於所受戰事損失報告

一 房屋

甲 一般的損壞情形	全部被焚
乙 本局裝修之損失	並無裝修
丙 其他記録	
丁 如欲恢復工作原屋是否可用或須裝修約需費若干	原屋已焚去須另覓新屋

00079 SC081

上海市公用局江灣路燈管理處對於所受戰事損失報告

二 表單簿冊(一)

名稱	件數	號數	價值	附註
定貨單	一本			
收貨單	一本			
發貨單	一本			
進料簿	一本			
用料簿	一本			
材料進出簿	一本			
工作單	一本			
修理路燈登記簿	一本			
工資簿	一本			
支款表	一冊			
工作報告	一冊			

上海市公用局江灣路燈管理處對於所受戰事損失報告

二 表單簿冊(二)

名稱	件數	號數	價值	附註
材料報告	一冊			
路燈按月統計表	一冊			
添裝整理路灯报告单	一冊			
修燈統計	一冊			
路燈一覽	一冊			
路燈圖	一份			
收支日記簿	一本			
存儲物品簿	一本			
存儲物品編號簿	一本			

上海市公用局江灣路燈管理處對於所受戰事損失報告

三 路燈

名稱	件數	號數	價值	附註
甲種燈架已種燈	五		一五〇、〇〇	
丙種燈架已種燈	一		二六、〇〇	
對綳已種燈	一		一八、〇〇	
庚種燈架庚種燈	二四一		二一六九、〇〇	
共計價值銀二三六三、〇〇				

上海市公用局江灣路燈管理處對於所受戰事損失報告

四　路燈材料(一)

名稱	件數	號數	數價值	附註
100W. 螺頭燈泡	二只		一圓三六	
100W. 插頭灯泡	二只		一·三六	
75W. 插頭灯泡	五只		二·九七	
40W. 插頭灯泡	七只		一·八二	
1/2" 灯頭	六〇只		二二·八〇	
舊泡	五〇只		不計	
5/8" 燈頭	二三只		四·二四	
己種灯	二只		二·〇〇	
乙種灯	二只		一〇·〇〇	
己種灯玻璃罩	三只		〇·五〇	
保险鉛絲	三圈		二·七〇	

上海市公用局江灣路灯管理處 對於所受戰事損失報告

四 路灯材料（二）

名稱	件數	號數	價值	附註
皂布	一圈		〇圓、九〇	
1/18 皮线	四二四碼		一七、八一	
燈泡防雨套	一六四只		六五、六〇	
庚種架	六只		二六、四〇	
曲脚白料	七四只		一一、一〇	
巳種灯架	四只		一、二〇	
辛種灯架	二只		八、〇〇	
蝴蝶白料	二一只		三、一五	
東節	一〇只		一、一〇	
牛角白料	九只		二、六一	
庚種灯罩	九只		九、九〇	

SC086

00084

上海市公用局江湾路灯管理處對於所受戰事損失報告

四 路燈材料（三）

名稱	件數	號數	價值	附註
羊種灯罩	九只		一圓、五	
鉄盔罩	九只		二、五二	
炮杖白料	八只		〇、三	
1/20 皮線	半圈		二、二五	
		共计價值銀	二三二、六六	

上海市公用局江湾路燈管理處對於所受戰事損失報告

五 物品(一)

名稱	件數	號數	價值	附註
大方桌	一只	二五四	一〇.〇〇	
三抽桌	二只	一五三、一五四	八.〇〇	
三鏡寫字枱	一只	一〇四	二〇.〇〇	
公事櫃	一只	二八七	一八.〇〇	
靠椅	四只	七七六至七七九	九.六〇	
材料架子	二只	五〇三、五〇四	三〇.〇〇	
床架棕墊	三副	五三四至五三六	一六.〇〇	
花園櫈	四只	九二五至九二八	四.〇〇	
時鐘	一只	一〇八三	一二.〇〇	
火爐	一只		一八.五〇	
總理遺像及對連框	各一份	二一〇四、二一〇七	五.〇〇	

上海市公用局江灣站燈管理處 對於所受戰事損失報告

五 物品(二)

名稱	件數	號數	價值	附註
吸水板	一塊		圓〇、三五	
吸水器	一只		〇、一六	
三眼墨水缸	一只		〇、六〇	
算盤	一把		一、三〇	
筆洗	一只		〇、二七	
藍印盒	一只		一、〇〇	
印泥缸	一只		一、一〇	
米達尺	一支		〇、一六	
鋼筆桿	一支		〇、一二	
大鋼夾	三只		〇、四八	
小鋼夾	三只		〇、一五	

上海市公用局江灣路燈管理處　對於所受戰事損失報告

五　物品(三)

名稱	件數	號數	價值	附註
硬紙夹	一打		二、四〇	
記事牌	一块		〇、二〇	
小洋刀	一把		一、五〇	
打孔機	一只		一、〇〇	
墨盒	一只		〇、八一	
筆架	一只		〇、五四	
三角板	一副		二、〇〇	
自由車	四輛		三二〇、〇〇	
雨衣	四件		五二、〇〇	
雨帽	四頂		二、〇〇	
套褲	四双		四、〇〇	

上海市公用局江灣路燈管理處對於所受戰事損失報告

五 物品(四)

名稱	件數	號數	數價值	附註
党國旗	二面		圓七.〇〇	
電扇	一只		四二.〇〇	
電燈	六只		二四.〇〇	
電筒	二只		一五.二〇	
茶壺	一把		一.二〇	
茶杯碟	四套		一.四〇	
水壺	一把		一.〇〇	
字紙簏	一只		〇.五〇	
痰盂	三只		〇.九〇	
便桶	二只		二.四〇	
竹梯	一四只		四二.〇〇	

上海市公用局江灣路燈管理處 對於所受戰事損失報告

五 物品(五)

名稱	件數號數	價值	附註
練條	一四條	二二.〇〇 圓	
鎖	一四把	七.〇〇	
三脚板	二副	八.〇〇	
保安皮帶	二條	一八.〇〇	
手鎚	二只	一.二〇	
鉗子	三把	三.〇〇	
旋鑿	五把	一.五〇	
水手刀	四把	二.四〇	
螺絲鑽	四只	一.六〇	
活動螺絲扳手	二把	三.〇〇	
扁錐	二把	一.四〇	

上海市公用局吴淞路灯管理处对于所受战事损失报告（一九三二年）

00093 SC095

归档

上海市公用局吴淞路灯管理处對於所受戰事損失報告

一 房屋

甲	一般的損壞情形
	全部被焚
乙	本局裝修之損失
	門前木柵及柵门價值銀十五圓
丙	其他記錄
丁	如欲恢復工作原屋是否可用或須裝修約需費若干
	原屋已焚去須另覓新屋

上海市公用局吴淞路燈管理處 對於所受戰事損失報告

二 表單簿冊(二)

名稱	件數	號數	價值	附註
定貨單	一本			
收貨單	一本			
發貨單	一本			
進料簿	一本			
用料簿	一本			
材料進出簿	一本			
工作單	一本			
修理路燈登記簿	一本			
工資簿	一本			
支款表	一冊			
工作報告	一冊			

上海市公用局吴淞路燈管理處對於所受戰事損失報告

二 表单簿冊(二)

名稱	件數	號數	價值	附註
材料報告	一冊			
路燈按月統計表	一冊			
添裝整理路燈報告單	一冊			
修燈統計	一冊			
路燈一覽	一冊			
路燈圖	一份			
收支日記簿	一本			
存儲物品簿	一本			
存儲物品編號簿	一本			

上海市公用局吴淞路燈管理處對於所受戰事損失報告

三　路燈

名稱	件數	號數	價值	附註
庚種燈架庚種燈	一二五		一一二五・〇〇圓	
己種燈架戊種燈	一八七		一一二二・〇〇	
橋柱燈	四		八〇・〇〇	
		共計價值銀二三二七・〇〇		

上海市公用局吳淞路燈管理處對於所受戰事損失報告

四 路燈材料

名稱	件數	數額	價值	附註
100W. 插頭燈泡	一六八只		二四、二四	
75W. 插頭燈泡	一四六只		八六、八七	
60W. 插頭燈泡	二四三只		一〇〇、八四	
40W. 插頭燈泡	二四〇只		六二、四〇	
5" 燈頭	一五五只		五八、九〇	
3" 燈頭	一二二只		二一、九六	
白磁燈頭	七六只		三八、〇〇	
1/16 皮綫	五圈		二九、〇〇	
1/18 皮綫	八圈		三三、六〇	
1/20 皮線	一圈		四、五〇	
曲脚白料	一五一只		二二、六五	

上海市公用局吳淞路燈管理處對於所受戰事損失報告

四 路燈材料

名稱	件數	號數	價值	附註
牛角白料	三七只		一〇四、七三	
蝴蝶白料	五〇只		七、五〇	
炮杖白料	一三一只		三、六七	
紅丹	半會		二二、八〇	
灰漆	半會		二二、八〇	
舊架	二四只		不計	
舊泡	一二一只		不計	
60白元罩	一〇只		一四、〇〇	
三公尺燈架	一只		二六、四〇	
庚種燈架	二只		八、八〇	
己種燈架	一只		〇、三〇	

上海市公用局吴淞路燈管理處對於所受戰事損失報告

四 路燈材料（三）

名稱	件數	號數	價值	附註
丙種燈頭	一七只		二一、九〇圓	
乙種燈	二二只		一一〇、〇〇	
丙燈玻罩	一八七只		一〇八、四六	
丙燈鉄罩	一九二只		五七、六〇	
庚種燈罩	一四只		一五、四〇	
鉄盆罩	四三只		一二、〇四	
防雨套	一一七只		四六、八〇	
保險鉛絲	六圈		五、四〇	
黑包布	七圈		六、三〇	
1/18双股鉛綫	一圈		二四、〇〇	
矮脚燈頭	一三只		六、〇〇	

上海市公用局吴淞路燈管理處對於所受戰事損失報告

四 路燈材料(四)

名稱	件數	號數	價值	附註
柏油	一听		二圓〇〇	
硃紅漆	一听		一〇、四五	
			共計價值銀二〇六、三一	

上海市公用局吴淞路燈管理處對於所受戰事損失報告

五 物品(一)

名稱	件數	號數	價值	附註
大方桌	一只	二四三	五圓、〇〇	
三抽桌	二只	二一六、二一七	一一、〇〇	
二號寫字枱	一只	三四	二二、〇〇	
公事櫃	一只	二八八	一八、〇〇	
靠椅	四只	七八〇至七八三	九、六〇	
材料架子	二只	五〇五、五〇六	二五、〇〇	
床架棕墊	三副	五三七至五三九	一三、五〇	
方櫈	四只	九九七至一〇〇〇	三、六〇	
時鐘	一只	一〇八四	一一、〇〇	
畫圖板	一塊		五、〇〇	
火爐	一只		一八、五〇	

上海市公用局吴淞路燈管理處對於所受戰事損失報告

五 物品(二)

名稱	件數	號數	價值	附註
總理遺像及對連框	一份		二、五〇	
吸水板	一塊		〇、三五	
吸水器	一只		〇、一六	
三眼墨水缸	一只		〇、六〇	
算盤	一把		一、三〇	
筆洗	一只		〇、二七	
藍印盒	一只		一、〇〇	
印泥缸	一只		一、一〇	
米達尺	一支		〇、二六	
圖章	一个		〇、二〇	
鋼筆桿	一支		〇、三	

SC105

00103

上海市公用局吴淞路燈管理處對於所受戰事損失報告

五 物品(三)

名稱	件數	號數	價值	附註
大銅夫	三只		圓〇.四八	
小銅夫	三只		〇.一五	
硬紙夫	一打		二.四〇	
記事牌	一块		〇.二〇	
小洋刀	一把		一.五〇	
打孔機	一只		一.〇〇	
墨盒	一只		〇.八一	
筆架	一只		〇.五四	
三角板	一副		二.〇〇	
自由車	四輛		三二〇.〇〇	
雨衣	四件		五二.〇〇	

SC106

00104

上海市公用局吳淞路燈管理處對於所受戰事損失報告

五 物品（四）

名稱	件數	號數	價值	附註
雨帽	四頂		二四.〇〇	
套褲	四双		四.〇〇	
黨國旗	二面		七.二〇	
窗簾	一块		一.〇〇	
電扇	一只		四二.〇〇	
電燈	七盏		二八.〇〇	
電筒	二只		一五.五〇	
茶壺	一把		一.二〇	
茶杯碟	四套		一.四〇	
水壺	一把		一.〇〇	
字紙簏	一只		〇.五〇	

上海市公用局吴淞路燈管理處對於所受戰事損失報告

五　物品（五）

名稱	件數	號數	價值	附註
痰盂	二只		〇.六〇	
便桶	二只		二.四〇	
輕便裝燈車	一輛		一三〇.〇〇	
竹梯	三只		三六.〇〇	
練條	三條		一八.〇〇	報損失條
鎖	三把		六.〇〇	
三脚板	二副		八.〇〇	
保安皮帶	二條		一八.〇〇	
手錘	二只		一.二〇	
扁錐	二把		一.四〇	
圓錐	二把		一.二〇	

上海市公用局吴淞路燈管理處對於所受戰事損失報告

五 物品(六)

名稱	件數	號數	價值	附註
鉗子	二把		二圓.〇〇	
旋鑿	四把		一.二〇	
水手刀	二把		一.二〇	
活動螺絲扳手	二把		三.〇〇	
螺絲鑽	二只		〇.八〇	
吊繩	一條		一.〇〇	
工具袋	二只		六.〇〇	
指燈桶	二只		〇.八〇	
鉛皮字樣	一副		一.五〇	
		共計價值銀	八七五.一四	

上海市公用局吴淞路燈管理處對於所受戰事損失報告

六 私人損失(一)

名稱	件數	號數	數價值	附註
棉被	三條		一五、〇〇圓	以下均為蔣風陽所有
提箱	一只		一四、〇〇	
皮箱	一只		一二、〇〇	
中装衣服	三〇餘件		一四〇、〇〇	
西装衣服	四套及附件		一四〇、〇〇	
呢帽	二只		一六、〇〇	
皮鞋	二双		一六、〇〇	
籐椅	一只		三、〇〇	
洋風爐	一只		五、〇〇	
雨衣	一件		一六、〇〇	
草帽	一只		三、〇〇	

SC110

00108

上海市公用局吴淞路燈管理處　對於所受戰事損失報告

六　私人損失(二)

名稱	件數	號數	價值	附註
		共計價值銀三八〇.〇〇		

上海市公用局沪北车务处对于所受战事损失报告（一九三二年）

上海市公用局滬北車務處對於所受戰事損失報告

一 房屋

甲 一般的損壞情形

乙 本局裝修之損失

約值銀八十五圓

丙 其他記錄

三月二十日該處職員史家曾前往察看見房屋及门面裝修均完好未破壞惟内部已被日人佔踞未便入內查有

丁 如欲恢復工作原屋是否可用或須裝修需費若干

上海市公用局滬北車務處 對於所受戰事損失報告

二 牌照套燈架

名稱	件數	號數	數價值	附註
大中小貨車號牌	五一五方		五一圓五〇	號數另開
三輪貨車牌	三四方		三·四〇	號數另開
小車號牌	四四〇方		四四·〇〇	號數另開
糞車號牌	七方		〇·七〇	號數另開
自用人力車空白照	五〇張		〇·九七	
貨車空白照	一〇〇張		一·三〇	
小車空白照	一〇〇張		一·一〇	
糞車空白照	一五〇張		二·一〇	
双面明角套	二〇〇只		四〇·〇〇	
車面明角套	三〇〇只		三三·〇〇	
		共計價值	銀一八七·〇七	

損失車輛號牌號碼表

大貨車 31191-31500=310方
中〃〃 20603-20700=98方
小〃〃 12115-12200=86方
大〃〃 30939 30245 30942 30412 30218 30644 3021[illegible]
30262 30260 30331 30914 30915 31082 30291
30979 30960 30347 31027 30021 30805 30889
以上貨車號牌總計515方

三輪貨車67-100=34方

糞 車 4-10=7方

小 車 6651-7000=350方
〃 〃 3706 3050, 5871 5870 1671, 2179, 1972, 4250, 2816, 1322, 645[illegible]
〃 〃 640, 880, 1936 3358 3736, 4402 6210, 6269 6039, 6401 3719
〃 〃 3046 1497 1501 4912 5247 5762 5765 5780, 6004, 1214, 1239
〃 〃 4907 6296, 681 1351 1618, 2247 5738 1766, 2149 5708 4324
〃 〃 2248, 3019, 5305, 6112 1788 2695, 2836, 2934 2990, 3345, 3347
〃 〃 5752 5795 6227 6338, 5352, 3196, 6584, 3556, 3764, 4532, 2070,
〃 〃 3767, 741 6329, 1669, 5776, 2221 退存72方
〃 〃 4997 6077, 6113, 6152, 6215, 6274, 6318, 6321, 6349, 6365, 6394
6395, 6415, 6432, 6433, 6434, 6435, 6445, 空號待補18方
以上小車總計440方

上海市公用局滬北車務處對於所受戰事損失報告

三 物品（一）

名稱	件數	號數	數價值	附註
三號寫字枱	三	八二、八三、一四七	五〇.〇〇圓	二只四〇、一只一〇
玻門登記櫥	二	四三四、四三五	七二.〇〇	
登記柜	一	二九八	一八.〇〇	
文書架	一	四七四	四.〇〇	
花板椅	三	七五六、七五七、七八四	七.二〇	
圓椅	一	六二七	二.四〇	
花圓櫈	五	九三一至九三三、九一九、九二〇	五.〇〇	
半床連墊	一	一〇四二	九.〇〇	
火爐	一		一八.五〇	
小銀箱	一	四三五	九.六〇	
長櫈	三	一〇一三至一〇一五	一.六五	

上海市公用局滬北車務處　對於所受戰事損失報告

三　物品（三）

名稱	件數	號數	數價值	附註
棕墊	一	五四〇	圓一·六〇	
掛鐘	一	一〇八六	一一·三七	
佈告箱	一	四二六	四·二〇	
三屜桌	一	二〇七	二·〇〇	
浴盆	一		二·〇〇	
鏡框	三		三·五〇	二只二·〇〇　一只一·五〇
榔頭	二		三·〇〇	
老虎鉗	一		四·五〇	
鏇鑿	一		〇·三〇	
電風扇	一		四二·〇〇	
電燈	四		一六·〇〇	

上海市公用局滬北車務處對於所受戰事損失報告

三 物品（三）

名稱	件數	號數	數價值	附註
洗面架	二		圓六.〇〇	
面盆	一		〇.五〇	
字紙簏	三		一.五〇	
鉛皮水桶	一		一.〇〇	
痰盂	二		〇.六〇	
拖帚	一		〇.四〇	
鷄毛帚	一		〇.二〇	
畚箕	一		〇.一〇	
笤帚	一		〇.二五	
車輛號牌樣子牌	一		一〇.〇〇	
茶壺	一		一.二〇	

上海市公用局滬北車務處對於所受戰事損失報告

三 物品（四）

名稱	件數	號數	價值	附註
茶杯	四		一.四〇（圓）	
銅水吊	一		一.六〇	
驗車制服	二		二〇.〇〇	
帽	二		四.〇〇	
帆布袋	一		三.〇〇	
帆布蓬	一		四〇.〇〇	
党國旗	各一		三.六〇	
雨衣	一		二六.五〇	
吸水器	二		〇.三二	
三眼墨水缸	二		一.三〇	
算盤	一		一.三〇	

上海市公用局滬北車務處對於所受戰事損失報告

三 物品（五）

名稱	件數	號數	價值	附註
吸水板	二		圓〇.七〇	
青蓮印色盒	二		二.〇〇	
筆洗	二		〇.五四	
年月日章	二		〇.八〇	
大小瓷印泥盒	一、二		二.〇〇、〇.四〇	
米突尺	一		一.六二	
鋼筆桿	二		〇.二五	
銅筆架	二		〇.五〇	
鋼夾	六		〇.九〇	
銅墨盒	二		一.六〇	
鉛絲文具籃	二		二.〇〇	

上海市公用局滬北車務處對於所受戰事損失報告

三 物品(六)

名稱	件數	號數	價值	附註
紙夾	九		圓一.八〇	
會計科目章	四五		九.〇〇	
記事牌	一		〇.二〇	
打孔機	一		一.〇〇	
圖章盒	二		一.〇〇	
		共計價值銀四三四.九〇		

上海市公用局滬北車務處對於所受戰事損失報告

五 私人損失

名稱	件數	號數	價值	附註
半床	一		圓 一〇.〇〇	以下均職員安家所有
四仙枱	一		六.〇〇	
面湯枱	一		一五.〇〇	
椅子	二		五.〇〇	
圓櫈	二		二.〇〇	
棉被	三		約 二〇.〇〇	
箱子	二		一二.〇〇	
衣服			約 五〇.〇〇	
橱房用具			一〇.〇〇	
另星家具			約 二〇.〇〇	
白米	五斗		七.〇〇	

上海市公用局滬北車務處對於所受戰事損失報告

五 私人損失(二)

名稱	件數	號數	價值	附註

共計價值銀一五七.〇〇圓

上海市公用局閘北船務處對於所受戰事損失報告

一 房屋

甲 一般的損壞情形

該處房屋早被敵軍佔據其損壞情形尚未得悉

乙 本局裝修之損失

近以查船經過該處門前所見外部形式無甚損壞至內部裝修有無損失須俟視察後再行報告

丙 其他記錄

丁 如欲恢復工作原屋是否可用或須裝修約需費若干

上海市公用局閘北船務處對於所受戰事損失報告

二 牌照套燈架（一）

名稱	件數	號數	價值	附註
一等號牌	一〇〇塊	自一九五一至二〇〇〇	七〇.〇〇圓	九等號牌一〇〇塊，號碼自二六一五一至三六二〇〇，因二十年七月三日被董家渡船務處借去，故未列入
二等號牌	一五八	自四七四二三至四七五〇〇	一二〇.六〇	
三等號牌	九四	自五〇八五四至五〇九〇〇	六五.八〇	
四等號牌	八二	自二四六一〇至二四六五〇	五七.四〇	
五等號牌	五八	自九四七二至九五〇〇	四〇.六〇	
六等號牌	一九八	自二一七〇二至二一八〇〇	一三八.六〇	
七等號牌	一四〇	自一三八三一至一三九〇〇	九八.〇〇	
八等號牌	九〇	自三四一五六至三四二〇〇	六三.〇〇	
一〇等號牌	一〇〇	自三八一五一至三八二〇〇	七〇.〇〇	
一一等號牌	一〇〇	自四〇一五一至四〇二〇〇	七〇.〇〇	
一二等號牌	一〇〇	自四二一五一至四二二〇〇	七〇.〇〇	

上海市公用局閘北船務處對於所受戰事損失報告

二 牌照套燈架

名稱	件數	號數	價值	附註
船燈及座	六六〇只		五五、四圓	
木條	二六四〇		二八五、一二	
		共計價值銀	二一九四、五六	

上海市公用局閘北船務處對於所受戰事損失報告

三 物品（一）

名稱	件數	號數	價值	附註
火爐	一只		一八圓五〇	
茶柜	一	三一〇	一五.〇〇	
四號寫字枱	四	一二四至一二七	二八.〇〇	
文書架	二	四七五、四七六	一六.〇〇	
花圓櫈	六	九四六至九五一	六.〇〇	
方桌	一	二五七	六.〇〇	
鉄箱	一	四三七	四一.〇〇	
行軍床	一	二一五	三.六〇	
四節推门玻璃橱	二	三七九、三八〇	七六.〇〇	
木架床	一	一〇七三	三.三〇	
捲筆機	一		五.二〇	

上海市公用局閘北船務處對於所受戰事損失報告

三 物品(二)

名稱	件數	號數	價值	附註
三眼墨水缸	三只		一圓八〇	
水盂	三		〇·六〇	
墨盒	三		二·四三	
銅筆架	三		一·六二	
鎮紙	六		一·八〇	
吸水器	三		〇·四八	
吸水紙板	三		一·〇五	
日期戳	三		一·二〇	
印色缸	四		一·七六	
打印盒	三		三·〇〇	
記事牌	六		一·二〇	

上海市公用局閘北船務處對於所受戰事損失報告

三 物品(三)

名稱	件數	號數	數價值	附註
大小鋼夾	四只		圓六、一八	
裁紙刀	二		〇、四〇	
鉛絲籃	一		一、〇〇	
夫船棒	一		一、〇〇	
日曆	一		〇、四五	
剪刀	一		〇、二〇	
折尺	一		〇、六〇	
鋼鑿	一		〇、五〇	
老虎鉗	二		一、〇〇	
郎頭	二		六、四〇	
空鋼印箱	一		四、〇〇	

上海市公用局閘北船務處對於所受戰事損失報告

三 物品（四）

名稱	件數	號數	價值	附註
救命圈	六只		三一·二〇	
救命背心	二		三·六〇	
磁匙	一〇		〇·二四 圓	
飯碗	八		〇·三七	
磁茶壺	一		〇·六〇	
茶壺套	一		〇·六〇	
茶杯碟	六		二·一〇	
便桶連架	一		二·〇〇	
掛衣鈎	六		〇·六〇	
三支毛巾架	一		〇·六〇	
面盆架	一		一·〇〇	

上海市公用局閘北船務處對於所受戰事損失報告

三 物品(五)

名稱	件數	號數	價值	附註
鉛桶	二只		圓 一·二〇	
畚箕	二		〇·二〇	
字紙簏	四		二·〇〇	
痰盂	六		一·八〇	
面盆	二		一·二〇	
銅吊	一		二·〇〇	
黨國旗	二		二·六〇	
舢板巡船小旗	一		〇·三〇	
電燈罩	九		三六·〇〇	
拖船及船中用具	一		七〇·〇〇	該船係傳原處惟百葉窗及玻璃已有損壞
脚踏車及附件	一		八〇·〇〇	

上海市公用局閘北船務處對於所受戰事損失報告

三 物品(六)

名稱	件數	號數	價值	附註
馬燈	一只		一圓〇〇	
彈簧鎖	一		四〇〇	
洋鎖	二		一〇〇	
		共計價值銀四九六〇四八		

上海市公用局閘北船務處對於所受戰事損失報告

四 私人損失

名稱	件數	號數	價值	附註
傢俱			一三〇.〇〇圓	均係備置所有
衣服			六〇.〇〇	
書畫			五〇.〇〇	
運費			三〇.〇〇	
旅費			二〇.〇〇	
		共計價值銀二八〇.〇〇圓		

上海市公用局吴淞车务处、船务处对于所受战事损失报告（一九三二年）

上海市公用局吴淞車船務處對於所受戰事損失報告

一　房屋

甲　一般的損壞情形

炮火焚燬僅存木棚半段瓦礫一堆

乙　本局裝修之損失

約共值銀三百六十圓

丙　其他記錄

二月六日前去視察祇有車務處屋面燬壞自後續被炮轟迨三月十五日前去除船牌尚能大部份保全外其餘悉毀於火登記片植因事先移藏他處幸未波及

丁　如欲恢復工作原屋是否可用或須裝修約需費若干

如欲恢復工作非另建房屋或另覓相當辦事處不可

上海市公用局吴淞船車務處 對於所受戰事損失報告

二 表單簿冊

名稱	件數	號數	價值	附註
船舶通行証	三本			
車輛通行証	二本			
船舶通行証存根	一三本			
量船日報表存根	全份			
港務局舊卷	全份			
船舶登記片	五〇張	二四三五一至二四四〇〇		
空白執照 船	九〇九張			
空白登記片 船	九〇九張			

上海市公用局吴淞船车务处对于所受战事损失报告

三 牌照套灯架（一）

名称	件数	号数	价值	附注
一等船牌	二〇块	一四八一至一四九〇各二	一四、〇〇圓	每块银七角
二等船牌	六块	二八七五八二、四六二九一二、四六二九二、四六二六三、	四、二〇	
三等船牌	五块	五〇六六六、五〇六七〇、五〇六八一、五〇六八二、五〇七〇〇	三、五〇	
四等船牌	七块	二四八六六、二五〇六六、二五〇六七二、二五〇九〇二、二五〇九一	四、九〇	
五等船牌	四块	二六七四七、二六七〇九、二六七三八、二六五九一、	二、八〇	
六等船牌	一一块	二六三一至二六三五各二、二六三六、	七、七〇	
八等船牌	四块	三四五七二、三四五七三、三四六五〇、三四六二〇、	二、八〇	
九等船牌	二块	三六〇九四、三六一〇〇、	一、四〇	
十等船牌	九块	三八〇六八、三八〇八七二、三八〇八八二、三八〇八九、三八〇九〇、三八〇九九、三八一〇〇、	六、三〇	
十二等船牌	八块	四二〇一一、四二〇一二二、四二〇一三、四二〇八九二、四二〇九〇二	五、六〇	
自用人力车牌	九一块	九〇一〇至九一〇〇	一六、三八	每块銀一角八分

上海市公用局吳淞船牌務處對於所受戰事損失報告

(三) 牌照套燈架(二)

名稱	件數	號數	價值	附註
小車牌	九八块	三〇四〇三至三〇五〇〇	九四、八〇	每塊銀一角
小貨車牌	九八块	一四〇〇三至一四一〇〇	九、八〇	每块銀一角
中貨車牌	九八块	二四〇〇三至二四一〇〇	九、八〇	每块銀一角
大貨車牌	九七块	三四〇〇四至三四一〇〇	九、七〇	每块銀一角
脚踏車牌	二五九块	六二四二至六五〇〇	三三、四三	每块銀一角三分
船燈及燈座	七〇九只		五九五、五六	每只銀八角四分
船牌鑲邊木條	二四三六根		二六一、〇九	每根銀一角〇八厘
		共計價值銀	九九八、七六	

上海市公用局吳淞船車務處對於所受戰事損失報告

四 物品(一)

名稱	件數	號數	數價值	附註
紅漆二號寫字枱	二張	三七 三八	四四.〇〇圓	
紅漆三號寫字枱	一張	二一八五	二三.〇〇	
黑漆二號寫字枱	一張	三九	一二.〇〇	
黑漆三號寫字枱	二張	一一二、一一三	四〇.〇〇	
二斗長方桌	二張	二〇三 二〇四	二.〇〇	
方桌	一張	二五八	三.五〇	
圓桌面	一張	一五八	一.〇〇	
捲門登記櫥	一只	一一九〇	五六.〇〇	
二層號牌櫥	一只	三四〇	五六.〇〇	
四門玻璃書櫥	一只	三九八	一四.〇〇	
四斗櫃	一只	三〇〇	八.〇〇	

上海市公用局吳淞船車務處對於所受戰事損失報告

四 物品（二）

名稱	件數	號數	價值	附註
茶几	二只	八一二、八一三	圓 一、〇〇	
藤面圓轉椅	二只	五八三、五八四	二、二〇〇	
花背椅	四只	二八六至二八九	九、六〇	
黑漆木板椅	七只	六四四至六五〇	五、六〇	
長方櫈	五只	九九二至九九六	二、五〇	
圓櫈	四只	九五六至九五九	四、〇〇	
長櫈	六只	一〇一六至一〇二	二、六〇	
棕韂架	三張	五一四至五一六	九、〇〇	
番布小鉄床	一張	一〇四一	六、五〇	
鉄床	二張	一一一二、一一一三	二〇、〇〇	
番布床	二張	一〇四六、一〇四七	一〇、〇〇	

上海市公用局吳淞船舶事務處 對於所受戰事損失報告

四 物品（三）

名稱	件數	號數	價值	附註
鋪板	三副		一·二〇 圓	
抬板	一塊		二·〇〇	
電扇	二只		八四·〇〇	
掛鐘	一只	一〇九〇	三·〇〇	
有煤爐	一只		三四·〇〇	
銅茶壺	一只		五·〇〇	
瓷茶壺	一只		一·二〇	
面盆架	一只		一·〇〇	
算盤	二把		二·六〇	
搪瓷痰盂	三只		一·五〇	
瓦痰盂	三只		〇·九〇	

上海市公用局吴淞船舶務處對於所受戰事損失報告

四 物品（四）

名稱	件數	號數	價值	附註
搪瓷面盆	三只		一圓、八〇	
浴盆	一只		五、〇〇	
鉛桶	二只		一、八〇	
搪瓷飯桶	一只		一、〇〇	
木飯桶	一只		〇、八〇	
竹掛櫥	一只		一、八〇	
飯碗	一五只		〇、八〇	
菜碗	一五只		一、二〇	
四寸盆	六只		〇、三〇	
小盆	八只		〇、三二	
湯匙	一〇把		〇、二四	

上海市公用局吳淞船車務處對於所受戰事損失報告

四 物品（五）

名稱	件數	號數	價值	附註
缸盆	四只		圓〇·三四	
大鐵鍋	一只		一·八〇	
小鐵鍋	一只		一·〇〇	
大水缸	一只		三·〇〇	
廚房零件	全套		五·〇〇	
玻璃杯	六只		一·二〇	
有盆茶杯	四套		一·四〇	
茶杯	六只		〇·六〇	
釘牌用鐵錐	三个		三·〇〇	
打孔機	一只		一·〇〇	
捲筆機	一只		五·二〇	

上海市公用局吳淞辦事處對於所受戰事損失報告

四 物品(六)

名稱	件數	號數	數價值	附註
文具	四副		一〇.六四(圓)	三眼墨水缸四只 [illegible] 墨盒四只 [illegible] 水盂四只 [illegible] 銅筆架四付 [illegible] 吸水器四只 [illegible] 吸水枚四只 [illegible]
救命衣	六件		一六.八〇	
油衣	五件		二七.五〇	
電燈	一三盞		四八.〇〇	
未用電燈泡	四只		二.〇〇	
橡皮圖章	二盒		一四.〇〇	約七十个
鏡架	三只		四.五〇	
春季制服黄色	二套		一六.〇〇	
冬季制服黑色	一套		二〇.〇〇	
公事皮包	一只		九.〇〇	
便桶	一只		一.〇〇	

SC150

00148

上海市公用局吴淞办事处对于所受战事损失报告

四 物品(七)

名称	件数	号数	价值	附注
小铁箱	一只	四三九	七〇〇〇	
		共计价值银七〇三、七四		

上海市公用局吳淞船埠務處對於所受戰事損失報告

五 私人損失(一)

名稱	件數	號數	價值	附註
五尺大鉄床	一張		四五圓.〇〇	
櫸木椅	二張		一二.〇〇	
廣漆圓皮桄	四張		一〇.〇〇	
圓枱	一張		一五.〇〇	
廣漆小櫥	一只		一〇.〇〇	
棉被	三條		一五.〇〇	
大磁盆	一只		一.〇〇	
面盆	一只		一.〇〇	
大浴盆	一只		三.〇〇	
鉛桶	一只		一.六〇	
磁壺	一只		一.六〇	

上海市公用局吴淞船舶事务处对于所受战事损失报告

五 私人损失（二）

名称	件数	号数	价值	附注
铅壶	一只		〇·四〇圆	
小锅	四只		三·五〇	
菜碗	八只		一·六〇	
饭碗	五只		一·〇〇	
茶杯	四套		一·〇〇	
家用零件	全份		五·五〇	以上安云五所有共计价值银一二·八〇
棉被	三条		一八·〇〇	王慕耕所有
行李服装	二副		四〇·〇〇	王沂之吴德祥所有
行李	三副		三〇·〇〇	徐夫箴周勤沈凤鸣所有
帐子及零物	三件		七·〇〇	张士君所有
共计价值银二二六·八〇				

吴淞永安第二纱厂在日军侵沪时所受损失总录（一九三二年）

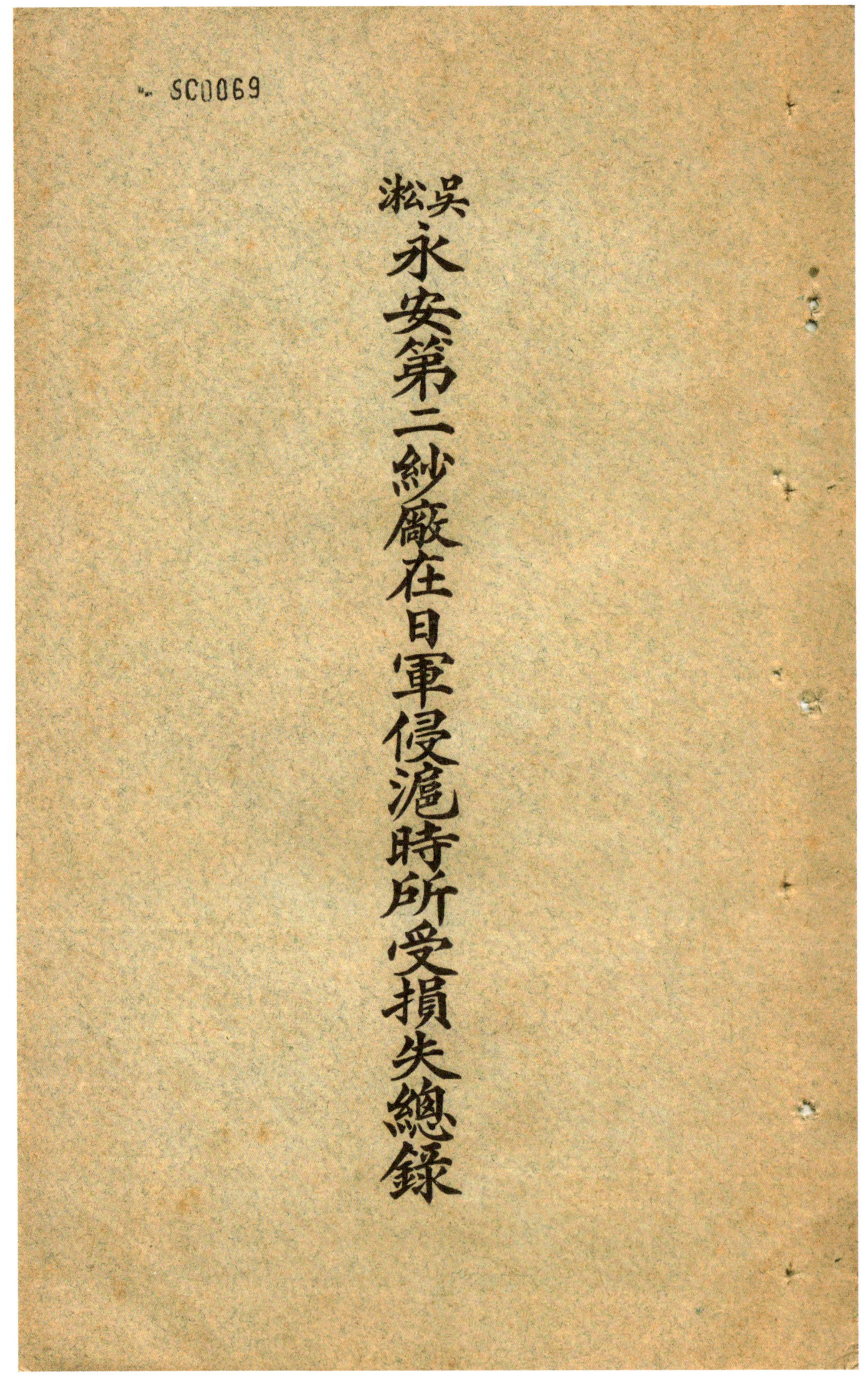

序言

民國二十一年一月二十八夜、日軍突犯閘北、越數日、復以軍艦環攻吳淞要塞、本公司第二紗廠設於蘊藻浜、同時亦陷入戰區、廠內各部大受損害、事後委託愼昌洋行派遣專家估計房屋機器馬達電線電燈發電間等處損失、共值規元九十九萬四千五百九十九兩四錢、(尚有臨時修理費五萬兩未曾計入)又根據本廠賬册、自行核算、計焚去存棧棉花共值規元四十二萬九千零二十三兩九錢七分、又焚去存棧原箱紡紗機器共值規元二十一萬八千六百六十六兩九錢七分、又焚去製造廠內半製品及廢棉共值規元二十七萬五千九百七十一兩五錢六分、另委託麥德濮蘭廠估計全廠自動滅火機損失、計值規元三萬零四百七十兩、又據廠內物料棧報告損失各種物料、計值規元七萬八千三百十一兩七錢九分、以上六項、共值規元二百零二萬七千零四十三兩六錢九分、以七

二仲算、應合大洋二百八十一萬五千三百三十八元四角六分、此本廠財產損失之實在情形也

又本廠每天經常開支大洋三千三百四十元零八角五分、由一月二十八晚起至六月四日止、共停工一百二十七天、該損失大洋四十二萬四千二百八十七元九角五分、再由六月五日起至六月三十日止、共二十六天、通計每天僅能開機四份之一、其餘四份之三、尚在修理中、未能工作、每天尚須損失開銷洋二千五百零五元六角四分、以二十六天計算、又須損失洋六萬五千一百四十六元六角四分、合計損失洋四十八萬九千四百三十四元五角九分、此本廠經常開支損失之實在情形也、

綜計上列兩項損失共爲大洋三百三十萬零四千七百七十三元零五分、

竊念本廠屹立吳淞、多歷年所、拓地二百餘畝、購機十二萬錠、工人賴以生活者、數

達萬人、機聲軋軋、晝夜不輟、方期增加出品、挽囘外溢利權、不料變起非常、備受
強隣蹂躪、損失之鉅、言之滋痛、茲爲利便檢查起見、特刊是編、關心實業者覽之、
其將作何感想乎、

郭　樂謹識

目錄

慎昌洋行調查本廠損失情形來函譯文

永安紡織公司郭樂先生鑒　承囑調查吳淞二廠損失情形敝工程師業已竣事茲將報告書五份附呈察閱該書內容係將貴廠爲砲彈飛機炸彈來福鎗機關鎗及火焚所受各種損失詳細報告並將修理翻新及裝新之費用由敝工程師切實估計開列預算其概略如下

一、所有殘破之物應儘量搬清必須重建之屋應設法再建

二、除必須拆除者外其他可以修補之建築物應設法修理完好使能照常工作

三、機器及配件不能修理者從新配置

四、可以修理之機器悉修理之照敝工程師之意配件配妥後當能照常工作

所有預算均以上海規元爲本位其機器一部份或全部如須由外國購買者爲便利估價計敝行仍用美金及英金計算但每規元百兩以等於美金三十三元又三分之一爲率又每規元一

兩以等於英金二先令爲率多寡照推進口稅以現行稅則爲例

報告書之各部其關於建築工程者係由 Mr. J.E. Rainalds 主任 Mr. D.H. Wythe 副之關於紡織機

器者則由 Mr. R.A. Forsaith 主之關於電力電燈馬達等則爲 Mr. E.C. Fox 所估計關於發電間

者則爲 Mr. G. W. Philleo 所估計但敝行對於廠中物料如紗管棉條筒及修機零件等之損失

如要添新或由破壞或由貨倉內被竊以致無從估計之種種損失則並未計入所有此種損失

應由尊處自行核辦又敝行對於棉花蔴布紙及其他打包用品之損失亦未計入合並聲明

又在敝行未曾派員到廠估計之前廠中物料機件之被偷竊者實不能免兄日軍駐廠時曾將

多量棉花蔴布及紙料擅自取用其損失如何貴公司如將存倉表與現有之存貨及將上星期

自行移往安全地點之物料詳細比較當能自知損失多少矣

又關於救火器具及皮帶水桶等之損失敝行亦未詳查蓋有一部份現仍在廠內及棧房內並

未移動但大部份則已被燬或於敝行人員未到廠前已被廠中駐兵利用矣

敝行自謂已勉盡心力將調查各項爲精確之估計惟在全廠機器未曾開行以前所有機器或其配件所受損壞之處儘有爲敝行所不能預知者因此須臨時徵集材料人工以便將全廠房屋暫行修繕以保護廠中未受損之機器及各物此項臨時支出之費敝行預算需銀約五萬兩故此欵亦應加入估價單內計算換言之即總計單第一張內之數應加五萬兩其總損失當爲規元一百零四萬零十三兩二錢八分也

又此報告書在三月十九日編成故廠中損害情形亦調查至該日爲止書中所詳種種保護方法經已實行以防再增損失因如再延擱則恐損失更大尤其紡織機器與發電機器不能不從速整理也用特具書詳報希爲察照並頌

公祺

美商愼昌洋行營業部協理 W. Wright 廿一·三·廿一

计附报告書一份並將各部損失提示於左

（一）房屋損失　　計元三十六萬六千兩

（二）紡紗機器損失　計元五十六萬五千八百六十四兩二錢八分

（三）電料損失（一）馬達　計元一萬八千四百六十四兩

（二）電線　計元一萬三千八百零一兩一錢

（三）電燈　計元二萬二千三百一十五兩零二分

（四）發電機損失　計元八千一百五十五兩

四項共計損失元九十九萬四千五百九十九兩四錢

慎昌洋行報告書譯文

茲將一九三二年元月起至三月止軍事期內永安第二紗廠房屋機器馬達電線電燈發電間所受損失逐項估計於後

(一)概要

永安二廠坐落吳淞蘊藻浜北距黃浦江約一英里距上海約九英里其中建有廠屋多座最大者爲紡紗廠二間高均二層又有貨棧數間有爲一層者亦有爲二層者另有修機室辦公室職員住室及工人宿舍等

廠中機器均用電力所有電力電燈統由廠中發電機自行供給

自來水則由吳淞蘊藻浜河抽用廠中自置有抽水管全部

全廠面積約一百五十三畝如附圖

(二) 建築物

(A) 發電機室

(1) 舊鍋爐間 此爲單層鋼骨水泥所建之平頂房屋四圍磚墻並用鐵窗面積長六十一尺闊七十四尺高三十七尺半

損失 南面牆破壞不堪且有數洞水門汀架被毁爲二段窗門彎曲玻璃全數破爛

西面牆有一洞玻璃全毁

屋頂被數彈所傷至欄杆及汽窗大受損害尚幸未被焚

烟囱損害詳情容在查勘鍋爐間時報告

修理 南面之牆須重建水門汀架及屋頂之損壞尚可修理窗門亦可修補但玻

璃必須重配新料屋內並須粉刷一新及修補牆面約需費元三千兩

（2）新鍋爐間　此乃單層水門汀建築平頂石面磚牆鐵窗面積長四十九尺闊九十四尺

高六十一尺

損　失　北面墻被砲彈毀壞惟損失較微計鐵窗門三副被毀窗之開關多壞玻璃

全毀

東面近發電機上面之墻破裂數大穴水門汀架被毀窗門亦然

南面及西面之墻稍爲損壞玻璃全爛屋頂極東面破壞甚烈受損處長約

二十二尺闊約四十九尺

屋內部墻柱高處轟爲粉碎水門汀屋樑二條亦被砲彈重傷此處原欲預

備裝置鍋爐四副幸未延燒烟囱損害情形請閱鍋爐報告

修　理　東面墻之上部及西面屋頂之一部須重建屋樑圓柱須拆去而代以新水門汀柱窗架及破窻門並開關俱要重新裝設屋內墻壁及鍋爐月台左近之吊車亦須修理

右修理費需元七千五百兩

(3)舊發電間　乃水門汀二層樓房屋水門汀地板平頂石面磚墻鐵窻面積長六十尺闊六十一尺高三十七尺

損　失　南面之墻被炸六處之多惟損傷不巨保險鐵門被炸玻璃全毀屋頂有一砲彈炸裂之洞內部亦受微傷

內部之墻彈傷甚微幸未延燒

修　理　南面墻之水門汀架及磚石可以修理窗門亦然但玻璃必要新配保險鐵

門須刷新屋頂牛毛毡及內壁之洞均須修理屋內墻壁亦須粉刷一新

右修理費需元一千一百兩

(4)新發電間　乃水門汀二層樓房屋水門汀地板平頂石面磚牆鐵窗正屋面積長四十九尺闊七十二尺副屋長十四尺闊六十一尺高三十七尺

損　失　除一部份爲砲彈所傷及少數門窗與牆壁爲流彈微傷外全部尚稱完整幸未被火

修　理　全部修理約需元二百七十兩

(5)進水管　水管係用水門汀造成岸上有管理室一所長十七尺六寸闊廿三尺六寸高十二尺六寸河旁路底置有水門汀地道由蘊藻浜口直引入廠內

損　失　進口之處大約未受損傷管理室則被彈所毀損失約百分之五十窗門玻

璃全破浜口月台亦被砲彈所傷鋼軌弔車被毀全室幸未兆焚如

修　理　管理室尚可修理無須全部拆卸窗門及玻璃須重配月台及弔車亦可修

理

右修理費共需元一千兩

(6)抽水間　乃單層磚建房屋面積長十二尺闊二十五尺高十尺

損　失　除玻璃破碎外無損失

右修理費約需元三十兩

(7)儲煤處　此乃空場長一百尺闊一百五十尺內以十尺高牆劃分爲十儲煤倉而形

成大儲煤倉一所

損　失　祇有少許洞穴及損壞

右修理費約需元一百兩

（8）茲再將發電間修理費列表如下

1. 舊鍋爐間　三千兩

2. 新鍋爐間　七千五百兩

3. 舊發電間　一千一百兩

4. 新發電間　二百七十兩

5. 進水管　一千兩

6. 抽水間　三十兩

7. 儲煤處　一百兩

共需元一萬三千兩

（B）製造廠

（1）老廠 乃水門汀二層樓建築水門汀地板平頂半磚半格子牆鐵窗面積計九萬六千方尺高五十三尺

損失

（甲）地下

打包間（在廠之西）被在西面墻炸裂之炸彈破壞極重所以易於燃燒之物完全着火該彈炸碎水門汀架且燬及架子磚墻故焚燒極烈所有水門汀建築物及牛毛毡等無不裂開大受損傷窗門全壞

和花間爲火所燬在和花間與清花間相連處之墻已倒塌大約爲炸彈或砲彈所毀有幾副窗門架打成彎曲多數玻璃破爛

清花間損害尚不大北面曾經火燒但因有保險鐵門致火不能蔓延所以祇局部受損窗門架多彎曲玻璃亦多破損

鋼絲車間除玻璃破碎外無甚損失

粗紡間祇有少數玻璃打破損失尚微惟東面樓梯之水門汀墻壁爲砲彈所損

（乙）第二層樓

地板爲砲彈所擊致樓梯及電梯圍墻被毁甚烈屋頂約有十洞爲砲彈穿過裂痕有數處之多氣窗亦被彈多處

第二層西面之格子磚墻完全傾倒地板有三大洞一柱全碎五柱破裂屋頂亦裂開

在屋頂西北角有一大洞並五副格子磚墻被損墻外之柱被砲彈所毁

地板數處炸爛數窗全壞數窗彎曲多數玻璃破碎

修　理　打包間須完全翻造樓上地板亦然

和花間與清花間之墻壁須重建和花間之地板須大修理

在清花間小倉附近之墻壁及水門汀建築須修理並裝置新保險鐵門

屋頂及地板之洞與樓梯電梯之墻壁及柱均須大修理

第二層地板破壞處須配新窗門可修者修不可者換破爛玻璃換新

右重建及修理費共需元五萬九千兩

（2）新廠與老廠之天橋

此橋在二層樓將新舊兩廠連合係水門汀鋼骨造成長八十二尺闊五十

四尺高約十七尺

損　失　橋頂被砲毀一洞多數玻璃打碎損失尚微

修　理　屋頂之水門汀須修理並須裝配玻璃

右修理費需元三百兩

（3）新　廠　乃二層樓水門汀鋼骨建築水門汀地板平頂石面格子磚墻鐵窗面積約十一萬一千方尺高三十六尺

損　失

（甲）地下

粗紡間天花板有一彈洞窗門二副被打爛被火焚去地板約四千方尺窗門架多成彎曲又許多玻璃均遭打破

清花間內有花倉二個爲火所燬玻璃多破碎和花間內約有一千五百方尺地板爲火所燬天花板有一彈洞玻璃多破碎

打小包間損失甚少祇玻璃打壞

(乙) 第二層樓

全部破壞極重屋頂破碎約有七十五處之多大洞小洞不等並有數處爲砲彈爆炸致屋頂之空心磚亦遭打爛

氣樓屋頂被擊八處水門汀建築被毀甚鉅

屋內一柱完全打碎另有二柱打壞

第二層樓東北角被彈傷甚烈墻中有三大洞並有五條柱打壞

地板約三萬方尺爲火所燬乃延燒彈發火所致

西南面之樓梯間爲火所燬東西面之樓梯間爲砲彈重傷簷舍及塵塔與容水器均爲砲彈所燬

修　理　上列各部均可修理水門汀建築亦可修補無須全部翻造

被毀處須將舊水門汀拆下裝以新者儲棉倉須從新裝設保險鐵門窗門亦須換新中有可修理者則修理之大部分玻璃須從新裝配

右修理費需元八萬七千七百兩

（4）茲再將重建廠房及修理費列表如下

1. 舊廠房屋　五萬九千兩

2. 天橋通兩廠　三百兩

3. 新廠房屋　八萬七千七百兩

翻新及裝噴霧機各物二千兩

共需元十四萬九千兩

（C）棧房

（1）J棧　乃二層樓鋼骨水泥建築水門汀地板平頂石面磚牆鐵窗面積長一百尺闊一百二十一尺高三十五尺

下層用作貨棧第二層則裝設紡紗機器

損　失　此棧因火勢甚烈故全部燒燬上層數處爲砲彈所擊水門汀架多處破裂樓下之門窗不能修理上層之窗門約百分之三十五打爛打碎之玻璃約一千塊

修　理　此棧有百分之三十要重建其餘可修理並須裝過新窗門及設新保險門

於樓下其上層則須新裝三個窗門並修理其他玻璃須再裝

右重建及裝修費共需元三萬九千兩

（2）J棧及L棧中間之水塔及橋

此橋位於老廠J棧及L棧之間建於上層全部鋼骨水泥並有水泥樓梯

一度由平地伸至橋側而橋上則建有鋼骨水泥容水器一座

損　失　J棧之火延燒此橋樓梯下之房間亦被殃及容水器與塔被數彈所擊中

故塔內三足已斷水塔亦有一大洞

修　理　水塔或可修理無須完全拆下天橋尚須細心查察因有多處已離開棧房

也惟似尚可修理無須全拆

右修理費需元約七千兩

（3）L棧　此棧建築與J棧同

損　失　第二層完全被燬初時被炸後被砲擊屋頂完全傾覆樓下損失較少
樓下地板數處被火燒壞東北角之磚牆已倒因被天井炸彈炸裂也此處
約有三百塊玻璃打破

修　理　屋頂牆壁及柱等須完全重建第一層地板可以修理樓下之磚墻須再建
窗門一只及玻璃三百塊須再配

右重建及修理費共需元三萬四千兩

X棧　乃二層樓水門汀鋼骨房屋鋼窗面積長二十四尺闊一百二十一尺高二十尺

損　失　有數處爲砲彈所擊惟損失甚少約有五百塊玻璃打爛

修　理　鋼骨水門汀已破爛但甚易修理玻璃須配新

右修理費需元五百兩

(5)PQ棧　乃單層房屋以磚墻爲鋼架白鐵等做屋頂

此棧有火墻一度位於其中分開爲二叚

面積長九十一尺闊一百三十四尺高二十二尺

損　失　北叚完全爲火所焚屋頂墻壁全倒南叚亦被火燒屋頂已塌下

修　理　除地脚外此棧要完全再建

右修建費需元二萬九千兩

(6)RS棧　此棧之建築與PQ棧同

損　失　南叚全爲火所燬北叚亦被火燒惟頂未傾

修　理　南叚須完全再建北叚可着手修理免重建可省費一半

右修理及重建費需元二萬二千兩

(7)AB棧　乃單層磚造房屋鋼架以木及瓦爲屋頂

棧内有火墻分該棧爲二段面積長九十一尺闊一百三十四尺高二十二

尺

損　失　此棧完全被燬屋頂墻壁全傾

修　理　此棧須完全再建

右再建費需元三萬一千兩

(8)CD棧　建築與AB棧同

損　失　此棧爲砲彈數枚擊中墻中有五洞屋頂有十四洞但未焚燒

修　理　所有損壞均須修理

右修理費需元一千兩

(9)TW及E棧　此三棧均三層式磚墻以木及瓦爲屋頂總面積一萬五千一百方尺

損失　此數棧屢遭砲擊T棧東便墻壁及金字屋頂一部份已傾西北叚角亦受

損甚大W與E棧屋頂有數大洞但未延燒

修理　W與E棧之屋項修理尚不甚難T棧東面要重建各處亦均須修理

右重建及修理費需元五千五百兩

(10)茲再將重建及修理上列各棧之費表列如左

(1)J棧　三萬九千兩

(2)水塔及橋　七千兩

(3)L棧　三萬四千兩

（4）X棧　五百兩

（5）PQ棧　二萬九千兩

（6）RS棧　二萬二千兩

（7）AB棧　三萬一千兩

（8）CD棧　一千兩

（9）T W及E棧　五千五百兩

右共需元十六萬九千兩

（D）其他房屋

（1）辦公室　乃二層樓房屋磚墻木地板瓦屋頂面積長五十尺闊一百尺

損　失　東便前之墻及大鐘樓爲砲擊甚烈致地板屋頂及各墻均彈痕宛然

修理　東面之墻及鐘樓須重建各處亦須修理

右重建及修理費需元一萬二千兩

（2）修機室及物料室　乃單層房屋磚墻瓦屋頂面積長一百尺闊一百尺

損失　此處無甚損失惟有少數瓦片在鐵匠室上破碎

右修理費需元一百兩

（3）飯堂　乃單層鋼骨水門汀架及屋頂磚墻鋼窗之房子面積長八十尺濶一百五十尺

損失　北部爲炸彈所燬致屋頂約長五十二尺闊二十一尺被燬且有一部已傾倒

又西南部角爲一砲彈所擊燬

修　理　北部及屋頂要重建西南部屋角須修理

右重建及修理費需元二千五百兩

（4）工人宿舍　乃二層高中式樓房

損　失　屋頂及墻壁屢爲彈傷敝行可以證實尚無火燭之虞因現有日兵佔駐其

內也惟中有十五間已傾倒

修　理　所有傾倒之房屋必要完全重建其餘修理可矣

右重建及修理費需元一萬八千四百兩

（5）警察室及圍墻　在門口之警察室除玻璃破碎及墻壁略損外無甚損失圍墻有數洞

竹笆拉壞

右修理費需元二千兩

（6）茲再將重建及修理辦公室等處之費用表列如左

（1）辦公室　一萬二千兩

（2）修機室及物料室　一百兩

（3）飯　堂　二千五百兩

（4）工人宿舍　一萬八千四百兩

（5）警察室及圍墻　二千兩

右共需元三萬五千兩

茲再將以上各部房屋重建及修理費總錄如左

（一）發電間　一萬三千兩

（二）廠　屋　十四萬九千兩

（三）棧　房　　十六萬九千兩

（四）其他房屋　　三萬五千兩

四項總共需元三十六萬六千兩

（三）紡織機器之損壞

新廠二樓細紗間　PLATT & BROOKS & DOXEY 機

（1）精紡機三十五部　其號數爲 1. 3. 4. 5. 6. 9. 10. 至 21. 71. 110. 111. 112. 113. 142. 至 156. 等其鋼羅拉及中後上羅拉鋼領板鋼領及導紗圈俱生銹多數上皮棍羅拉損壞

右共損失元三千五百兩

（2）精紡機四十八部　其號數由 22 至 27 29 30 31 32 52 至 61 67 68 69 70 72 至 70 80 81 83 85 86 92 至 99 138 至 141 等其鋼羅拉及中後上羅拉鋼領板鋼領及導

紗圈等生銹甚烈多數上皮棍羅拉之小翻砂配件被炸碎大滾筒亦打破數洞

右共損失元一萬九千二百兩

（3）精紡機七部　其號數爲 2 8 11 66 84 90 91 等其鋼羅拉之中後上各叚羅拉鋼領板及導紗圈爲銹損甚烈多數上皮棍羅拉受損車頭之箱及翻砂配件爲子彈及砲彈鋼片所破壞尤多機內亦有損壞

右共損失元六千八百二十九兩八錢六分

（4）精紡機四部　其號數爲第 7 13 64 65 等其鋼羅拉之中後上各叚羅拉鋼領板導紗圈爲銹損極烈前行皮棍羅拉損壞車頭鐵箱爲子彈及砲彈鋼片損壞大滾筒被打破有洞機中亦有小部受傷

右共損失元五千二百五十兩零六錢六分

（5）精紡機一部　其號數爲第137號各處生銹係被物件墮下時致打碎鋼羅拉及粗紗架

暨零件等

右共損失元一千七百七十八兩零一分

（6）精紡機二部　其號數爲第135號及136號亦爲銹所損及被墮下之物打碎粗紗架及零件

右共損失元五千九百二十六兩六錢八分

（7）精紡機一部　其號數爲第79號計三分之二爲火所燬

右共損失元四千六百四十一兩四錢八分

（8）精紡機四十九部　其號數爲第12 28 33至40又46至51 62 63 82 87 88 89

100至109 114至115 130至134全被燬

右共損失元二十四萬六千五百四十九兩一錢八分

（9）精紡機九部　其號數爲第41至45 126至129被焚及壓碎

右共損失元五萬四千五百二十八兩八錢七分

新廠二樓併線間

（10）併線機十七部　內有 ASA LEES 廠的併線機二部 BROOKS & DOXEY 廠的併線機

六部豐田廠的併線機九部稍爲生銹及被泥塵所汚

右打磨費需元一百七十兩

（11）併線機二部　係 BROOKS & DOXEY 廠製該併線機二部爲火所燬極傷

右共損失元四千六百兩

新廠二樓撚線間

（12）撚線車五部　其號數爲第1 2 3 4 5爲砲火所燬

右共損失元一萬八千六百兩

（13）撚線車二部　其號數爲第 6 號及第 7 號因前五號之撚線車被燬機中各部損壞極

大致連及此二號車亦震動損壞

右共損失元四千二百兩

（14）撚線機三十七部　其號數由第 8 至 44 爲塵銹所損

右打磨費需元五百兩

新廠二樓絡線間

（15）絡線機六部　俱屬 No. 60GF Universal Winders 機略生銹稍有損壞

右打磨費需元二百兩

（16）電燒毛機八部　內有小部份損壞係爲破玻璃及墮下之水泥所壓傷

右清除及打磨費需元一千兩

新廠二樓搖紗間

(17)雙排搖紗機八部　全燬

雙排搖紗機十八部　損壞甚巨

雙排搖紗機十三部　微損

右共損失元二千五百零八兩

(18)單排搖紗機六十六部　全燬

單排搖紗機三十五部　一部份被燬

右共損失元五千四百二十七兩五錢

新廠樓下鋼絲機間

（19）第164號鋼絲機有十只鋼絲蓋板損壞

右計損失元一百二十五兩

（20）第61號鋼絲機之牙齒輪蓋打碎

右計損失元五十兩

（21）第63號鋼絲機之小滾筒鋼絲布損壞

右計損失元九十兩

（22）第131號鋼絲機有十只鋼絲蓋板損壞

右計損失元一百二十五兩

（23）棉條機五部　被燬所有鋼羅拉皮棍絨蓋板及各小件均須換過

右共損失元一千三百三十三兩

(24)頭號粗紗機一部　其號數爲第11號稍爲火所損

右損失元一百兩

(25)三號粗紗機一部　其號數爲第20號粗紗架之一部爲下墮之磚石所損

右損失元五十兩

(26)三號粗紗機一部　其號數爲第21號機之一半爲下墮之物所毀

右損失元二千四百三十六兩

(27)二號粗紗機一部　其號數爲第12號粗紗架之上部稍爲下墮之物所損

右損失元五十兩

(28)三號粗紗機一部　其號數爲第27號稍爲屋頂下墮之物所損

右損失元五十兩

一二十

（29）二號粗紗機一部　其號數爲第 21 號機之前面及粗紗架近車頭之上下羅拉爲砲彈

所損

右損失元五百兩

（30）此層樓内之各種機器如鋼絲機粗紗機棉條機等須逐一檢驗及修理使之恢復原狀

右計需費元三千兩

新廠樓下清花間

（31）PLALT 廠所製之給棉機及簾子開棉機一部被毁

右損失元一千八百九十兩零一錢八分

（32）開棉間所儲之開棉機器零件被火燒毁

右計損失元一千兩

（33）清棉機數部受保險水管流出之水而生銹須檢驗及整理使機件回復舊觀

右計損失元一千兩

舊廠樓下粗紗間

（34）BROOKS & DOXEY之機器完全無損間有爲碎玻璃及水泥塵土所蓋者須加以整理

右計打磨費需元五百兩

舊廠樓下細紗間

（35）精紡機第105號車頭打爛

右計損失元二百九十六兩三錢四分

（36）精紡機第112至118號共七部爲砲彈及下墮之物所損所有鋼羅拉鋼領板等均生銹

上皮棍羅拉亦損壞

右共損失元五千六百三十兩零三錢四分

（37）精紡機第 13 14 25 至 28 號及 119 號共七部爲砲火所燬車頭損壞機身生銹近車頭

處各機件亦被損

右共損失元一萬四千二百二十四兩零二分

（38）精紡機第 17 18 號兩部車頭稍損

右損失元五百九十二兩六錢八分

（39）此層之機器均須檢驗及整理使之回復原狀

計需費二千兩

舊廠樓下清花間

（40）BROOKS & DOXEY 之除垃圾車一部爲火所燬

右損失元三千三百七十六兩一錢四分

（41）二叚 W-3 回絲機一部被焚

右計損失元四千一百二十五兩

（42）彈花機一部及零件爲火所燬

右計損失元二千八百八十八兩一錢七分

（43）一叚打粗紗頭機一部　爲火所燬

右計損失元三百兩

（44）二號清棉機一部　爲砲彈所燬

右計損失元二千二百三十五兩三錢三分

（45）檢驗及整理此部份機件俾回復舊觀

一二十二

右計共需費元一千兩

舊廠樓下打小包間

(46)二段 W-3 回絲機一部　爲火所燬

右計損失元四千一百二十五兩

(47)水壓力大打包機二部　爲火所燬

右計損失元五千兩

(48)打小包機十七部　爲火所燬

右計損失元六千四百六十兩

(49)小包磅秤二部　爲火所燬

右計損失元一百八十兩

舊廠樓下鋼絲機間

（50）此部份除玻璃及水門汀損壞致機器積塵及生銹外無大損壞須逐一檢驗及整理使機件回復舊觀

右計需整理費元二千兩

棧房樓上之洋線間全部被焚

（51）鋼絲布二十套　被焚

右計損失元八千四百兩

（52）No. 160 Universal doubler 40 錠子雙線車一部　被焚

右計損失元四千一百一十六兩

（53）着水洋線機十一部　被焚

右計損失元四萬九千二百四十五兩八錢四分

(54)雙排搖紗機二十四部　被焚

右計損失元二千八百八十兩

(55)雙線機六部　被焚

右計損失元一萬九千零八十兩

機器棧房

(56)該棧房內所存備用新機器被焚

右計損失元三萬兩

以上五十六柱合計損失元五十六萬五千八百六十四兩二錢八分

(四)電氣裝置之損壞

A 馬達之損壞

1.	WESTING HOUSE五百五十伏路線開關六只	每只八十三兩	共元四百九十八兩
2.	修理上項開關節制器五只	每只十兩	共元五十兩
3.	WESTING HOUSE 八匹八馬力馬達四只	每只二百二十兩	共元八百八十兩
4.	烘乾及油新修理完好第三項之馬達廿二只	每只十兩	共元二百二十兩
5.	西門子三百五十伏六啓羅半馬力馬達二十一只須烘乾及油漆并整理	每只十兩	共元二百一十兩
6.	第五項之馬達節制器須配電板三只	每只八十三兩	共元二百四十九兩
7.	西門子十五匹馬力馬達一只	每只三百七十六兩	共元三百七十六兩
8.	西門子十匹馬力馬達一只	每只三百零四兩	共元三百零四兩

9.	西門子五百五十伏八啓羅半馬力馬達五只	每只三百二十兩	共元一千六百兩
10	與第九項相同之馬達二十四只須烘乾油漆修理完好		
		每只十兩	共元二百四十兩
11	西門子六啓羅半馬力馬達二十五只須烘乾油漆修理完好		
		每只十兩	共元二百五十兩
12	五百五十伏七匹半馬力馬達連油開關二只	每只二百四十二兩	共元四百八十四兩
13	十匹馬力馬達連油開關一只	每只三百零四兩	共元三百零四兩
14	英國電器公司五百五十伏一百匹馬力馬達一只		
		每只四千三百兩	共元四千三百兩
15	英國電器公司二十五匹馬力馬達一只	每只六百八十二兩	計元六百八十二兩

16 八啓羅半馬力馬達連油開關八只 每只三百零四兩 共元二千四百三十二兩

17 七匹半馬力馬達十一只 每只二百四十二兩 共元二千六百六十二兩

18 三十匹馬力馬達一只 每只六百五十六兩 共元六百五十六兩

19 十五匹馬力馬達二只 每只三百七十六兩 共元七百五十二兩

20 五十匹馬力馬達一只 每只九百九十兩 共元九百九十兩

21 一百匹馬力馬達四只須烘乾修理及油新 每只三十兩 共元一百二十兩

22 五十匹馬力馬達二只須烘乾修理及油新 每只十五兩 共元三十兩

23 二十五匹馬力馬達二只須烘乾修理及油新 每只十二兩五錢 共元二十五兩

24 一匹二馬力抽氣馬達十只須烘乾修理風扇葉及油新 每只十五兩 共元一百五十兩

以上廿四柱共計元一萬八千四百六十四兩

B 電綫之損壞

1. 電線架子二十只　每只十二兩　共元二百四十兩
2. 大號隔電磁碗二百二十只　每只四錢七分五　共元一百零四兩五錢
3. 有眼白鐵電線架十二只　每只三兩　共元三十六兩
4. 一百萬CM橡皮線一千尺　每尺二兩三　共元二千三百兩
5. 五十萬CM橡皮線一千尺　每尺一兩一錢五分五　共元一千一百七十五兩
6. 4/0號橡皮線一千尺　每尺六錢三分　共元六百三十兩
7. 3/0號橡皮線一千尺　每尺四錢八分五　共元四百八十五兩
8. 1/0號橡皮線一千尺　每尺三錢二分　共元三百二十兩

9.	1號橡皮線一千尺	每尺三錢六分	共元三百六十兩
10	一寸半電線用之磁夾板二十只	每只十兩	共元二百兩
11	一寸電線用之磁夾板二十只	每只四兩五	共元九十兩
12	六分電線用之磁夾板二十只	每只二兩四	共元四十八兩
13	四分電線用之磁夾板二十只	每只一兩二	共元二十四兩
14	三分電線用之磁夾板二十只	每只五錢五	共元十一兩
15	五十萬CM線用之磁白料（螺絲門在內）五十對	每對二錢五分	共元十二兩五錢
16	4/0號電線用之磁白料五十對	每對二錢五分	共元十二兩五錢
17	2/0號電線用之磁白料五十對	每對一錢五分	共元七兩五錢
18	1/0號電線用之磁白料五十對	每對一錢五分	共元七兩五錢

一二十六

19	橡皮膠帶五十磅	每磅一兩四錢四	共元七十二兩
20	六分及一寸黑包布二十磅	每磅九錢	共元十八兩
21	銲錫膏五磅	每磅二兩一錢六	共元十兩零八錢
22	銲錫二百磅	每磅六錢五分	共元一百三十兩
23	4/0號二寸電三根線暗管入口帽六只	每只十兩	共元六十兩
24	地氣線二十條	每條一兩	共元二十兩
25	一寸半白鐵管子五百尺	每尺六錢	共元三百兩
26	一寸二分白鐵管子五百尺	每尺四錢七分六	共元二百三十八兩
27	二寸白鐵管子五百尺	每尺八錢	共元四百兩
28	一寸白鐵管子三百尺	每尺三錢五	共元一百零五兩

29 一寸軟管二百五十尺　每尺六錢　共元一百五十兩

30 一寸二分軟管二百尺　每尺七錢　共元一百四十兩

31 二寸軟管五十尺　每尺一兩一錢　共元五十五兩

32 一寸接頭十只　每只一兩五　共元十五兩

33 一寸二分接頭十只　每只二兩　共元二十兩

34 二寸接頭十只　每只三兩　共元三十兩

35 副號銅線頭三十六只　每只一兩　共元三十六兩

36 六分加漆包布二十磅　每磅一兩二　共元二十四兩

37 三線閘刀開關十只　每只九兩　共元九十兩

38 六百伏六十盎配裝在青石上之三路保險鉛絲二十條　每條十二兩　共元二百四十兩

39 配上項開關六百伏六十盎配之鉛絲三十條　每條八錢六分　共元二十五兩八錢

40 配在第38項六百伏六十盎配之鉛絲六十條　每條一兩二錢　共元七十二兩

41 總線及分線鋼皮開關箱六只　每只一百零五兩　共元六百三十兩

42 修理電線用之銲接線頭十只　每只十一兩　共元一百一十兩

以上四十二柱共計元九千零五十五兩一錢

另加雜費五百四十六兩

人工監工費四千二百兩

總共電線損失元一萬三千八百零一兩一錢

C 電燈之損壞

1. 二百五十伏掛墻電燈總開關十只　每只八十兩　共元八百兩

2. 圓式四寸電線盒子五百只　每百只二十六兩　共元一百三十兩
3. 扁式四寸電線盒子五百只　每百只十三兩　共元六十五兩
4. 四分天花板架子五百只　每百只十八兩　共元九十兩
5. 四分銻燈頭三百只　每百只三百兩　共元九百兩
6. 二百燭光燈泡五百五十只　每百只一百五十八兩　共元八百六十九兩
7. 回光燈二百五十只　每只九兩九錢　共元二千四百七十五兩
8. 四分美式電線白鐵管二萬尺　每百尺二十兩零二錢　共元四千零四十兩
9. 六分電線白鐵管二萬尺　每百尺二十五兩二錢　共元五千零四十兩
10. 一寸電線白鐵管五百尺　每百尺三十五兩　共元一百七十五兩
11. 一寸二分電線白鐵管五百尺　每百尺四十七兩七錢　共元二百三十八兩五錢

12	十四號橡皮線二萬尺	每千尺二十七兩	共元五百四十兩
13	十二號橡皮線八千尺	每千尺三十六兩六錢	共元二百九十二兩八錢
14	十號橡皮線三千尺	每千尺四十一兩四	共元一百二十四兩二錢
15	八號橡皮線四千尺	每千尺三十八兩	共元一百五十二兩
16	六號橡皮線二千尺	每千尺六十八兩	共元一百三十六兩
17	四號橡皮線一千尺	每千尺一百四十兩	共元一百四十兩
18	八寸開關電燈連罩一百二十套	每套三兩	共元三百六十兩
19	四分美式電燈圈一千只	每百只二兩五	共元二十五兩
20	四分電掣五百只	每百只一兩四錢五	共元七兩二錢五分
21	二分橡皮膠布五十磅	每磅一兩四錢四分	共元七十二兩

22	六分橡皮膠布六十五磅	每磅九錢	共元五十八兩五錢
23	銲錫油七磅	每磅二兩一錢六分	共元一十五兩一錢二分
24	地線架三十只	每只一兩二錢	共元三十六兩
25	六分加漆布帶十捆	每捆一兩二錢	共元一十二兩
26	工房辦公室及他處太平指路燈五十只	每只五兩	共元二百五十兩
27	銲錫一百磅	每百磅六十五兩	共元六十五兩

以上廿七柱共元一萬七千一百零八兩三錢七分

另加意外損失元二百零六兩六錢五分

檢查及裝工元五千兩

總共電燈部份損失元二萬二千三百十五兩零二分

D 發電機部之損失

電機間 Turbine Room

第一號　英式一千啓羅華脫發動機內在通氣管間被炸一洞需修理費元二十兩

油開關須換新計費元二十兩

透氣管子須換新計費元五十兩

第一號　鍋爐間

風扇避熱器及小管須換新計費元一百五十兩

節汽調音器須修理計費元二十兩

節煤機剷煤齒輪須改換一半計修理費元八百兩

二號爐子內進煤門蓋風門須修理計費元一百五十兩

三號四號爐子後中柱須修理計費元七十五兩
管子一條須換新計費元五十兩
各種水管及風門磚柱石棉等均須修理計費元三百兩
蒸汽流動表須換新計費元一千五百兩
烟囱須修理計費元六十五兩
第二號　鍋爐間
進風及抽風器須換新計費元七十五兩
打風機及抽風機須換新計費元五百兩
烟囱須換新計費元一千兩
電線須換新計費元一百兩

錯氏鍋爐進水調節器須換新計費元三百兩

最高量熱表須換新計費元八十兩

各種管子及隔熱器須修理計元一百兩

雜支

六尺濾水器一只須換新計元一千六百兩

四尺濾水器一只須換新計元一千兩

進水帮浦馬達須換新計元二百兩

以上發電機部損失總計元八千一百五十五兩

茲爲便利查核起見再將愼昌洋行所估計各項損失撮錄如下

(一)建築類　共損失元三十六萬六千兩

（二）紡紗機器類　共損失元五十六萬五千八百六十四兩二錢八分

（三）電器裝置類

（甲）馬　達　共損失元一萬八千四百六十四兩

（乙）電　線　共損失元一萬三千八百零一兩一錢

（丙）電　燈　共損失元二萬二千三百十五兩零二分

（四）發電機類　共損失元八千一百五十五兩

以上四柱共計損失元九十九萬四千五百九十九兩四錢正

本廠第一棧樓下 第二棧二樓 存棉被焚之損失

(一) 美棉

(1)美安行來一寸十六份一圓上美一千四百包　重二千六百三十擔零六斤

每擔元三十八兩　共元九萬九千九百四十二兩二錢八分

(2)美安行來一寸十六份一特上美四十三包　重一百五十一擔五十六斤

每擔元三十八兩　共元五千七百五十九兩二錢八分

(3)美安行來一寸三十二份一圓特上美六百九十三包　重一千五百一十一擔八十五斤

每擔平均元三十七兩五錢　共元五萬六千六百九十四兩三錢四分

(4)東棉行 美安行來八份之七上美棉四百三十二包　重一千零九十擔零二十五斤

每擔平均元三十五兩零九分　共元三萬八千二百五十七兩七錢六分

一三十二

（5）美安行來十六份之十五上美棉二百八十三包　重一千一百零三擔三十三斤

每擔平均元三十五兩三錢二分　共元三萬八千九百六十九兩六錢一分

（6）美安行來八份之七・十六份之十三・三十二份之二十九・泰和行來八份之七次美棉三百九十三包　重一千三百九十六擔八十五斤

每擔平均元三十四兩一錢零五厘　共元四萬七千六百四十二兩五錢七分

以上六柱共美棉三千二百四十四包　重七千八百八十三擔九十斤

右共損失元二十八萬七千二百六十五兩八錢四分

（二）印棉

（1）天成行來申亨棉二百一十包　重六百二十四擔七十六斤

每擔元三十二兩　共元一萬九千九百九十二兩三錢二分

（2）中國銀行堆棧盛和號來白羅治棉二百一十一包　重六百零九擔六十一斤

每擔元三十三兩　　共元二萬零一百一十七兩一錢三分

（3）中國銀行堆棧來白羅治棉二百五十包　　重七百四十一擔六十九斤

每擔元三十三兩　　共元二萬四千四百七十五兩七錢七分

（4）天成行來奄厤喇棉三百包　　重八百七十六擔三十九斤

每擔元三十一兩五錢　　共元二萬七千八百六十九兩

（5）克賚振行來平哥而二百五十包　　重七百二十七擔四十七斤

每擔三十兩　　共元二萬一千八百二十四兩一錢

以上四柱共印棉一千二百二十一包　　重三千五百七十九擔九十二斤

右共損失元十一萬四千二百七十八兩三錢二分

(二) 中國棉

（1）鄭州分莊來次花三十八包

每擔元三十八兩

重一百五十二擔九十九斤

共元五千八百一十三兩六錢二分

（2）申花一千零九十八包

重七百四十七擔一十一斤

每擔元二十九兩

共元二萬一千六百六十六兩一錢九分

以上二柱共中國棉一千一百三十六包

重九百擔零零一十斤

右共損失元二萬七千四百七十九兩八錢一分

三共棉花五千六百零一包

重一萬二千三百六十三擔九十二斤

共計棉花損失元四十二萬九千零二十三兩九錢七分

本廠存棧原箱紡紗機件之損失

（一）H新棧所存紗紡機之損失

一百二十錠紡紗線軸四部　計元一萬零五百六十兩零六錢一分

（SACO LOWELL）二道粗紗機一部　計元四千七百七十八兩七錢九分

（BROOKS & DOXEY）二道粗紗機一部　計元四千七百七十八兩七錢九分

併條機配件一百零五件　計元二萬五千七百七十二兩七錢三分

四百錠細紗機鋼羅拉三部　計元一萬一千五百四十八兩四錢八分

打紗頭機一部　計元六百九十六兩九錢七分

各種零件機輪等物　計元二千兩

（二）廠內各部紗管之損失

頭道粗紗管五千只　計元六百零七兩五錢八分

二道粗紗管八千只　計元九百六十九兩七錢

三道粗紗管三萬五千只　計元三千五百二十四兩二錢四分

細紗管十二萬五千只　計元六千零七十五兩七錢六分

洋線管五千只　計元五百二十兩

棉條筒一百只　計元七百四十二兩四錢二分

（三）廠內棧儲科物料之損失

儲料倉所存物品損失百份之七十五　計元一十一萬三千六百三十六兩三錢六分

燒毛機白金片二百四十件　計元四千五百四十五兩四錢五分

打包間之抽水台及紗倉　計元五千兩

鋼絲針布五十條 計元二萬二千九百零九兩零九分

以上三項損失共計元二十一萬八千六百六十六兩九錢七分

一三十五

本廠半製品之損失

（一）六十支原料

清棉科存一十三擔九十四斤　每擔元四十四兩　計元六百一十三兩三錢六分

粗紡科存一百零六擔三十斤　每擔元五十兩　計元五千三百一十五兩

精紡科存六十六擔一十九斤　每擔元六十兩　計元三千九百七十一兩四錢

洋線科存五十五擔四十三斤　每擔元七十兩　計元三千八百八十兩零一錢

搖紗科存六擔一十二斤　每擔元七十八兩　計元四百七十七兩三錢六分

成包科存一十五擔二十五斤　每擔元八十五兩　計元一千二百九十六兩二錢五分

（二）四十二支原料

清棉科存二十七擔五十四斤　每擔元三十八兩　計元一千零四十六兩五錢二分

粗紡科存二百五十四擔四十九斤　每擔元四十二兩　計元一萬零六百八十八兩五錢八分

精紡科存二百五十六擔四十七斤　每擔元四十八兩　計元一萬二千三百一十兩零五錢六分

洋線科存九十七擔八十六斤　每擔元五十二兩　計元五千零八十八兩七錢二分

搖紗科存一十九擔六十一斤　每擔元五十六兩　計元一千零九十八兩一錢六分

成包科存四十四擔一十六斤　每擔元六十兩　計元二千六百四十九兩六錢

（三）三十二支原科　特別及普通

清棉科存二十三擔六十四斤　每擔元三十七兩　計元八百七十四兩七錢八分

粗紡科存二百一十四擔二十三斤　每擔元四十兩　計元八千五百六十九兩二錢

精紡科存一百擔零零三十九斤　每擔元四十四兩　計元四千四百一十七兩一錢六分

搖紗科存一十四擔六十七斤　每擔元四十八兩　計元七百零四兩一錢六分

成包科存一百零七擔一十四斤　每擔元五十二兩　計元五千五百七十一兩二錢八分

（四）特別二十支原料

清棉科存八擔七十七斤　每擔元三十五兩　計元三百零六兩九錢五分

粗紡科存四十八擔六十七斤　每擔元三十八兩　計元一千八百四十九兩四錢六分

精紡科存一十二擔二十三斤　每擔元四十四兩　計元五百三十八兩一錢二分

洋線科存四十六擔七十七斤成包科三十斤在內　每擔元四十八兩　計元二千二百四十四兩九錢六分

（五）普通二十支原料

成包科存二十擔零四十斤　每擔元四十六兩　計元九百三十八兩四錢

（六）四十支原料

成包科存八擔三十七斤　每擔元七十五兩　計元六百二十七兩七錢五分

另淸棉科存

各種花捲一十三擔五十斤　每擔元三十八兩　計元五百一十三兩

埃及棉二十二擔二十九斤　每擔元四十四兩　計元九百八十兩零七錢六分

一寸十六份一上美棉一百零三擔　每擔元三十八兩　計元三千九百一十四兩

一寸卅二份一上美棉八十二擔　每擔元三十八兩　計元三千一百一十六兩

一寸卅二份一圓上美三十七擔零五斤　每擔元三十兩　計元一千四百零七兩九錢

三十二支中美棉五十二擔　每擔元三十七兩五錢　計元一千九百五十兩

中等美棉一百零八擔一十八斤　每擔元三十七兩五錢　計元四千零五十六兩七錢五分

圓中美五擔七十二斤　每擔元三十七兩五錢　計元二百一十四兩五錢

次靈寶棉二十二擔三十六斤　每擔元四十兩　計元八百九十四兩四錢

回花二十三擔四十八斤　每擔元三十兩　計元七百零四兩四錢

洋線科存油雜紗七十五斤　每擔元二十兩　計元一十五兩

揀棉科存下脚一七四擔五十六斤　每擔元一十兩　計元一百四十五兩六錢

寄棧回花二十七擔七十斤　每擔元二十二兩　計元六百零九兩四錢

以上均西廠存品

（七）副十支原料

清棉料存六擔　每擔元三十兩　計元一百八十兩

粗紡科存四十八擔零六斤　每擔元三十三兩　計元一千五百八十五兩九錢八分

精紡科存二十四擔二十二斤　每擔元三十七兩　計元八百九十六兩一錢四分

搖紗科存五擔六十三斤　每擔元四十一兩　計元二百三十兩零八錢三分

成包科存八十四擔四十四斤　每擔元四十四兩　計元三千七百一十五兩三錢六分

（八）十支原料

成包科存一十二擔七十六斤　每擔元四十四兩　計元五百六十一兩四錢四分

（九）十二支原料

清棉科存二擔一十六斤　每擔元三十兩　計元六十四兩八錢

粗紡科存七十九擔五十二斤　每擔元三十三兩　計元二千六百二十四兩一錢六分

精紡科存二十一擔四十九斤　每擔元三十八兩　計元八百一十六兩六錢二分

搖紗科存五擔四十九斤　每擔元四十二兩　計元二百三十兩零五錢八分

成包科存六十六擔一十四斤　每擔元四十五兩　計元二千九百七十六兩三錢

（十）十六支原料

清棉科存一十八擔七十二斤　每擔元三十二兩　計元五百九十九兩零四分

粗紡科存一百五十四擔　每擔元三十五兩　計元五千三百九十兩

精紡科存一百一十七擔九十四斤　每擔元三十九兩　計元四千六百零九兩六錢六分

搖紗科存五擔七十二斤　每擔元四十四兩　計元二百五十一兩六錢八分

成包科存一百三十八擔六十五斤　每擔元四十七兩　計元六千五百一十六兩五錢五分

（十一）二十支原料

粗紡科存四十擔零七十三斤　每擔元三十六兩　計元一千四百六十六兩二錢八分

精紡科存二十八擔六十四斤　每擔元四十兩　計元一千一百四十五兩六錢

搖紗科存二擔七十六斤　每擔元四十五兩　計元一百二十四兩二錢

成包科存三十七擔七十四斤　每擔元四十九兩　計元一千八百四十九兩二錢六分

（十二）三十二支原料

清棉科存九擔三十六斤　每擔元三十八兩　計元三百五十五兩六錢八分

粗紡科存八十九擔三十七斤　每擔元四十二兩　計元三千七百五十三兩五錢四分

精紡科存九十九擔九十斤　每擔元五十兩　計元四千九百九十五兩

搖紗科存七擔零四斤　每擔元五十六兩　計元三百九十四兩二錢四分

成包科存八十四擔零二斤　每擔元六十兩　計元五千零四十一兩二錢

（十三）三十二支雙股原料

洋線科存一十八擔二十四斤　每擔元五十六兩　計元一千零二十一兩四錢四分

成包科存二十一擔九十四斤　每擔元六十兩　計元一千三百一十六兩四錢

（十四）三十二支三股原料

成包科存二擔八十五斤　每擔元六十五兩　計元一百八十五兩二錢五分

另清棉科存

圓上美棉五十九擔八十三斤　每擔元三十八兩　計元二千二百七十三兩五錢四分

特中美棉三十二擔二十二斤　每擔元卅五兩六錢　計元一千一百四十七兩零三分

圓中美棉一百七十一擔四十九斤　每擔元卅四兩八錢　計元五千九百六十七兩八錢五分

次印棉八十一擔　每擔元三十兩　計元二千四百三十兩

申亨棉四十七擔七十二斤　每擔元三十二兩　計元一千五百二十七兩零四分

白印棉四十四擔四十五斤　每擔元三十三兩　計元一千四百六十六兩八錢五分

申花一百三十擔零五十六斤　每擔元二十九兩　計元三千七百八十六兩二錢四分

回花八十二擔七十二斤　每擔元二十四兩　計元一千九百八十五兩二錢八分

搖花科存雜紗四十五斤　每擔元二十兩　計元九兩

揀花科存下脚五十一擔四十三斤　每擔十兩　計元五百一十四兩三錢

寄棧回花二千五百九十一擔三十五斤　每擔元二十四兩　計元六萬二千一百九十二兩四錢

以上均東廠存品

合計半製品損失元二十二萬九千七百九十六兩三錢

茲將廢棉損失附列於左

(一)六十支斬刀花六十斤　每擔三十八兩　共元二十二兩八錢

(二)抄棉二百八十六擔五十七斤　每擔十二兩五錢　共元三千五百八十二兩一錢二分

(三)十支斬刀五百廿二擔三十八斤　每擔一十二兩　共元六千二百六十八兩五錢六分

(四)一號紗頭一千二百零三擔八十四斤　每擔一十三兩　共元一萬五千六百四十九兩九錢六分

(五)油錠帶十五擔十七斤　每擔九兩　共元一百三十六兩五錢三分

(六)一號油花一百六十一擔廿一斤　每擔七兩五錢　共元一千二百零九兩零七分

(七)絨棍花五百四十六擔零三斤　每擔七兩五錢　共元四千零九十五兩二錢二分

(八)二號紗頭三百十六擔八十六斤　每擔七兩五錢　共元二千三百七十六兩四錢五分

(九)地弄花七百五十二擔七十二斤　每擔二兩　共元一千五百零五兩四錢四分

(十)破子一千九百六十五擔四十七斤　每擔八錢　共元一千五百七十二兩三錢八分

(十一)二號飛花九擔十九斤　每擔六兩　共元五十五兩一錢四分

(十二)三號飛花七百四十八擔六十斤　每擔三兩五錢　共元二千六百二十兩一錢正

(十三)二號油花七百四十八擔八十一斤　每擔三兩　共元二千二百四十六兩四錢三分

(十四)一號油紗六十四擔零九斤　每擔二兩五錢　共元一百六十兩零二錢二分

（十五）二號油紗四百五十六擔零三斤　每擔一兩　共元四百五十六兩零三分

（十六）地脚紗八百十三擔三十七斤　每擔三兩　共元二千四百四十兩零一錢一分

（十七）油飛花一千一百八十五擔八十五斤　每擔一兩五錢　共元一千七百七十八兩七錢

以上拾七柱共損失元四萬六千一百七十五兩二錢六分

連上半製品共損失元二十七萬五千九百七十一兩五錢六分

上海麥德濮蘭廠報告吳淞永安二廠自動滅火機及配件損失譯文

永安紡織公司郭樂先生台鑒五月念四日曾上一函諒邀鑒及旋接五月十七及念七日來翰並多次面談大都關於委託敝行調查吳淞第二紗廠內自動滅火機及其配件損失事均經領悉茲將中日交戰時貴廠所受之損失報告如左

貴廠自動滅火機裝置本甚妥善惟當交戰時砲彈及飛機炸彈紛飛竟將發電機及蓄水池轟燬此處原係水源一經毀壞則全部滅火裝置均失效用故各自動滅火機之龍頭雖開亦無水接濟不獨房屋被燬即自動滅火機本身及配件亦受災綦重也損壞各件開列如下

保險門八只

水桶六百七十一只

五加侖手提抽水機二十一只

化學滅火筒一百二十四只

二寸半對徑帆布水龍軟管六千尺

救火銅筆六十支

接連管一百二十對

右損失元一萬六千兩

電力抽水機　自動發動器損壞

右損失元六百兩

蓄水池　該池介在新廠兩棧房之間破壞極重須新配機件如下

水表板(指示板)水表、架、銅浮標、滑車輪、架、綀及配件等

右件需費元六十兩

老廠　第一次安裝的自動滅火機損壞情形

壓力測量表二只失去

六寸彎頭一只打爛

龍頭數只損壞

樓下　一號和花間

自動滅火機已開多數水管及配件破爛

二號清花間

自動滅火機已開多數水管及配件破爛

打包間

此處之自動滅火機完全燬壞

右共損失元三千四百七十五兩

一號棧房第二次安裝的自動滅火機損壞情形

壓力測量表二只失去

樓下　此處之自動滅火機完全燬壞

二樓　自動滅火機已開多數管子及配件損壞

右損失元四千二百二十五兩

二號棧房第二次安裝的自動滅火機損壞情形

樓下　自動滅火機已開多數管子及配件損壞

樓上　此處之自動滅火機全燬

右損失元三千八百三十兩

新廠　第四次安裝的自動滅火機損害情形

壓力測量表一只失去

壓力測量表一只破爛不堪

和花間(即第九號屋)

該處之自動滅火龍喉有一百三十八只已開多數管子及配件均破壞

清花間(即第十號屋)

該處之自動滅火龍喉有六十二只已開又有幾條水管及少數配料損壞

鋼絲車間第五次安裝的自動滅火機損害情形

自動滅火機龍喉已開有幾條水管及配件破壞

右共損失元一千五百三十兩

以上損失共元二萬九千七百二十兩
另加敝行調查報告公費七百五十兩
二共損失元三萬零四百七十兩
此報告書敝行自謂已甚明白如貴公司尚有未明瞭之處請指定時間敝行當派員前來以備
諮詢此頌
台祺
上海麥德濮蘭廠 G. FLETCHER. 啓

本廠物料棧各種物料之損失

第一類　機器配件

六分銅凡而十九只　每只七角六分四　共洋十四元五角二分

三寸銅法令凡而二只　每只十八元　共元三十六元

四分六分彈簧水角七只　每只二元　共洋一十四元

寒暑表一只　每只一元七角六　共洋一元七角六分

三分棉紗繩八十七磅半　每磅一角六分　共洋一十四元

一寸海牛皮帶五十條　每條一角八分一　共洋九元零五分

修機布帶一條　每條八角　共洋八角

三寸牛皮帶一百九十四尺　每尺一元八角二分　共洋三百五十三元零八分

二寸半皮帶七十九尺八寸　每尺二元　共洋一百五十八元六角六分
三寸六分皮帶一尺　每尺一元一角五分　共洋一元一角五分
五寸皮帶一百三十尺七寸　每尺二元一角三分　共洋二百七十八元一角八分
七寸皮帶九尺　每尺二元六角三分　共洋二十三元六角七分
二十五號鰐魚皮帶扣一合　每合七元六角四分　共洋七元六角四分
十號鋼絲圈二合　每合五元　共洋十元
十二號鋼絲圈二十三合　每合七元六角四分　共洋一百七十五元七角二分
二十號鋼絲圈五合　每合十三元三角三分　共洋六十六元六角五分
二十三號鋼絲圈二合　每合二十五元二角八分　共洋五十元零五角六分
三號鋼絲圈二合　每合四元一角七分　共洋八元三角四分

四號鋼絲圈五合　每合二元七角五分　共洋十三元七角五分

五號鋼絲圈二合　每合二元六角　共洋五元二角

六號鋼絲圈三合　每合二元六角三分　共洋七元八角九分

十七號鋼絲圈十合　每合九元七角　共洋九十七元

十八號鋼絲圈三合　每合八元三角五分　共洋二十五元零五分

十九號鋼絲圈二百四十五合　每合六元八角三分　共洋一千六百七十三元三角五分

二十號鋼絲圈一百六十七合　每合五元九角七分　共洋九百九十六元九角九分

廿一號鋼絲圈二百零四合　每合七元五角二分　共洋一千五百三十四元零八分

十九號美式鋼絲圈二合　每合五元　共洋十元

廿三號美式鋼絲圈十一合　每合九元五角四分　共洋一百零四元九角四分

6307號培林二只	每只八元二角四分	共洋十六元四角八分
6201號培林十只	每只一元零七分	共洋一十元零七角
1516號培林三只	每只二十八元三角八分	共洋八十五元一角四分
RLTW號培林四只	每只二十八元八角三分	共洋二百一十五元三角二分
大號粗紗筒管十七箱	每箱一百八十元三角六分	共洋三千零六十六元一角二分
三號美式粗紗筒管九箱	每箱二百零五元九角七分	共洋一千八百五十三元七角三分
細紗筒管二十一箱	每箱七百四十元二角一分	共洋一萬五千五百四十四元四角一分
雙線筒管九箱	每箱八百九十元一角二分	共洋八千零一十一元零八分
紙筒三十一箱	每箱一百八十三元八角六分	共洋五千六百九十九元六角六分
絨棍彈簧二百四十只	每只一角六分	共洋三十八元四角

三角車花捲木筒管五十三支　每支九元四角八角　共洋五百零二元四角四分
筒子車滑輪一百只　每只七角六角　共洋七十六元
縫機梭子架三只　每只三元五角二分　共洋十元零五角六分
縫機梭子羅絲二只　每只三角　共洋六角
老虎場車二部　每部十六元　共洋三十二元
以上機器配件損失計共大洋四萬零八百五十四元六角七分
七二升規元二萬九千四百一十五兩三錢六分
第二類　包紮料（即打包用品）
二分白棕繩一捲　每捲三角六角　共洋三角六分
五分白棕繩三十二磅　每磅三角六分　共洋十一元五角二分

蒲包六千七百五十只	每只五分二厘	共洋三百五十一元
白絨線一磅半	每磅三元八角二分	共洋五元七角三分
太倉蒲包二千六百只	每只六分二厘五	共洋一百六十二元五角
五分蔴繩子十一捲	每捲七角三分	共洋八元零三分
草繩六十三捆	每捆一元七角	共洋一百零七元一角
十一安士粗蔴布六十九件	每件二百十六元五角一分	共洋一萬四千九百三十九元一角九分
十六安士細蔴布四十八件	每件二百九十七元一角七分	共洋一萬四千二百六十四元一角六分
夾黑避雨油紙十八件	每件一百六十四元三角	共洋二千九百五十七元四角
黑包紗紙四十二件	每件六十一元二角七分	共洋二千五百七十三元三角四分
黃光紙九十四件	每件八十三元七角二分	共洋七千八百六十九元六角八分

洋藍紙六十八令　每令五元一角八分　共洋三百五十二元二角四分
金城商標紙九十五萬張　每萬張十八元　共洋一千七百一十元
仿單紙六十萬張　每萬張九元　共洋五百四十元
附單紙六十四萬張　每萬張四元八角　共洋三百零七元二角
執照單五十七萬張　每萬張八元　共洋四百五十六元
嘉禾商標紙十八萬六千張　每萬八元九角七分　共洋一百六十六元八角四分
大鵬商標紙八萬三千九百張　每萬十八元　共洋一百五十一元零二分
大中華商標紙三萬一千六百張　每千六元六角　共洋二百零八元五角六分
藍綠色包紗紙一百零五件半　每件六十一元八角二分　共洋六千五百二十二元零一分
以上打包用品損失共洋五萬三千六百六十三元八角八分

七二升規元三萬八千六百三十七兩九錢九分

第三類　傢具生財

自來水面盆十二只　每只三十三元三角　共洋三百九十九元六角

鐵床十五張　每張二十六元　共洋三百九十元

救火桶十一只　每只三十元二角一分　共洋三百三十二元三角一分

花板靠椅子一只　每只一元七角　共洋一元七角

縫衣機一部　共洋一百五十一元

次縫衣機一部　共洋一十二元五角

湯罐一只　共洋一元四角三分

檯磅一只　共洋四十三元九角八分

面盤十只　每只二角五分　共洋二元五角

回光燈二只　每只六角四分　共洋一元二角八分

窗簾三付　每付一元三角　共洋三元九角

竹絲窗簾十二付　每付二元一角七分　共洋二十六元零四分

太平水桶一百只　每只六角七分　共洋六十七元

以上傢具生財損失共洋一千四百三十三元二角四分

七二升規元一千零三十一兩九錢三分

第四類　工具

梭形毛刷廿三只　每只三角半　共洋八元零五分

油綫刷十只　每只五分　共洋五元

短鷄毛掃帚十一只　每只五角七分　共洋六元二角七分
蘆花掃帚四只　每只一角三分　共洋五角二分
三十六寸長毛掃地帚二只　每只七角　共洋一元四角
英製漆帚卅五只　每只三角四分　共洋十一元九角
廣東漆帚五只　每只一角四分　共洋七角
油刷三只　每只四角二分　共洋一元二角六分
四寸刀銼七支　每支八角七分　共洋六元零九分
六寸粗扁銼一支　共洋五角一分
竹掃帚八百廿三把　每把四分七厘　共洋三十八元六角八分
八寸粗扁銼九支　每支五角八分三厘　共洋五元二角五分

八寸細扁銼六支　每支七角九分二厘　共洋四元七角五分

十二寸細扁銼十四支　每支一元二元半　共洋十七元半

十四寸粗半元四支　每支一元八角三分　共洋七元三角二分

六寸粗三中角三把　每把六角八分三厘　共洋二元零五分

六寸細三中角九把　每把七角四分　共洋六元六角六分

十四寸鋸條三十六條　每條二角四分二厘　共洋八元二角一分

六寸鋼絲鉗五支　每支五角　共洋二元五角

起釘鉗一把　共洋一元九角四分

旋鑿一把　共洋二角九分

銅札鈎五百八十九只　每只四分二厘　共洋二十四元七角四分

大剪刀一把		共洋五角
木英尺二支	每支一元二角	共洋二元四角
一寸卡尺一支		共洋九角五分
皮棍裁皮刀二只	每只八角三分	共洋一元六角六分
打結刀頭二十只	每只八角三分	共洋十六元六角
十寸銅剪一把		共洋三角六分
三角針三只	每只六角	共洋一元八角
六寸水平尺一支	每支三元四角七分	共洋三元四角七分
分厘尺一支		共洋十三元五角
油石一塊		共洋二元二角五分

一分羅絲公一付　　共洋二元二角二分

二分羅絲公一付　　共洋三元六角一分

十六份之五羅絲公一付　　共洋三元七角五分

六寸活落羅絲板三支　每支一元一角　共洋三元三角

白鐵盆子五十只　每只一元七角四分　共洋八十七元

油筆二十只　每只四分　共洋八角

排筆四十三把　每把一角五分一厘　共洋六元四角九分

木箱四十只　每只三元　共洋一百二十元

三道笆斗一百四十五只　每只一元四角　共洋二百零三元

石五笆斗五十九只　每只七角　共洋四十一元

皮棍笆斗一百二十只　每只四角一分三厘　共洋四十九元五角六分
打包笆斗三十六只　每只六角五分　共洋二十三元四角
送紗籮二只　每只九角一分　共洋一元八角二分
白短飯單三百九十三只　每只一角六分四厘　共洋六十四元四角五分
宕管飯單六只　每只三角二分　共洋一元九角二分
養成工飯單八只　每只四角五分一厘　共洋三元六角一分
生手飯單二只　每只三角七分　共洋七角四分
抄身飯單八只　每只二角四分　共洋一元九角二分
打包飯單四十七只　每只二角三分一厘　共洋十元零八角六分
藍染飯單四十只　每只三分五厘　共洋一元四角

白布收花袋十只　每只一角　共洋一元

細紗同紗袋六只　每只一元六角五分　共洋九元九角

大麻袋四百六十四只　每只三角三分　共洋一百五十三元一角二分

以上工具損失共洋九百九十九元九角五分

七二升規元七百一十九兩九錢六分

第五類　五金料

一寸紫銅條十磅半　每磅九角七分二厘　共洋十元零二角二分

白鐵絲布二十七尺　每尺五角四分九厘　共洋十四元八角二分

一分黑鐵板二張　每張十一元一角五分三厘　共洋二十二元三角

十六分之三黑鐵板三十七張　每張十一元九角四分八厘　共洋四百四十二元零八分

二十六號白鐵皮二十九張　每張二元九角零五厘　共洋八十四元二角五分

二十八號白鐵皮十八張　每張三元零八分　共洋五十五元四角四分

八尺六尺鋼眼鐵一張　每張三十元九角七分二厘　共洋三十元九角七分

銲錫二百零四條　每條四角零二厘　共洋八十二元零零一分

針鋼絲一磅　共洋一元九角四分

白鉛絲鋼三圈　每圈十三元一角九分四厘　共洋三十九元五角八分

十六分之一寸花鉛皮一張　每張二十四元五角三分　共洋二十四元五角三分

卅二分之一寸白鉛皮二張　每張六元八角五分　共洋十三元七角

青鉛珠一磅　每磅四角八分六厘　共洋四角八分六厘

十六分之三寸紫銅油絲二磅　每磅一元三角八分九厘　共洋二元七角七分

一寸紫銅管一支　每支十四元五角八分三厘　共洋十四元五角八分

寸半黑鐵管三十九支　每支四元二角零九厘　共洋一百六十八元零五分

二寸黑鐵管四支　每支十五元六角一分一厘　共洋六十二元四角四分

三分泗汀管一支　每支三元零一分　共洋三元零一分

半寸徑廿八寸半長玻璃管一支　每支五角五分　共洋五角五分

三分徑十六寸半長玻璃管六支　每支七角一分三厘　共洋四元二角七分

徑十六分十一寸長十六寸半玻璃管六支　每支九角一分五厘　共洋五元四角八分

十六分之五寸黑粉板更五磅半　每磅三元五角四分二厘　共洋十九元四角八分

三分橡皮螺絲母二十盒　每盒一角　共洋二元

三分橡皮華水二十只　每只二分九厘　共洋五角八分

半寸橡皮華水六只　每只二分三厘　共洋一角三分

六分八寸銅木螺絲一包　每包一元　共洋一元

六分四寸木螺絲八包　每包二角四分九厘　共洋一元九角九分

半寸六寸木螺絲二包　每包四角八分六厘　共洋九角七分

半寸九寸木螺絲三包　每包四角七分七厘　共洋一元四角三分

半寸十寸木螺絲一包　每包二角九分八厘　共洋三角

三分五寸木螺絲二包　每包三角四分九厘　共洋七角

六分四寸木螺絲二包　每包二角零四厘　共洋四角一分

六分八寸木螺絲二包　每包三角七分八厘　共洋七角五分正

寸二分八寸木螺絲八包　每包六角七分　共洋五元三角六分

寸二分九寸木螺絲五包　每包五角五分九厘　共洋二元八角

寸半九寸木螺絲八包　每包六角六分七厘　共洋五元三角四分

三分白鐵丁五包　每包四角一分七厘　共洋二元零九分

六寸鐵插銷六付　每付八分二厘　共洋四角九分

鐵門鏈四付　每付二分三厘　共洋九分

櫃門拉手二只　每只一角六分七厘　共洋三角三分

四寸白鐵窗鈎四十只　每只四分四厘　共洋一元七角五分

電車叫十四只　每只三角九分一厘　共洋五元四角七分

荷包鎖三十八只　每只一元三角八分六厘　共洋五十二元六角七分

銅荷包鎖十二把　每把八元二角　共洋九十八元四角

銅抽斗鎖三十四把　每把五角一分一厘　共洋十七元三角六分

銅抽斗鎖八把　每把八角五分　共洋六元八角

彈璜門鎖一把　每把七元九角一分七厘　共洋七元九角二分

黄珠插鎖一把　每把一元七角四分　共洋一元七角四分

警笛七只　每只三角八分九厘　共洋二元七角二分

銅掛屏鈎十八只　每只五分四厘　共洋九角七分

配鎖匙一條　每條四角六分七厘　共洋四角七分

以上五金損失洋一千三百二十五元九角九分

七二升規元九百五十四兩七錢一分

第六類　電燈料

二百廿伏一十五磅插燈泡四十九只	每只五角一分一厘	共洋二十五元二角八分
二百廿伏七十五磅插燈泡三十四只	每只六角五分二厘	共洋二十一元一角六分
二百廿伏四十磅插燈泡十七只	每只五角五分七厘	共洋九元八角一分
一百十伏一十五磅插燈泡四只	每只一元二角	共洋四元八角
一百十伏二十五磅插燈泡二十只	每只四角九分八厘	共洋九元九角七分
二百廿伏一百磅螺絲燈泡四只	每只九角七分二厘	共洋三元八角九分
紅綠燈泡四只	每只五角	共洋二元
大鐵盆燈罩三只	每只一元零八分七厘	共洋三十二元六角一分
五分螺絲燈頭四只	每只一角七分	共洋六角八分
寸螺絲開關釘頭五只	每只四角六分三厘	共洋二元三角一分

品名	单价	合计
矮脚釘頭一只		共洋四角九分
寸螺絲燈頭四只	每只八角四分六厘	共洋三元三角八分
手電燈乾電池六只	每只三角	共洋一元八角
手電燈一支		共洋四元九角五分
手電燈泡四只	每只三角	共洋一元二角
電鈴五只	每只八角五分	共洋四元二角五分
鈴方棚五只	每只三元七角零八厘	共洋十八元五角四分
電表二只	每只六十元一角二分五厘	共洋一百二十元二角五分
廿六號電爐熱絲半磅	每磅二十一元五角二分八厘	共洋十元零七角六分
二十十六保險銀絲一圈		共洋四角

雙路鉛絲板一塊		共洋一元
元五號磁鉛絲盒四只	每只一角二分四厘	共洋四角九分
銀絲十二兩	每兩二元七角七分八厘	共洋卅三元三角三分
白札帶八圈	每圈五角七分六厘	共洋四元六角一分
電警鈴一只		共洋十一元
電頭卜落五只	每只一角七分五厘	共洋八角七分
壁磁卜落十只	每只五角八分二厘	共洋五元八角二分
木卜斯六只	每只一角五分	共洋九角
銅卜斯八只	每只七角	共洋五元六角
平開關五只	每只五角一分六厘	共洋二元五角八分

廿五開刀開關六只　每只卅八元五角四分八厘　共洋二百卅一元二角九分

撲司播燈開關四只　每只六角五分二厘　共洋二元六角一分

十六之一雙紗包綫五磅　每磅二元二角九分一厘　共洋一十一元四角

磁接線十五只　每只一角四分　共洋二元一角

和合白料四十只　每只一分九厘　共洋七角七分

先令螺絲十二只　每只一角七分六厘　共洋二元一角一分

白鉄三角圈十二只　每只二角七分八厘　共洋三元三角四分

臘黃帋三磅　每只三元一角九分四厘　共洋九元五角八分

銅皮條九圈　每只三元四角七分八厘　共洋卅一元三角

充電燈泡一只　共洋八元四角

以上電燈損失洋六百四十七元六角三分

七二升規元四百六十六兩二錢九分

第七類　建築料

硬木一百廿五塊　每塊二元九角八分七厘　共洋三百七十三元三角八分

桶木三十支　每支二元二角九分五厘　共洋六十八元八角五分

桃木一支　共洋二十九元五角

紅柳板一仝　共洋三元零八分

柳安板十六塊　每塊一元五角九分四厘　共洋二十五元五角一分

洋松板一百十三塊　每塊二元　共洋二百二十六元

六寸磁磚二十七塊　每塊一角三分　共洋三元五角一分

碎玻璃五十三磅　每磅二分三厘二毫　共洋一元二角三分

瓦筒三十只　每只五角五分　共洋一十六元五角

本松板三百塊　每塊三角六分一厘　共洋一百零八元三角

以上建築損失洋八百五十五元八角六分

七二升規元六百十六兩二錢二分

第八類　油料

火油二十聽　每聽四元四角二分一厘　共洋八十八元四角二分

鋼令油二千磅　每磅三角一分四厘　共洋六百二十八元正

皮帶油二聽　每聽六元五角九分三厘　共洋十三元一角八分

方棚油九聽　每聽六元六角三分三厘　共洋五十九元七角

嚤拉油五聽　每聽一元五角　共洋七元五角

汽油二聽　每聽五元九角五分　共洋十一元九角

牙齒油一聽　每聽廿一元五角二分八厘　共洋二十一元五角三分

以上損失洋八百三十元零二角三分

七二升規元五百九十七兩七錢七分

第九類　皮棍料

白呢一百念九碼　每碼十四元零九分　共洋一千八百十七元六角一分

長毛絨一百四十二碼半　每碼五元二角三分三厘　共洋七百四十四元四角

白斜粗絨二碼　每碼二元九角四分　共洋五元八角八分

魚膠四磅　每磅三元　共洋十二元

白洋醋一瓶　每瓶七角　共洋七角

全力片二十包　每包二元零八分三厘　共洋四十一元六角六分

黑皮棍膠二包　每包二元六角三分八厘　共洋五元二角七分

以上皮棍損失洋二千六百念七元五角二分

七二升規元一千八百九十一兩八錢一分

第十類　雜料

痧藥水七瓶　每瓶三元八角　共洋二十六元六角

湯火藥水十瓶　每瓶四角一分五厘　共洋四元一角五分

止血藥散一聽　每聽十三元　共洋十三元

綳布五圈　每圈二角三分二厘　共洋一元一角六分

大洋抄簿一百九十一本	每本六分一厘	共洋十一元六角五分
小洋抄簿一百八十五本	每本四分六厘	共洋八元五角一分
工資册八本	每本六角六分三厘	共洋五元三角一分
100頁行草簿十六本	每本三角三分四厘	共洋五元三角四分
50頁行草簿二十二本	每本一角七分九厘	共洋三元九角四分
50頁藍布面回單簿三十本	每本三角二分九厘	共洋九元八角七分
八行藍布面回單簿六本	每本五角	共洋三元
領存公證十本	每本三角四分八厘	共洋三元四角八分
工人飯單票八百十九本	每本一角八分五厘	共洋一百五十一元五角一分
職員薪水簿一本	每本四角五分	共洋四角五分

棉紗存倉簿一本　共洋四元八角
棉花存倉簿一本　共洋三元六角
棉花進出總簿三本　每本三角零五厘　共洋九元一角五分
簽名簿三十本　每本一元一角一分九厘　共洋三十三元五角七分
送信簿二本　每本一元二角五分　共洋二元五角
粗紗試驗表三本　每本一元七角　共洋五元一角
紗棧報告九本　每本四角一分八厘　共洋三元七角六分
清棉科工務日報表一本　共洋九角
梳棉工務日報十六本　每本五角三分四厘　共洋八元五角五分
精紡工資日報二本　每本一元八角　共洋三元六角

品名數量	單價	共計
修機工資日報五本	每本七角	共洋三元五角
罰款知單四十一本	每本二角一分一厘	共洋八元六角五分
罰款便條十一本	每本六分九厘	共洋七角六分
領物證十五本	每本二角五分	共洋三元七角五分
舊工摺四千八百八十本	每本一分六厘	共洋七十八元八分
拍卜紙二十一本	每本七分	共洋一元四角七分
次信封一千二百三十只	每只三厘	共洋三元六角九分
信紙一十四本	每本四角九分五厘	共洋六元九角三分
西信壳五百四十五只	每只五厘	共洋二元七角三分
硬面英文抄簿二十五本	每只三角二分一厘	共洋八元零二分

一六十

複寫紙一百零三張　每張四分　共洋四元一角二分
紅帖紙五十套　每套一分七厘　共洋八角五分
紙牌子二千八百五十四只　每只六厘　共洋十七元一角三分
皮紙九十八張　每張七厘　共洋七角八分
毛綠紙二刀　每刀三角六分　共洋七角二分
洋信箋三百張　每張六厘　共洋一元八角
鋼筆尖十一打半　每打二角三分二厘　共洋二元六角七分
紅藍鉛筆十四支　每支一角八分七厘　共洋一元四角二分
青蓮鉛筆二百七十四支　每支一角八分六厘　共洋五十元九角一分
普通鉛筆一千一百七十一支　每支三分一厘二毫　共洋三十一元五角八分

鋼筆桿四十一支　每支一角五分七厘　共洋六元四角四分

各種湖南筆一百五十四支　每支六分七厘　共洋十元三角一分

墨一百十五方　每方七分九厘　共洋九元零八分

紅藍墨水五瓶　每瓶一元六角四分　共洋八元二角

大墨一方　共洋四角

青蓮墨水一瓶　共洋二角七分

膠水十九瓶　每瓶一角五分　共洋二元八角五分

青蓮印刷盆六只　每只一元　共洋六元

玻璃墊板三方　每方一元六角　共洋四元八角

三眼墨水池三只　每只四角五分　共洋一元三角五分

信夾三只	每只一角五分	共洋四角五分
橡皮擦五十四塊	每塊二分七厘	共洋一元四角六分
別針四十六打	每打五厘	共洋二角三分
鋼絲夾子五盒	每盒一角六分五厘	共洋八角二分
別針一盒		共洋五角三分
圖針一盒		共洋一角二分
紙夾二只	每只四角	共洋八角
艾針絨三兩	每兩一角二分八厘	共洋三角八分
洋刀一把		共洋一元四角
活動號碼印四只	每只六角	共洋二元四角

草紙一千零六十八刀　每刀四分九厘　共洋五十二元三角三分
洋燭三包　每包二角六分四厘　共洋七角九分
英水皂三百六十八磅　每磅一角六分七厘　共洋六十一元六角五分
食鹽十九磅　每磅五分二厘　共洋九角九分
肥皂一千三百廿九塊　每塊四分七厘　共洋六十二元四角六分
皮帶臘二塊　每塊二元一角五分三厘　共洋四元三角一分
銲錫交一聽　共洋三元零六分
生牛皮十磅半　每磅一元三角二分　共洋十三元八角六分
黑油灰一塊　共洋四角九分
大紅洋油六尺　每尺二角五分　共洋一元五角

藍白紗粗布十五碼半	每碼三角五分六厘	共洋五十三元九角四分
斜紋布二千碼	每碼二角三分七厘	共洋四百七十四元
黃斜布二十八碼	每碼六角五分	共洋十八元二角
次帆布二十五碼	每碼一元一角	共洋二十七元五角一分
銅砂皮九打半	每打一元二角二分八厘	共洋十元七角二分
鐵砂皮五十一打	每打九角七分四厘	共洋四十九元六角七分
小聽紅漆八聽	每聽五角四分	共洋四元三角二分
小聽黃漆一聽		共洋五角
大聽綠漆一聽		共洋三元四角二分
大聽綠漆二聽	每聽七元五角	共洋十五元

小聽白漆六聽　每聽七角五分九厘　共洋四元五角五分

清凡利水二瓶　每聽四元五角八分九厘　共洋九元一角八分

紅硍硃一百四十六包　每包五角零四厘　共洋七十三元五角八分

洋藍粉一包　共洋七角四分

ASTR顏料十五聽　每聽十五元二角七分八厘　共洋二百廿九元一角七分

AS-BO顏料三聽　每聽十三元九角五分八厘　共洋四十一元八角七分

AS-G顏料一聽　共洋十九元四角四分

B藍顏料三十五聽　每聽六元二角五分　共洋二百十八元七角五分

R紅顏料三十七聽　每聽三元九角五分八厘　共洋一百四十六元四角五分

黃顏料二聽　每聽一元一角零九厘　共洋二元二角二分

綠粉一包		共洋六元九角四分
漂白粉十瓶	每瓶二角五分三厘	共洋二元五角三分
洋紅粉三聽	每聽一元一角一分一厘	共洋三元三角三分
木炭四十六簍	每簍八角	共洋三十六元八角
銅茶壺一把		共洋四元八角六分
平紋粗布四千零六十碼	每碼二角三分四厘	共洋九百五十元二角七分
香烟二聽	每聽一元二角四分	共洋二元四角八分
小橡皮枳二十四只	每只一角零八厘	共洋二元五角九分
骨碼一付	每付三角六分	共洋三角六分
木桶六只	每只一元	共洋六元

捕蠅器五只　每只五元　共洋二十五元
白蘭地一瓶　共洋八角
門棕墊一塊　共洋一元四角
蛋元鏡一方　共洋六元二角
墊案板一方　共洋二元
扁形鉛絲玻璃一百二十塊　每塊一元一角八分　共洋一百四十一元六角
雜色平玻璃二百二十五塊　每塊二角九分五厘　共洋七十三元七角五分
木相架一只　共洋八角
毛巾四條　每條一角七分一厘　共洋六角八分
提燈玻璃罩九只　每只四角八分六厘　共洋四元三角七分

面盆四只　每只一元二分五厘　共洋四元一角
水脚色七付　每付一元二角　共洋八元四角
白陶坭四十磅　每磅六分九厘　共洋二元七角六分
玻璃蝇罩一只　每只二角　共洋二角
絲帶二條　每條一角六分　共洋三角二分
支子彈帶三只　每只五元五角　共洋十六元五角
擦銅水二聽　每聽五角四分二厘　共洋一元零九分
西洋花磁品鍋五只　每只二元五角　共洋十二元五角
赤金箔一百張　每張六厘　共洋六角
西洋花磁茶碗五仝　每仝五元　共洋二十五元

西洋花磁羹十七仝	每仝三角九分	共洋六元六角三分
西洋花磁飯碗十八仝	每仝一元三角六分四厘	共洋二十四元五角五分
西洋花磁小碗一仝	每仝三元五角	共洋三元五角
西洋花磁碗二仝	每仝八元二角五分	共洋十六元五角
玻璃小杯四十七只	每只二角零八厘	共洋九元七角八分
玻璃酒杯五十四只	每只三角三分三厘	共洋十八元
西洋花磁碟一仝		共洋十元零五角
西洋花磁碟一仝		共洋五元
西洋花磁碟一仝		共洋二元八角
西洋花磁碟五仝	每仝一元五角	共洋七元五角

西洋花磁碟五仝	每仝二元五角	共洋十二元五角
醬油碟八仝	每仝八角	共洋六元四角
元小碟四十八只	每只三角六分七厘	共洋十七元六角二分
元大碟二十四只	每只四角一分七厘	共洋十元零一分
藍花飯碗仝半	每仝一元零九分一厘	共洋一元六角四分
湯碗二只	每只六角	共洋一元二角
藍花調羹六仝	每仝五角	共洋三元
磁茶壺三只	每只一元九角一分四厘	共洋五元七角四分
茶杯四十五只	每只三角六分	共洋十六元二角
茶碟四十五只	每只三角六分	共洋十六元二角

綠痰盂三只　每只六角一分六厘　共洋一元八角四分

竹筷十一把　每把二角　共洋二元二角

被套八條　每條一元七角七分三厘　共洋十四元一角八分

茶籮四只　每只一元四角四分　共洋五元七角六分

飯杓二只　每只二角　共洋四角

以上雜項損失大洋三千七百八十元六角二分

七二升規元二千七百二十二兩零五分

第十一類　電機機器

電吹風機一只　共洋四百三十六元九角三分

以上電機機器損失大洋四百三十六元九角三分

七二升規元三百一十四兩五錢九分

第十二類　紡織機器

美紙拍棉條桶三百五十七只　每只三元六角六分七厘　共洋一千三百零九元八角七分

以上紡織機器損失大洋一千三百零九元八角七分

七二升規元九百四十三兩一錢一分

物料損失彙計

第一類　機器配件　大洋四萬零八百五十四元六角七分　七錢二　伸規元二萬九千四百十五兩三錢六分

第二類　打包用品　大洋五萬三千六百六十三元八角八分　七錢二　伸規元三萬八千六百卅七兩九錢九分

第三類　傢具生財　大洋一千四百三十三元二角四分　七錢二　伸規元一千零三十一兩九錢三分

第四類　工　具　大洋九百九十九元九角五分　七錢二　伸規元七百十九兩九錢六分

類別	名稱	大洋	折合	伸規元
第五類	五金料	大洋一千三百二十五元九角九分	七錢二	伸規元九百五十四兩七錢一分
第六類	電燈料	大洋六百四十七元六角三分	七錢二	伸規元四百六十六兩二錢九分
第七類	建築料	大洋八百五十五元八角六分	七錢二	伸規元六百十六兩二錢二分
第八類	油料	大洋八百三十元零二角三分	七錢二	伸規元五百九十七兩七錢七分
第九類	皮棍料	大洋二千六百二十七元五角二分	七錢二	伸規元一千八百九十一兩八錢一分
第十類	雜料	大洋三千七百八十元零六角二分	七錢二	伸規元二千七百二十二兩零五分
第十一類	電機機器	大洋四百三十六元九角三分	七錢二	伸規元三百一十四兩五錢九分
第十二類	紡織機器	大洋一千三百零九元八角七分	七錢二	伸規元九百四十三兩一錢一分

合共損失大洋一十萬零八千七百六十六元三角九分

七二升規元七萬八千三百十一兩七錢九分

本廠經常開支之損失

（一）由一月二十八晚起至六月四日止共停工一百二十七天每天經常開支計洋三千三百四十元零八角五分

共計損失大洋四十二萬四千二百八十七元九角五分

（二）由六月五日起至六月三十日止共二十六天通計每天僅能開機四份之一其餘四份之三因在修理中未能生產每天尚須損失開銷洋二千五百零五元六角四分以二十六天計算

共計損失大洋六萬五千一百四十六元六角四分

合共損失經常開支洋四十八萬九千四百三十四元五角九分

（附註）查本廠每月經常開支計分六項

一六十八

1. 支不動產總額洋七百七十二萬九千八百六十一元八角二分之利息洋六萬四千
四百一十五元五角一分
2. 支常存原料等洋二百七十萬元之利息洋二萬二千五百元
3. 支薪金洋七千五百元
4. 支福食洋一千六百一十元
5. 支雜用洋二千一百三十元
6. 支保險洋二千零七十元
每月共支洋十萬零零二百二十五元五角一分
每天計支洋三千三百四十元零八角五分
前列損失之數係以此爲根據特註明

全廠各部損失提要

(一)房屋機器電料電機等共損失元九十九萬四千五百九十九兩四錢

(二)本廠各棧存棉被焚共損失元四十二萬九千零二十三兩九錢七分

(三)本廠存棧原箱紡紗機件共損失元二十一萬八千六百六十六兩九錢七分

(四)本廠半製品及廢花共損失元二十七萬五千九百七十一兩五錢六分

(五)本廠自動滅火機損失元三萬零四百七十兩

(六)本廠物料棧各種物料共損失元七萬八千三百十一兩七錢九分

以上六柱共損失規元二百零二萬七千零四十三兩六錢九分

以七二仲算應合大洋二百八十一萬五千三百三十八元四角六分

(七)本廠經常開支損失共洋四十八萬九千四百三十四元五角九分

綜計上列各項共損失大洋三百三十萬零四千七百七十三元零五分

抗日战争档案汇编

上海市档案馆藏「一·二八」事变档案汇编

2

上海市档案馆 编

五洲传播出版社

五、聚兴诚银行关于「一·二八」淞沪抗战前后政治军事时局与金融动态情报

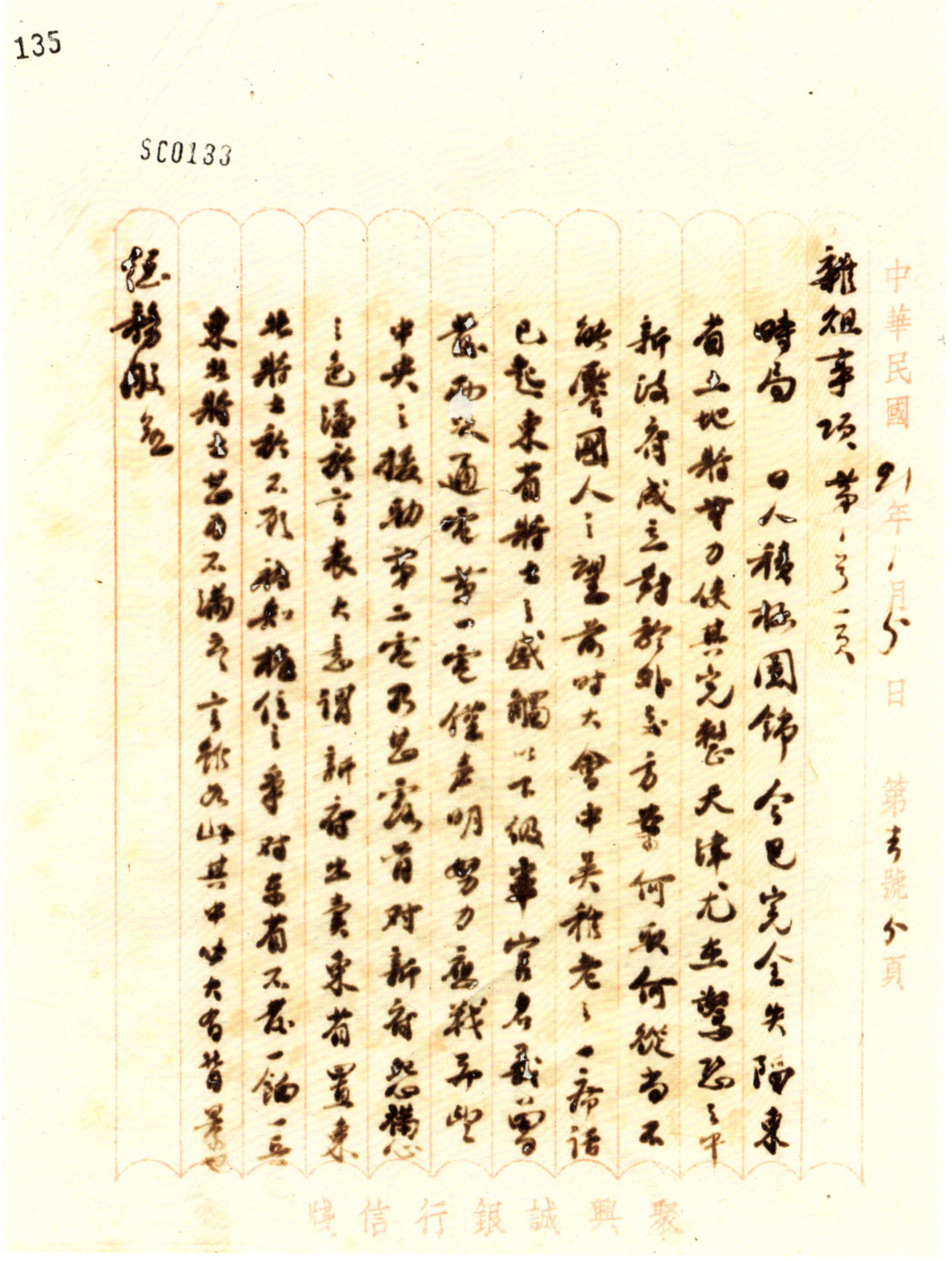
135

SC0133

中華民國21年1月5日 第1号1頁

雜俎事項

時局 日人積極圖錦今已完全失陷東省土地將由日力使其完整天津尤在嚴重之中新政府成立對於外交方面何去何從尚不能饜國人之望前此大會中吳稚老之一席話已起東省將士之感觸以下級軍官名義曾發兩次通電第一電僅表明努力應戰而無中央之援助第二電則出露前對新府怨懟之色彩於言表大意謂新府出賣東省置東北將士於不顧[illegible]之爭對於[illegible]不敢一論一至東北將士苦而不滿矣言辭[illegible]其中似大有背景也

極[illegible]

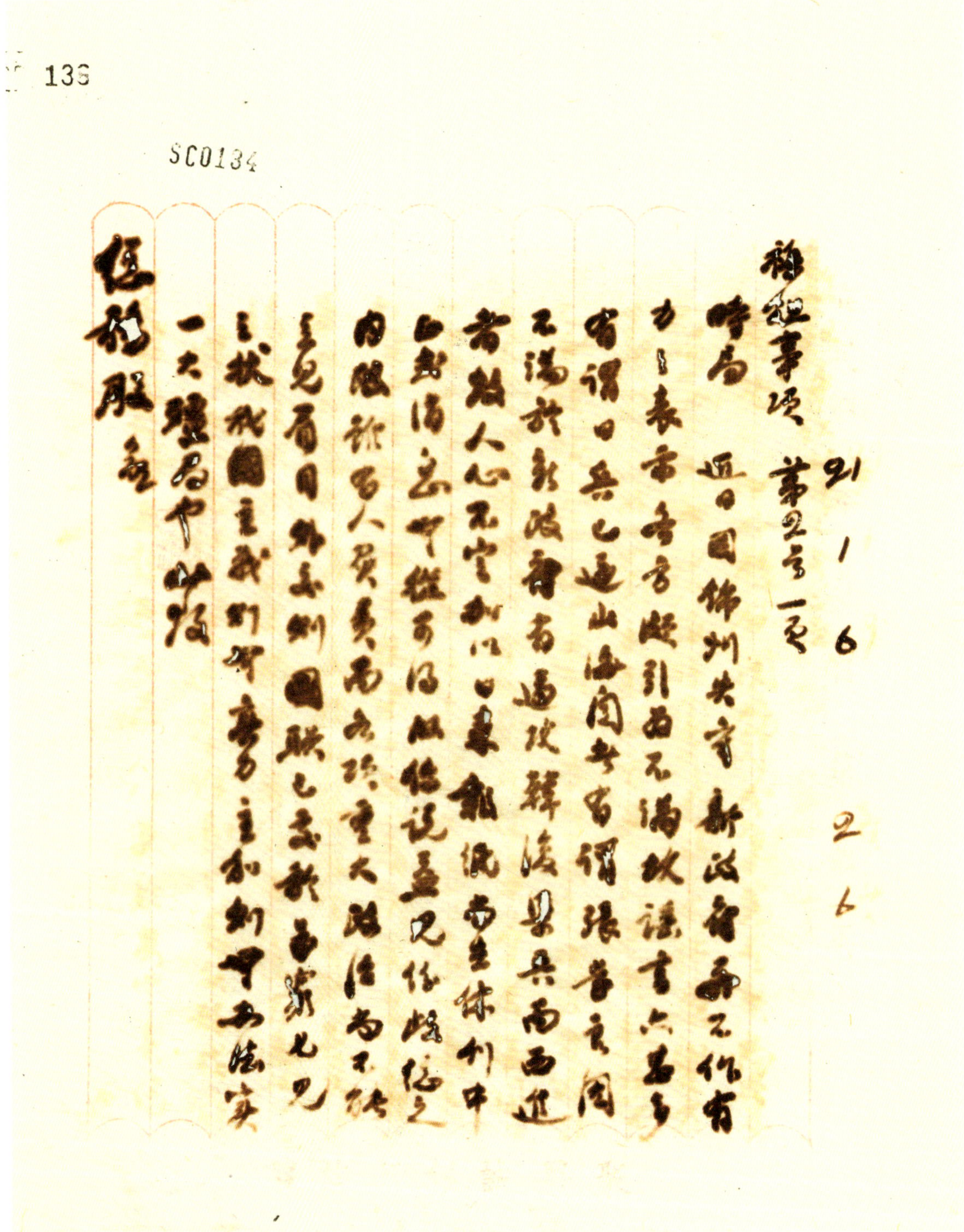

[illegible]事项 第五号一页 21 1 6 2 6

时局 近日锦州失守 新政府乃不作有
力之表示 含有[illegible]引西不满政议 言亦甚多
有谓日兵已过山海关者 有谓张学良关
不满于新政府而通攻韩[illegible]兵南西进
者 致人心不定 加以日来[illegible]流[illegible]休刊中
止 [illegible]消息可从[illegible]以[illegible]益见[illegible]之
内阁辞职 要人负责而去 [illegible]重大难关 尚为不能
之见 看目外交 则国联已失[illegible] [illegible]见
之状 我国主战 则[illegible]力 主和 则无法 实
一大难局也 此致

[illegible]服[illegible]

中華民國21年1月9日 第3號4頁

特組事項 第3号二页

時局 錦州既陷山海關又入日兵之手中央對之一籌莫展除提抗議外迄無何種挽救方法但美國則見日本在中國勢漸擴大表顯不平於對日抗議中立言日本違背非戰公約並及美國現所新訂對僕洽氣措詞嚴正為屬日本所必須解決辦而使美國起乎英國亦嘗抗議大都有意視日方在華勢力過大所致也至於內政可外無效無辦法財政又感拯救困難新政府不穩之謠言又織路之景斯而吉過去財長之表示辭職蔣氏之密圖再起不一而足人心更難安定無

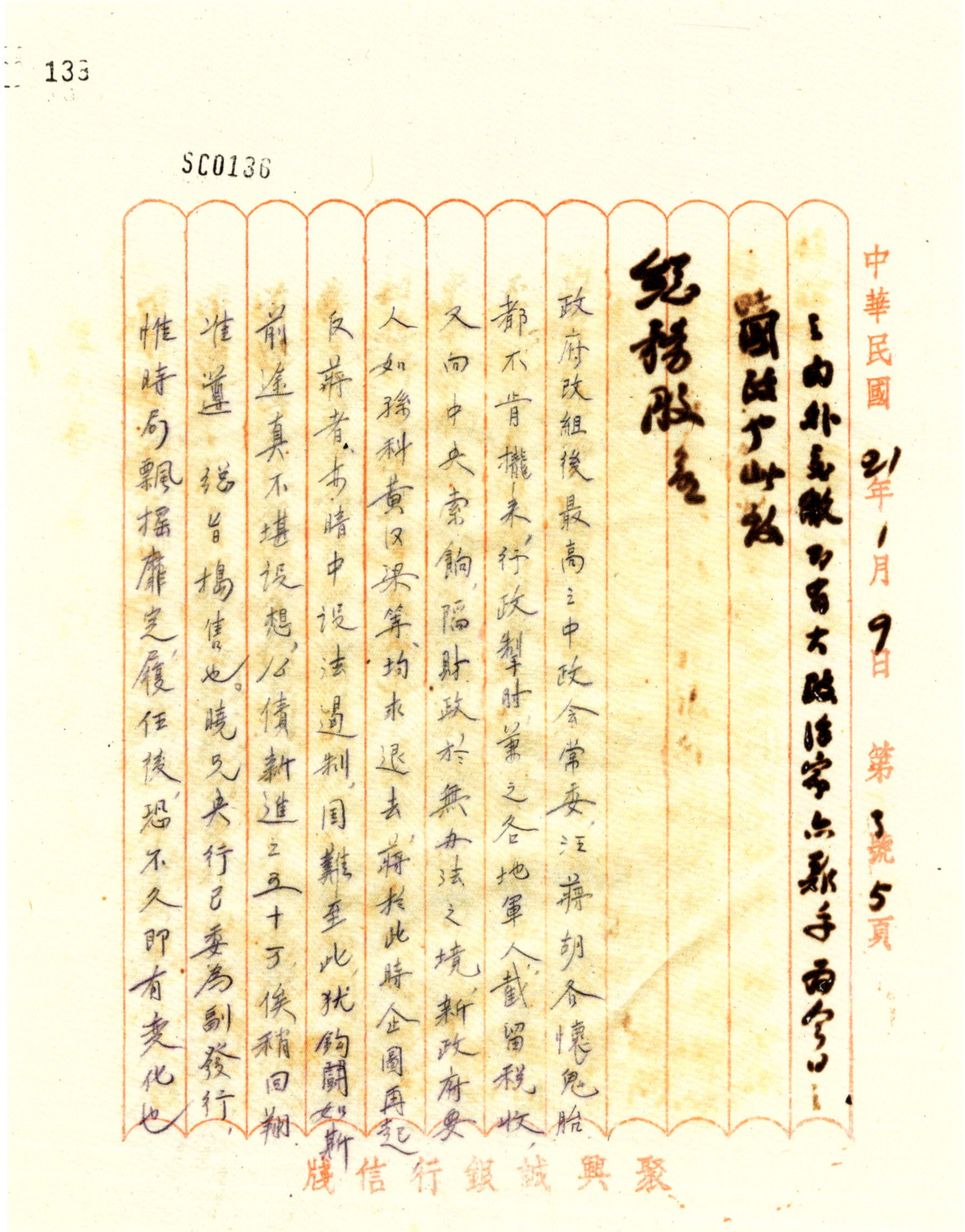

133

SC0136

中華民國21年1月9日 第3號 5頁

[illegible]

總務股 鑒

政府改組後最高之中政會常委汪蔣胡各懷鬼胎，都不肯攏來，行政掣肘，策之各地軍人截留稅收，又向中央索餉，陷財政於無辦法之境。新政府要人如孫科黃漢梁等，均求退去，蔣於此時企圖再起，反蔣者亦暗中設法遏制，國難至此，猶鉤鬭如斯，前途真不堪設想。公債新進之五十万，候稍回翔，准遵 總旨搗售也。曉兄央行已委為副發行，惟時局飄搖靡定，履任後恐不久即有變化也。

聚興誠銀行信牋

中華民國21年1月12日 第4號5頁

續組事項 第廿三號電

時局 孫科因本黨向贊日壞本人力推大

有手足無措之態昨日前來滬擬赴奉化

敦促蔣氏吾言但昨接蔣自寧來電本人

已赴雁蕩避不能晤故孫陽暫中止今日已改

推吳鐵城何應欽赴奉化勸蔣來京

孫仍留滬往于右任處于今日來滬擬請黨赴

港勸胡北來並述日現狀主由五院部長於

之粵滬之兒政府由孫派傳蔣胡汪長

此為懷疑忠不能合作國府難召堪向矣

錦州方面之我國義勇軍曾與日兵苦戰

據報載日兵一隊被全殲之說日方為謀

聚興誠銀行信箋

中華民國21年6月12日 第4號 6頁

增兵反攻而此區區義勇軍人數餉彈均
無充實敷與暴日作久戰殊不能支持也然
則熱河之圍仍在意中耳 平山啟

總務股兄

晓先今日已赴央行接任矣惟國事蜩螗各省扣税
之風羣相效尤似此一來大局前途愈不可收拾孫
科馮玉祥等知粵省不能就範而在港之胡尤難專
宗擬造一汪蔣合作之局面將長江及北方各省促
成統一之狀果能達此目的亦聊勝一籌惟近來時
勢變化多端不知能否又如何也

聚興誠銀行信牋

中華民國21年1月13日　第5號5頁

謹陳事項　華廿五交

時局　哲生兄勸蔣入京之何應欽當

今總統蔣雖時見似無出山之二氏

者隨追哥勸者不知結果如何也孫科左

總因中央財政根本困難乃與銀錢界

一五商辦法陳中正公召集銀行家商

予新為起款外甥子公債本息向銀行

甚祈傳付之說亦擬留之其他各院部

長今日已見遞意為財政有無辦法到時為止

可能實設法令錢由國民籌商款濟新主

特總之花鄰情形今日現狀可謂極矣此上

總勳鑒

在滬各軍事要人張玉祥、李宗仁等來申會晤，各部長同進退，京[illegible]，回組織特委會，精神團結二務對外，實則對黨有所爭奪，本[illegible]中全會第一次以將統院長[illegible]，市二[illegible]，[illegible]，條在滬時擬定不久，取消實現，經此長江一帶又將多事，各界謝[illegible]，出山之念，總無此實也

城銀仁信牋

142

SC0140

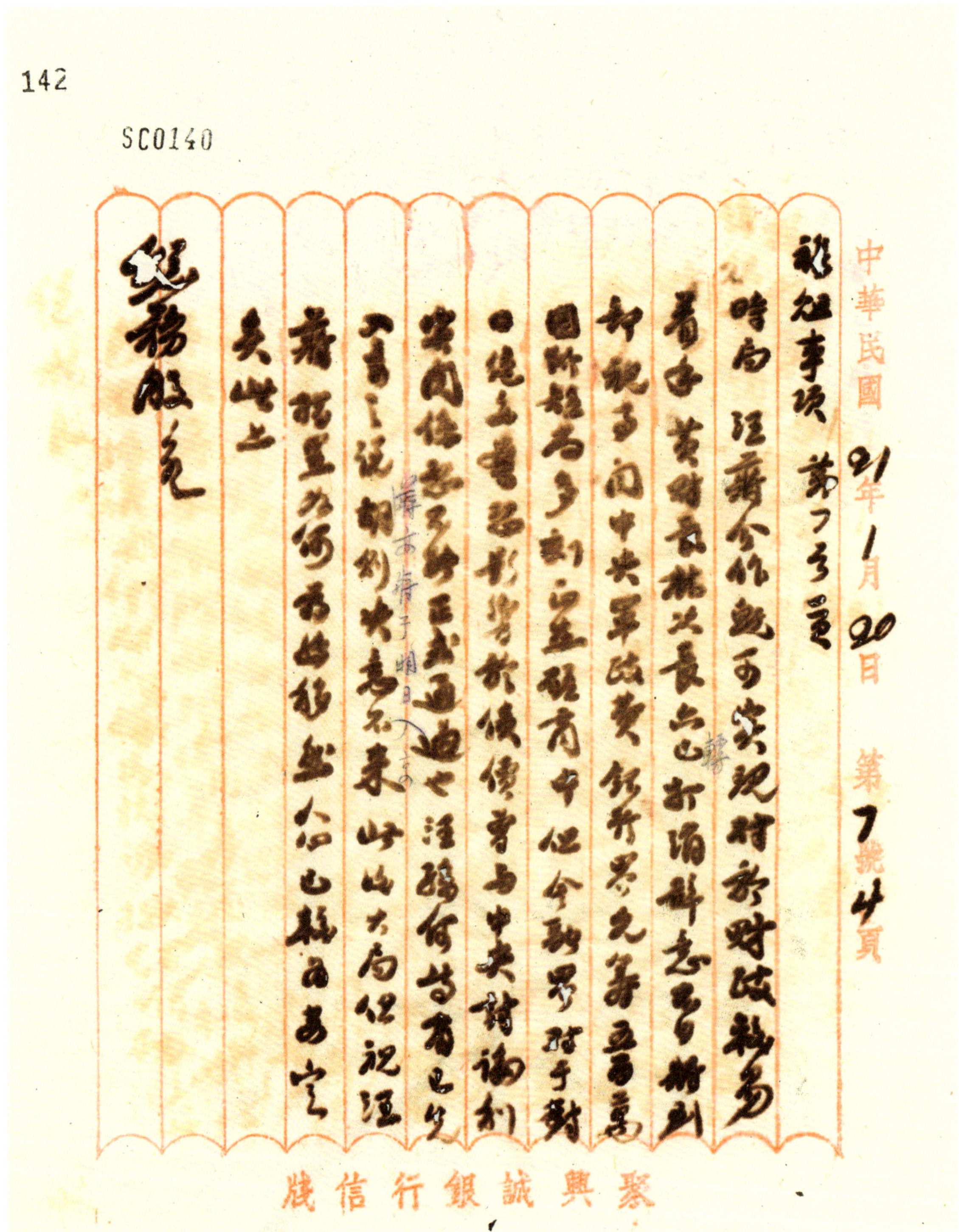

中華民國21年1月20日 第7號4頁

總經理事項 第7号又

時局 汪蔣合作既可實現，對於財政移易

著手，黃財長就長亦已（轉）新酒舊瓶別

新視其同中央軍政費銀行界允籌五百萬

圓，所餘為多數，並擬向中外金融界騰于對

日絕交意見影響於債價，省与中央討論利

害關係，蓋不能正式通過也。汪蔣何時有此

人言言說胡則決意不來，此與大局似祝汪

蔣談笑如何，尚難判然，八日已離函安定

矣。此上

總務股 元

聚興誠銀行信牋

中華民國21年1月21日 第8號 5頁

稽組事項 第883號

時局 汪精衛言中樞負責有人譏政之要點為進行西南五親與汪商談大事以外不問整個多立霜代表來了談話大致對于五今後之外交應如何處理由全民作後盾由政府負責者予以斟酌辦理寓意以不主戰主和當負此責任現決不至喪國辱權云 據傳日本浪人因我國抵貨之以外要求由日政一致大肆擾亂華人商店被其搗毀三友社工廠被其於中夜縱火焚燬一部分且與華捕鬥毆死傷華捕數人市政府已提抗議工部局亦提出抗訴 据說日本領

聚興誠銀行信箋

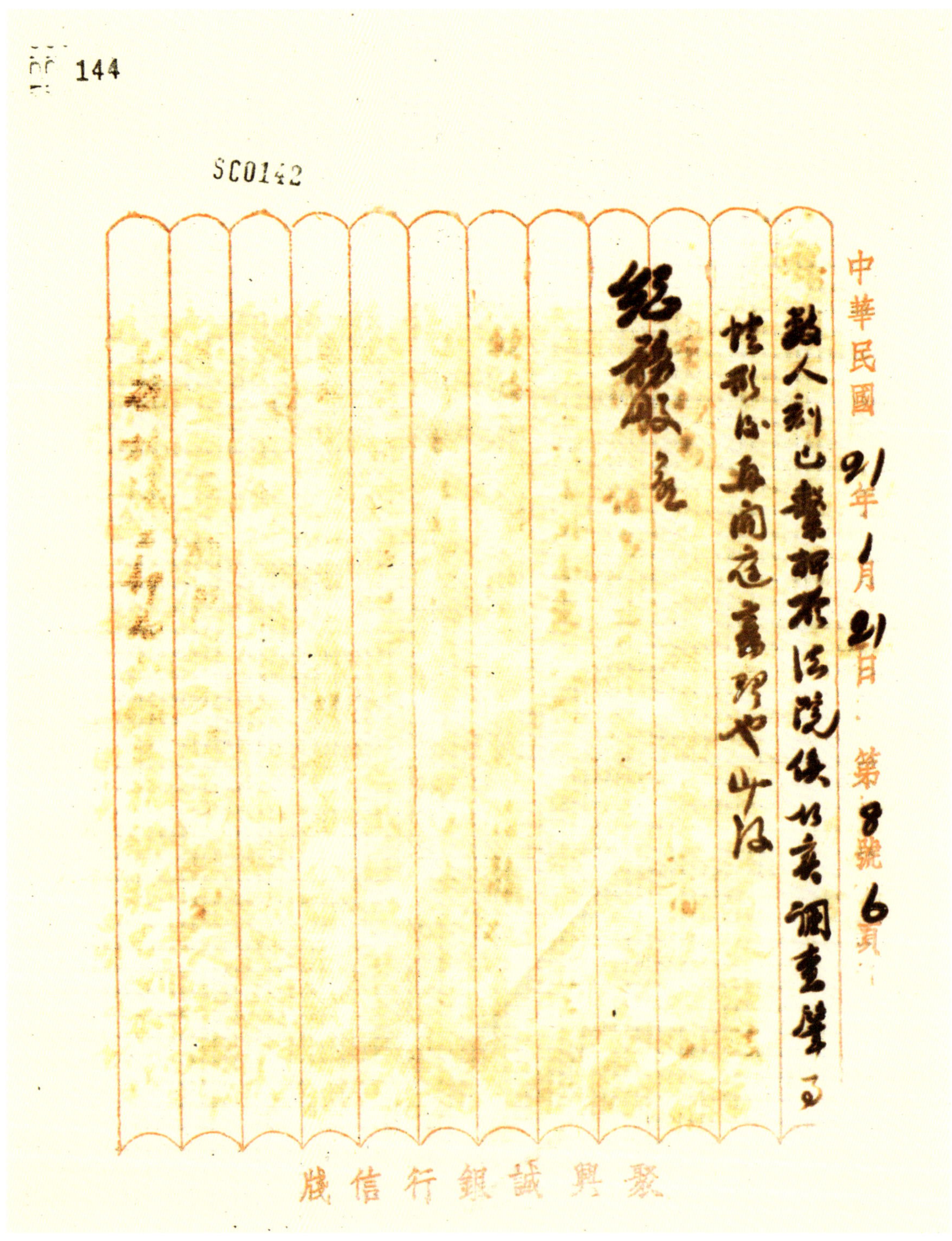

中華民國21年1月21日 第8號 6頁

敵人刻已整部於法院俟將來調查華界
情形以再商定處理也此覆
紹殷兄

聚興誠銀行信箋

中華民國21年1月25日 第9號 5頁

續組事項 第第9号 三頁

籌款 債券本息問題當局仍允維持原
案不動基金保管委員會與中金融界
籌商和撥借一千二百萬元作為維持政議
但仍須一千二百萬截一千萬請商結果乃承認
籌借公萬元此項再撥由銀行與公會承借乃
係財部直接召集各銀行公會商其籌借方
法與以前之二五編遣公債數同（相）以六年全部公
債（此債係宋財長時代未發行之債）作五折抵借
期限六個月月息一分其支配數額中交兩行共
六百萬所四百萬錢業公會四百萬其他各行共四百萬內中
為墾業與上海各行攤中實 浙實 浙興 四明 各認中

聚興誠銀行信箋

对日绝交事採纳顧继钧意见，可为徒博形[illegible]无裨於事实，已将此项拟议打消。外交陈友人因此辞职，闻将以罗文干代。蒋汪进京后，内政稍稍就范围，惟亦渐活动，有兑可力疾来京意。倘各巨头能协力合作，则前途亦不無相当希望也。

中華民國 21年 1月 25日 第 9 號 6 頁

[illegible]

聚興誠銀行信箋

中華民國21年1月25日　第9號　頁

據上海已有五六艘兵艦、飛機母艦一艘，声
言係保護日僑，但亦為預日兵登陸之動作，
人心漸告不安。證諸報載長江一帶亦有開抵
上游而隱作監視日兵之說，然其意究係
別具。然明此次請到滬市可不為于大擾亂
西北東進，日兵過錦州，大既著之戰鬥，然
前之國道義軍努力進成滿蒙獨立
以後此舉從實別不遠能力平內國聯不能再
精神要害我國權威，於今年十六保之声浪
吾人現到認為此機有出於國聯
閣於此事所之解決此將來見係積患
未究將取何種步驟，且祝小兵

聚興誠銀行信牋

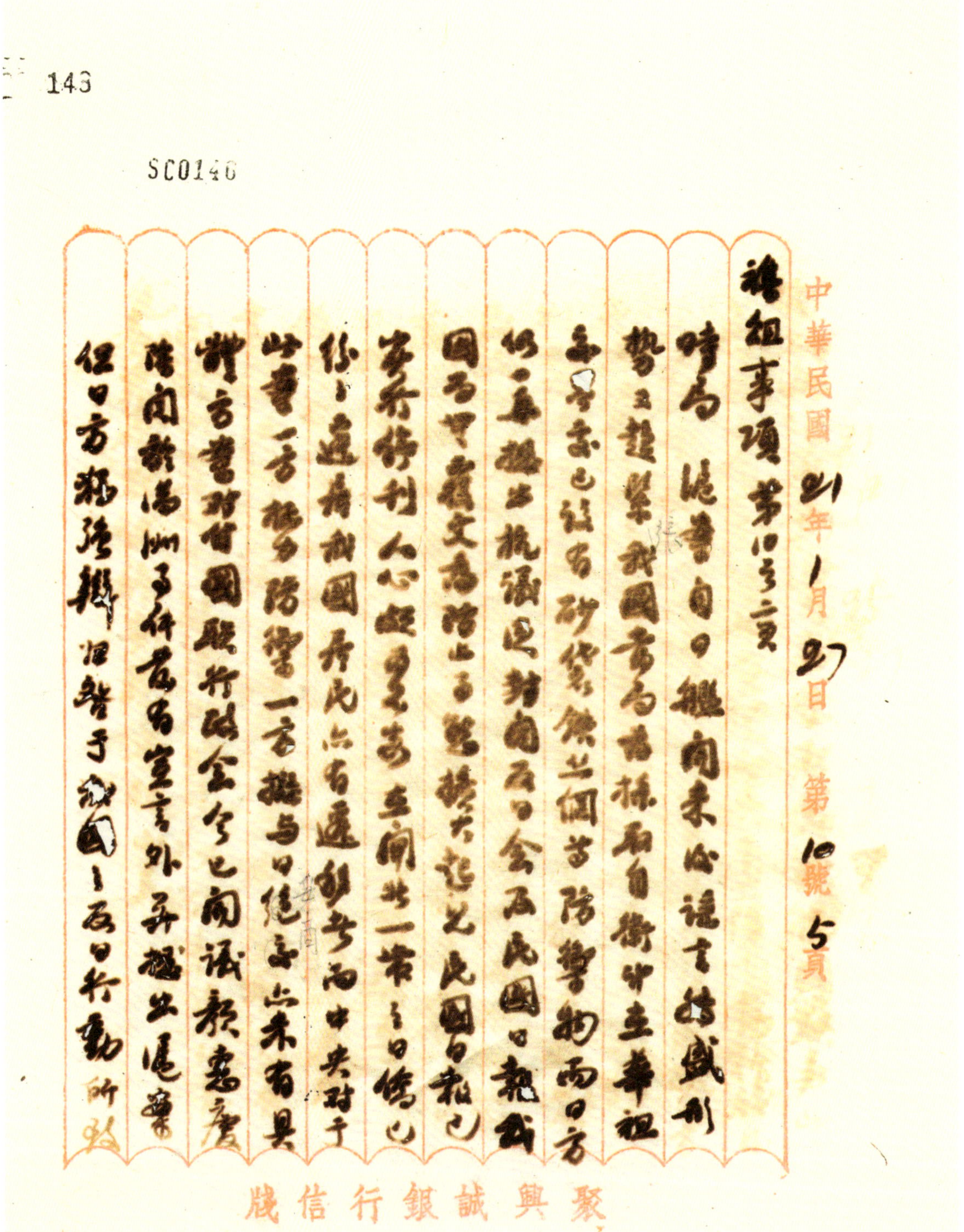

143

SC0140

中華民國21年1月27日 第10號 5頁

續組事項 第10號二頁

時局 滬上自日艦開來後謠言紛盛形勢又趨緊我國當局積極籌自衛中土華租界當局已設有砂袋鐵絲網等防禦物而日方仍一再提出抗議迫我國取締民國日報武國為要求文為防止不幸事件起見民國日報已宣告停刊人心始稍安定且閘北一帶之日僑以紛紛遷移我國居民亦有遷移者而中央對于此事一方極力防禦一方極力與日緩和亦未有具體方案對付國聯行政會今已開議顏惠慶除關於滿洲事件發言宣言外并提出滬案促日方撤退艦隊但警告我國之反日行動所致

聚興誠銀行信牋

143

SC0147

中華民國21年1月27日 第10號 6頁

中日事件到此局面，實理窮勢竭，兩國既欲坐

解決之期，亦正未可得矣。自陸外長辭職後，

孫院長亦繼而辭，至黃財長又能脫離京方

財政，何能力挽危局，談何容易也。

尊事　鴻縣關於商務所存於書籍及

商務所存印刷品皆以備本張之適者

然於書籍陳記券票賣租處，商務所售

商務之一覽表書目全書，由國公使安覺已

收要函並其他各商務所藏，候□板

商務所陳記，商務所需者，則得待價查收

弟均為閱可也　此復

銘勳賜覽

聚興誠銀行信牋

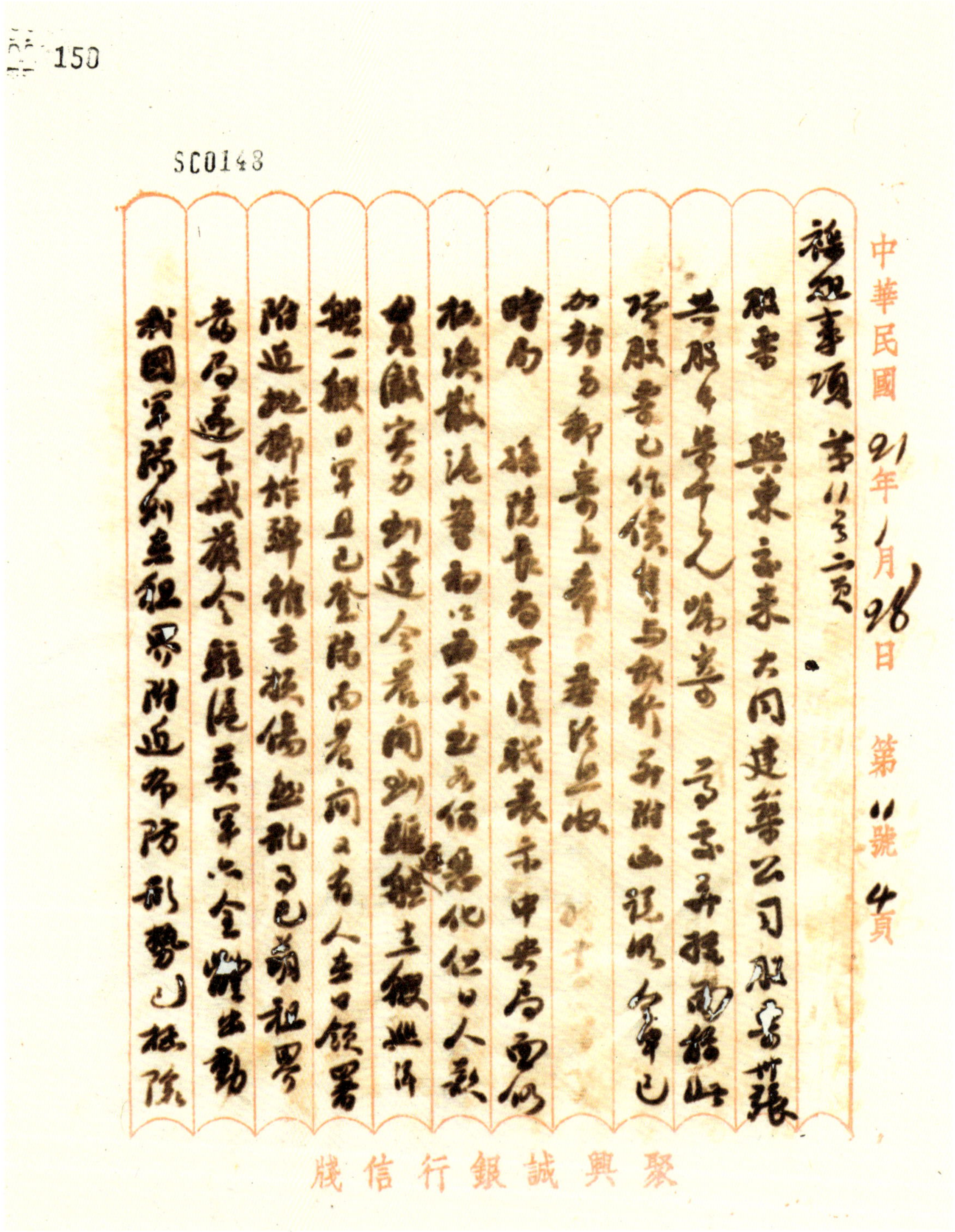

中華民國21年1月28日　第11號　4頁

報紙事項　第11号二頁

聞報　興東公來　大同建築公司　聞報載

共股本萬千元　購置　高家再投兩路山

該股票已作價售與敵於日前附函說明今年已

加附各部寄上希　查收無收

時局　據陸長官電除戰表示中央局面

抵滬敵海警初以兩不犯之信然化作日人款

貫徹實力劫遣令着開卸艦艇主艦無證

艦一艘日軍且已登陸而着向又各人在日領署

附近地鄉炸彈擲來擬偽無亂多已前租界

當局遂下戒嚴令駐滬英軍亦全體出動

我國軍隊則在租界附近布防形勢已極險

聚興誠銀行信箋

151

SC0149

中華民國 21年1月27日 第11號5頁

要聞：北居民紛紛遷避，人心不安，益增惶[illegible]市

殊受其影響，業務恐更有可慮也。此上

總務股 台

下午陳銘樞來滬後，已由市政府轉日領抗議，所要求各點完全圓滿答復，形勢稍轉緩和，惟日人兇很太甚，而十九路之蔡部擦拳摩掌，殺氣勃勃，中央正調顧祝同部來滬，藉謀和平，惟時勢一日千變，後患正未知如何，當局諸公，孫黃辭職，蔣又有回奉化之說，胡仍不來，一盤渙散，局面甚可嘆也。

聚興誠銀行信箋

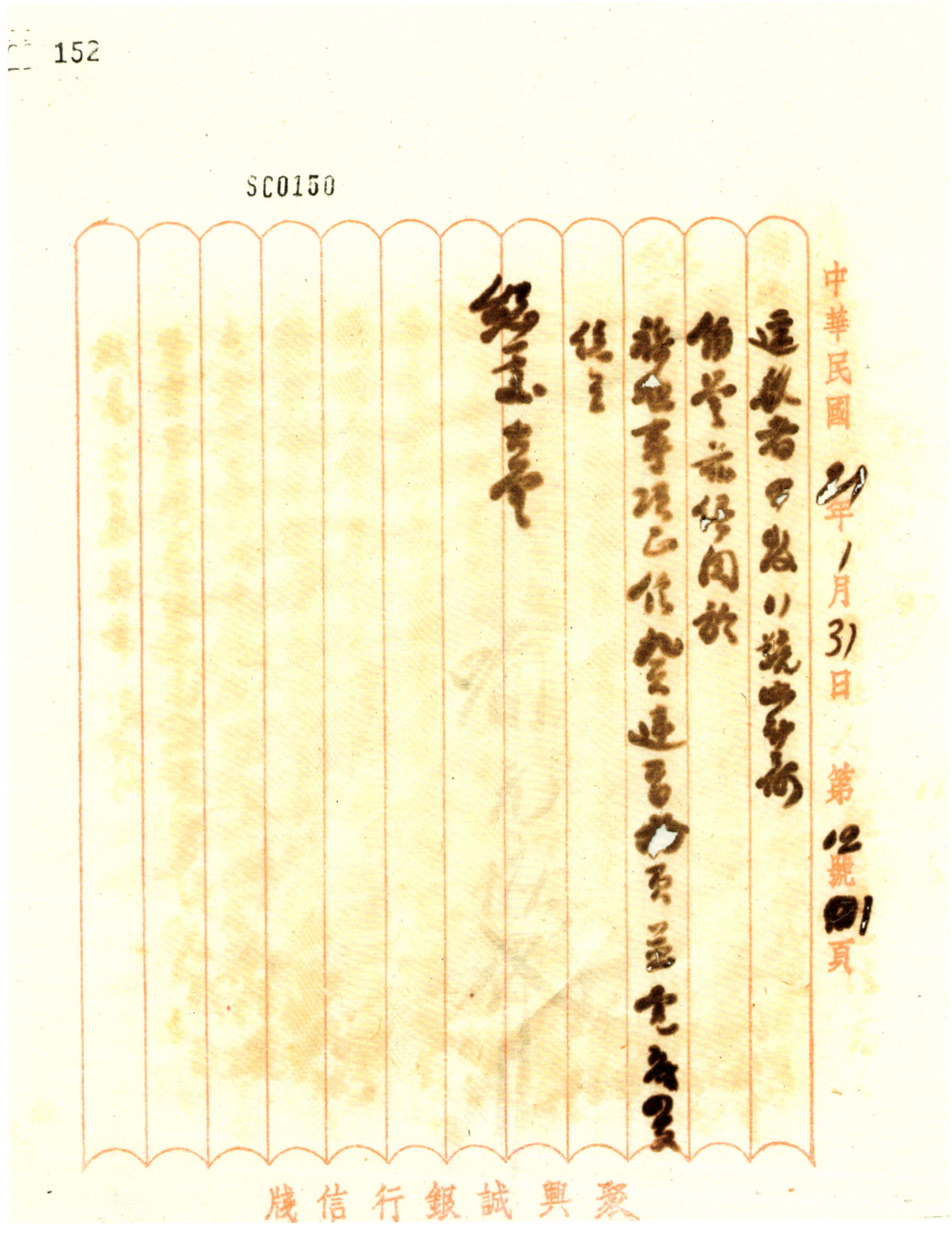

152

SC0150

中華民國21年1月31日　第12號01頁

逕啟者日前發11號[illegible]

[illegible]

[illegible]

此致

[illegible]

聚興誠銀行信箋

中華民國 21年 1月 31日 第 12號 2頁

[illegible]

聚興誠銀行信牋

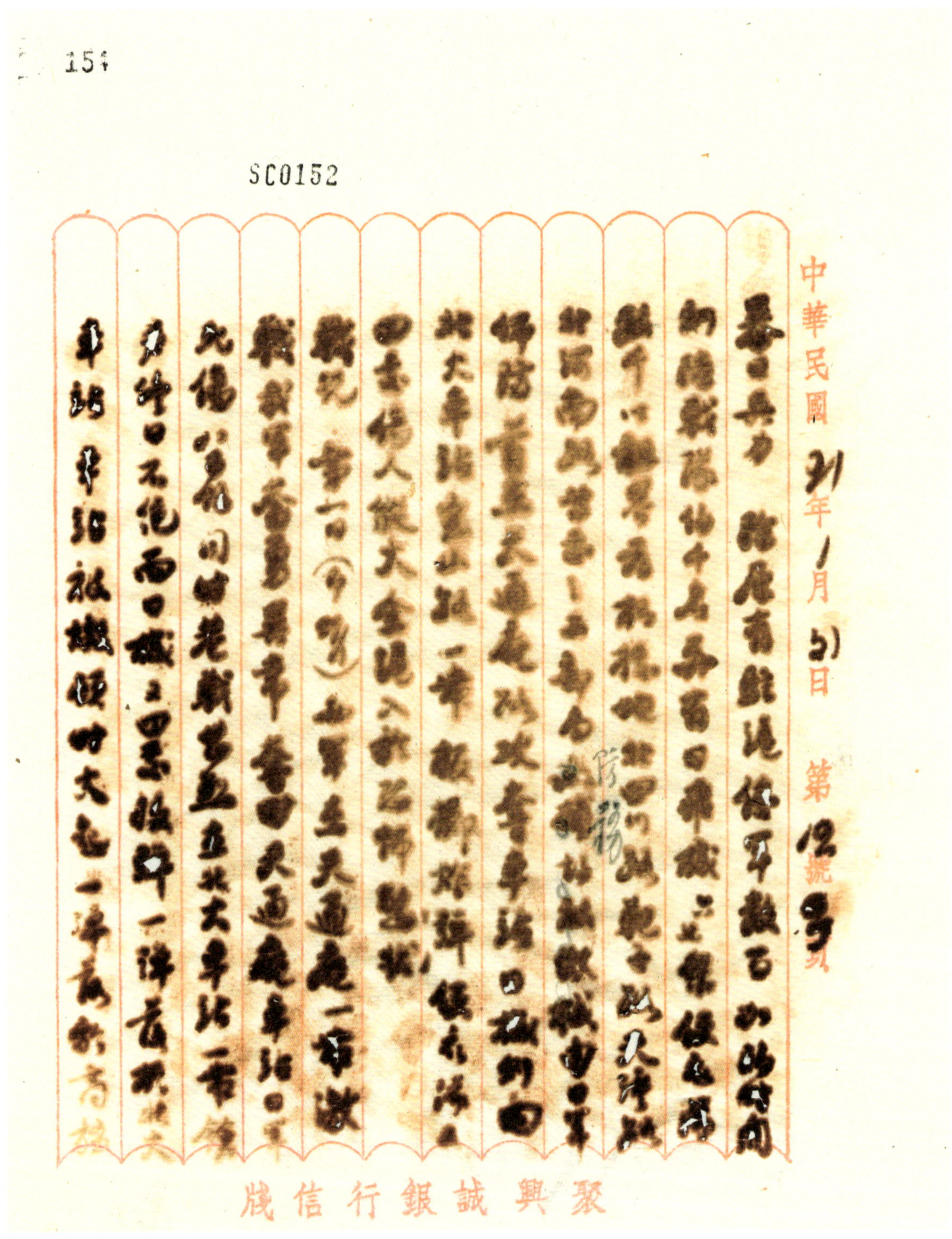

154

SC0152

中華民國 21年1月31日　第[illegible]號

[illegible]

聚興誠銀行信箋

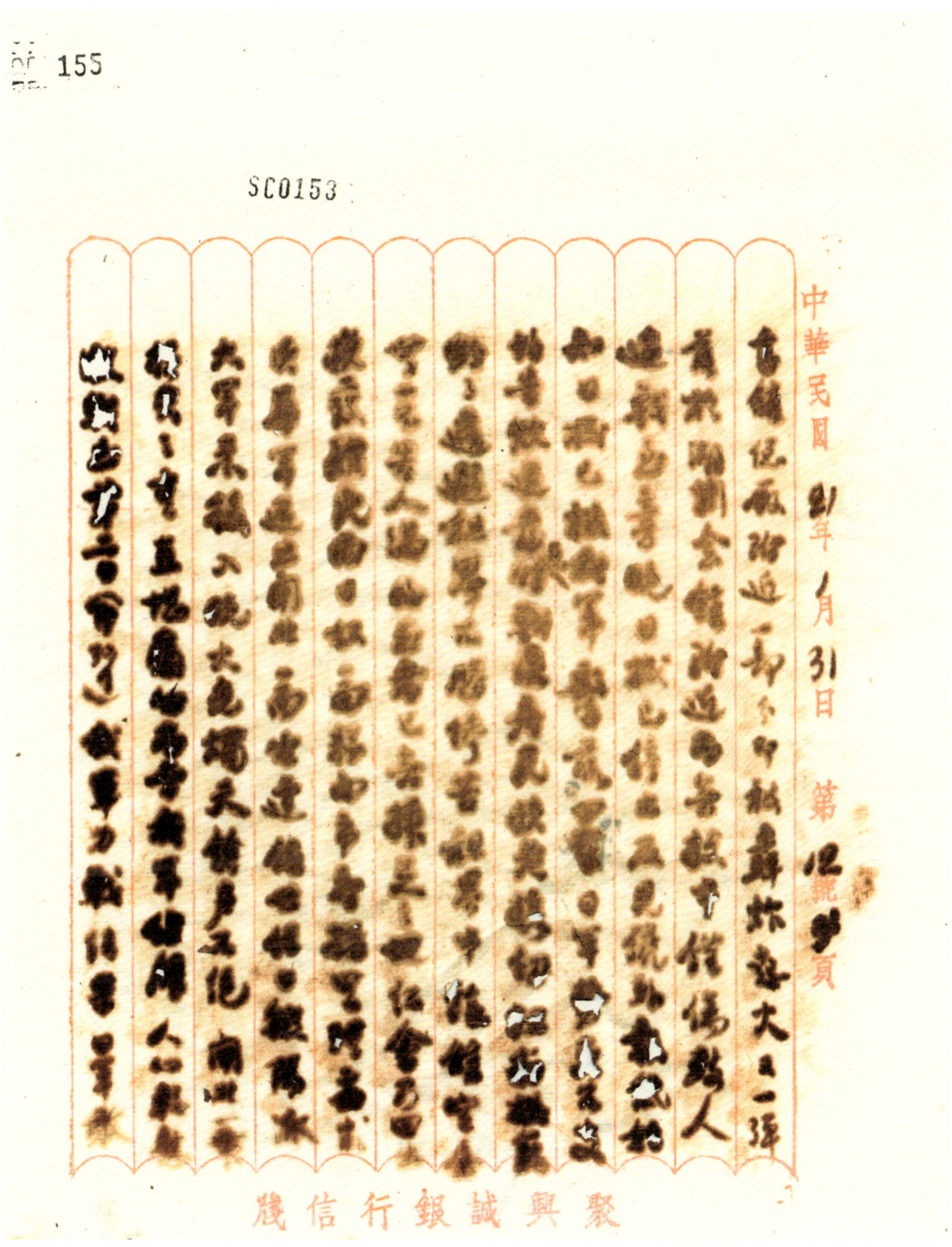

中華民國 31年 1月 31日 第 1號 3頁

[illegible]

聚興誠銀行信箋

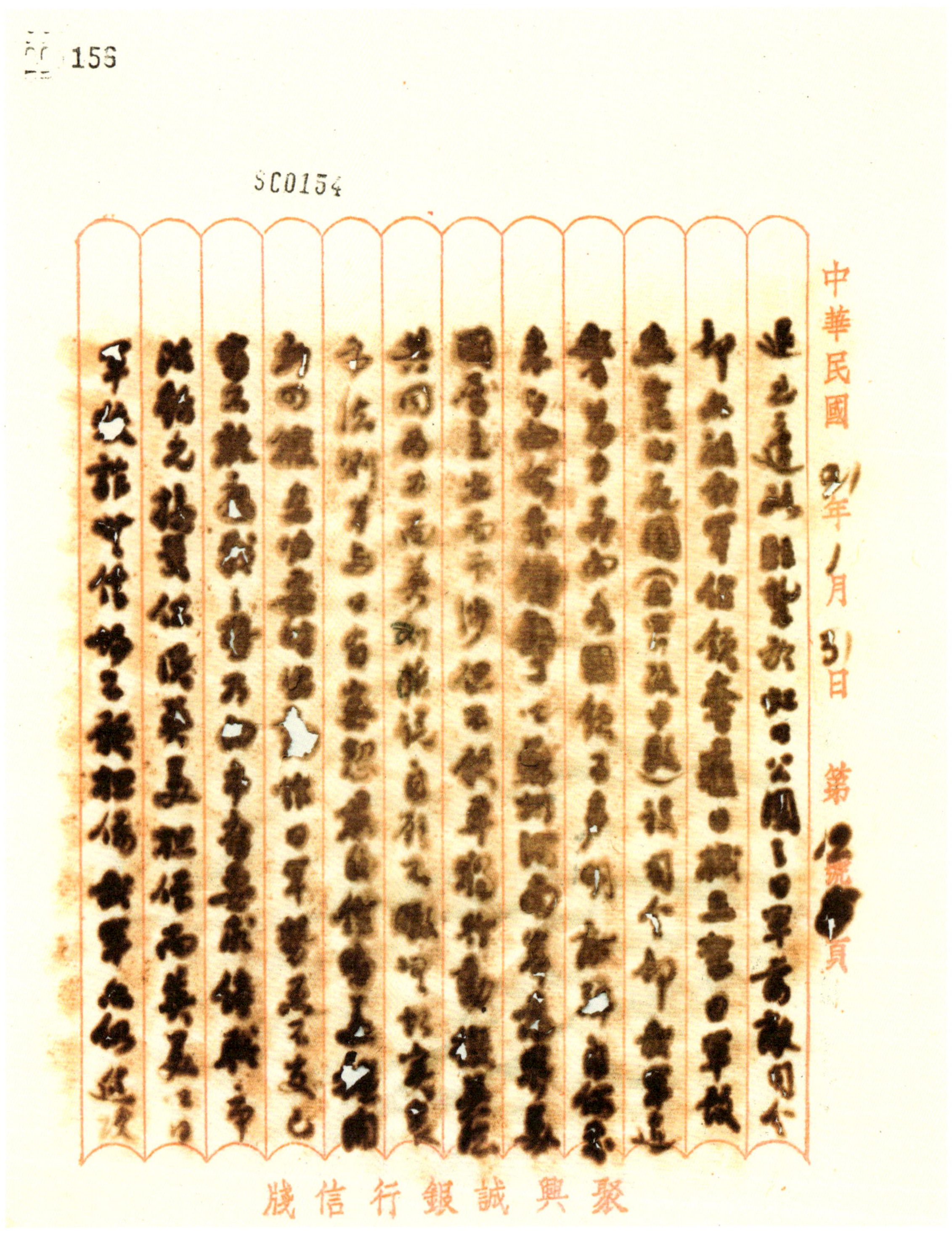

中華民國 21年1月31日 第 頁

[illegible]

聚興誠銀行信牋

157

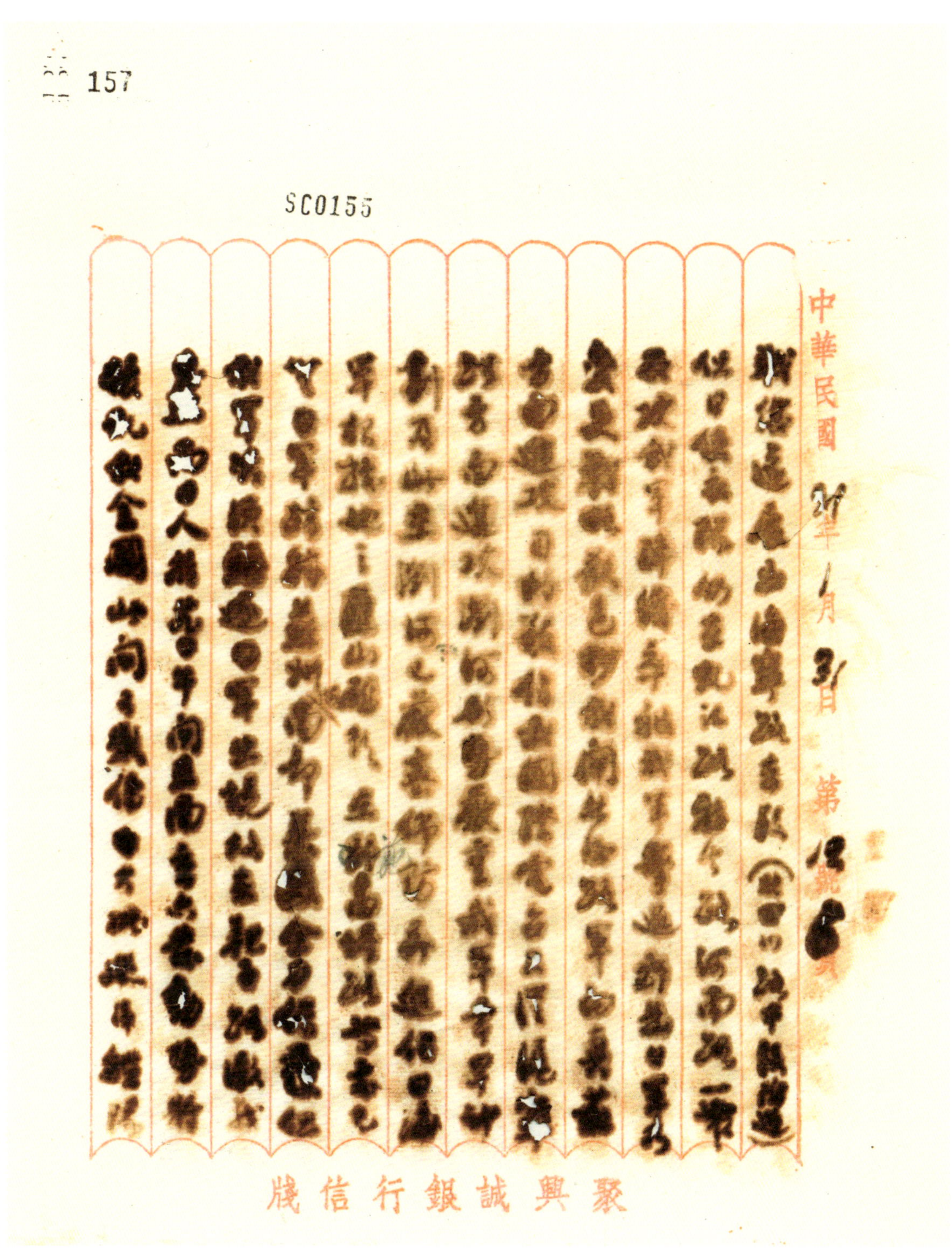

SC0155

中華民國　年　月　日　第　號

聚興誠銀行信箋

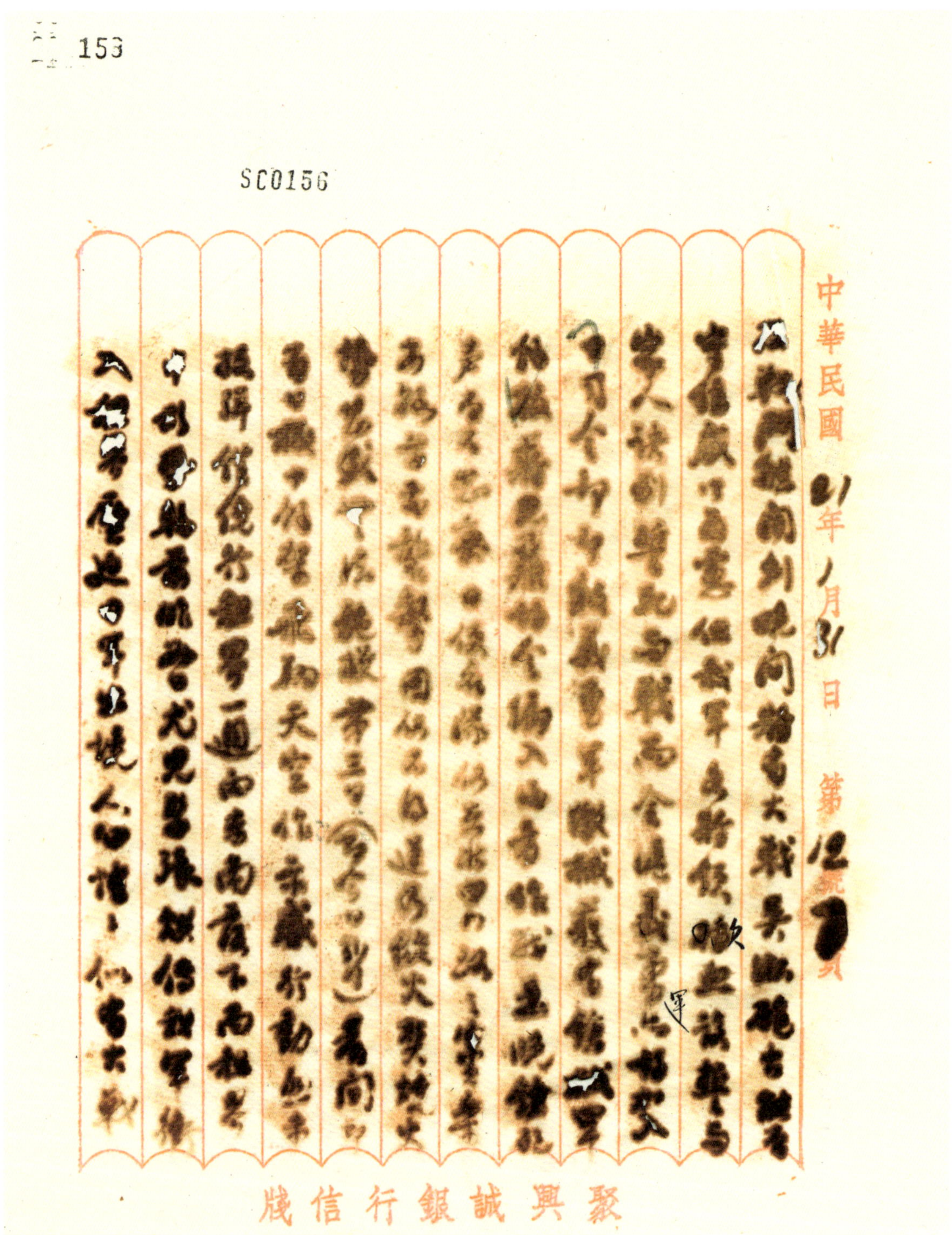

中華民國 21年1月31日 第12號 頁

[illegible]

聚興誠銀行信牋

159

SC0157

中華民國31年1月31日　第1號第1頁

[illegible]

敬

聚興誠銀行信牋

中華民國 21年 1月 31日 第 號 9頁

聚興誠銀行信箋

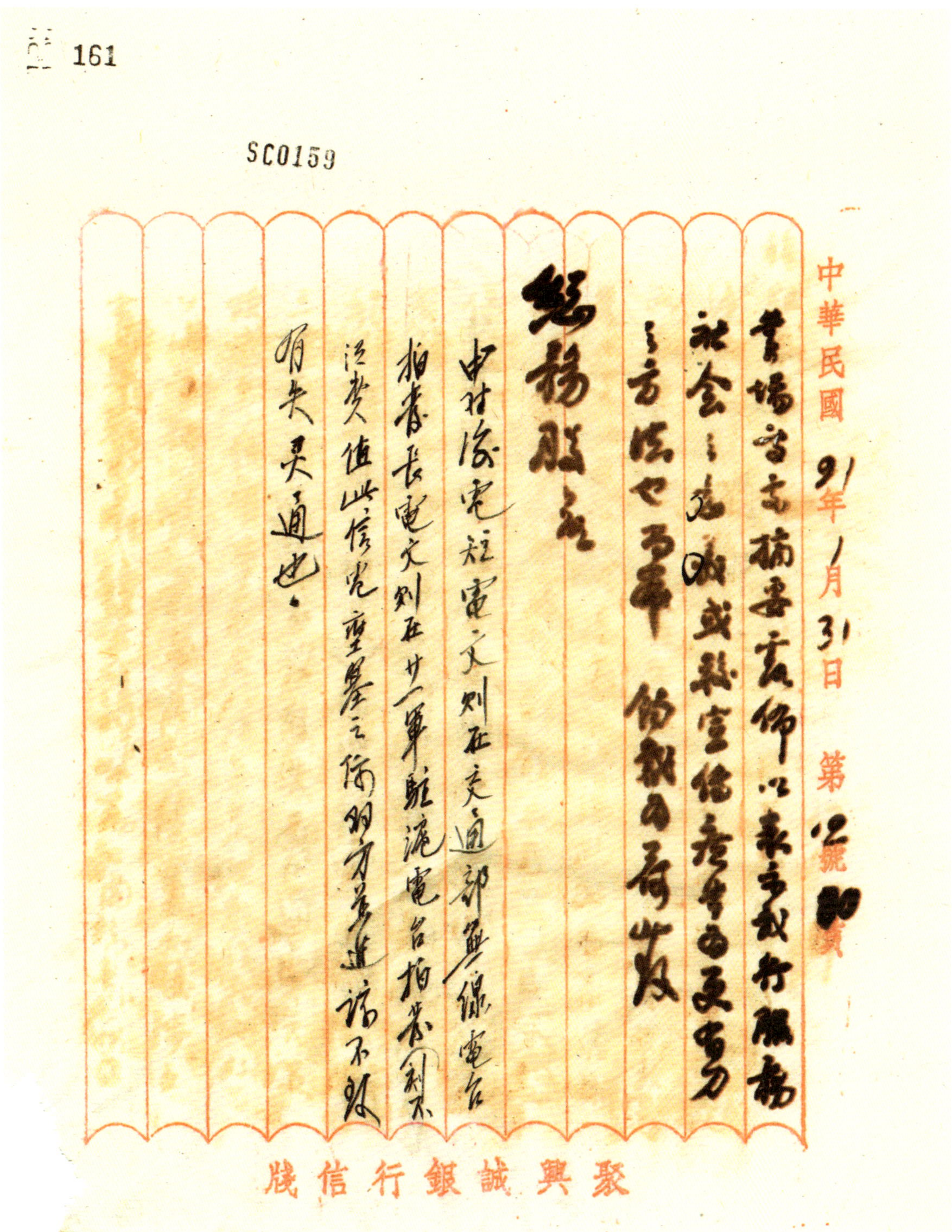

161

SC0159

貴場當局稿要表揚，以表示我行服務
社會之熱誠，或能宣傳於本國更為有力
之方法也否耶，仍希回覆為此敬
總務股啟
中村俊電話電文則在交通部無線電台
柏春長電文則在廿一軍駐滬電台指定刊不
知值此信件應寄之何處方為適當，請不吝
明示是盼也。

中華民國 21年 1月 31日 第 12號 貴

聚興誠銀行信牋

聚兴诚银行关于「一·二八」淞沪抗战前后政治军事时局与金融动态情报（二）

（一九三二年二月五日至二十九日）

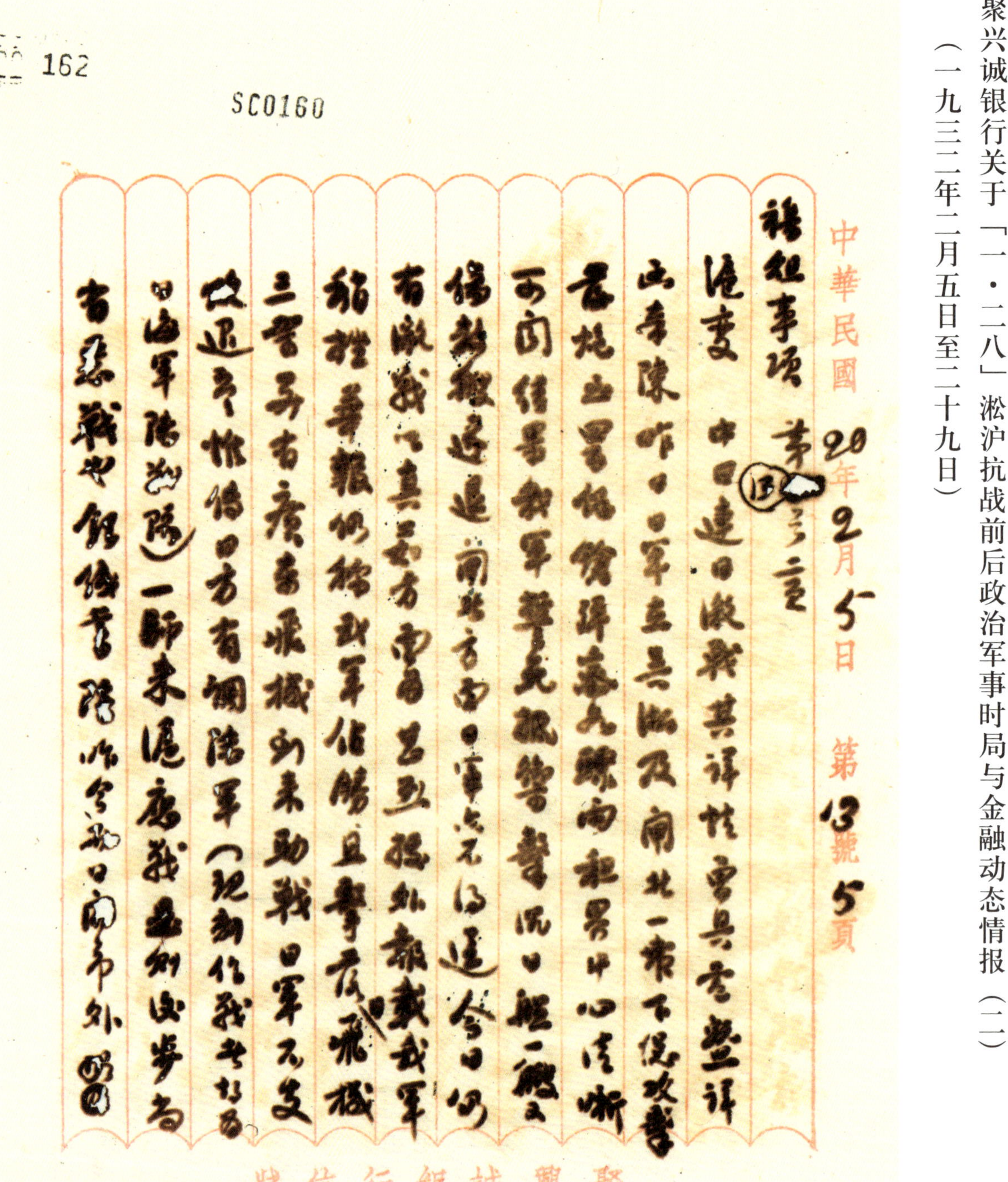
162

SC0160

中華民國 20 年 2 月 5 日 第 13 號 5 頁

特组事项 第[illegible]号

沪变 中日连日激战，其详情当与[illegible]登详

[illegible]陈。昨日日军在吴淞及闸北一带不仅攻击

[illegible]炮台[illegible]，[illegible]南和界中心，清晰

可闻。[illegible]我军[illegible]兵[illegible]日舰一艘，又

伤数艘，逃退。闸北方面日军亦不得逞。今日仍

有激战，其真实方面[illegible]。据外报载我军

[illegible]作战且击[illegible]飞机

三架，另[illegible]广东飞机到来助战，日军不支

败退。又据日方有调陆军（现在作战者为

日海军陆战队）一师来沪应战，并[illegible]为

[illegible]战也。[illegible]

聚興誠銀行信牋

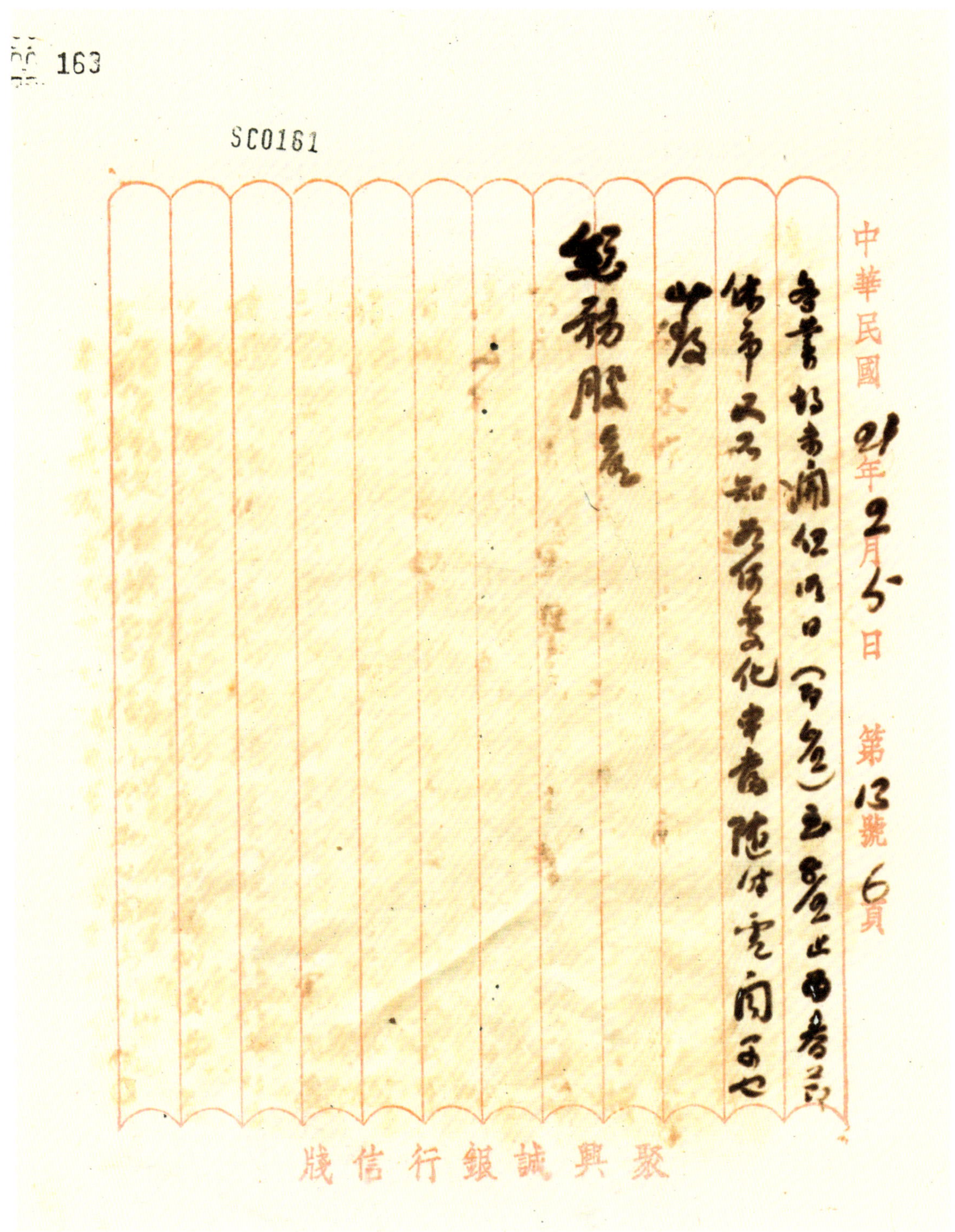

中華民國21年2月5日 第13號 6頁

今晨接奉渝行佳日（廿九）三、四兩函敬悉

惟市面又不知如何變化申當隨時電商可也

此致

總務股台

聚興誠銀行信牋

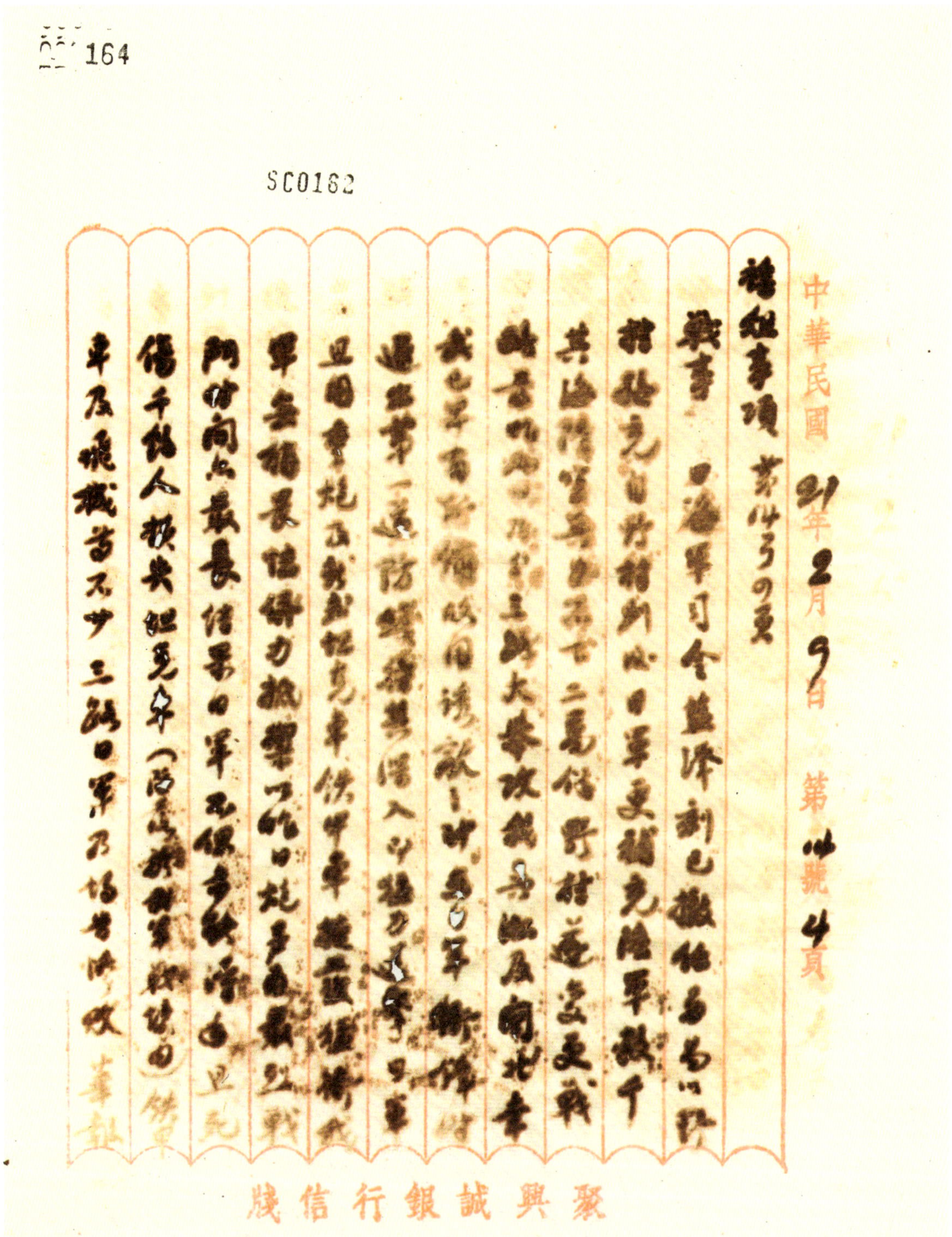

164

SC0162

中華民國21年2月9日 第44號 4頁

補錄事項 第44号の更

戰事 日海軍司令鹽澤剥已撤換為野

村，就充[illegible]野村到此，以日軍更補充陸軍數千

其海陸空各加不下二萬餘，野村並急更戰

略，昨晚下午三時三路大舉攻我吳淞及閘北，並

[illegible]軍[illegible]欲入[illegible]，被我軍衝鋒時

退出第一道防線，待其深入，乃猛力反擊，日軍

且因重炮不敷，鉄甲車被我擒獲，猛烈戰

軍無損失，繼續力[illegible]，日炮多向最烈戰

[illegible]時間最長，結果日軍不保，各線俘由

傷千餘人，擄獲坦克車（[illegible]）鐵甲

車及飛機若干，三路日軍乃倉皇潰敗。華社

聚興誠銀行信牋

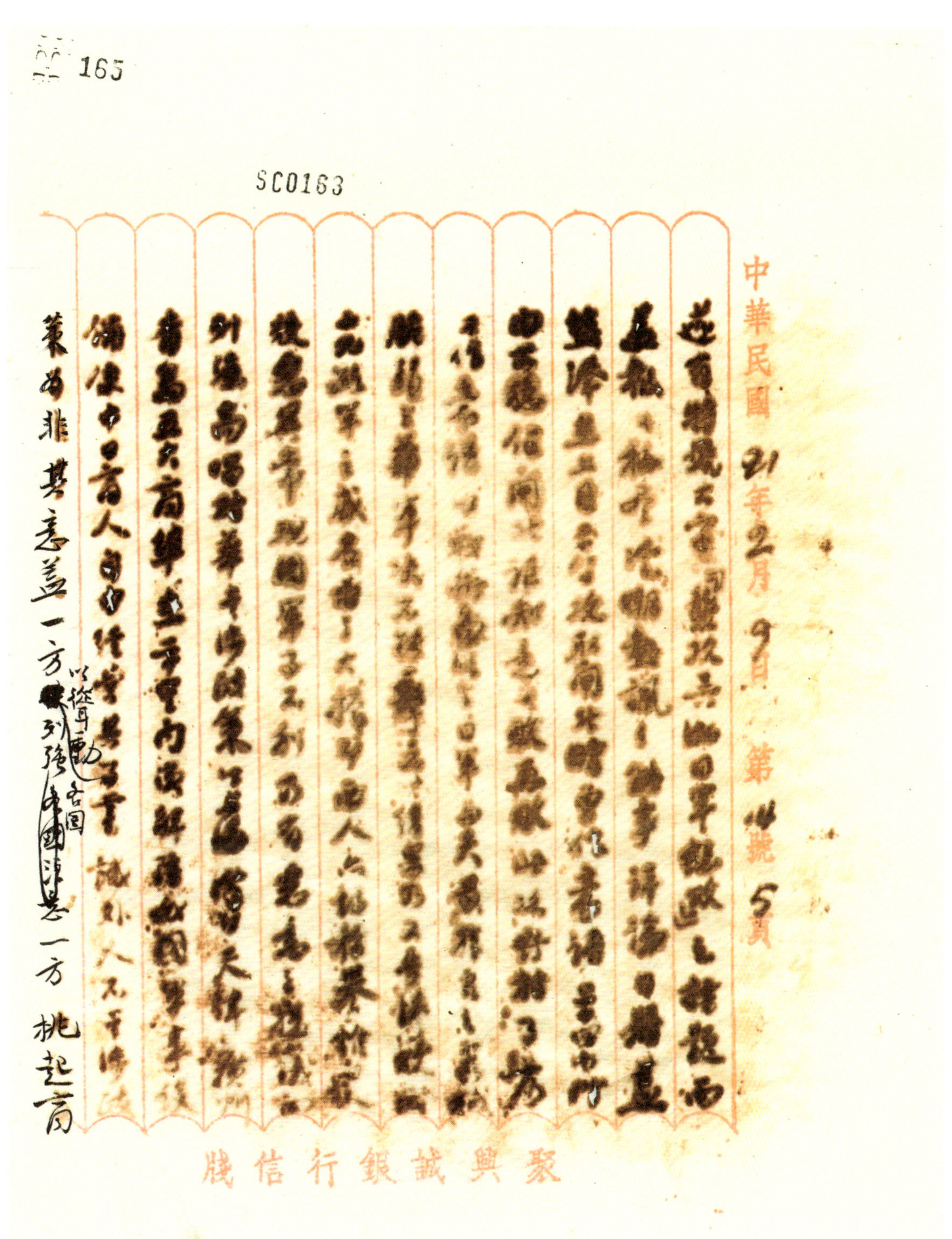

165

SC0163

中華民國 21年2月9日 第14號 5頁

[illegible]

兼為非其志蓋一方以從耳動列強各國牽涉一方挑起前

聚興誠銀行信箋

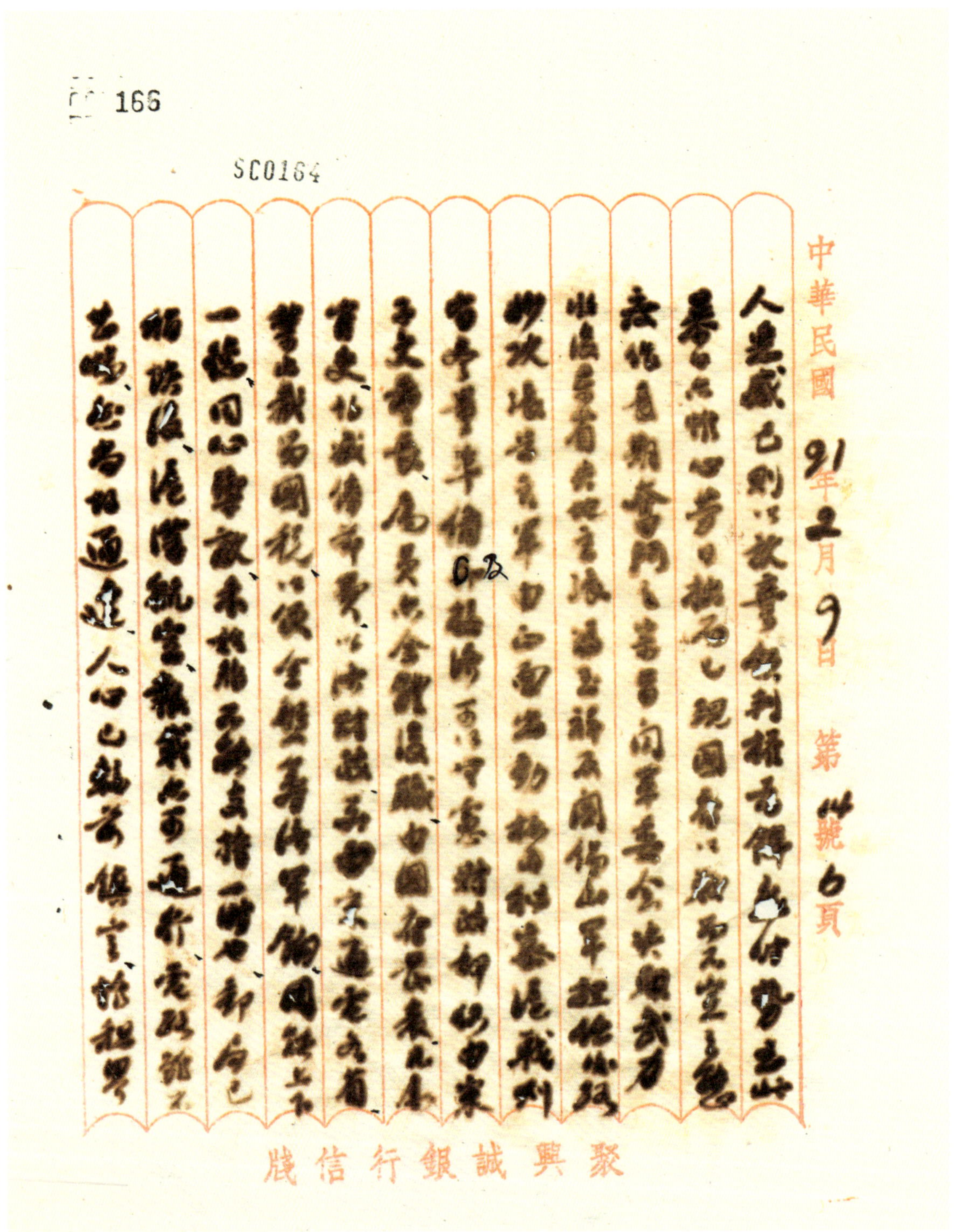

166

SC0164

中華民國 91年 2月 9日 第 14號 6頁

人是感已，則以救亡然判植而後[illegible]信勞來此
暴日亦惟心勞日拙而已，現國家以和平為宗旨[illegible]絕
交涉，自衛奮鬥之宗旨，同時集合決以武力
此後無論有無宣戰之損失，五誓不屈[illegible]山軍政仍政
務使後方之軍事由中央出動，綿延抗戰到
當今事實準備持而以實惠對於郵由國家
子之奉長，為吾人全體須職中國各界義不容
賞史於戰備費以內財政予以家通電之首
贊成國稅，以及全盤籌備軍餉，國難上下
一致同心，舉家未能不能支持一時也，郵局已
蹈[illegible]後，德僑航空郵務亦可通行，電報諸不
甚暢，然尚可通達，人心已鎮定，無言語秘罕

6.Z

聚興誠銀行信箋

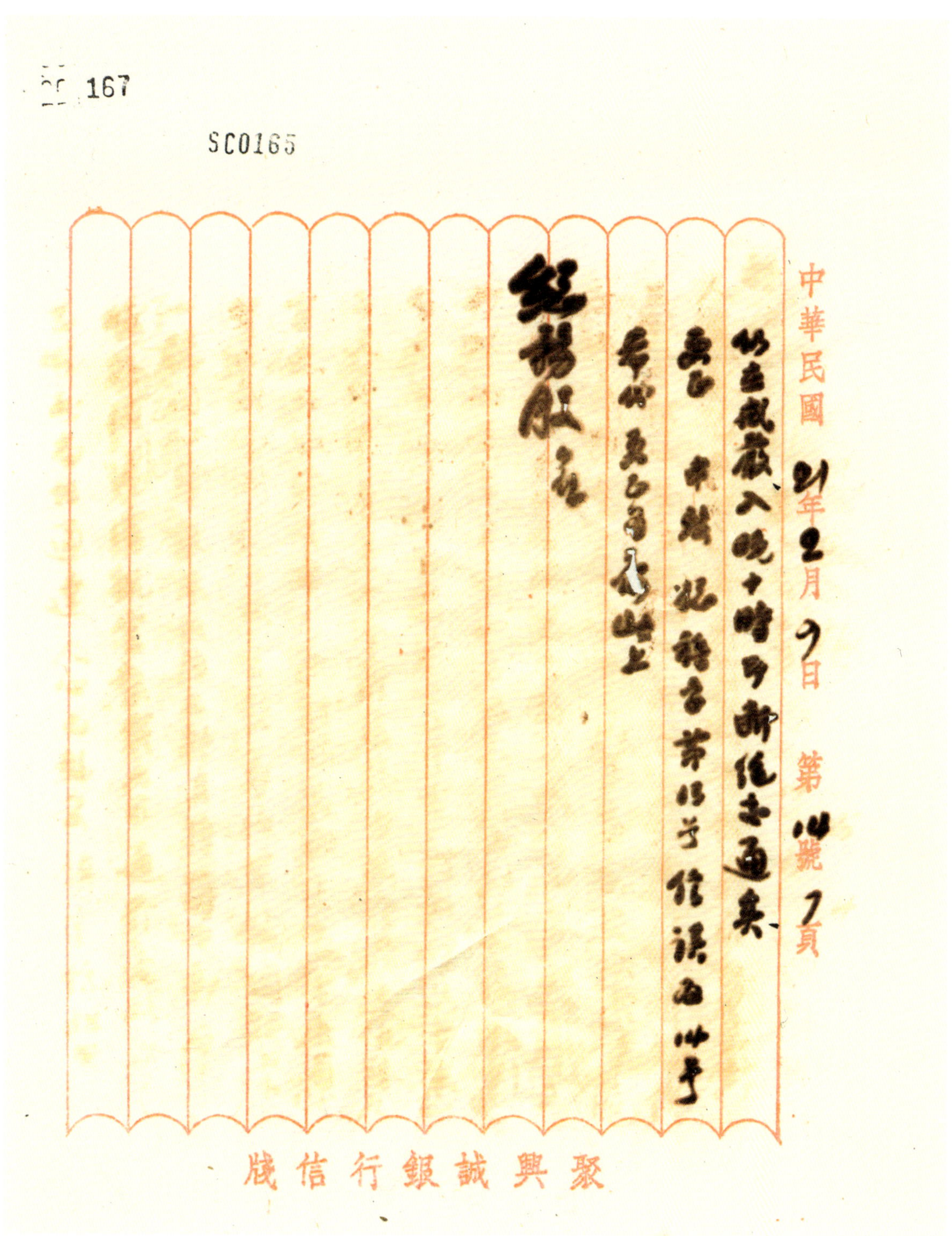

中華民國 21年2月9日 第14號 1頁

仍在敝處入晚十時方辭往去通矣。

兵正 未能 詳報第13号信 請函14号

希仍 來函為荷 此上

紹揚叔 鑒

聚興誠銀行信箋

中華民國21年2月11日 第15號 4頁

續紀事項 第15號一頁

戰事 日軍連日猛攻吳淞竟無攻處此軍實聲譽損失殆盡因積忿之下不惜大舉援軍以求速聞已有一混成旅到滬計有重炮隊野炮隊過山炮隊飛機隊各一旅人數約在二萬刻在布置中早晚即將開始大惡戰我軍士氣雖強然武器不逮遠甚據外報論乃亦引以為憂但視此一戰以日兩方何氣象為斷耳此

上

總務股 鑒

聚興誠銀行信牋

中華民國 21年2月12日 第16號 4頁

續報事項 第16號之二

戰事 日軍調大軍來援之風聲傳播，於

中外人心怕極，惶惶。今領事團會戰地難

民無法遷出，故於今晨請求雙方自八時起

至十二時止停戰四小時，以便遷避，於是向於

聲暫靜。聞日軍乘此停戰之時，極力佈置

陣地，午後兩方猛攻。傳日軍須由法租界登

岸攻我南市之說，人心甚為慌亂，在法

租界居住者亦遷避英租界，但法租界

之杜月笙曾向法領交涉，不許日軍登岸，

若果允許，則將縱其手下二萬人焚其

領館。職聞當事此種謠說恐未必屬實。

SC0167

169

聚興誠銀行信牋

169 (A)

SC0168

中華民國21年2月12日 第16號5頁

比日前形勢已極緊張因我方亦增調兵
師來滬應戰昨午晚炮火更烈我尚好
也此致
總務股 台鑒

聚興誠銀行信牋

SC0170

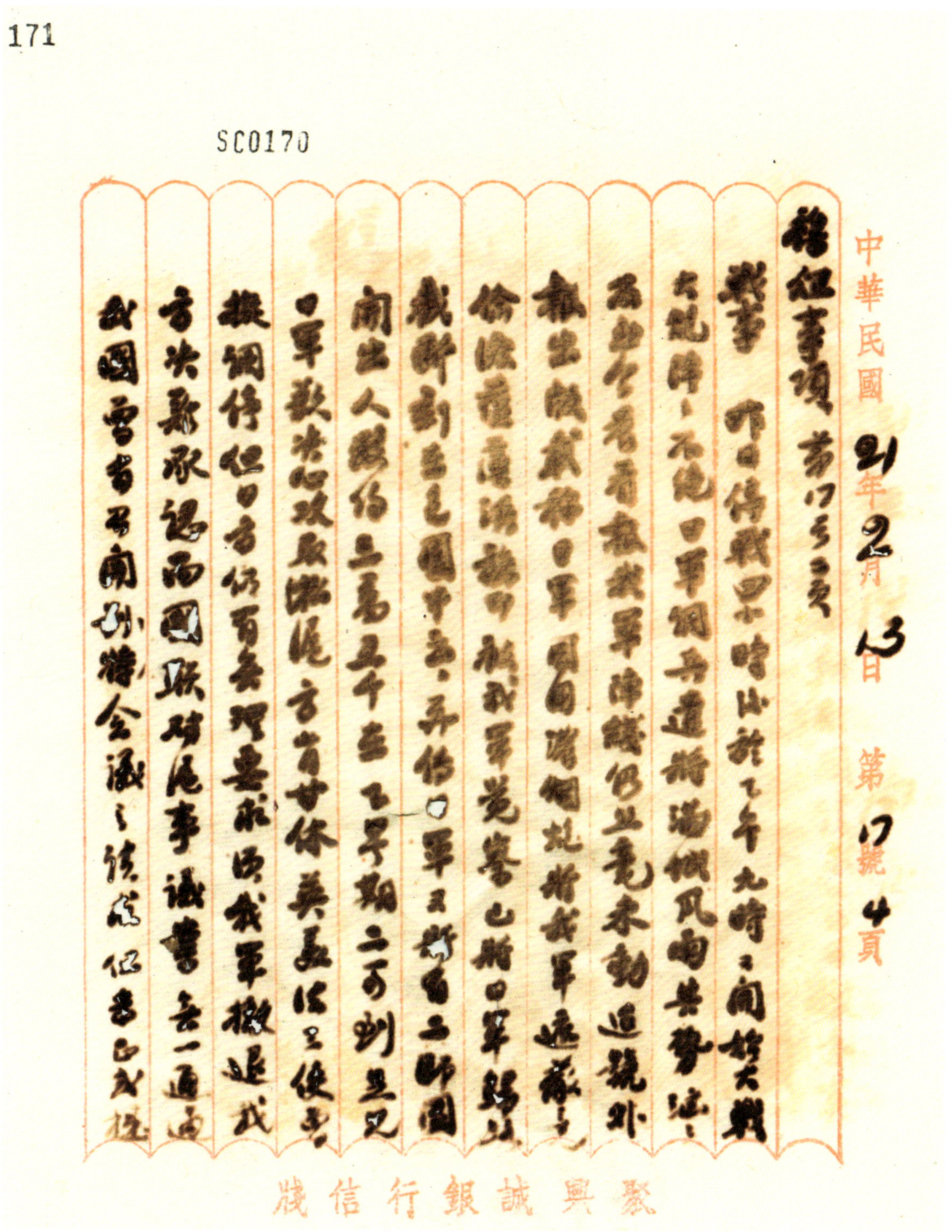

中華民國21年2月13日 第17號 4頁

[illegible]紅事項 第17號之二

戰事 昨日停戰四小時，此於下午九時之間始大戰
大砲陣陣不絕，日軍調兵遣將，滿城風雨，其勢洶洶
而此今看看我軍陣綫仍然毫未動，迫號外
報出說我截獲日軍閘北將我軍遮蔽之，
俗欲護衛誘敵以截我軍，覺察山將日軍歸山
截斷，刻在包圍中矣，并傳日軍又將有二師團
開出，人數約二萬五千左右，下星期二可到，足見
日軍欲決心攻取淞滬，方肯甘休。英美法三使曾
擬調停，但日方仍百無理要求，須我軍撤退，我
方決難承認，而國聯對滬事議書無一適當
我國曾有召開緊特會議之請，然仍未正式提

172

SC0171

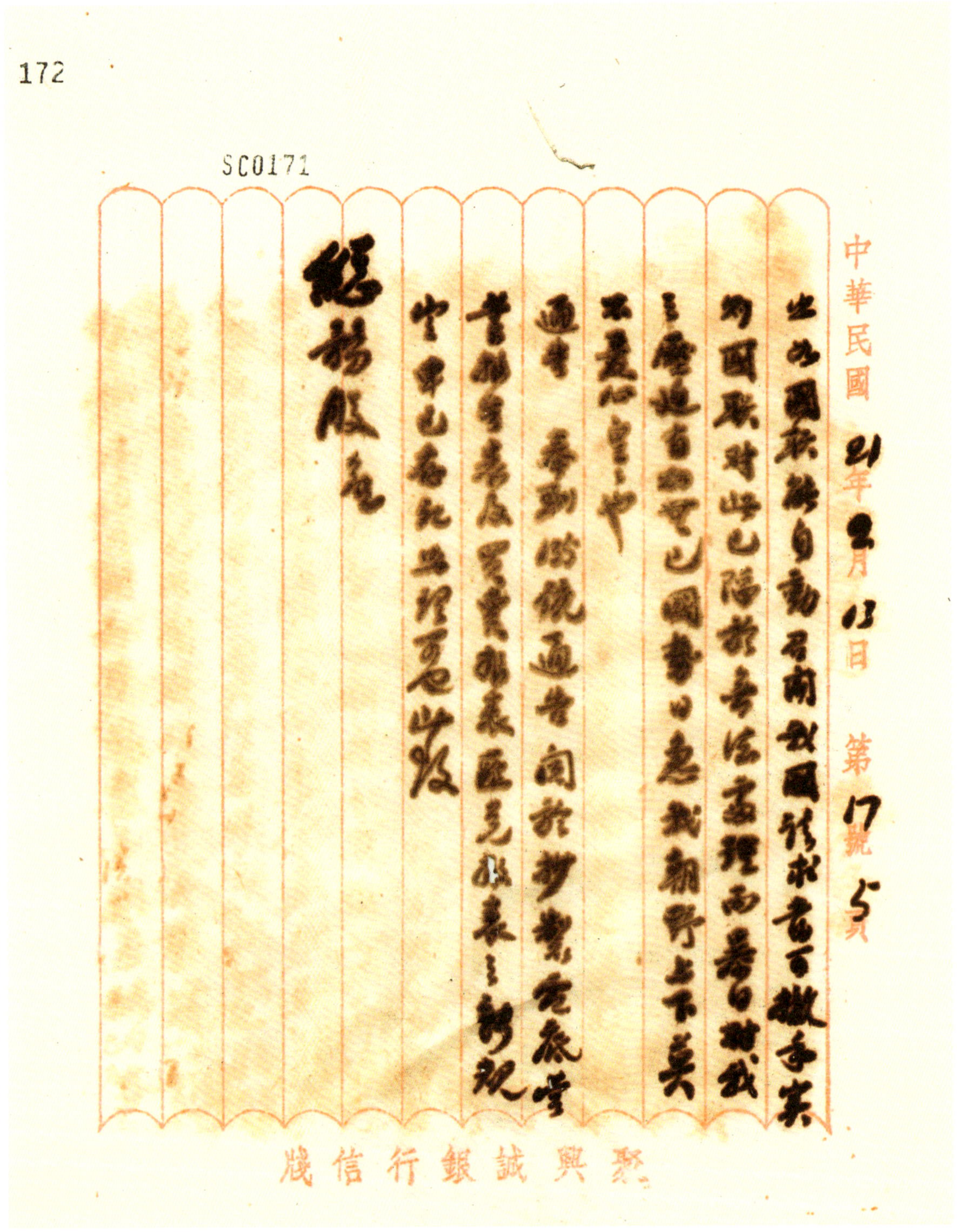

中華民國21年2月13日第17號5頁

總務股

聚興誠銀行信牋

中華民國21年2月17日　第18號　5頁

總結事項　第18號意

德意　日軍前時戰略均取急攻及偷襲國

術軍以逸待勞防守甚固致敵損失甚重今

自日第九師團由植田謙吉到滬以後一反從前

戰略改取守勢作持久之戰以疲乏我防軍

故日前均無劇烈戰鬥雖晚間炮聲隆隆但

據聞日軍來盛而衰惟長此久積損害仍於

胡底而列強方面亦以租界以身利害所關

出面斡旋和平頃聞英外部係對國聯行政

會除中日外由十二國理事議決擬發一強硬

照會與日政府令其尊重盟約第十條

制止敵對行動並有最要聲明不過日本

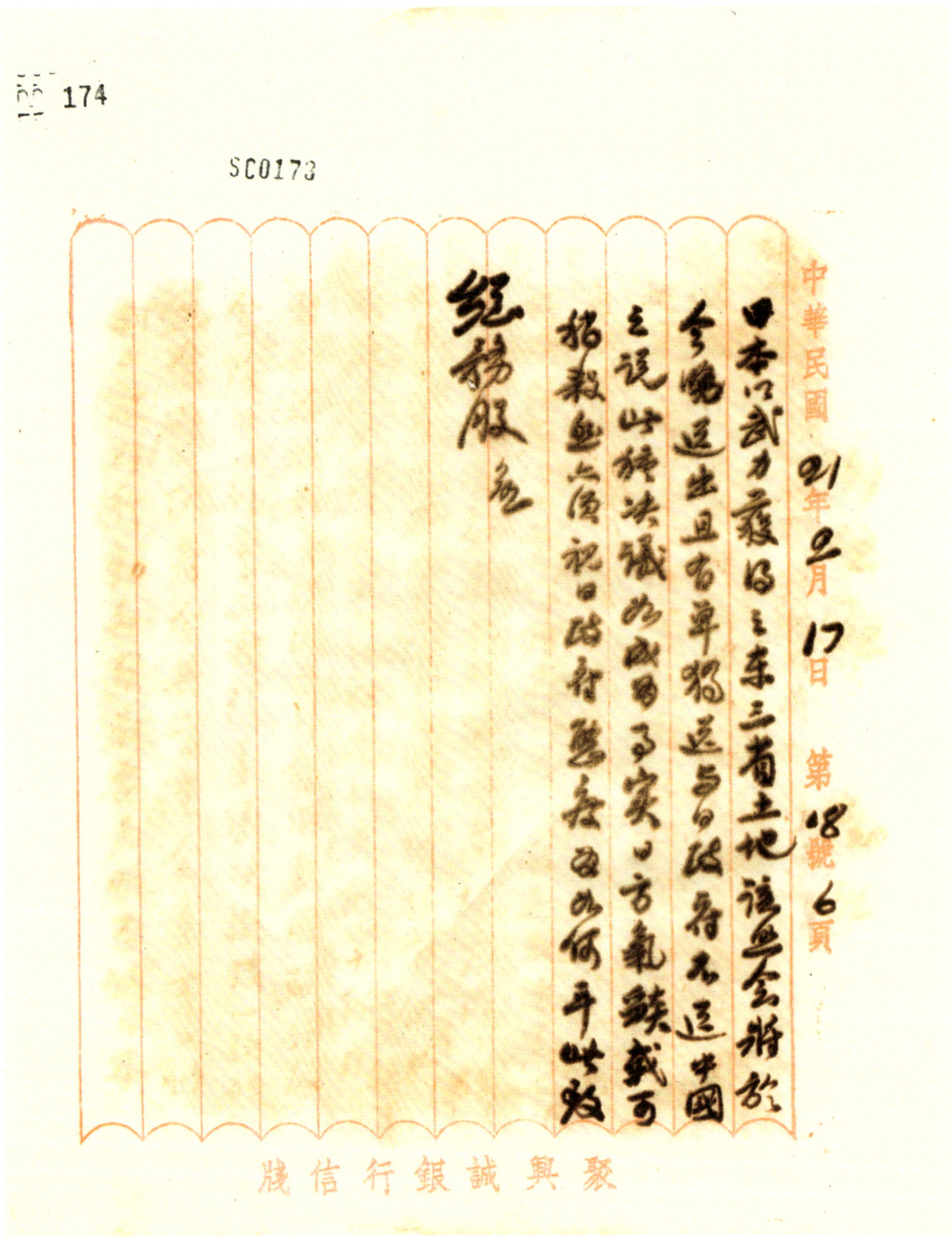

174

SC0173

中華民國21年2月17日 第18號 6頁

日本以武力霸佔之東三省土地詎無全將於令其退出且吾單獨退與日政府不退中國之說此種決議如成為事實日方氣燄或可稍殺亦須視日政府態度如何耳此致

總務股 台

聚興誠銀行信箋

175

SC0174

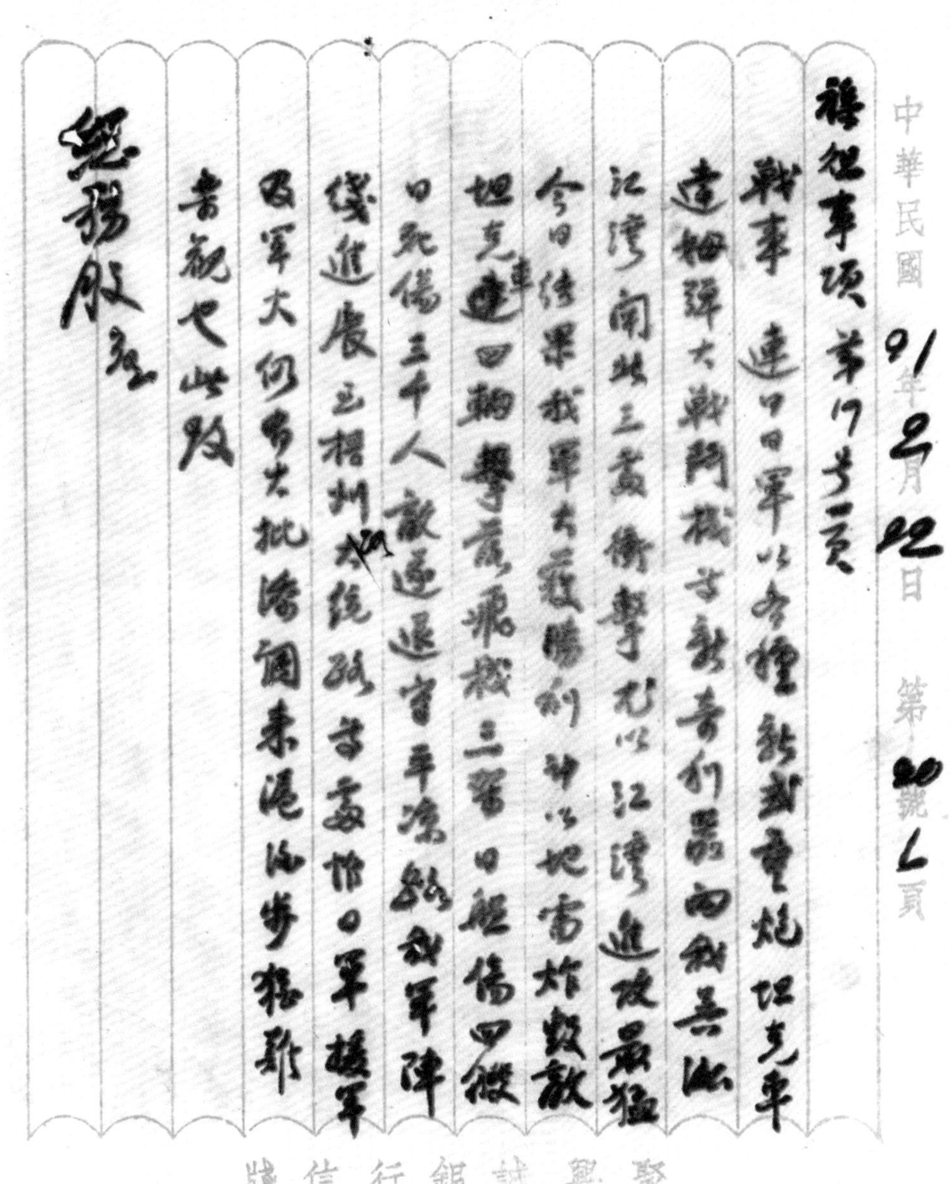
中華民國21年2月22日 第20號 6頁

補記事項 第17号一頁

戰事 連日日軍以各種新式重炮坦克車

達姆彈大戰鬥機等新奇利器向我吳淞

江灣閘北三處衝擊尤以江灣進攻最猛

今日結果我軍大獲勝利計以地雷炸毀敵

坦克車達四輛擊落飛機三架日艦傷四艘

日死傷三千人敵遂退守平涼路我軍陣

綫進展至楊樹浦大統路等處惟日軍援軍

及軍火仍有大批源源由國來滬似步猖獗

者觀乎此役

總務股 呈

聚興誠銀行信箋

中華民國21年2月25日 第21號 4頁

續紀事項 第90之二頁

戰事 日軍因迭次失敗乃拼命衝入江灣

之西與大場南翔相近之廟行鎮勢甚猛

并有飛機十餘架亂擲炸彈我軍抵死迎

擊歷兩日之血戰陣綫幸尚未動但敵軍於

今晨用重炮五六十門向我第一道防綫猛

衝我軍雖有死傷但幸不稍退致敵軍

尚未得手刻仍在激戰中無數之敵已改攻為

守戰事未至閘北一帶在八字橋方面有少

數之敵衝鋒均為我軍擊退此刻重要點

乃在廟行鎮如此亦不守則真茹南翔皆危

滬寧路皆已震動矣故我軍在此生死關

聚興誠銀行信牋

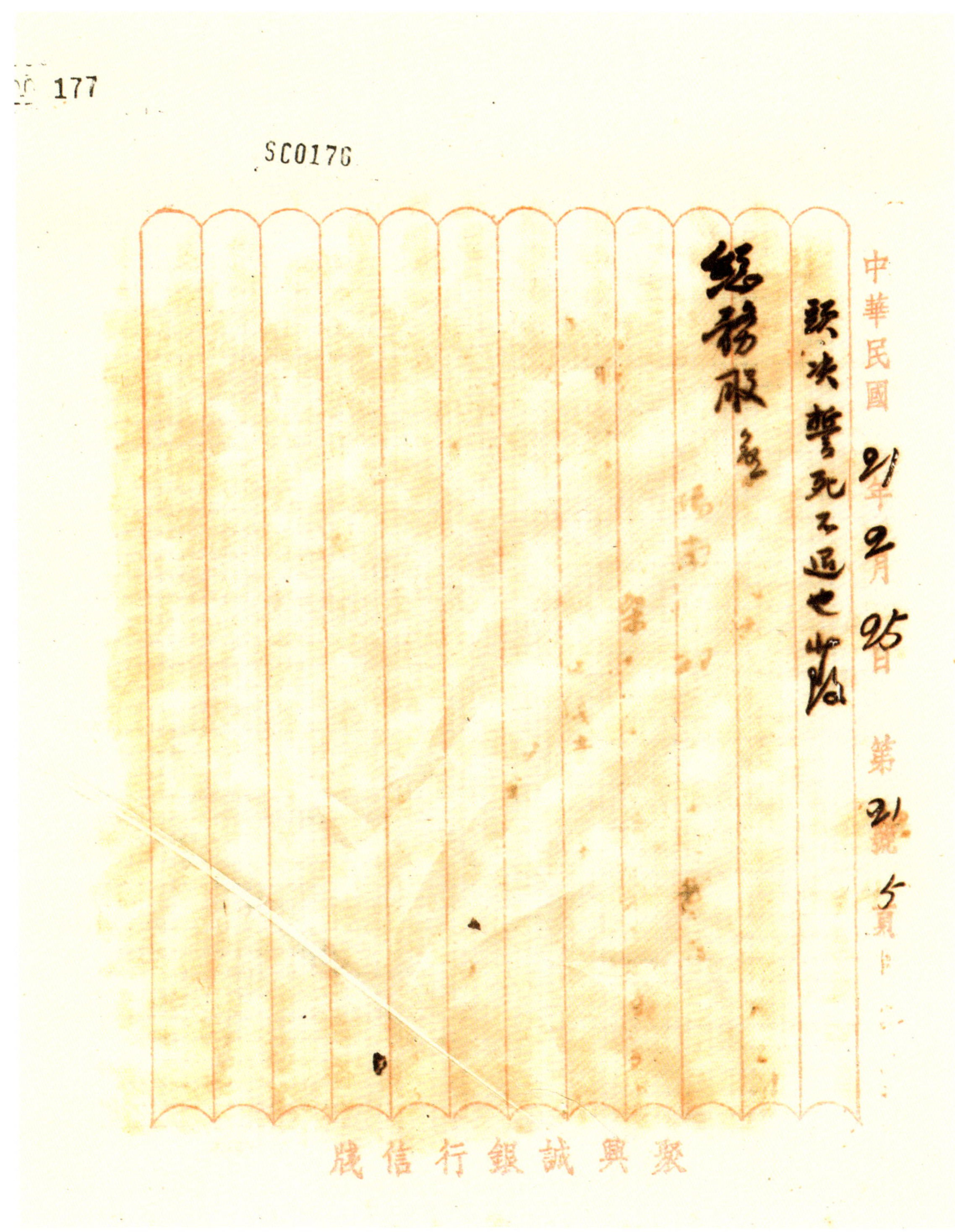

中華民國21年2月25日　第21號5頁

願决誓死不退也此致

總務股

鑒

聚興誠銀行信箋

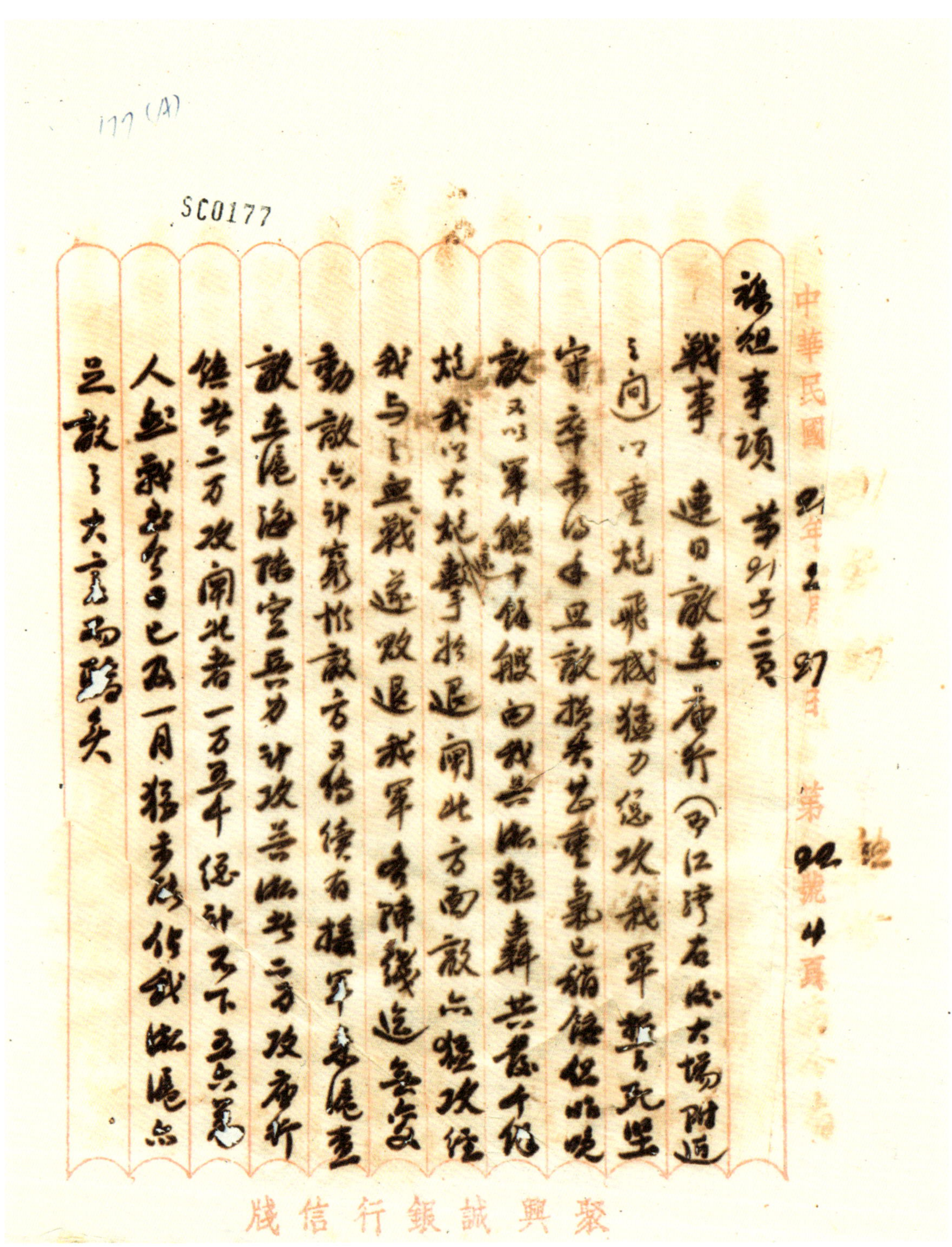

中華民國21年2月27日 第22號 4頁

補祖事項　第91子二頁

戰事　連日敵在廟行（即江灣右面大場附近之向）以重炮飛機猛力總攻，我軍誓死堅守，卒未得手，且敵損失甚重，氣已稍餒。但昨晚敵又以軍艦十餘艘向我吳淞猛轟，共最千餘炮，我以大炮還擊，始退。閘北方面敵亦猛攻，經我與之血戰，遂被擊退，我軍奪陣綫追，無恙。敵亦計較於敵方又繼續有援軍來滬，直敵在滬海陸空兵力計攻吳淞者二萬，攻廟行綫者二萬，攻閘北者一萬五千，總計不下五六萬人。然我軍自今日已及一月，猶奮勇作戰，淞滬亦之敵之大言可破矣

聚興誠銀行信箋

中華民國21年2月27日　第22號　5頁

廣告　承示廣告以富於激刺性及適合者
容心理為主，擬擬於廣告中加入抗日詞句云云。
查申自戰事以來，報紙均已縮短篇幅，每日
僅出夕刊晚刊以載戰事消息，且查此項情勢之
下，廣告大都撤消，其餘多中行亦未曾刊登，
蓋即使刊登亦未能引起社會上心理也。
電報　示謂申電常有遲誤，蓋查該局在
滬戰時期電報既為檢擯，信函每多遲塞，報
牘之有損失之處，似請我　擬諸語藉為退提，
此不大閑重要者，仍請我　擬用快郵寄發，今
日電由斷，電中奉及該等。　協理吳山路

經務股　鑒

特用电码条例

一、本电码以新中电码为依据，所有翻译方法一律依照新中电码翻译。

二、新中电码中空白共计一千二百字，将[illegible]上海附近之地理名及战术用语填入共三纸，与新中原用法并无衔突区别。

三、新译电码译遇空白字，即在此三纸内寻查[illegible]地名。

四、数目照新中明码翻译，以字码替代，例如[illegible]银三钱[illegible]三千圆四角二[illegible]五千[illegible]电码为[illegible]

依新中编号[illegible]为

[illegible]

180

SC0180

ADA

千啟巳

五、如有明密各種行市[illegible]各種[illegible]均按付額[illegible]

六、特等電報因[illegible]不見着錄中文[illegible]

報告[illegible]事情形[illegible]行[illegible]

擬定[illegible]

七、本電碼仍可與親民電碼及本行自編簡碼合用

五、[illegible]

ABA

以下用親民電翻譯五

ACA

以下用自編簡碼

四、[illegible]譯即[illegible]記

以上數[illegible]當陸續增加俟思索[illegible]時再告

抄奉

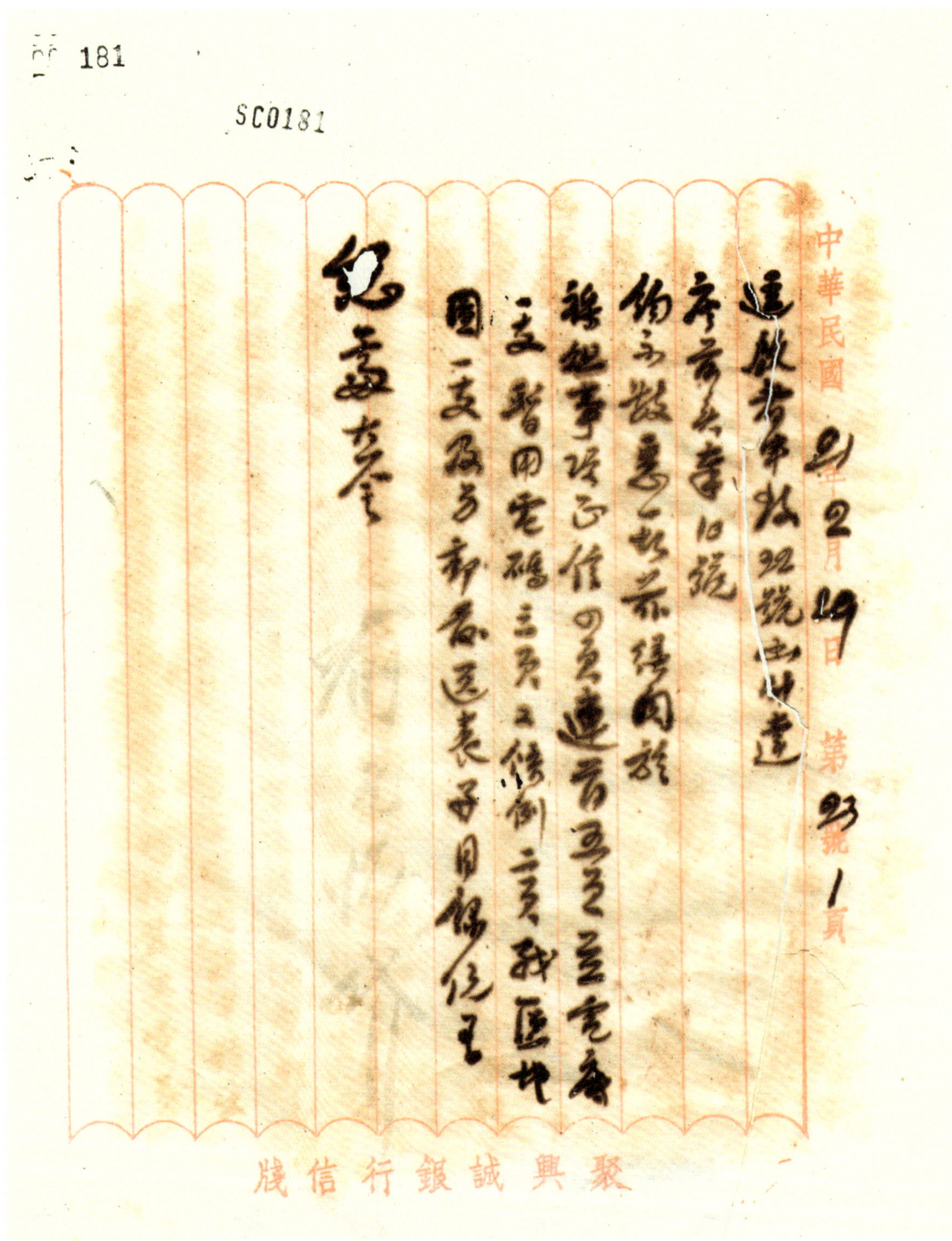

中華民國21年2月19日 第23號 1頁

逕啟者：本會22號函計達

貴會[illegible]11號

[illegible]

[illegible]

一支[illegible]電碼三頁又[illegible]二頁我區地

圖一支及[illegible]

[illegible]

聚興誠銀行信箋

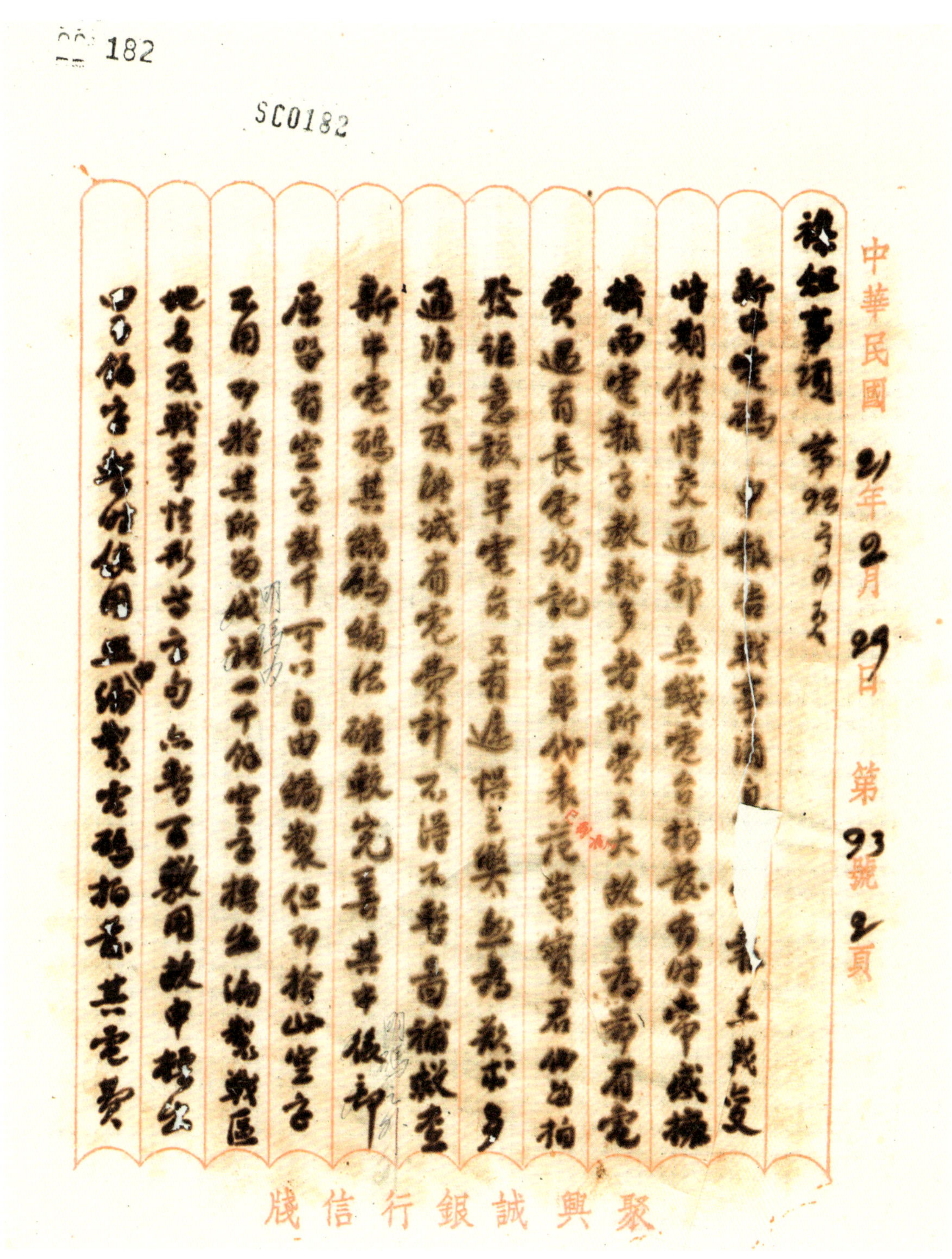

中華民國21年2月29日 第93號 2頁

秘奸事項 第92号の又

新中電碼 中報告戰事消息[illegible]報來既定時期借特交通部無線電台拍發每時常感棘擠而電報字數較多者所費又大故中爲節省電費過省長電均記出單簡表花常寶君仍爲拍發誰意該單電台又有遲慢之弊無為救此多通消息及節減省電費計不得不暫爲補救查新中電碼其編碼編法雖較完善其中後部原留有空字數千可以自由編纂但印檢出空字再爲可將其所留成張一千餘空字檢出編纂戰區地名及戰事情形之方句以普可數用故中擬先以中編字先行使用並編纂電碼拍發其電費

聚興誠銀行信箋

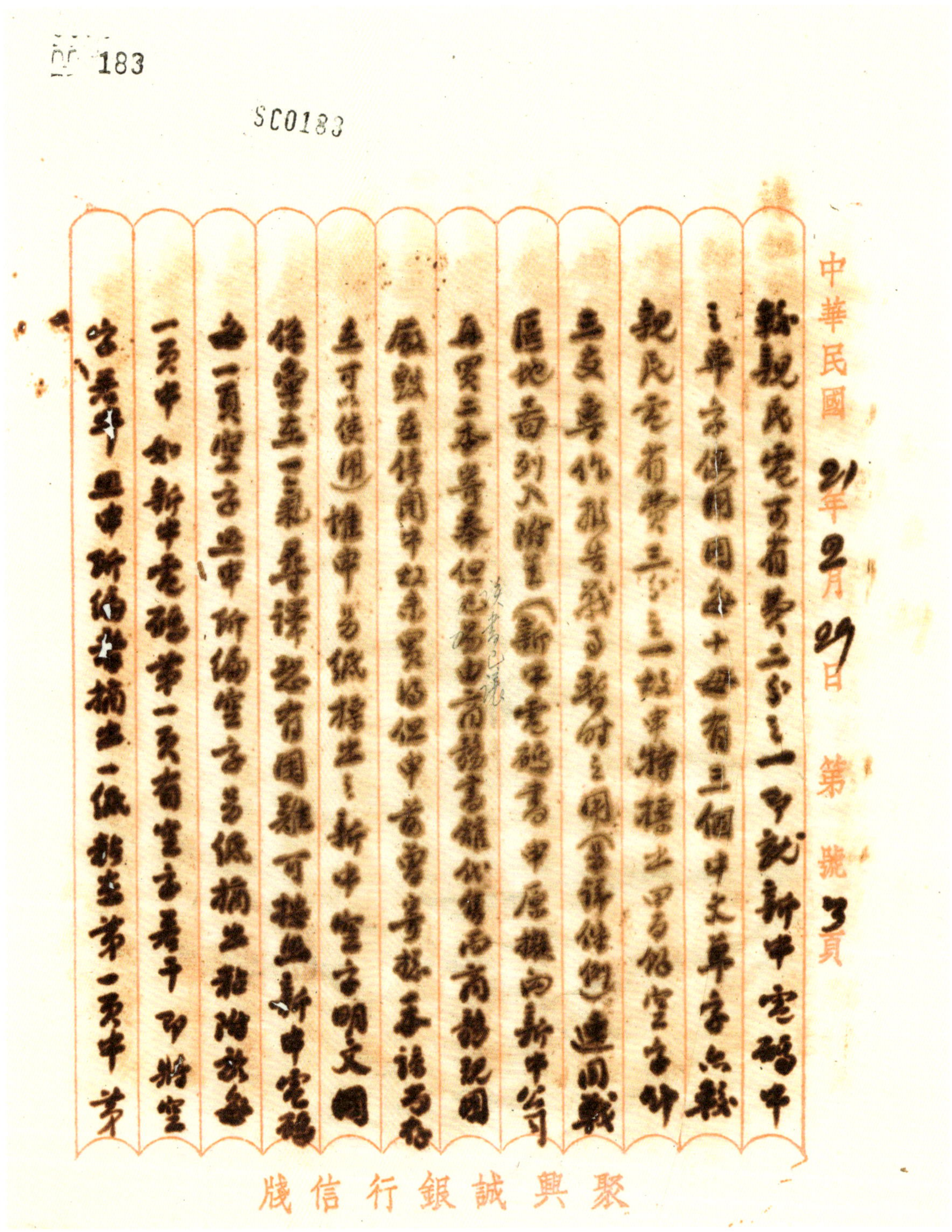

中華民國21年2月27日 第 號 3頁

較親民電可省費二分之一即就新中電碼中
之華字總目每十字有三個中文華字亦較
親民電省費三分之一故宜特標出四個空字以
三支專作報告戰事新聞之用（另詳條例）連同戰
區地名列入附表（新中電碼書中原擬由新中公司
再印二本寄奉但恐路由有阻書籍似須由商務說明
原數並傳聞中收來電時但中者要看排版者
亦可以使用）惟中另紙標出之新中空字明文用
係電在一氣另譯然有困難可按照新中電碼
每一頁空字照中所編空字另紙摘出粘附於每
一頁中如新中電碼第一頁有空字若干即將空
字若干照中所編者摘出一紙粘在第一頁中第

聚興誠銀行信箋

.84

SC0184

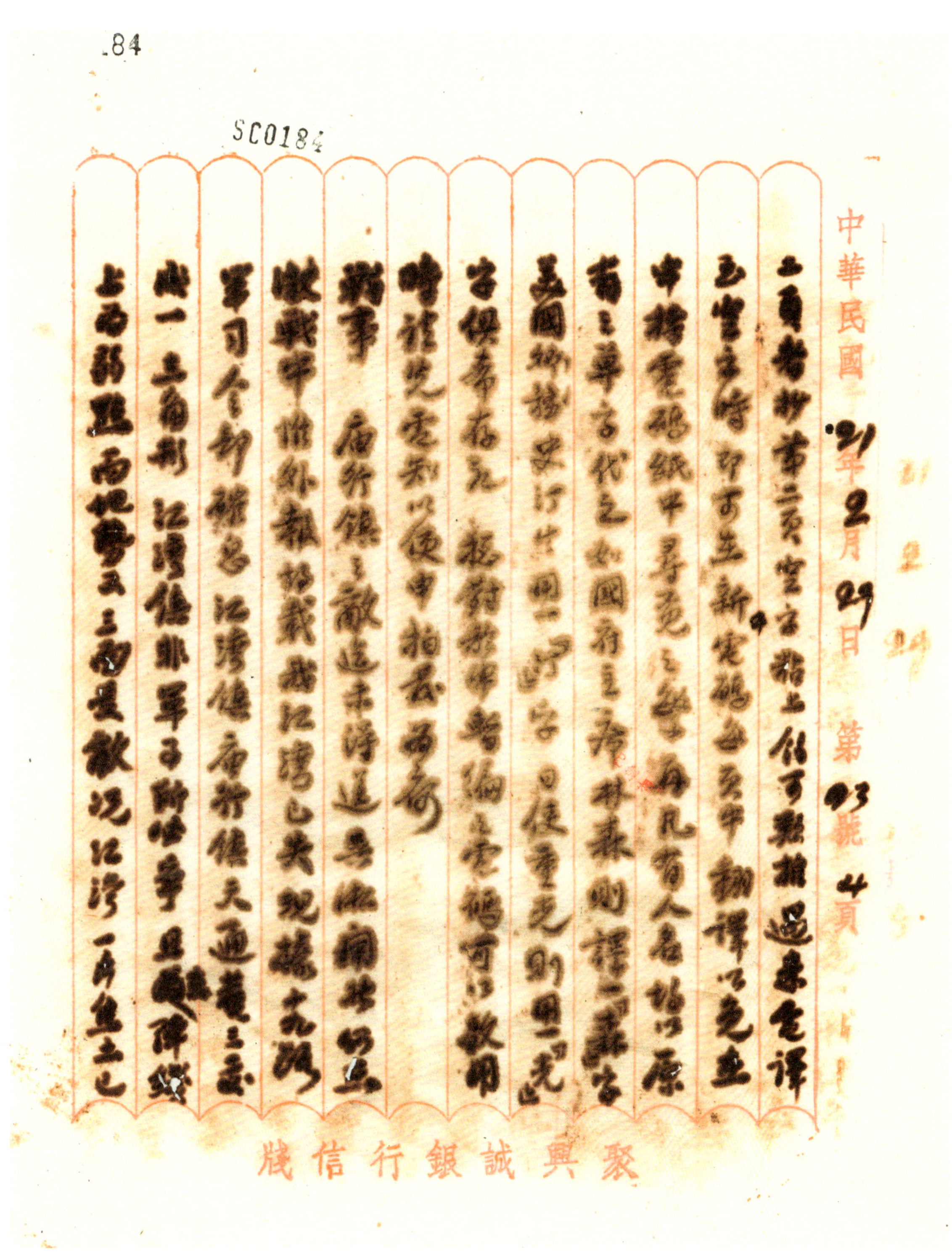

中華民國21年2月29日 第93號 4頁

上頁者於第二頁空白粘上，俾可黏接送來電譯

出電時即可照新電碼無須翻譯，以免互

中轉電碼紙中尋覓之煩。再凡有人名地名以原

有之華字代之，如國府主席林森則譯「林森」二字，

美國如諾安行此國一「諾」字，日使重光則用「重光」二

字與原有者互，並對於軍事編之電碼可以採用

時請先電知，以便中拍發為荷。

戰事。廟行鎮之敵進未得逞，吳淞閘北均無

激戰。據外報所載，我江灣已失，現據十九路

軍司令部報告，江灣鎮、廟行鎮、天通菴三處

成一三角形，江灣鎮非軍事所必爭，且處陣線

上面弱點，兩地勢又三面受敵，況江灣一片焦土已

聚興誠銀行信牋

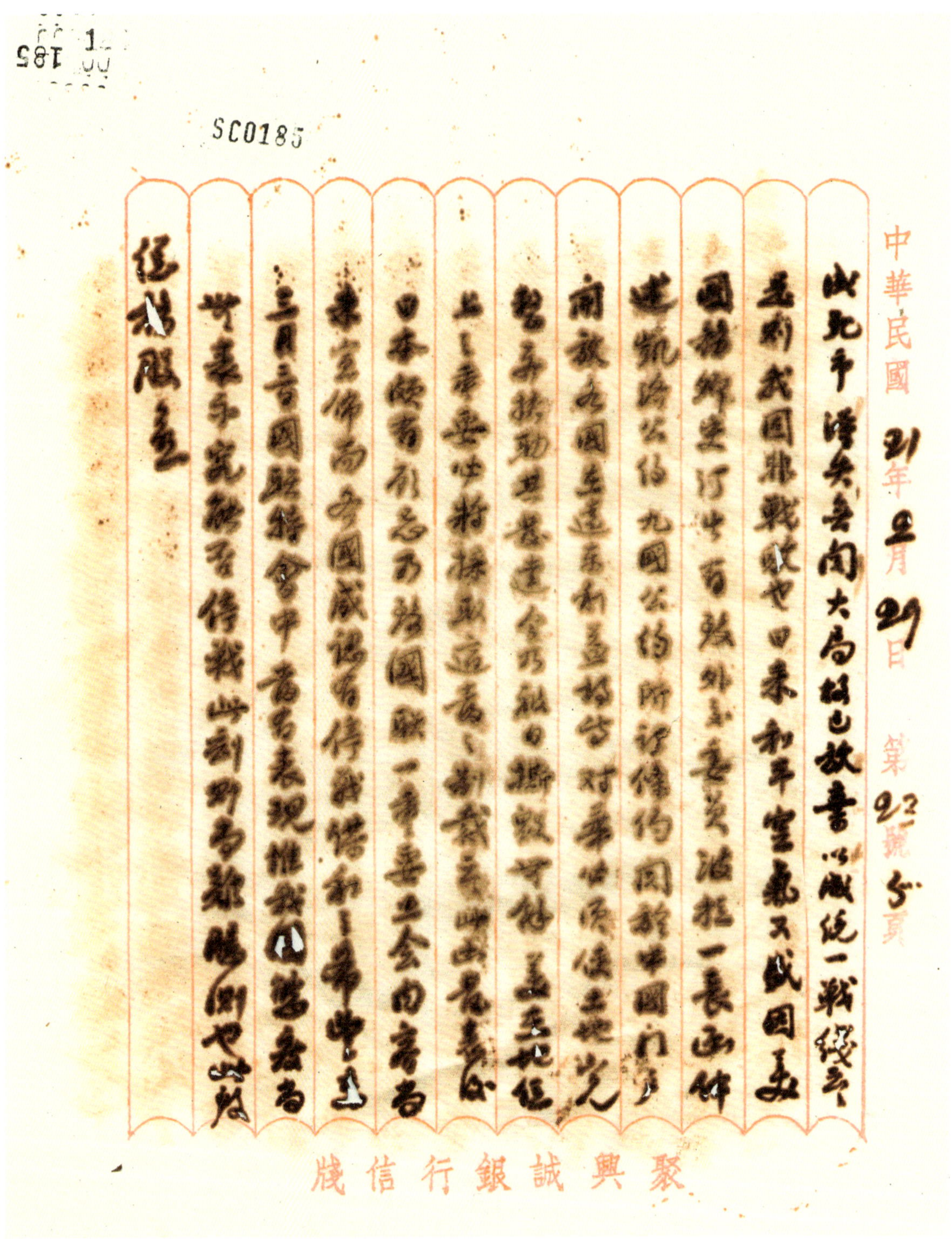
185

SC0185

中華民國21年2月29日 第23號 5頁

此次本滬兵各向大局經已啟書以成統一戰綫之
五則我國非戰敗也田來和平空氣又成國五
國聯鄉室行此直殊外交委英法拖一長函件
送凱洛公約九國公約所訂條約關於中國門户
開放各國在遠東利益均占對華地須保土地完
整等語勸其遵守公約繼日撕毀可恥義乃託經
上上章要此將採取適當之制裁云此亦最重要
日本被告所忘而諸國聯一章要三会内宣告
求空停而各國成認有停戰講和之希望此五
三月三日國聯特會中當有表現惟我國將為
世表手完欲至停戰此刻明多難勝例也此致
經彬股長

聚興誠銀行信牋

聚兴诚银行关于「一·二八」淞沪抗战前后政治军事时局与金融动态情报（三）（一九三二年三月一日至三十一日）

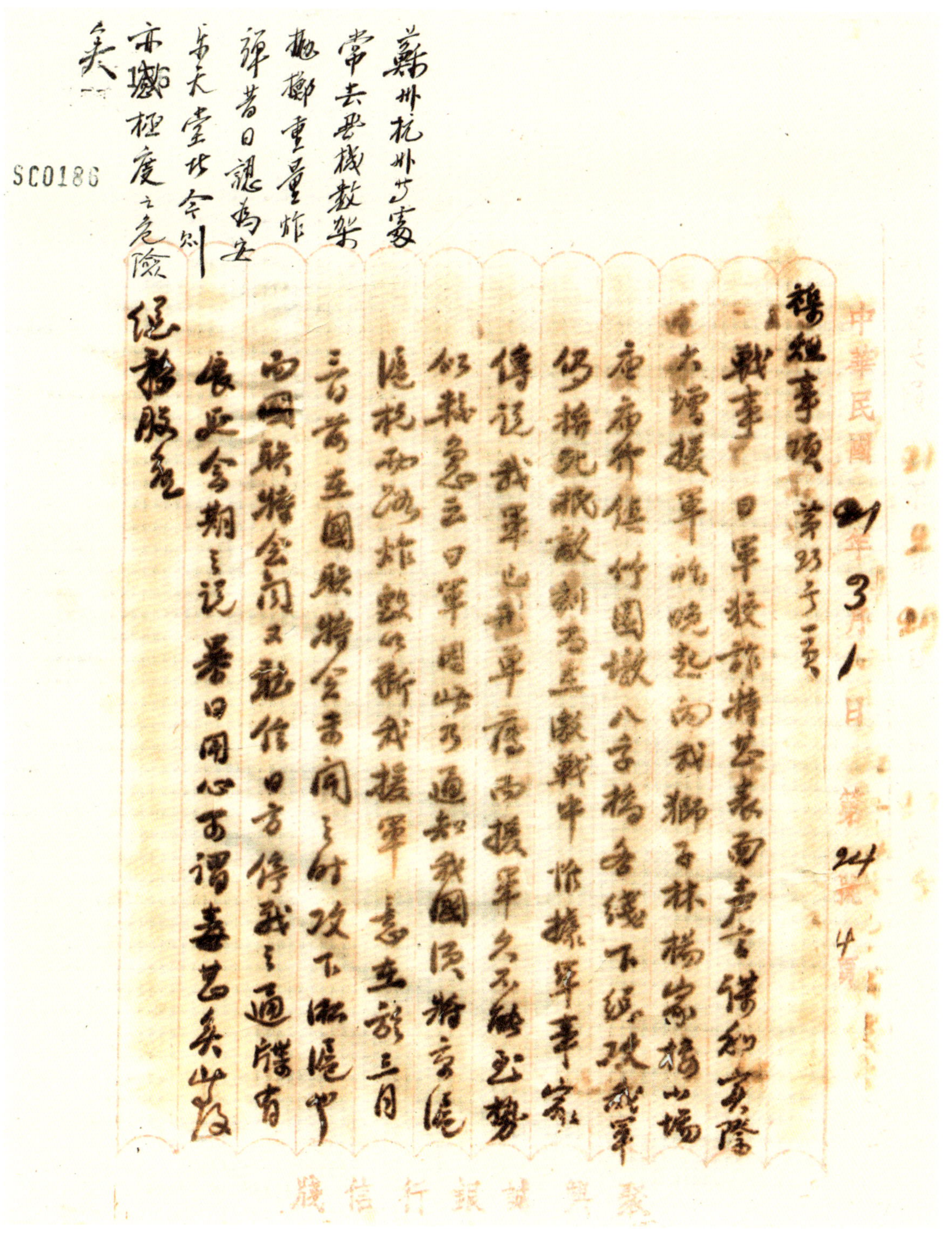

機密事項 第23号一頁

中華民國21年3月1日 第24號 4頁

戰事 日軍發部特發表面声言講和實際
增大援軍昨晚起向我獅子林楊家橋小場
廟廟行佯竹園墩八字橋一綫下午攻我軍
仍猶與敵劇烈激戰中據軍事家
傳說我軍已放棄因援軍久不能至勢
似難急之日軍聞此乃通知我國須將京滬
滬杭兩路炸毀以斷我援軍並說三月
三日前由國聯特會開會時攻下淞滬也
而國聯特會開會又能作日方侮我之通牒有
展延會期之說是日同心可謂毒甚矣此後
蘇州杭州等處常有飛機散架拋擲重量炸
彈昔日認為安全之地今則亦極度之危險
矣
[illegible]

SC0186

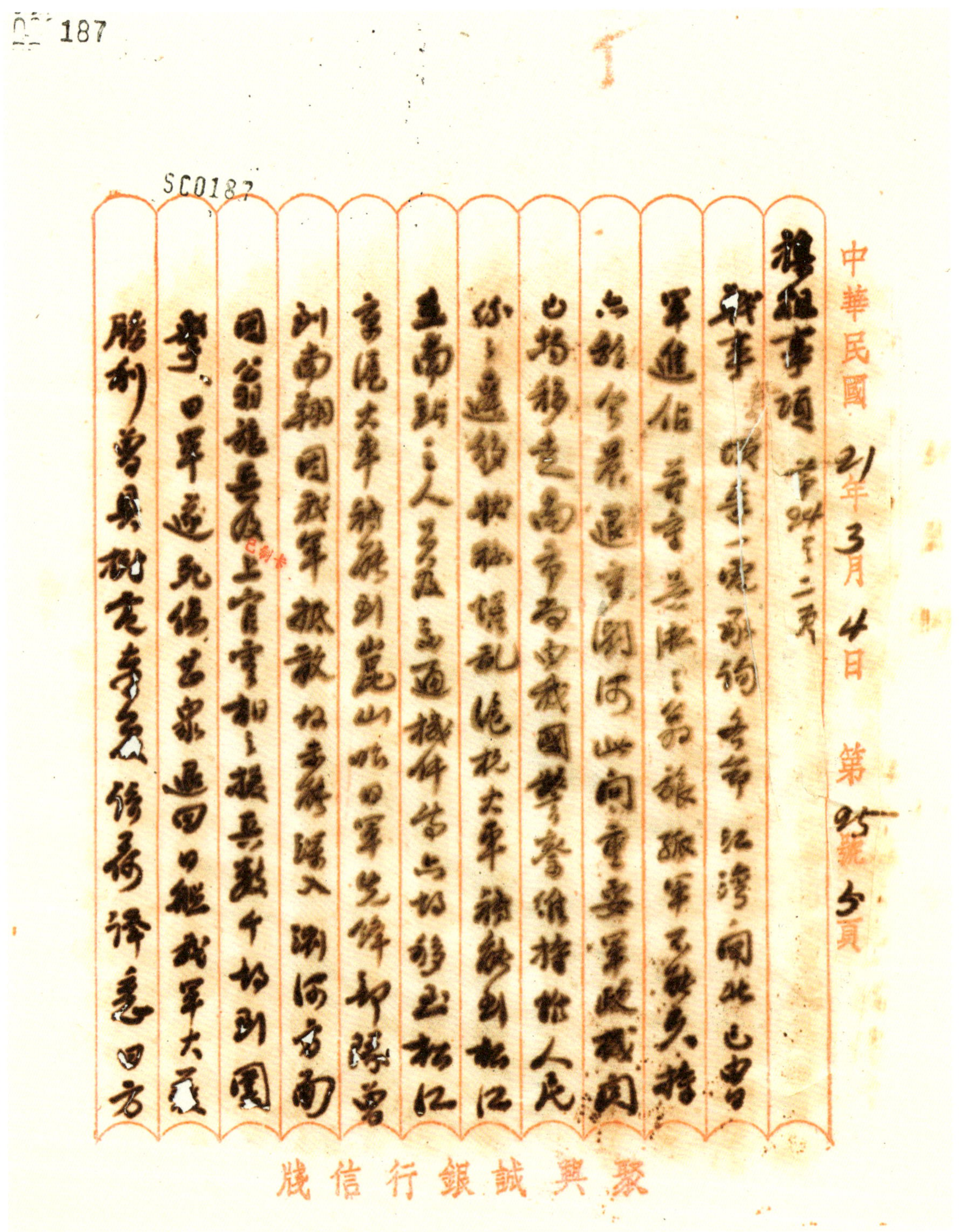

中華民國 21年 3月 4日 第 95 號 5 頁

譯報事項 第24至二頁
戰事 昨晨一時敵由 江灣 向北退我
軍進佔 蕭家巷 廟行鎮 嗣後我軍未能久持
六點今晨退至劉河山間重要軍政機關
已移往南市為中國警察維持秩序人民
紛紛遷移秩序紊亂據報大軍猶移至松江
至南翔之人民及通訊機件皆已移至松江
宣稱大軍猶移至崑山時日軍先鋒部隊曾
到南翔因我軍抵敵始由瀏河方面
因我們義勇兵及上官雲相之援兵數千始到圍
擊日軍退死傷甚眾退回日艦我軍大獲
勝利曾與樹屯參見條件譯意日方

聚興誠銀行信牋

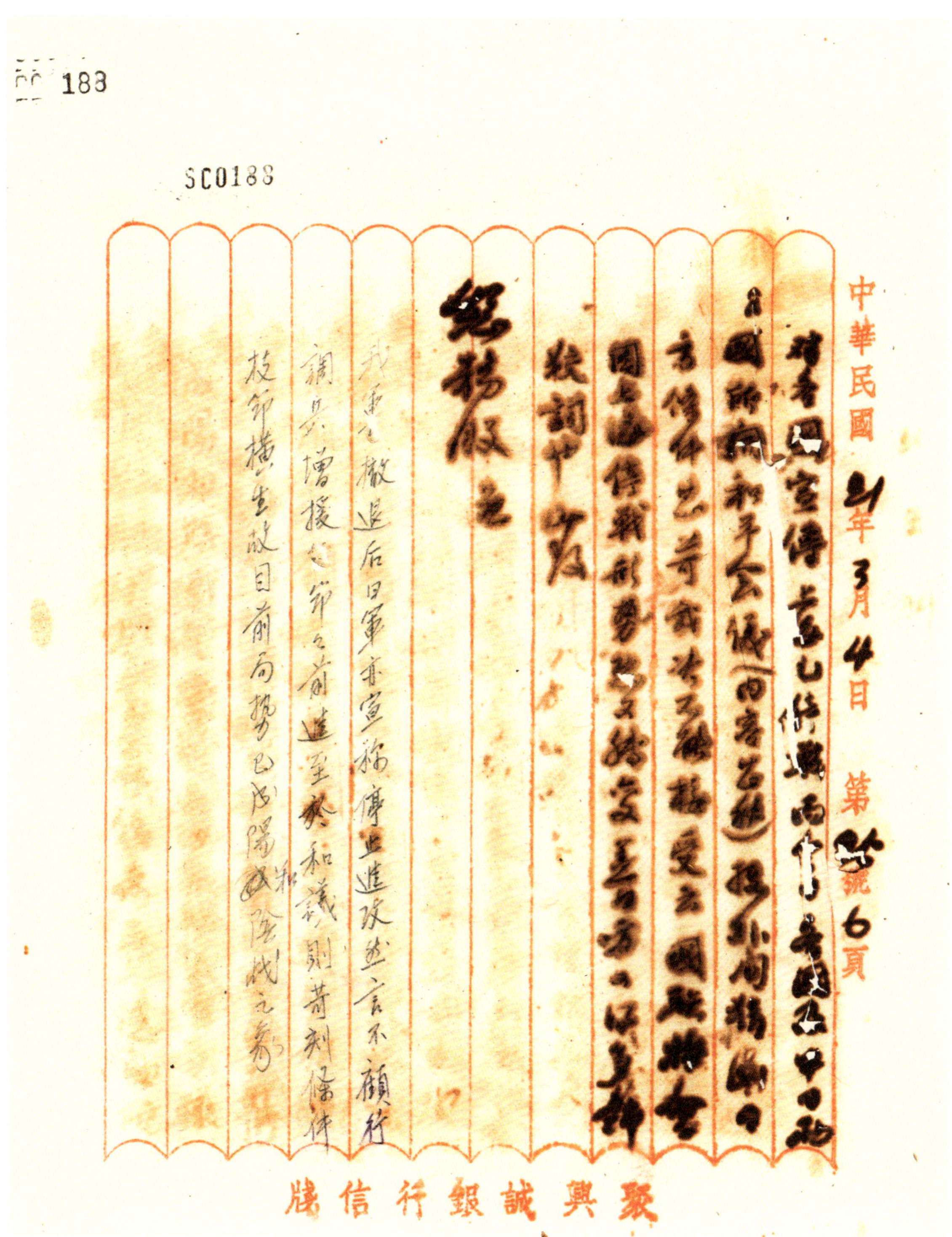

中華民國 21年 3月 4日 第[illegible]號 6頁

據香[illegible]同盟宣傳[illegible]山作戰[illegible][illegible][illegible]國[illegible]中日兩

國所開和平會議（內容另詳）擬[illegible][illegible][illegible][illegible]

方條件，是否能使其不致接受之，國際聯合會

因之遂停戰，形勢[illegible][illegible][illegible]安，至為緊要，以保[illegible]

狀詢中央

總務股 之

我軍已撤退后，日軍亦宣稱停止進攻，然言不顧行，

調兵增援，節節前進，至於和議則苛刻條件

枝節橫生，故目前局勢已成陽和陰戰之象

聚興誠銀行信牋

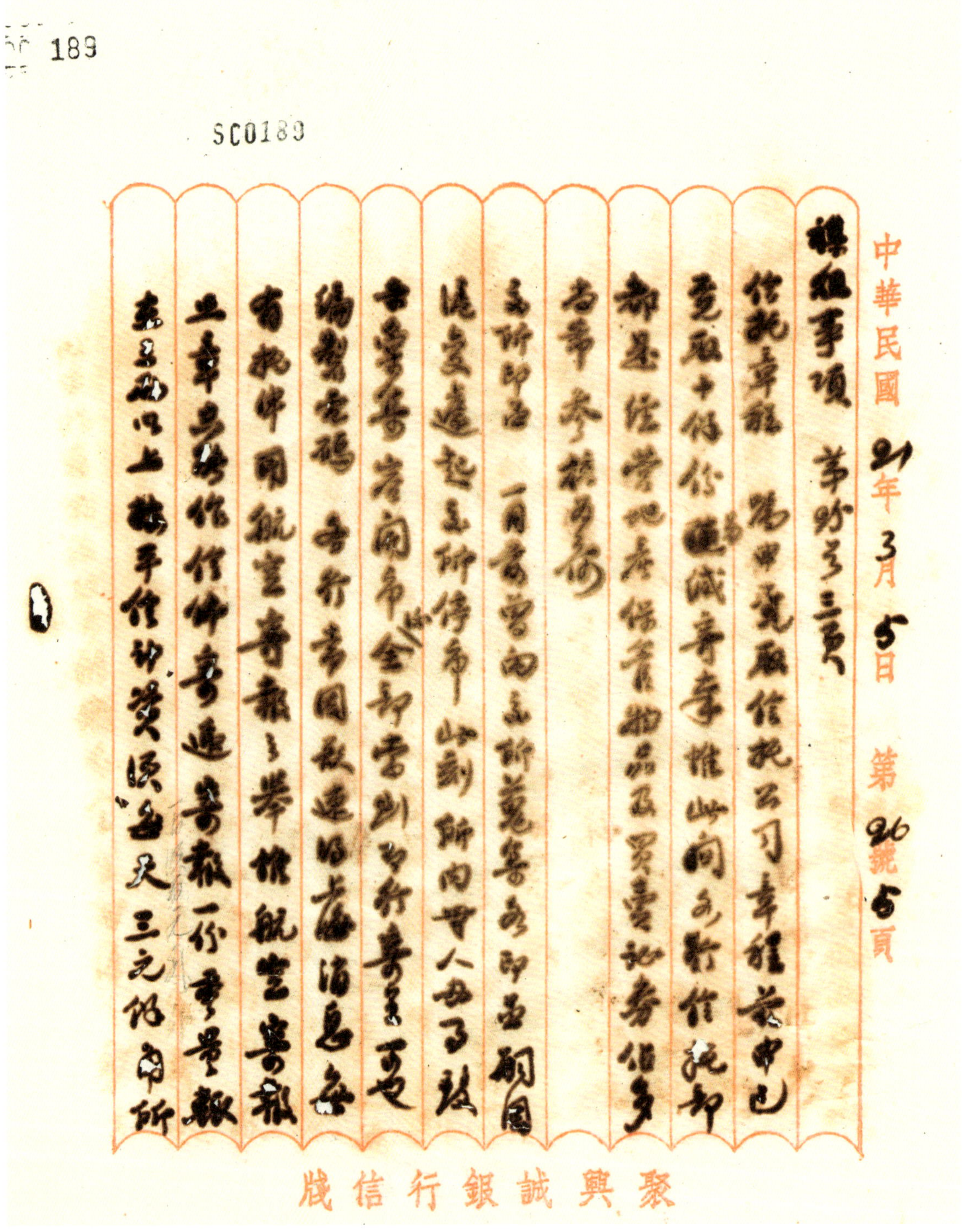

190

SC0190

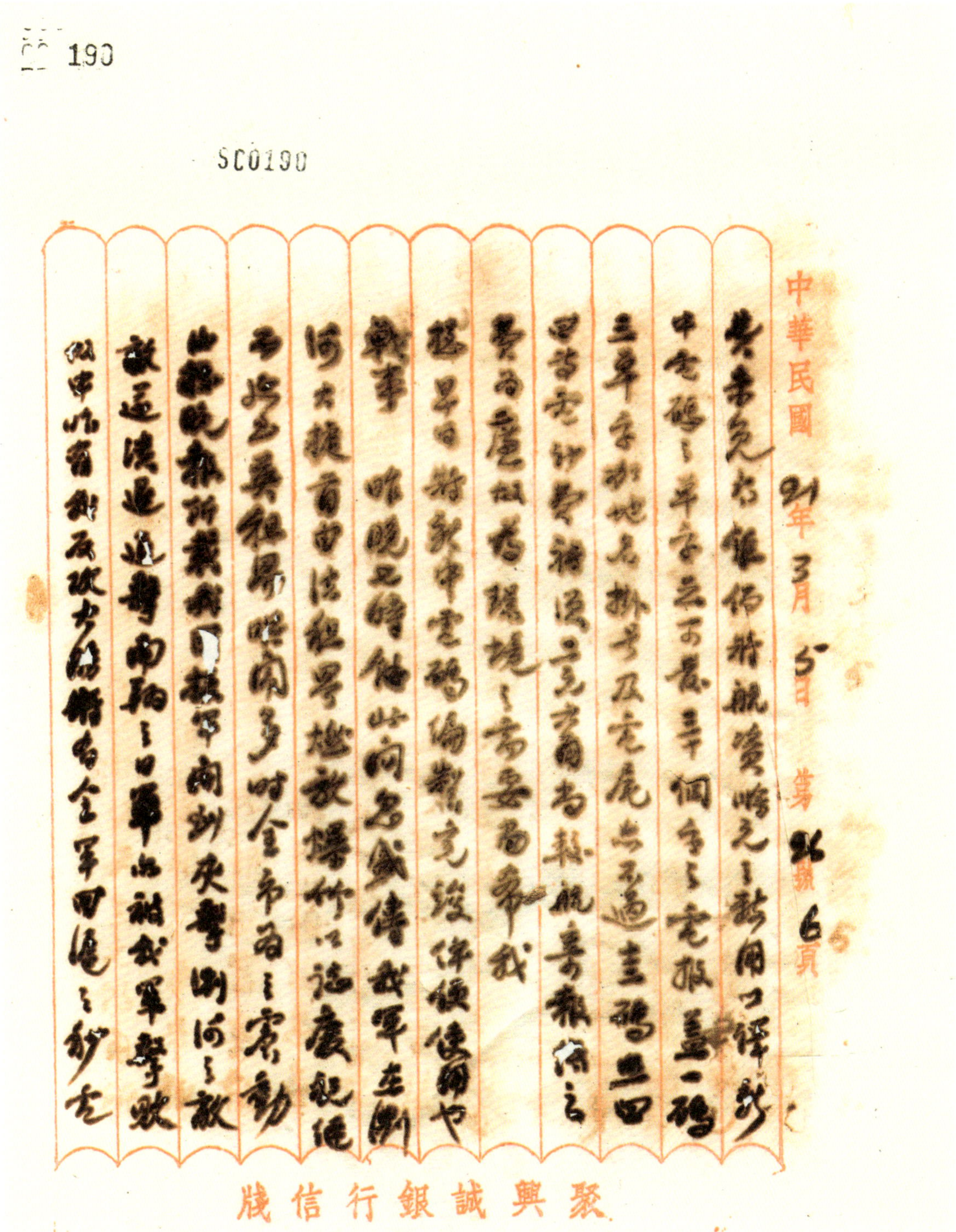

中華民國21年3月5日 第26號 6頁

聚興誠銀行信箋

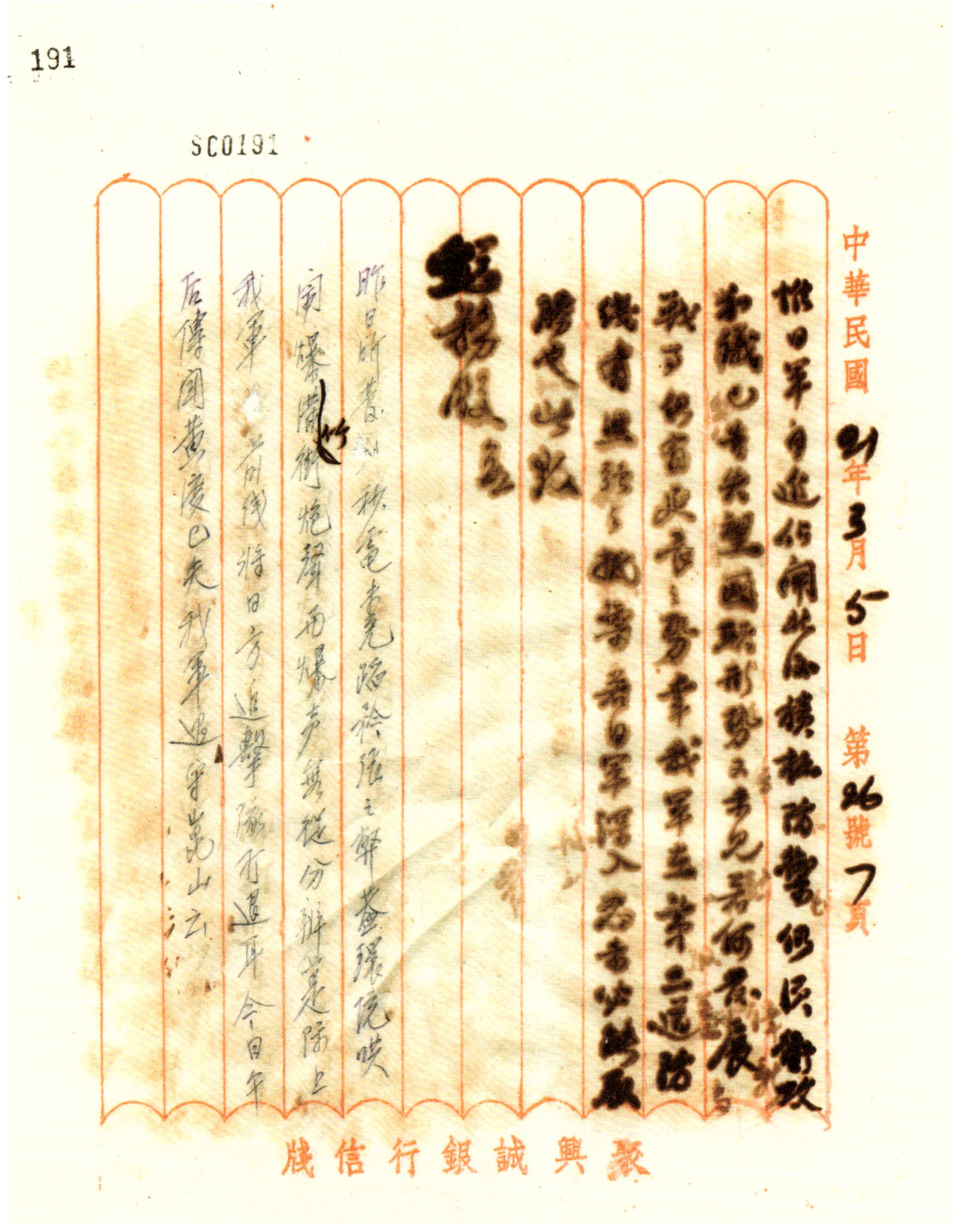

191

SC0191

中華民國 21年 3月 5日 第 26號 7頁

昨日军自进行闸北至横林防营，[illegible]民衡攻
和议之事失望，国联形势又未见若何表展，
我方仍当兴长期之奋斗，我军在第二道防
线者，此种人物等，若日军深入，必当以此取
胜也。此致
[illegible]假复

昨日所发[illegible]秘电[illegible]路[illegible]之[illegible]环[illegible]
闻爆[illegible]机炮声、雨爆炸声无从分辨[illegible]阵上
我军前线将日方追击队打退耳，今日午
后传闻黄渡已失，我军退守[illegible]山云

聚興誠銀行信牋

中華民國21年3月9日　第27號　5頁

辦理事項　第96號二頁

戰事　六日奉　總部電諭暫用電碼多取因文中

部昔潮電文曰『我軍與守嘉山日軍進攻黃渡嘉定

太倉正在激戰中』（文計四碼）七日又奉回電文曰『國際聯盟

促停戰吾方僅小衛實據日軍尚在進攻昆山宜水

松各千三百四十』（文計六碼）今日又奉新電文曰『太倉果有

炮戰餘陣綫無甚變動保嘉松新山』（文計五碼）均

用暫用電碼語意譯悉日軍現集中瀏河嘉定

擬圍由太倉進攻我軍堅守在婁橋鎮岳王市

北國鎮安亭鎮白鶴江鎮等處（附戰區圖）敵

屢次來犯均不能得手但聞據戴白川在路十九路

軍通諜須我軍退出上述防地否則仍須進攻

聚興誠銀行信牋

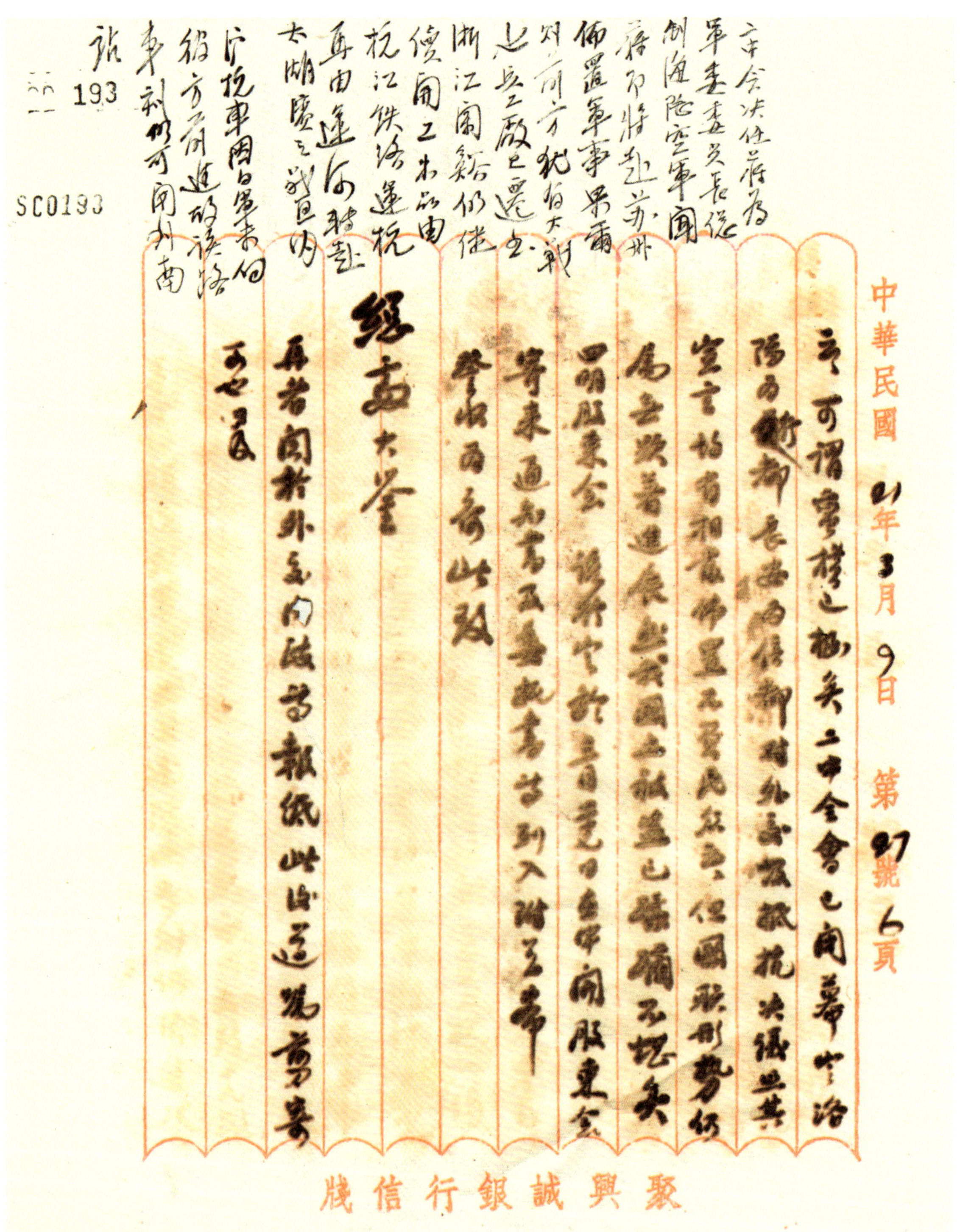

中華民國 21年 3月 9日 第 27號 6頁

亦可謂窘樣已極矣。二中全會已開幕於洛

陽，以新都長安為行都，對外交抵抗決議與其

宣言均有相當佈置，不負民眾之信，國府形勢仍

為安然，蔣進來與我國之維護已發揚不堪矣。

四明股東會，請於下月(?)[illegible]開股東會，

寄來通知書及委託書，等到入諸至希

察收為禱。此致

經安大鑒

再者：關於外交內政等報紙，此間不通，殊費寄

為也。嚴

全會決任蔣為軍委會委員長，從此海陸空軍開始可將赴蘇州佈置軍事，果爾則前方就有大戰。之兵工廠已遷去浙江，閩貨仍僅停開工，各品由杭江鐵路運杭，再由運河轉赴太湖隣之戰區內。可抗車因日軍未向彼方府進攻，該路事利則可開赴南

[illegible] 193

SC0193

聚興誠銀行信牋

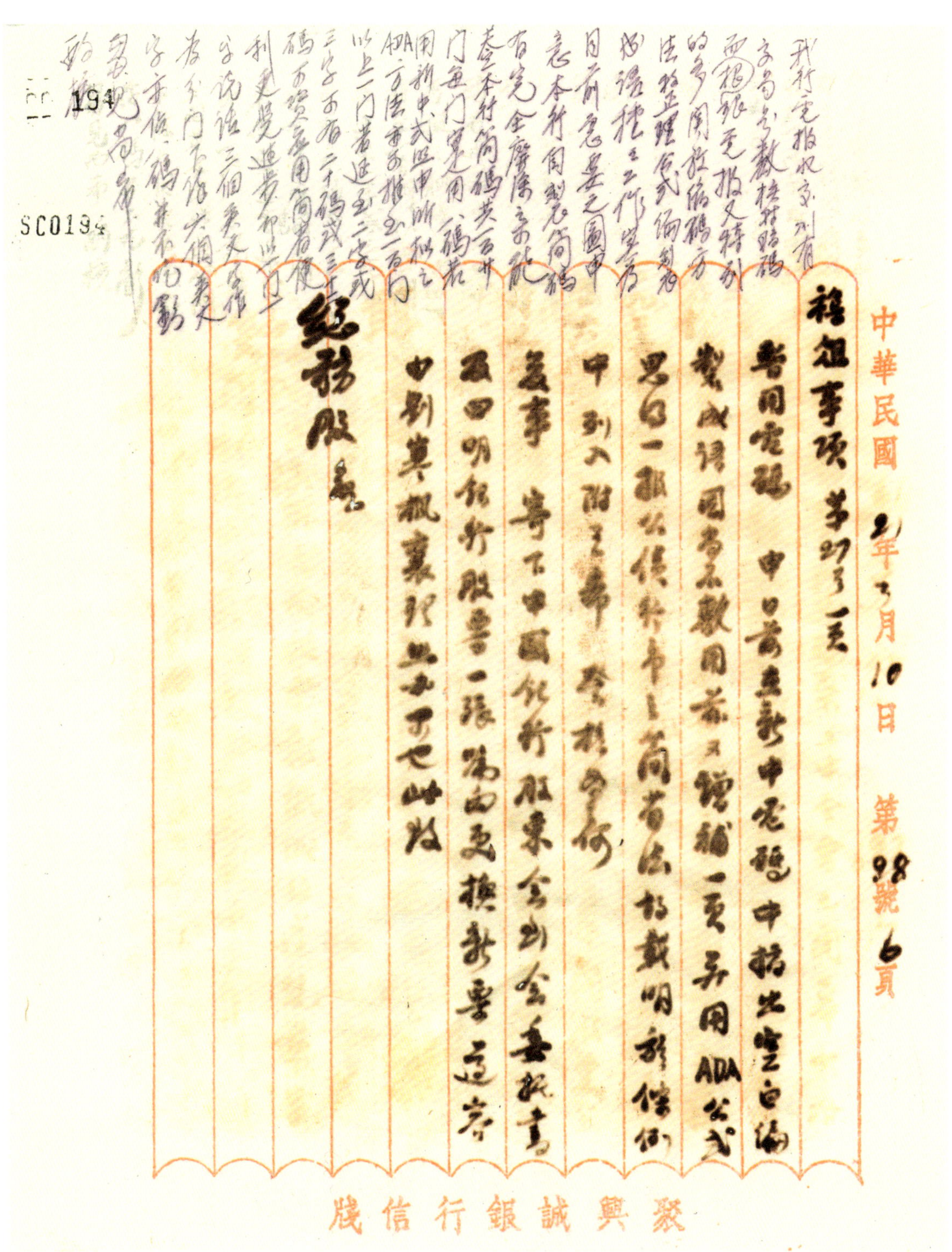

194

SC0194

我行電報收發列有
字簡易數樣對照碼
西（楊）張電報又特別
的多閱校編碼方
法校正理公式編製者
如謂糸工作等為
目前急要之圖中
意本行自製簡碼
有完全應用亦能
參本行簡碼共一百廿
門每門定用八碼若
用新中式照申請批之
ADA方法當可擴至一百門
以上一門若延至二字或
三字可有二十碼或三十
碼可增多應用簡碼便
利更覺進步即以一
字說話三個更多作
為一門可作六個若大
字可做八碼并不紊亂

中華民國21年7月10日 第98號 6頁

稟陳事項 第27号一元

啓用電碼 中日前由新中電碼中摘出空白編
製成語同尚未敷用茲又續補一頁另用ADA公式
思得一種公倶折本之簡捷法 載明於條例
中 列入附表之第 叁 根中何
簽事 寄下中國銀行股東会出会委托書
及四明銀行股票一張 請向更換新票 逕寄
由劉其楓襄理照收可也此致
總務股 鑒

聚興誠銀行信箋

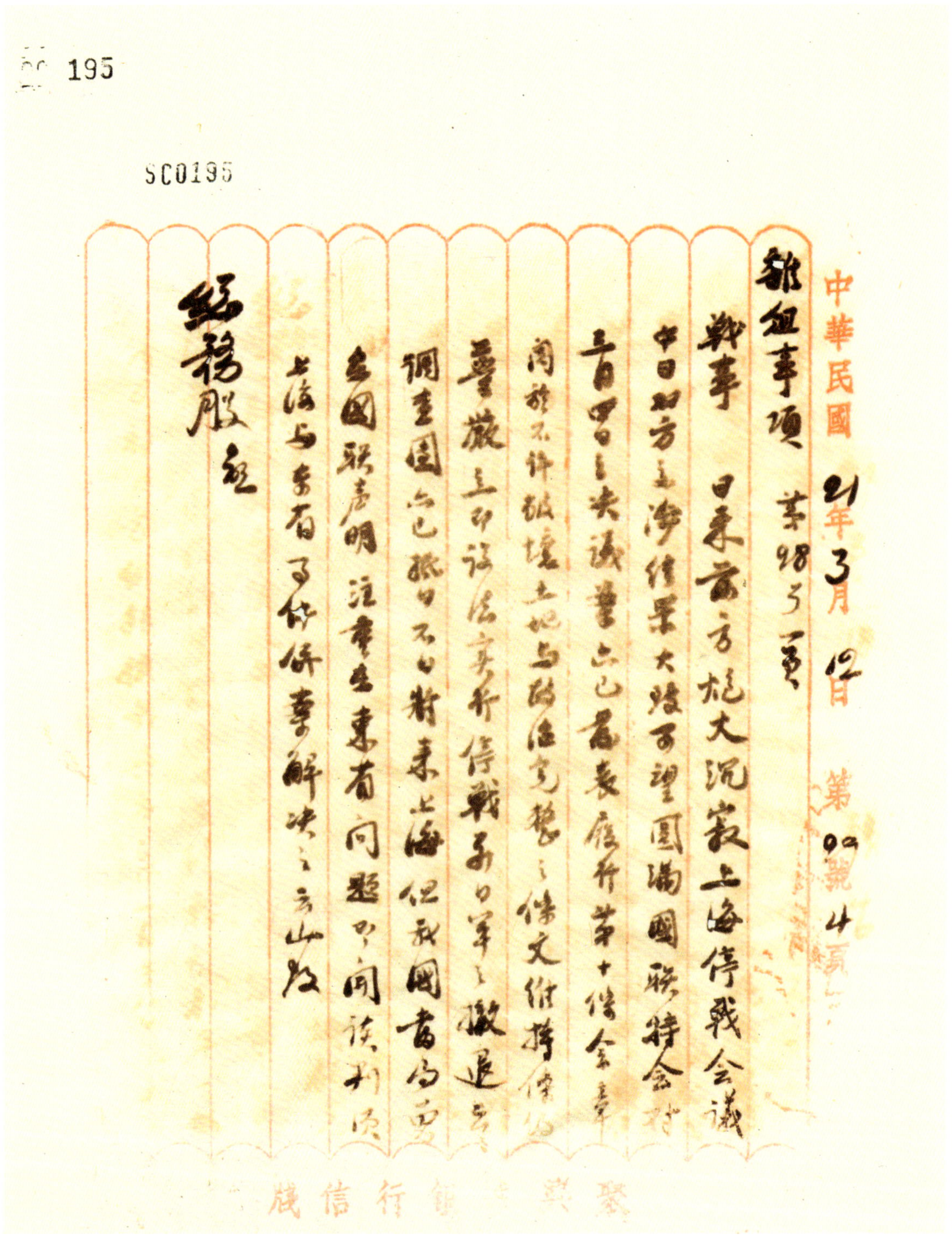

195

SC0195

中華民國21年3月12日 第90號4頁

新組事項 第98號一頁

戰事 日來雙方炮火沉寂上海停戰会議中日雙方之交涉結果大致可望圓滿國聯特会於十一日下午之決議業已發表應行第十條会章關於不許破壞土地與政治完整之條文維持條約尊嚴之印證並實行停戰及日軍之撤退並調查團亦已抵日不日將來上海但我國當局要求國聯聲明注意遠東有問題即開該約須上海與東省事件併案解決之云云 此致

總務股 經

聚興誠銀行信箋

196

SC0196

中華民國21年3月19日 第31號 4頁

續組事項 第29至卅頁

四明股息 本屆股息計領洋元壹百兩已照轉賬應換新股票須俟一月後方可發給屆時換回再行寄奉該行第二三屆報告書另郵寄上希 登收爲荷

中行股東會 今日開會由[illegible]楓代表列席去年份盈餘共一百八十三萬七千四百六十元四角四分均有詳細報告冊及決算表另郵寄奉希 台收 本屆當選董事人為盧澗泉張文煥顧先明蘇啟老等諸人云

滬案 國際調查團連日在滬斡旋和平不遺餘力和日方所根據我吳市長一日手公函中

聚興誠銀行信箋

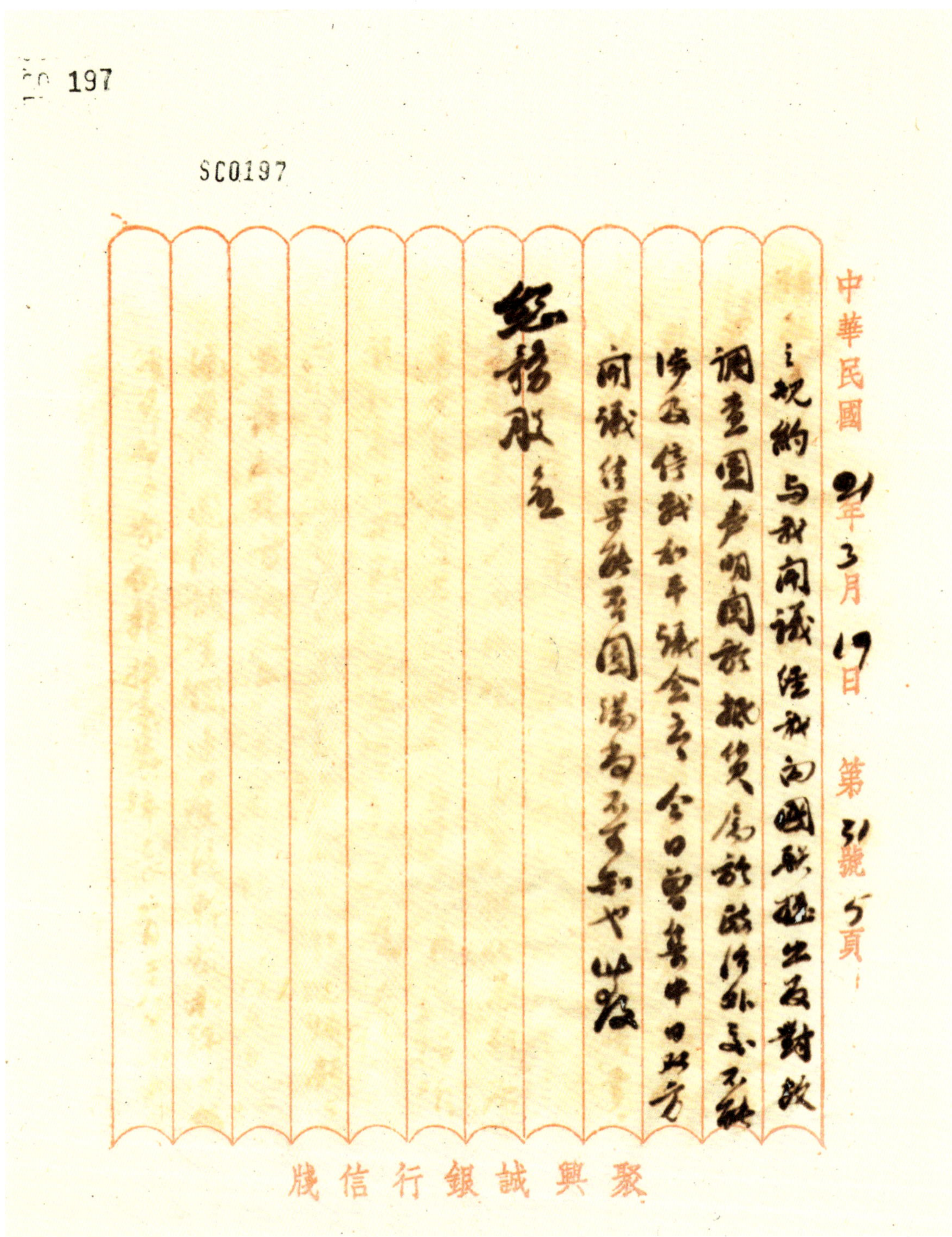
中華民國 21年3月17日 第21號 5頁

之規約与我商議，經我向國聯提出及對敵調查團声明關於抵貨屬於政府外交，不能涉及，俾我和平議會云云。今日曾集中日雙方商議，結果殊乏圓滿，尚不可知也。此致

總務股 鑒

聚興誠銀行信箋

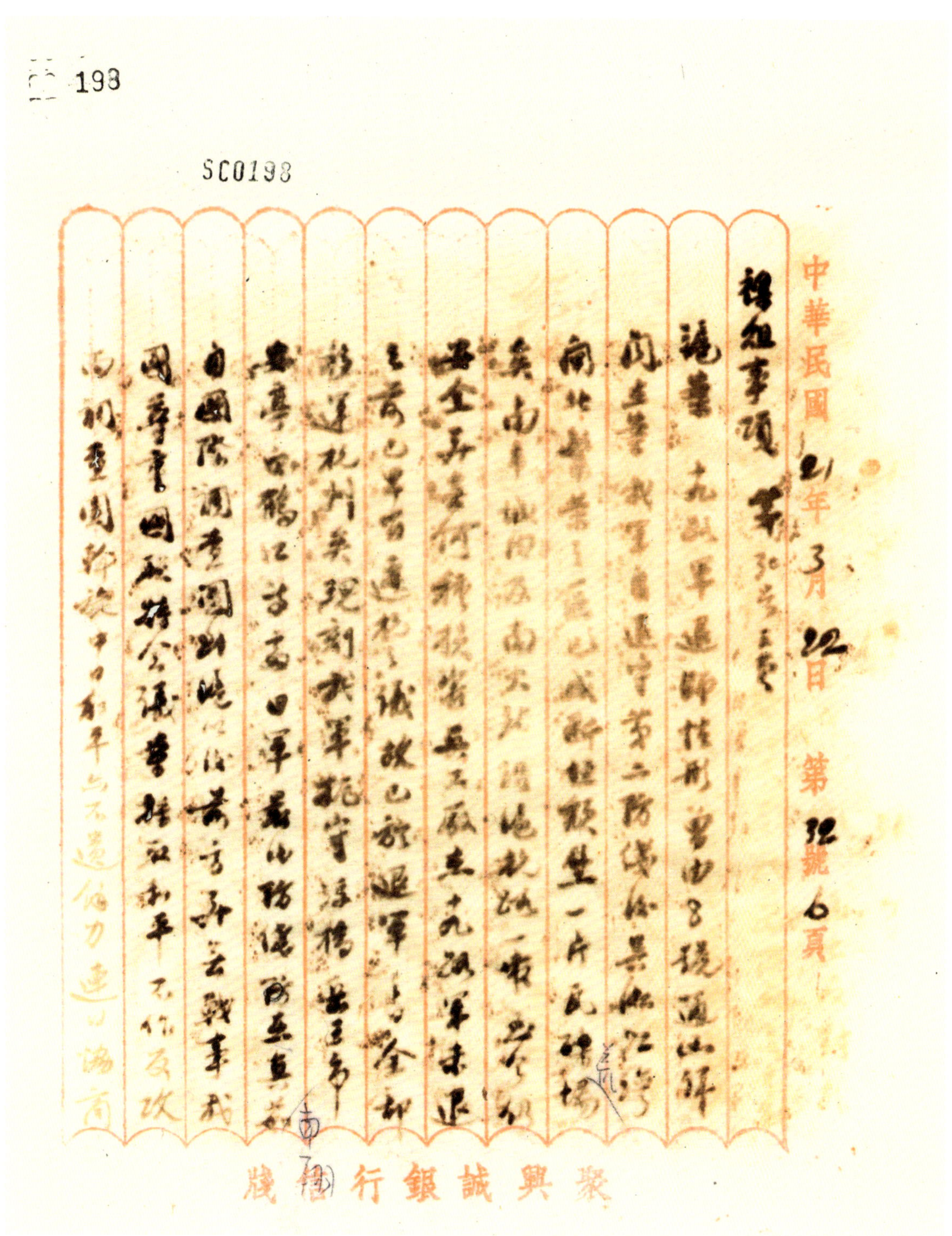

中華民國21年3月22日 第32號 6頁

聚興誠銀行箋

193

SC0199

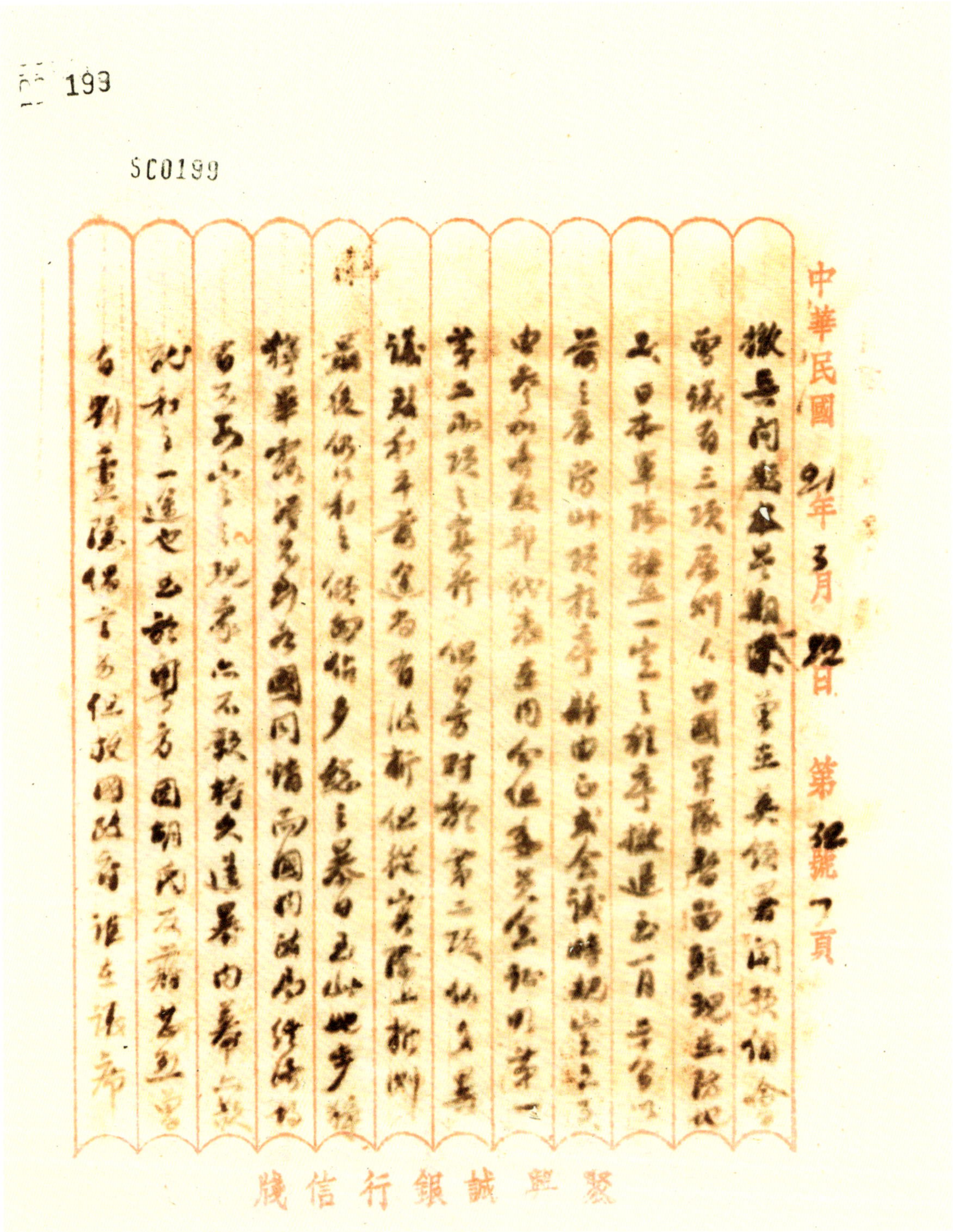

中華民國21年3月廿日　第　號　頁

撤兵問題本無[illegible]，[illegible]兵[illegible]問[illegible]協會
議有三項原則：中國軍隊暫留駐現在防地
上；日本軍隊撤至一定之地點，撤退[illegible]一月[illegible]以
前之原[illegible]；此項[illegible]由[illegible]會議時規定[illegible]；
中[illegible]即代表在內[illegible]。第一
第二兩項之實行，[illegible]日方對於第三項似有異
議。[illegible]和平[illegible]
最後仍以和[illegible]多[illegible]此步驟
將華[illegible]國[illegible]國內[illegible]
[illegible]
[illegible]一[illegible]
[illegible]

聚興誠銀行信牋

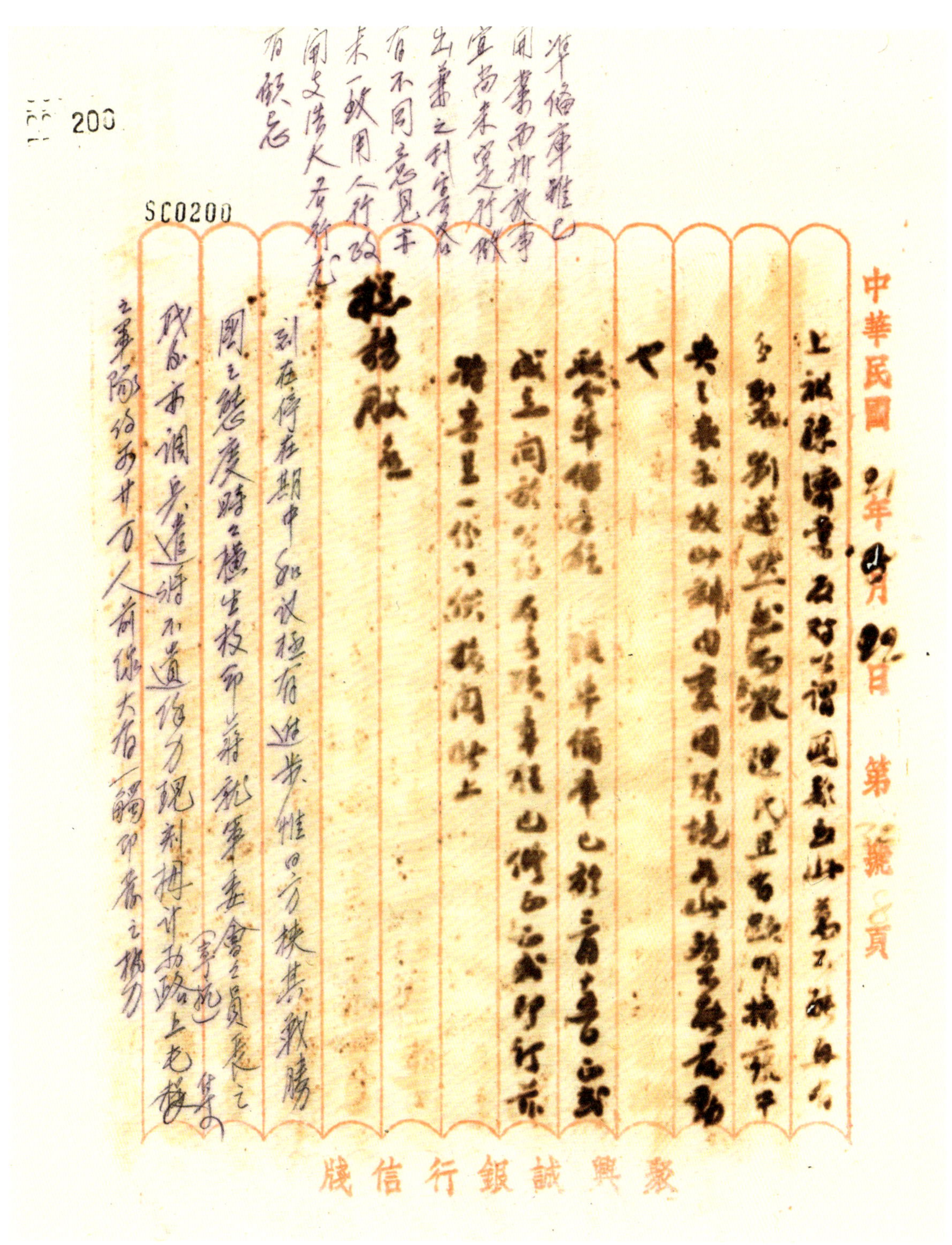

200

SC0200

中華民國21年4月29日 第7號 8頁

上祇陳讀書及計劃謂國難如此萬不能再久多累。劉建邦先生[illegible]建議且當歐洲擴充中央之要求，故此計劃由[illegible]國際說及此頗多不動也。

兆今年偏於[illegible]，[illegible]年偏重已於二前兩請成立同議[illegible]五六[illegible]事[illegible]山饑[illegible]行示，特寄呈一份，以備核閱，附上

核[illegible]賜念

剋在停在期中和議極有進步，惟日方挾其戰勝國之態度時時橫生枝節，藉詞軍委會之負責之我方有調兵進攻，將不遺餘力現剋搏於路上屯集（寧杭）之軍隊約有廿万人，前線大有一觸即發之趨勢

準備庫雖已用業而排放事宜尚未實定，將來出業之利害各方各有不同意見，未一致用人行政開支法人各行尤有顧忌

聚興誠銀行信牋

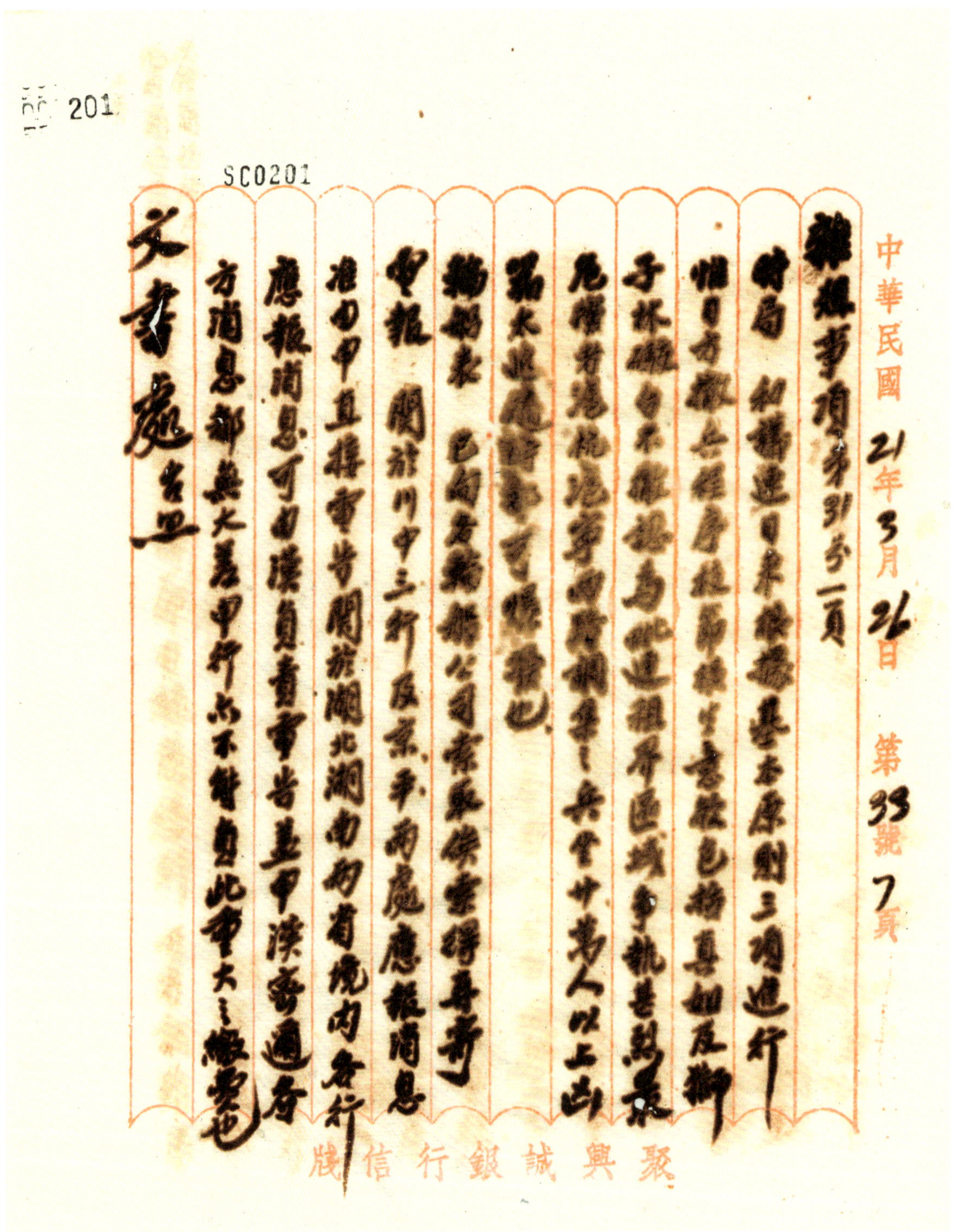

中華民國21年3月26日　第33號　7頁

雜報事項第37第一頁

時局　和議進日本雖承認基本原則三項進行

惟日方撤兵程序殊節外生枝意欲包括真如及獅

子林礙難承認為此進租界區域爭執甚烈最

危險者為杭滬寧四路聚集之兵當廿萬人以上也

[illegible]可暢發也

輪船來　已向各輪船公司索取保安得尋寄

電報　關於川中三行及京平兩處應報消息

准由甲直接電告關於湖北湖南兩省境內各行

應報消息可由漢負責電告並由漢齋通各

方消息鄙無大差甲行亦不能自悉此事大大緊要也

文書處呈

聚興誠銀行信牋

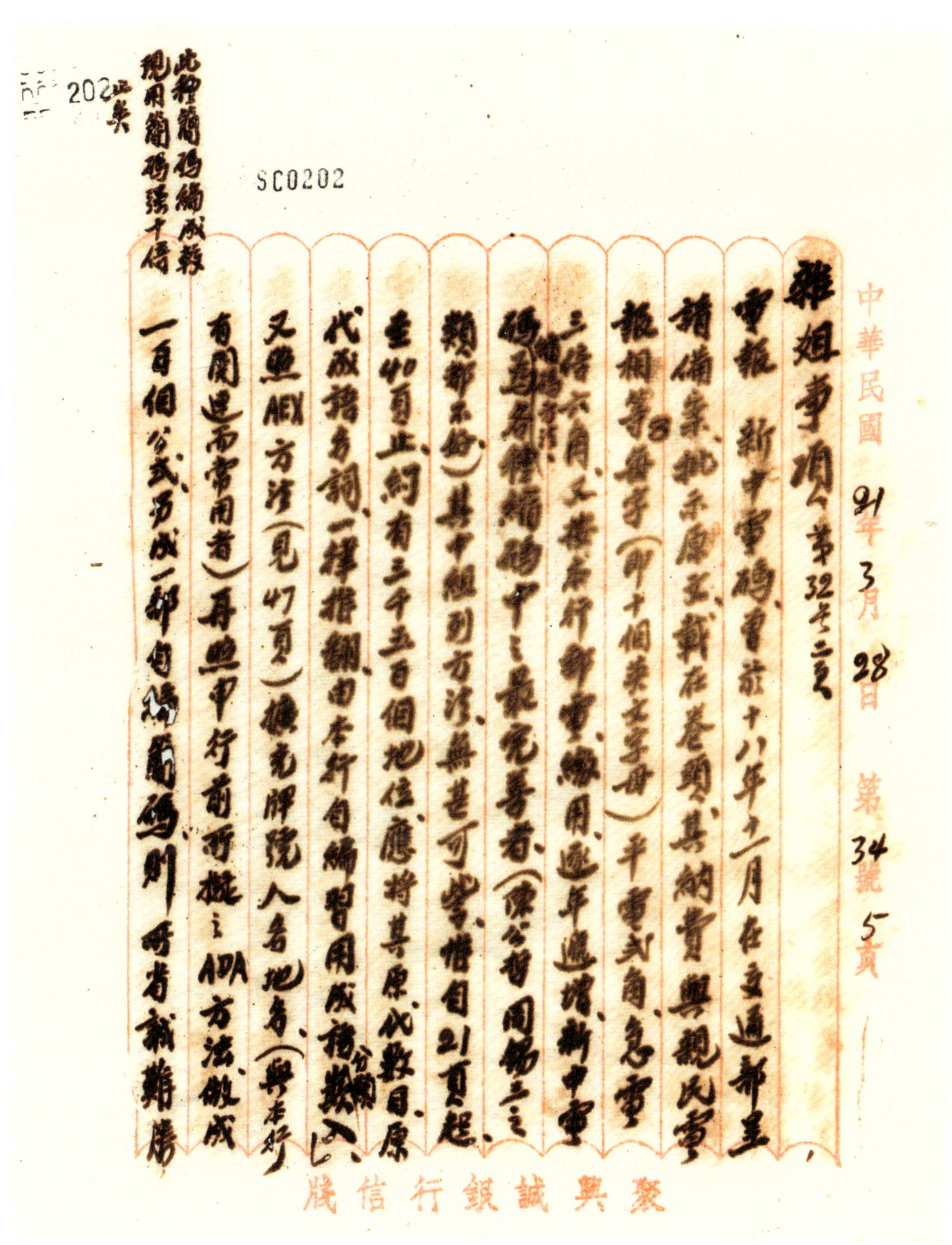
202號

SC0202

此種簡碼編成較現用簡碼強十倍

中華民國21年3月28日 第34號 5頁

雜俎事項 第32之二頁

電報 新中電碼曾於十八年十一月在交通部呈請備案、批示原文載在卷頭、其納費與親民電報相等(每字(即十個英文字母)平電弍角、急電三倍六角、又據本行鄭重聲用、逐年遞增、新中電碼(通碼方法、)為各種編碼中之最完善者、(陳公哲同編之之類都不錄)其中組列方法、無甚可議、詳自21頁起、至40頁止、約有三千五百個地位、應將其原代數目、原代成語名詞、一律撤翻、由本行自編習用成語數(公開)入、6、又照AEX方法(見47頁)、據充牌號人名地名、(與本行有關過而常用者)再照甲行前所擬之ADA方法、做成一百個公式、另成一部自編簡碼、則所省誠難勝

聚興誠銀行信牋

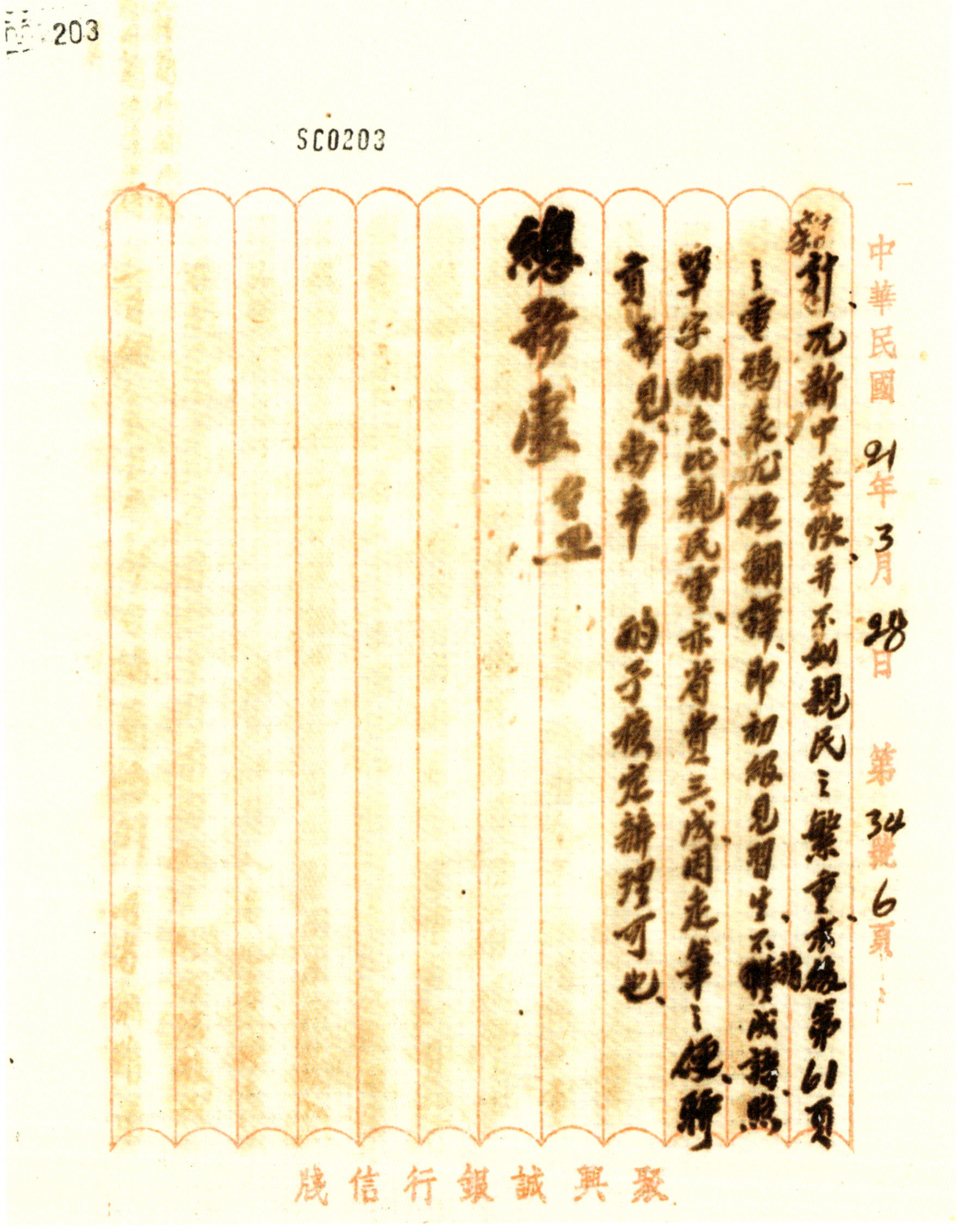

中華民國21年3月28日 第34號 6頁

繙新元新中卷帙并不如親民之繁重，老版第61頁之電碼表尤便翻譯，即初級見習生不諳成語照單字翻定，比親民電亦省費三成，因是等之便，將貴處見寄本，酌予核定辦理可也。

總務處 台照

聚興誠銀行牋

中華民國21年3月29日　第35號　4頁

譯組事項　第33至三六

江輪　據作為由怡和太古寧紹招商三北等
公司索取作集長江各輪名單以備編入電
碼中並將中山公司兩文家抄錄列入附呈希
登收為荷

和會　自開議至今已及四日日方對於原則第
二項一再堅持且故意節外生枝藉及該項向
北我國當局方以反對觀日方之意蓋欲久佔吳
淞江灣南北一帶土地故迭次會議均不肯依原
則態度甚為強硬雙方意見難接近但停戰
已無異議至於撤兵向北將另由小組會議開議
關於撤兵區域程序日期等問題此刻尚無

聚興誠銀行信箋

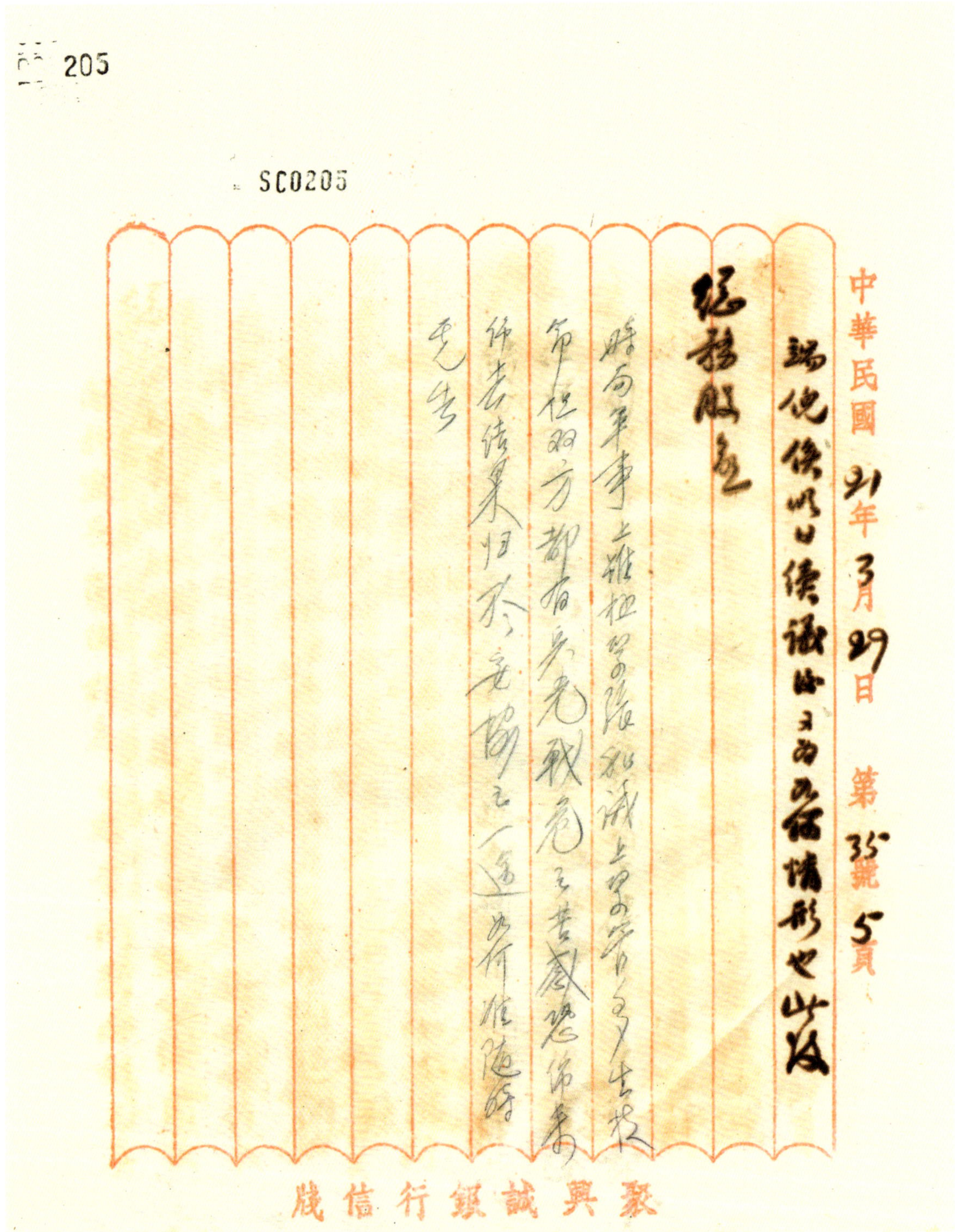

中華民國21年3月29日 第35號 5頁

端倪候明日續議始可知其詳情也此致

總務股鑒

時局軍事上雖相持如張然議和空氣日多大有轉

節但雙方都有厭戰意之苦衷恐未

終無結果歸於罷戰之一途如何惟隨時

再告

聚興誠銀行信箋

前 206

SC0206

中華民國 21 年 3 月 31 日

36 4 號

議和事項 第34之一号

和議 今日双方續議關於原則第三條日兵撤退時間双方爭持甚久仍無結果且日方對於撤退地點閘北江灣一點持之尤堅我方決難應允各國參加代表因見會場情形嚴重認此點雙方發生爭執若會議由中日辯論終難會決定於四月二日再開會議由各參加代表從中調停之俾易促成和會前途之一線曙光庶幾於此但其書不來生變為難逆睹也

此致

總務廳

聚兴诚银行关于「一·二八」淞沪抗战前后政治军事时局与金融动态情报（四）

（一九三二年四月十三日至三十日）

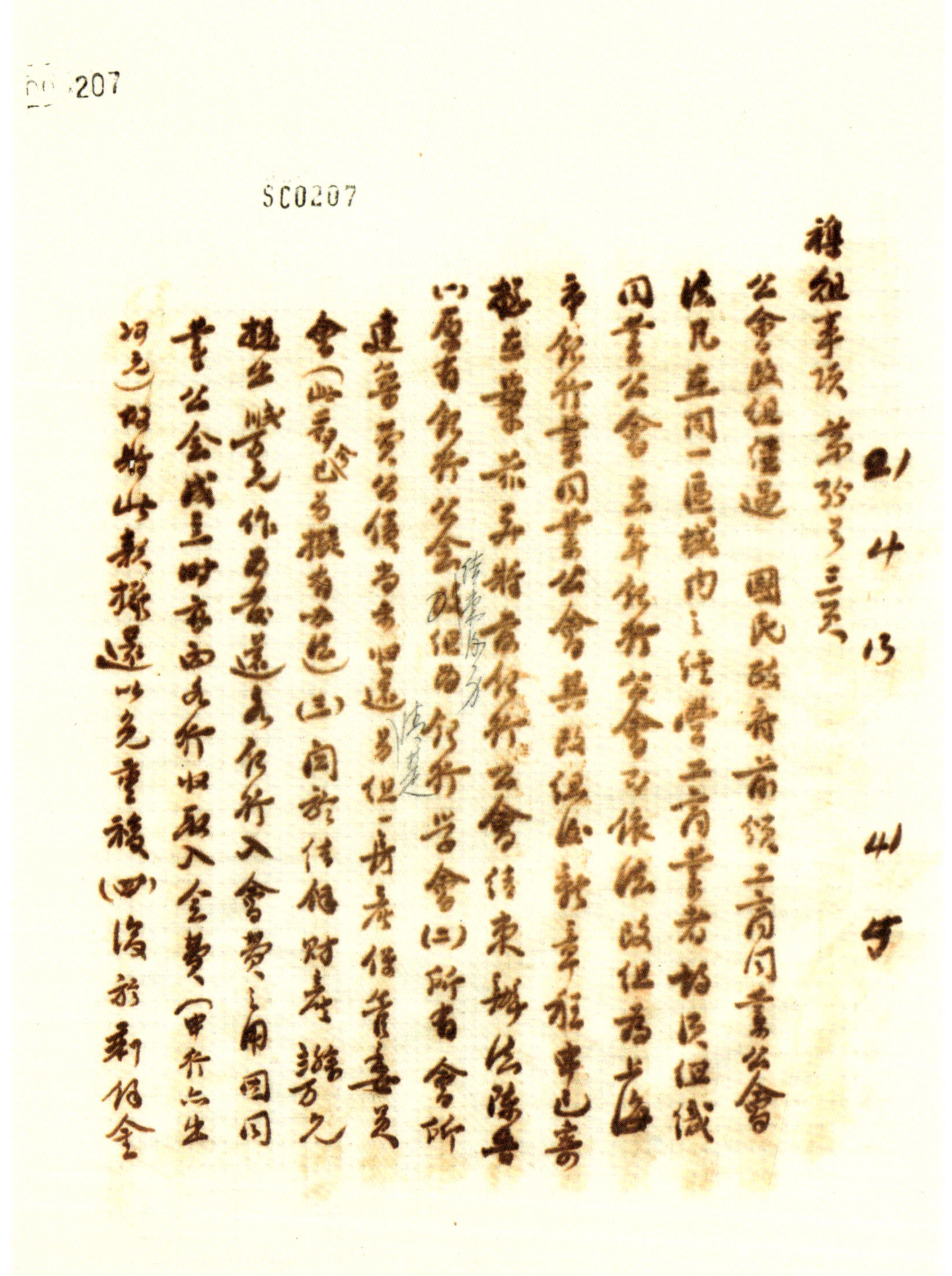

改組事項　第[illegible]号　21 4 13　41号

公會改組經過　國民政府前頒工商同業公會法凡在同一區域內之經營工商業者均應組織同業公會　去年銀行公會即依法改組為上海市銀行業同業公會　其改組後新章程中之會[illegible]並將前銀行公會結束辦法除會（一）原有銀行公會改組為銀行業公會（二）所有會所建築費公債尚未償還　另組一負責保管委員會（此節另已另擬有辦法）（三）關於結餘財產　[illegible]之撥出[illegible]作為[illegible]還各銀行入會費之用因同業公會成立時各銀行均收取入會費（甲行六十元）照此數撥還以免重複（四）保存於新公會

21 4 13 6

中擬出版之股票事務應保管委員會（五）尚仍
〻〻三萬借之以應年利息及捐款利息既合債
成後捐入銀行學会作為基金至於入会費二部
分款書局全部備函具領（由行前收入會費項下撥之
中行收回（四）收入閘文庫中上中銀行公会債株債務事分
情形所遺會所及地皮二款另定之原價為
此兩項因地價已漲地面價值之撥歸會所值撥歸
分値總而析作若干分之亦作股份地基委員會
決議改組為股份有限公司即以國幣一
千萬元為資本歷指有為銀行公會股份債
票〻〻各銀行按舊債票面額照比計兩得
換新股票一股（即國幣一千元）此項股份奉公司 書定人存之

21 4 13 21 7

刻书市民之其章程草案已经拟就由特另
缮抄奉核至备剏之会通过及如何选举
等事中所需经费地方公债或俟将来成
立以后由捐款拨还尚希卓裁此上

总务股

停战会议无期延期诸事又难国联解决
不知拖至何日惟中路近南翔黄渡太仓间我军
虽严整旗鼓绝对不放弃有大战者在此吴互
相放枪者炸弹不过间稍笑耳所告者吴自
居民逃避出事故但不得进退皆非可言极人
世之至惨之也

21 4 30 46 5

雜記事項　第37号二頁

明了　傳戒會議當開者日之前乃義生地

誕嘉之旅費昨日為日本之天長節此時因日本

舉行日（逞）於淞滬謂西枢凡的意以於慶祝

日軍民皆共為乘血日軍政領袖等在虹口公

園舉行慶祝登閱兵台高唱倭歌之時當

人投擲炸彈於台上登時炸死白川植田野村

重光村井河端諸要人無一不受炸傷惟河

端（日居留民團長）今已死外植田重光衰

傷均甚重諸炸彈發後方時已捕獲由彥仍

守衛大嚴西韓人亦異不當朝此中路之天命

也傳戒會議報載何不能影響重光也完

211

SC0212

吴市长国务会派代表到部是否须临速到为要 21 4 30 4 6

能知乜出发

总务股 之

秘组事项　第38号　二十一　21 5 4　48 4

时局　自日要人被炸后日本与我国无内似不影响于停战会议尽管今日又协定签字因日方训令未到遂展至明日再开我国郭泰祺代表因此次的主要签字人昨日在国难代表中之激烈分子见郭团为生命安危起郭被殴伤但据郭来函不愿停战会议本人仍然签字由是则中日协定仅时间稍展但不能有若何变化也　西南方面胡汉民孙科诸人以反对辱国签字为名乃与中央相抗然西南之陈济棠因与中央已取实联络此次欲将海空两军收编而海空军系受命于胡孙等下不服归陈故有虎

門炮台与軍艦攻擊之頗甚能否受不致
又何援大化洋方面第一段我方自閘之起
殊死人菌冷华此敗

但楊敗矣

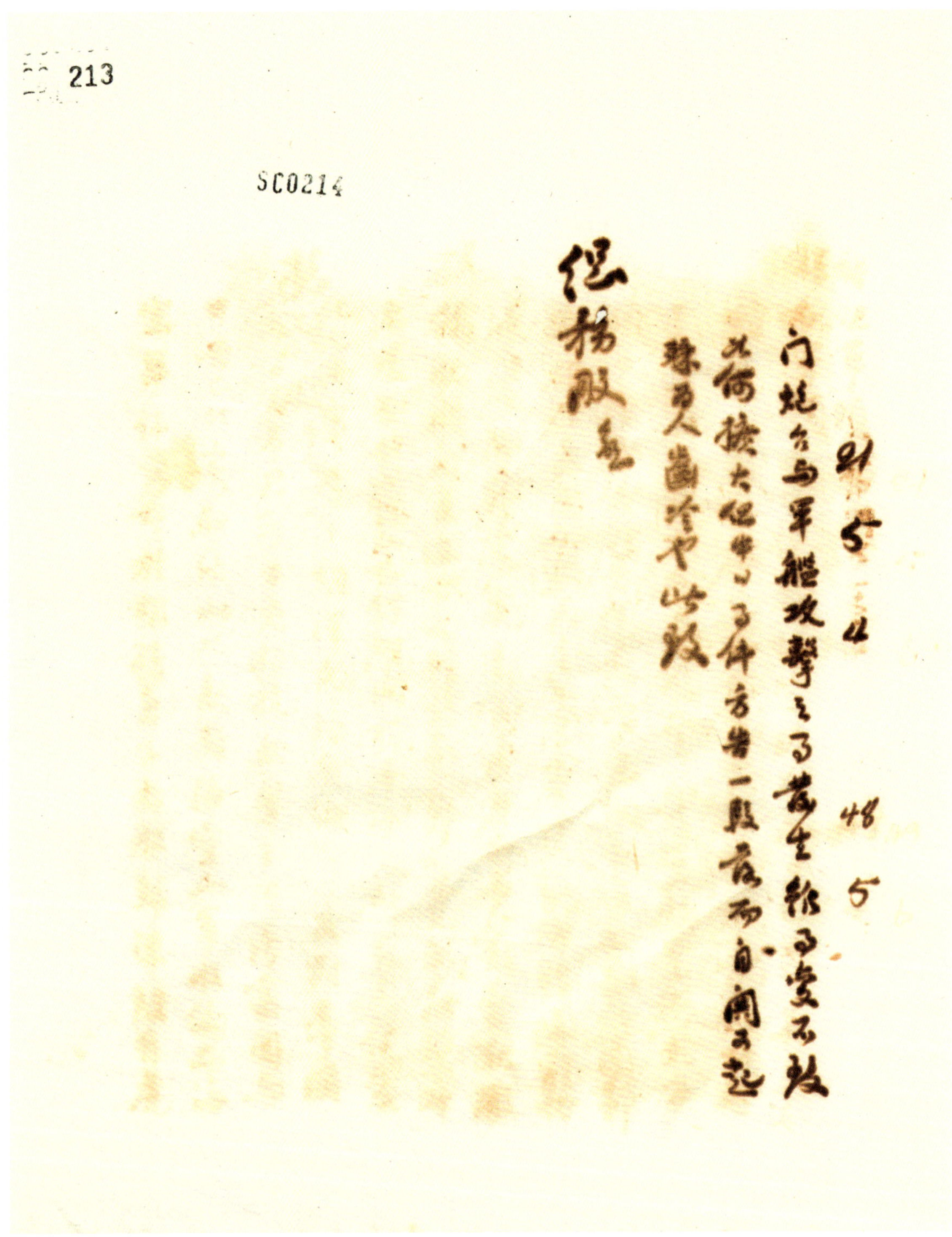

謹陳事項　第39之一號　21　5　6　49　6

時局　中日停戰協定昨於五日已由中日英文本簽字双方首席代表均至病床簽字其中文本協定全文業已公佈（已見報載）述獻多日停戰會議已告結束而廣州事件尚未解決據報載粵海軍司令陳策指揮陸戰隊在海口佈防艦隊集中瓊崖陳濟棠電派隊往繳械內定海軍司令為香翰屏云內部糾紛恐尚未能已也　此致

總務股鑒

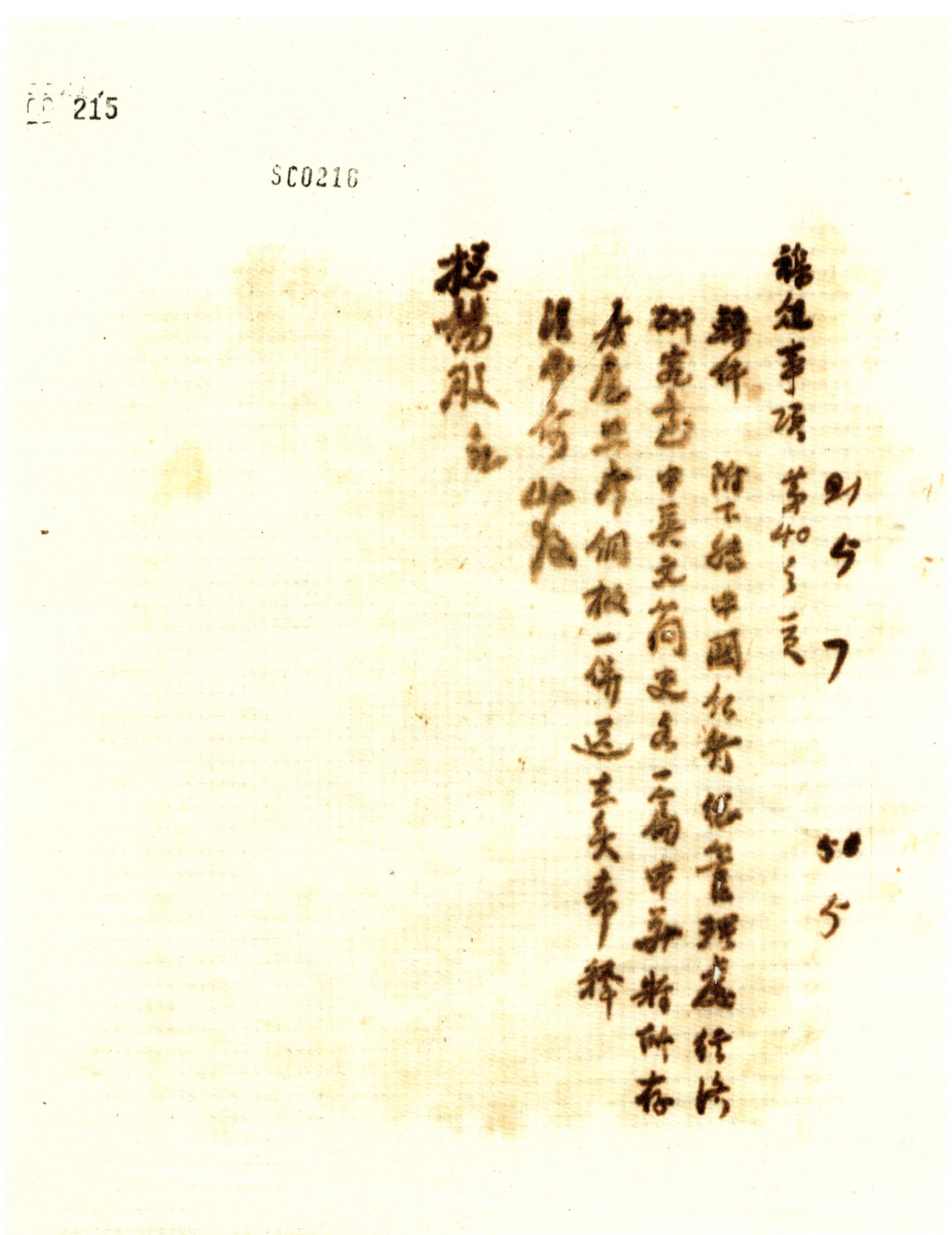
接洽事项 第40号函 2157 505

转件 附下转中国红十字会管理处信件

研究会中英文简史各一篇中华将所存

本处又并钢板一块送至文书处释

请示何处为荷

总务股启

中華民國21年5月16日　第514號　4頁

續陳事項　第41号一頁
時局　南翔日軍亦已撤退今晨已由戴戟接收完
竣其江灣吳淞尚未接收惟於此日軍撤退期間
乃有日本犬養內閣要人被刺之消息據晚報
所載犬養已於昨晚十時身死而有謂日海軍士
官此種事變顯為軍閥欲擴張勢力掃除大
政黨大財閥以遂其黷武之野心也粵方仍紛
報載陳濟棠有下令動員進之態度恐如
調解之說一時恐不易就範耳此致
總務股

聚興誠銀行信箋

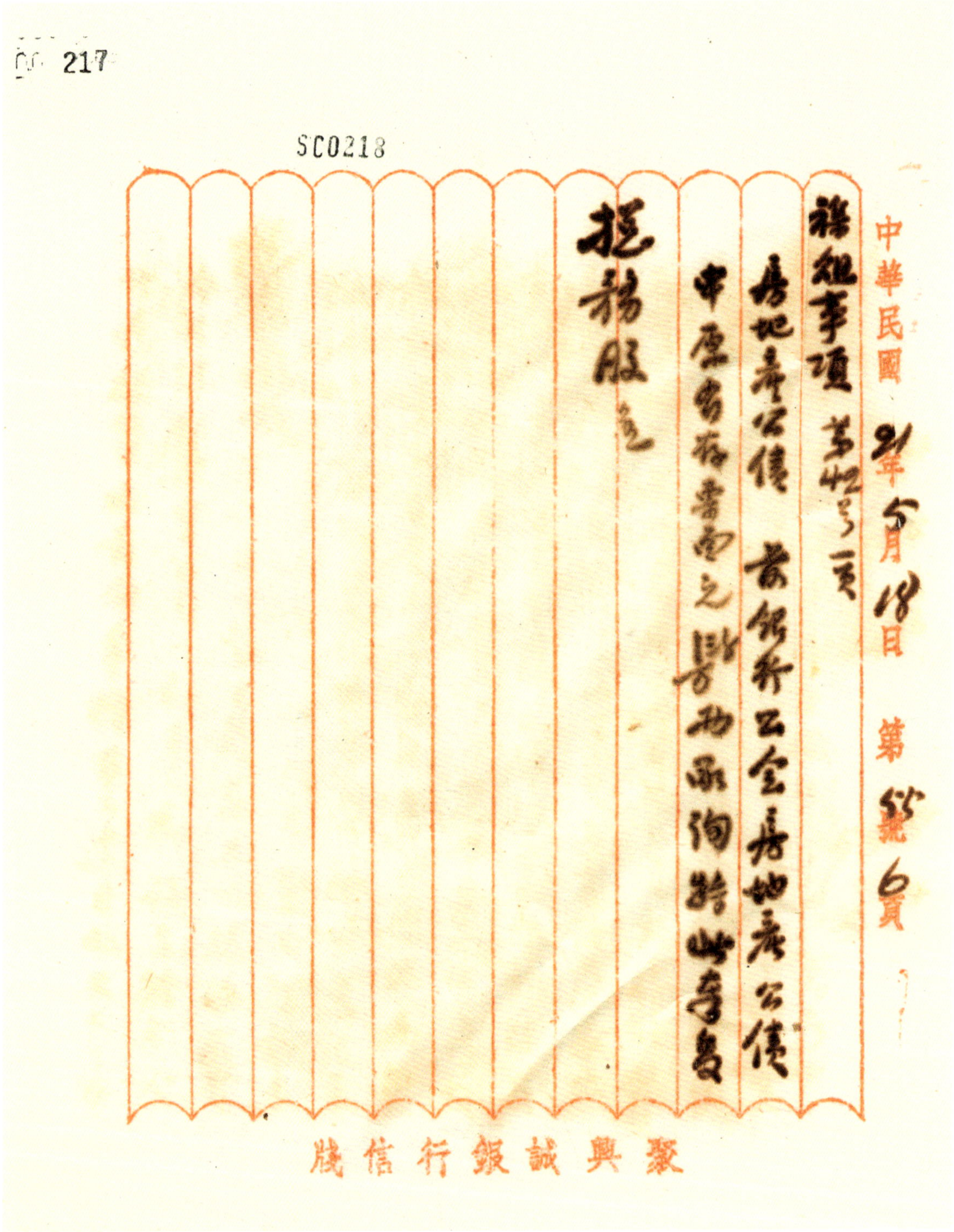

中華民國21年5月18日 第45號 6頁

襍組事項 第42號一頁

房地產公債 貴銀行公會房地產公債

中原當局委員之將為承詢辦此事宜

總務股 箋

聚興誠銀行信箋

中華民國21年5月24日 第57號 5頁

雜俎事項 第43号二頁

郵局 交通部對於郵局多有改革，最不滿於郵工者：(一)劃分匯業局與郵局，原扣兩離之人員乘機由交部安插私人，不由郵務員升充；(二)維持航空公司，而航空郵資收入不能相抵，飛機乘客又為黨國要人，任多乘費收入極微；(三)郵務工員照郵章向有一定升薪升級之制，當局乃藉以郵務積耗，舊制悉被革除，對此處而交部陰謀侵政，年置不理，於是積久相結果，於前日起全體罷工，以歸併匯業局、不維持航空公司、以郵養郵、設立特別會計為揭櫫，向當局交涉，其不達目的不止之勢

聚興誠銀行信箋

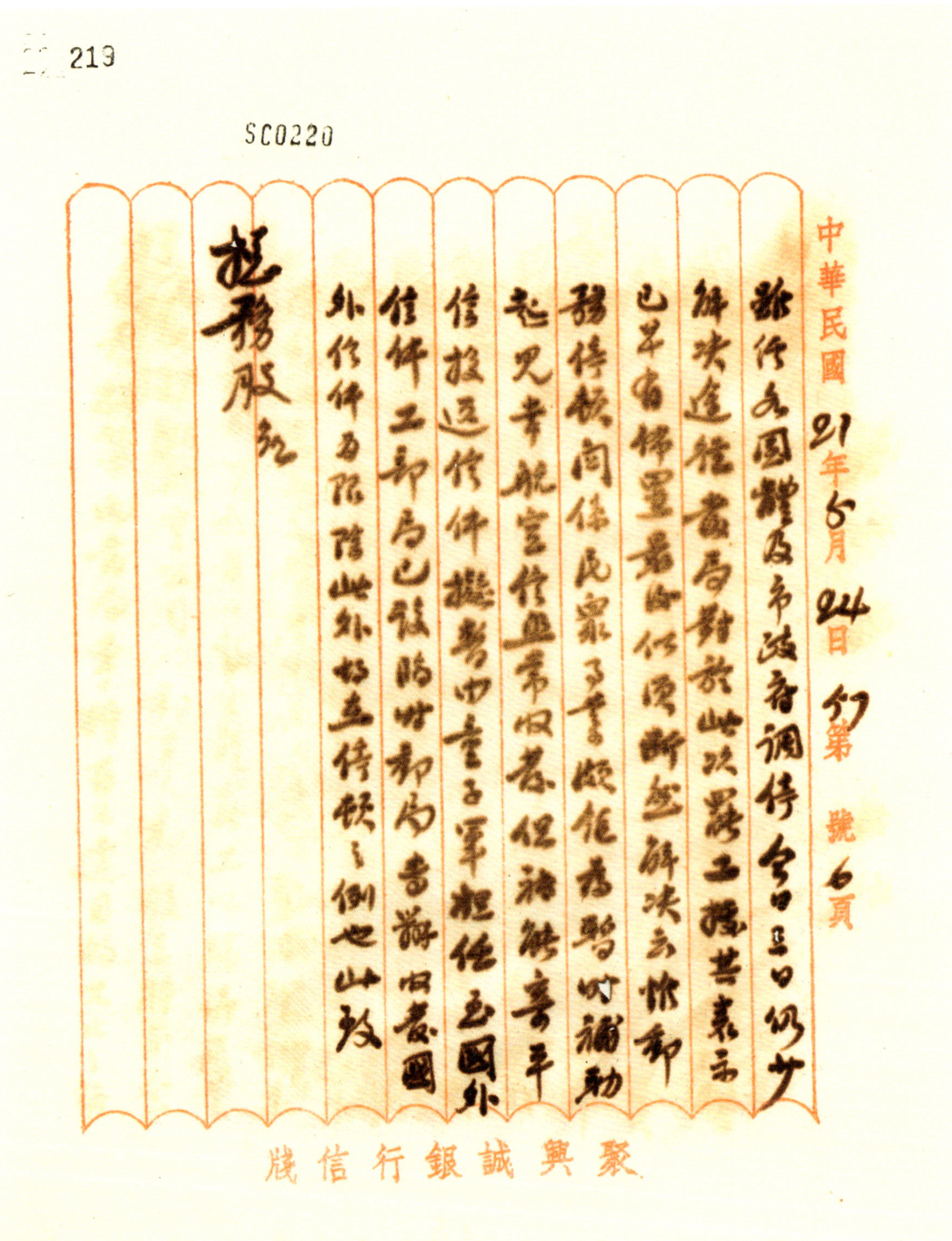

219

SC0220

中華民國21年5月24日 第 號 6頁

敬佈全國體及市政府調停今日之[illegible]
解决,逢貴當局對於此次罷工據其表示
已早有佈置,最好何須斷然解决,免[illegible]和
務須顧向條民衆子孩能為暫時補助
飽見幸能實行並帝收養,促請錢寧平
信接這條件,擬勸中重予軍經任五國外
信件工部局已設臨時和局書辦收養國
外條件為限,除此外姑且待[illegible]之例也此致
總務股 名

聚興誠銀行信箋

中華民國31年5月26日 第58號 4頁

移組事項，第卅号一至

勞資罷工已及四日，經中央派陳公博來滬，

勞方代表與各團體協力與勞工調解，

對方議定條件三項：（一）勞務部工資日起一律按

工；（二）組織勞務研究委員會，委員由政府及

資勞工會三方推派委員研究勞工待遇等

裁併區委員及資方提出；（三）當局仲裁未解決者。

今日下午一時由罷工委會通告全體復工，惟對向

無從工作人員未予辦理，須日後方可正式復業

也。此致

總務股查

聚興誠銀行信牋

221

SC0222

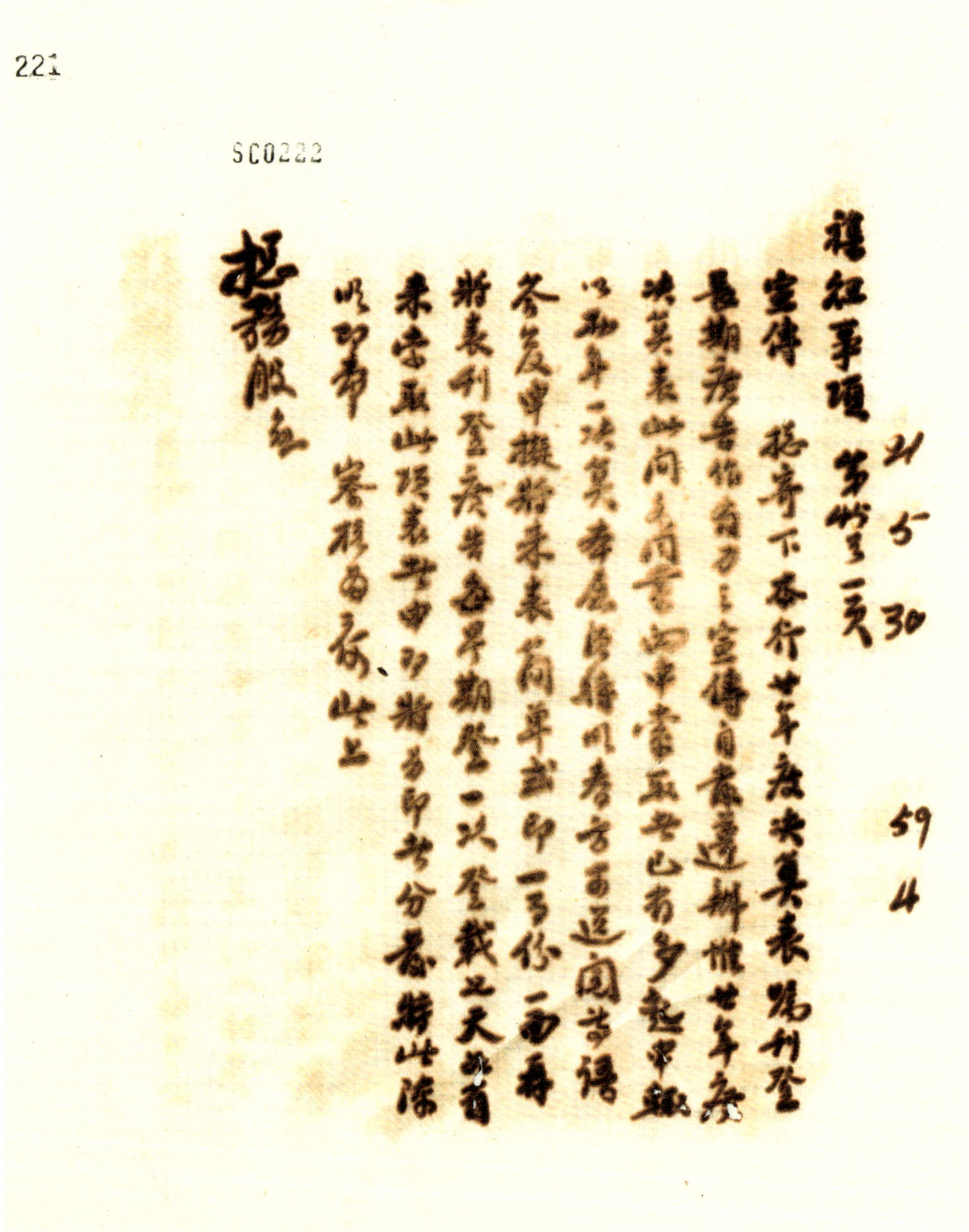

請示事項 第卅三頁

宣傳 總寄下本行廿年度決算表囑刊登長期廣告作有力之宣傳自當遵辦惟廿年度決算表此間之前曾由申報取去已有多起以動年一次算表本應照轉明春方可送閱查該答復申報將本表簡單截印一百份而再將表刊登廣告每星期登一次登載之天首表索取此項表者甚多印者分發蒙將此陳明印布容稍為核此上

總務股 鑒

21 5 30

59 4

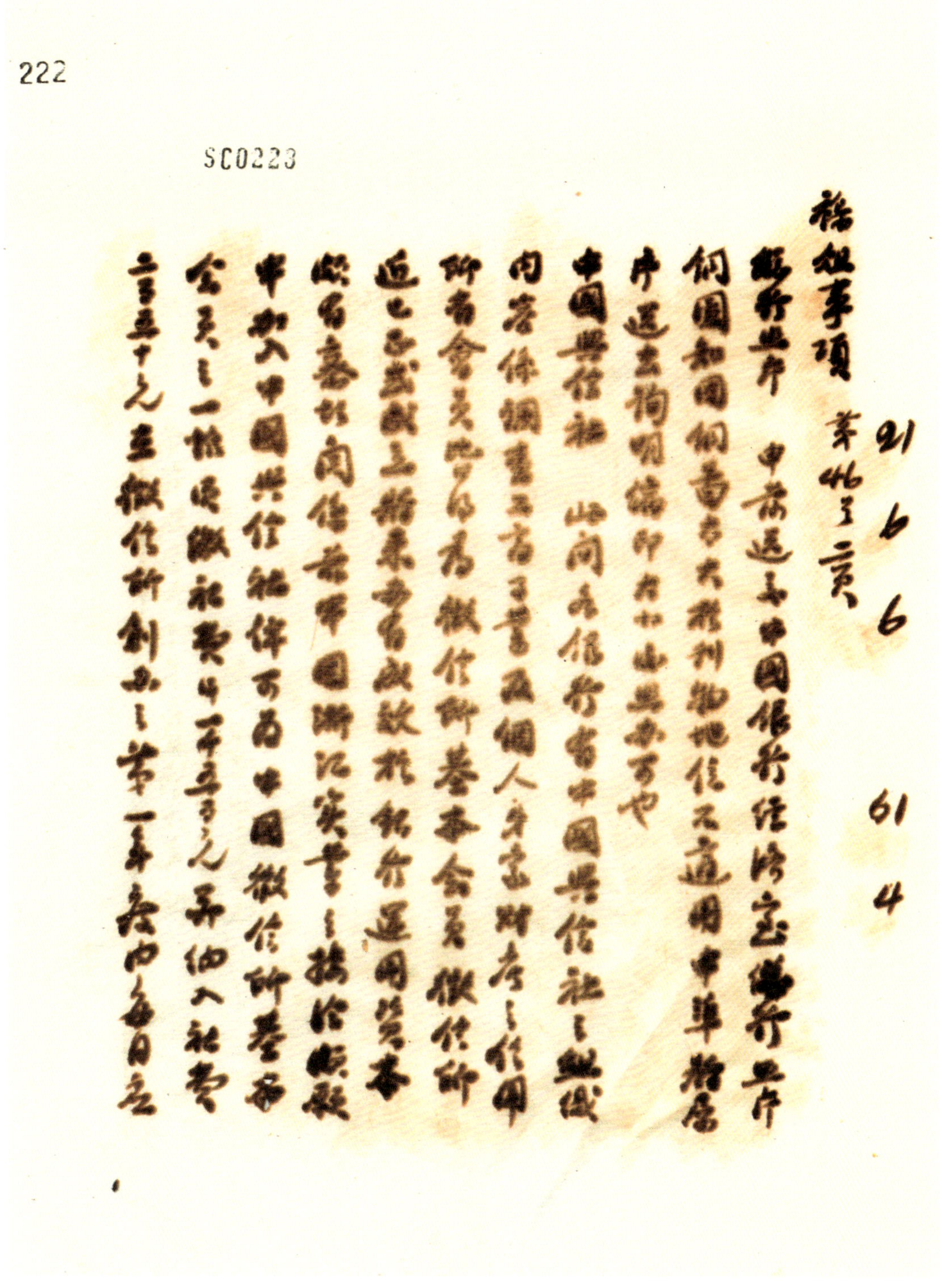

222

SC0223

報紙事項　第46號二頁

銀行界　中南送至中國銀行經濟室編行界
銅圓和國銅幣在大都州物地位不適用中華精處
所送出銅明編印出如此無異可也
中國興信社　此間各銀行當中國興信社之組織
内容條詢甚至有子書兩個人手寫財產之信用
所有會員悉依為徵信所基本會員徵信所
近已正式成立將來會自致於銀行運用資本
斷有嘉好南信為準國浙江實業之指給帳款
中加入中國興信社保可為中國徵信所基本
會員之一據所徵社費每年五千元又各加入社費
二千五十元至徵信所創辦之第一年發內每月應

21 6 6 61 4

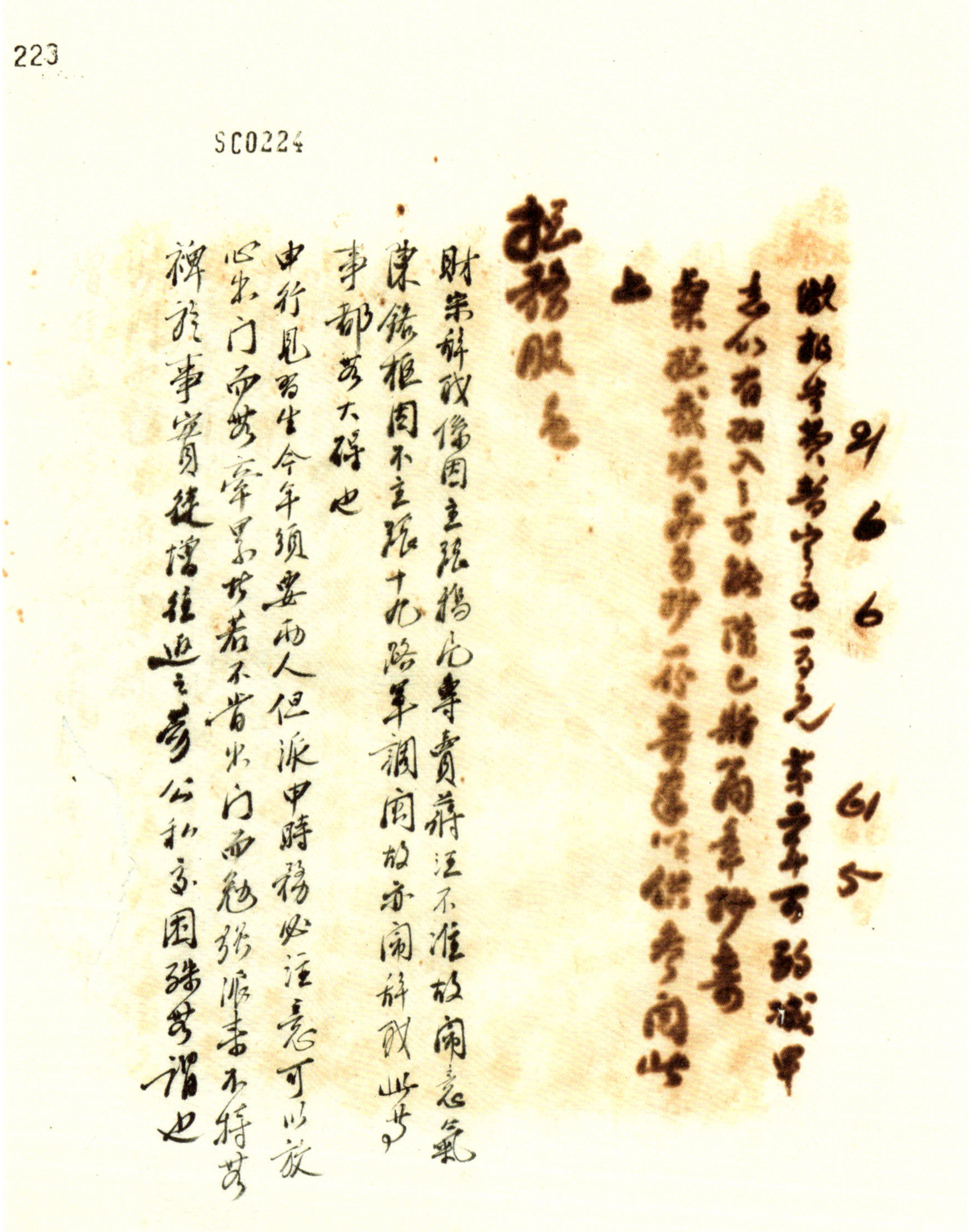

敬啟者貴會寄來一萬元業經收到[illegible]
幸公有加入十字會[illegible]已將前年[illegible]
來函[illegible]一份寄[illegible]以供參閱此
上
[illegible]務股[illegible]

財宋辭職係因主張積充軍費蔣汪不准故鬧意氣
陳銘樞因不主張十九路軍調開故亦鬧辭職此等
事都無大礙也
中行見習生今年須要兩人但派中時務必注意可以放
心出門而無牽累者若不肯出門而勉强派來不得其
裨於事實徒增往返之勞公私交困殊無謂也

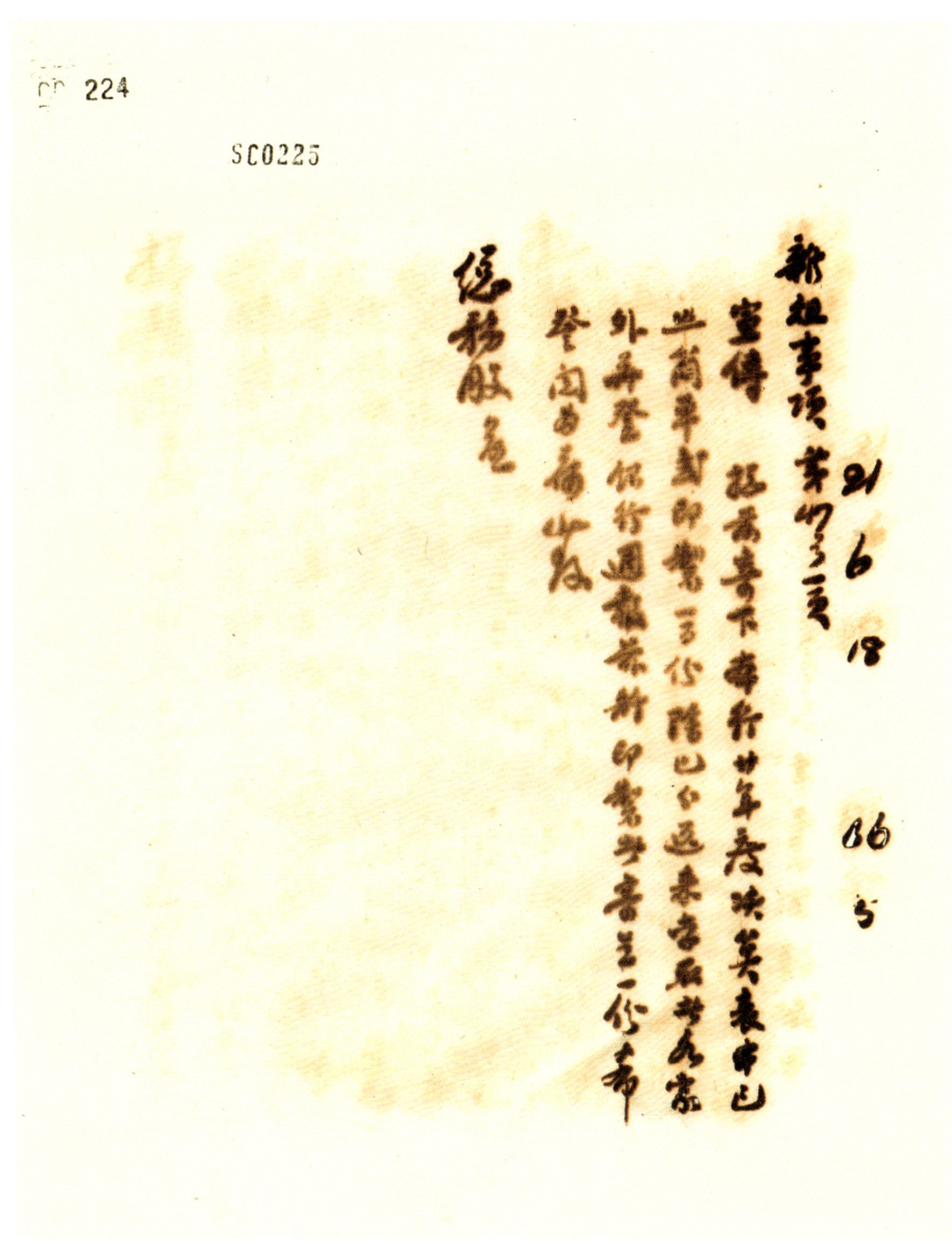

224

SC0225

新組事項第四十三頁　21 6 18 36 5

宣傳　頃承寄下本行廿年度決算表中已照前單製印壹萬份隨即分送本市各界外并登銀行週報茲將新印壹本奉呈一份亦希登閱為荷此致

總務股兄

225

SC0226

稽核事项 案准[illegible]号函 21 6 23 69 4

中国徵信所 该所成立后关于征信调查已向

外部负责指挥报告书二份列入附呈藉供

参考为荷

特电 今据商人如另发 案据一电称

兹据四保主持商会一电发伊文回司电急中匪

凡此偏劳主持成艺事[illegible]鞠躬[illegible]作多之省

实陆辅公设本国警治稽[illegible]现取缔[illegible]

吾兄[illegible]赞助[illegible]诸何

条件暂未少[illegible]

总务股 急

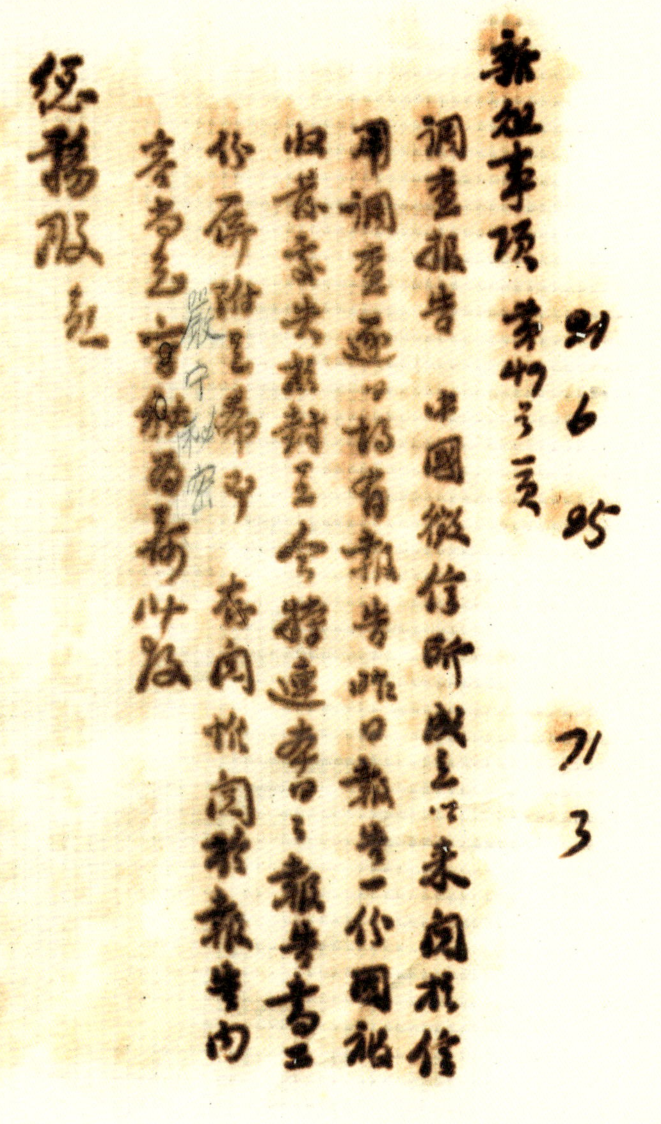

新知事項 第卅三頁

調查報告 中國徵信所於三次來函稱依

用調查迅即有報告昨日報告一份因被

收發室失誤封至今特速索回之報告書二

份隨附呈弟 奉函內核閱報告內

容尚乞查照為荷 此致

總務股 啟

21 6 95 71 3

聚兴诚银行关于「一·二八」淞沪抗战前后政治军事时局与金融动态情报（七）

（一九三二年七月九日至二十六日）

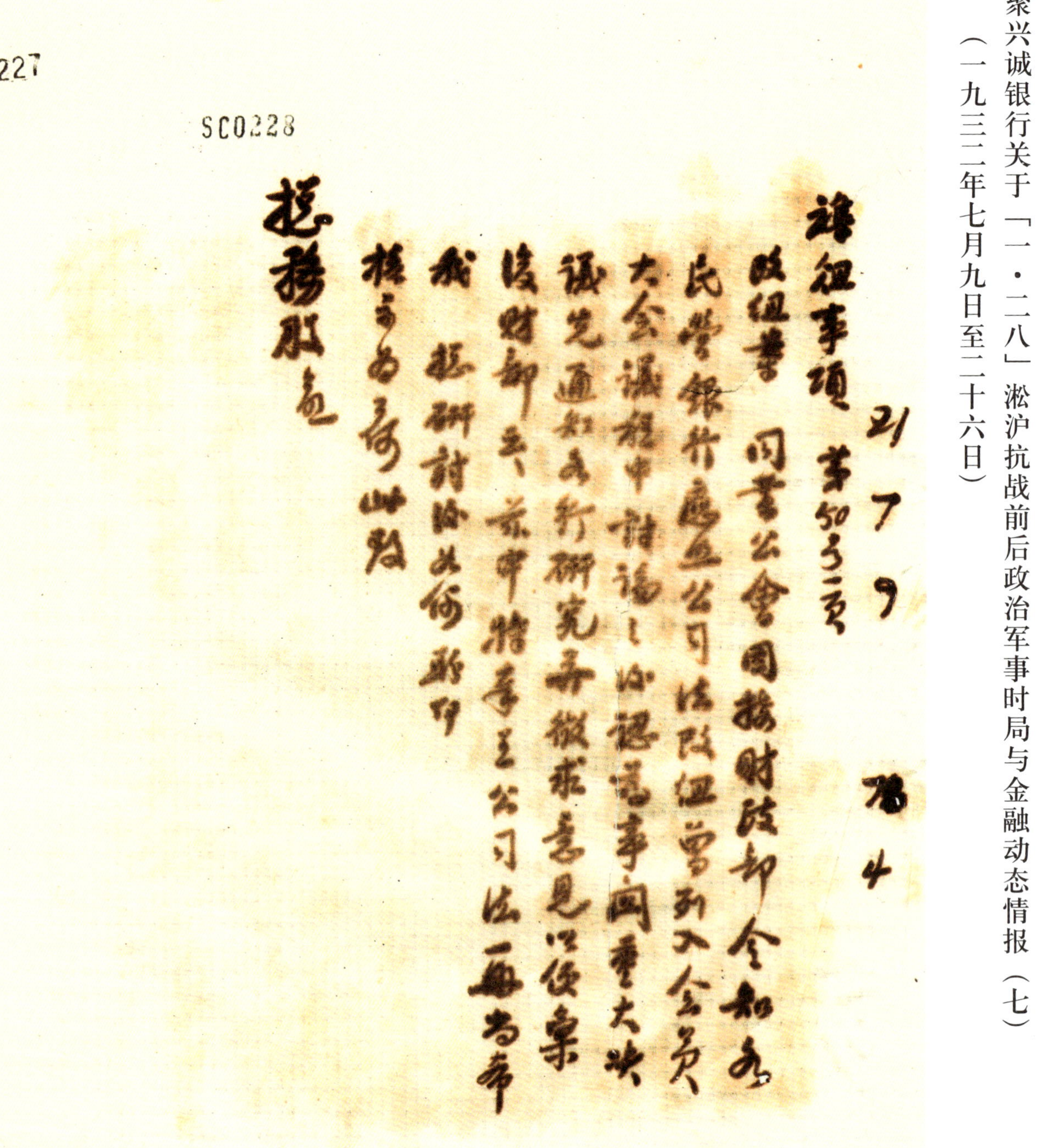

請示事項　第　號第　頁　21　7　11　29　4

現金解寄問題　業據原擬在申地同業洽系

頃借款以抵前萬之謂洽洽知為可望成殊

此間今茲申市人傳播洽而紊亂崩潰之象

殊覺懷疑未能實現否　業經將此意劃

請公請由予解寄以免危險并擬將洽庫運

下寄方法以准給與教爺、并又通函會核之處

長譯隨解寄如仍并討論照運現等情說

由總經理函請委員會核示中將該電作為依據呈

以供參閱此致

總務股乞

雜組事項第52号一頁 21 7 21 85 4

急逢譽

自上海停戰協定簽訂以來中日雙方在表面上已相安數月惟日人狼子野心亟欲完其大陸政策稱雄於世界為快是以又藉口其退伍軍人石本在熱河失蹤進兵窺我朝陽矣據本日報載十八日日機六架飛往朝陽投擲三十餘枚機槍掃射半小時我方損失奇重聞張學良湯玉麟俱有抵抗之決心惟尚未見諸事實不卜是否風傳設仍貫徹其不抵抗主義熱河一入日手則進而窺平津淪華北向飛中原正意中事也此致

總務股 急逢

雜組事項第53號之二 21 7 22 86 6

逕啓者：頃傳東北日軍對湯玉麟提有條件數項，條件中之最奇者即服從滿洲偽國之命令，承認日軍駐紮熱河境內，并嚴締取消義勇軍等。聞湯玉麟之大部產業均在瀋陽，因之態度頗極頗形猶豫。又突傳朝陽已有失守說，日本大軍由瀋陽出動，目的地未明。日軍部傳出消息，如華北軍人熱河抗日，將直取平津，打倒張學良云云。中央行政會議議決仍採取一面交涉一面抵抗之方針，已電湯、張勿稍讓步，更表示如熱河事件再蹈東省覆轍，各部長將總辭職以謝國人云云。要之執政當局無破釜沉舟之決心站在民眾前面挾雷霆萬鈞之力以禦此狼奔豕突之日本軍閥衛我中華保我民族而徒以國聯吞象之文電相請塞責坐看鐵騎縱橫聽彼蠶聚寧東之徒有此非位一旦失敗而後則忍總辭職以謝國人是誠何心哉此致

總務股 公叩

雜組事項等54 3 一天　21 7 23　87 4

邊[illegible]言　熱河事件現已漸趨和緩雙方實行停止軍事行動一天風雲至此又暫告結束惟中原因尚難明晰但就表面觀察大概以日俄空氣緊張而華北軍隊又將實行抵抗不免有些顧忌然而俟醒是否別有用心是則須見諸于事實也此

致

總務股 [illegible]

233

SC0234

雜俎事項第55号一页 21 7 26 88 1

時局 熱河事件現在表面上雖較緩和而暗中實異常緊張總張學良鑒于日前不抵抗之非計致令東省全失設蹈前轍勢將無立足之地故為日人侵熱之前遂積極調遣大軍赴熱協同湯玉麟防守日人以張學良將實行抵抗加以熱河地勢險阻草木暢茂亦不敢貿然輕進致立駐熱河邊境從事調遣偽國軍隊及關東日軍擬向熱河取大圍云云華北將領現均集中北平共商抗日策略中央當局亦聞將重在廬山會商內政外交軍事財政云云 此致

總務股 台照

雜俎事項 第 號 二六 21 8 8 13 5

時局 行政院長汪精衛氏（上月作已辭職）以

諸問題均感棘手態度異常消極乃於六

日率同各院部長出通電並通分致中央委

員會請辭本兼各職在京中各部院長及張

學良速其辭職電文中以敦促張電述何頗

許兩萬之衆將刋陽狀叠以熱河風雲緊

急中央方面迭電張學良積極準備抵抗

乃張氏仍苟且因循長離不進且向中央需

索巨款以資要挾汪氏以應付艱難乃通而

走辭職之途經到各方俱在積極挽留中但

逆料外交財政多無相當辦法時感難於措

其针戒志也此致

据杨报告

21.8.8

93

6

汪致张电极痛快，另纸另呈。但其内幕汪欲抑张以杨阎冯桂于蒋，留未近因地方将领会议形势推移，乃揭然出此，十一接对张向张对蒋路线的已不可窥，诘军事上阎冯将领对于小张之十一接衡突对蒋是之同据衡突关外日军在此局面未青纱期中，亦甚难以进取之意，但东内争又起，东北全之形势险恶，旋转伸张言人甚行动，不可不留则也

239

SC0237

龍組事項 第57號三頁　21 8 11　947

修改章程　頃據銀行公會函稱奉實業部訓令內開公司章程有與新頒公司法抵觸者應依法修改限期于本年年底截止云云 申滬已於第78號函奉上公司法一冊外 茲將原函抄呈即希鑒核為荷

時局　國內政局已轉至迷離混沌之境 茲據各方電訊對于汪張事件均有三種主張如蔣介石氏以對於平張過去友誼甚深加以平張近復聲稱惟蔣命是聽因此不忍見其受絕大壓迫但站在利害之場又

廣東三孫科
陳友仁輩則
主張解職執日

21 8 11

1 94 8

不敢聞蔣汪氏左右為難迎双方調解其致平張電則曰心平氣和少安毋躁懇餘中央妥理粵汪電則堅決促其援我并云一俟劉匪告一段落本人則擬調勁旅負責收復東北平張是第二問題云云如閩粵單則稱唯張斛職于以出師名義對汪則望其急速復職負責中樞廣東方面則痛斥張學良喪權辱國罪大惡極應撤職查辦對汪則希論其否良以挽治事件雖表同情然而日前汪蔣合作尚被疲於心也單山觀之廣東主張雖激烈似遠在嶺南對于北向尚不關輕重平張之去留固視蔣之能否挽汪復職而還和北

方將領也東省義軍近來聲勢極為浩觀
其圍錦州攻瀋陽襲擊南滿鐵道日僑則
相率歸國日兵則疲於奔命設能整頓國軍
揮戈東北圖不難予日人以重大創傷無如
政潮起伏險象環生大好時機銷磨於斜
我慈留之中豈特收復失地無期亦恐現
有土地亦將逐被鯨吞蠶食也

21 8 11 94 7

雜俎事項第58號一天 21 8 15 96 5

時局 日昨吳稚暉由漢銜蔣命飛滬速同
何應欽畢會汪精衛來向面邀又急轉汪雖未
承認復職但已允於日內進京矣平張拯擬載
正准備之代請經著決撤銷改設為軍委會直
屬中央凡華北高級軍官均任為委員而張學
良亦將為委員之一該會不設委員長僅推若
干人為常委主持軍事云云榆關日軍乘我
政潮突起在遼西綏中等地廣速徵各漢奸放信
鴿并散布流言實行進取云云 此致

總務股 台照

240

SC0241

雜組事項第59號一頁 21 6 22 79 5

時局　汪張辭職尚在徘徊中倭寇遂乘政潮澎湃之際實于六日大舉進寇熱河矣我方健兒雖直起抵抗卒以不堪壓迫開南嶺已失守朝陽危在旦夕湯玉麟除飛電告急及電南京外或許因消息阻滯尚未聞有若何辦法回顧國內張學良現雖仍在北平但誓本以不抵抗著稱今者更以辭職為口實不願奮起抵抗中央方面以忙剿匪之不遑加以鞭長不及馬腹恐祗能發一紙抗議之章平衡像工作不得不盼切于熱河當局無如熱湯一老彼昏庸耳國事前途實慘霧重重也此致

總務股急

雜組事項第60號一天 21 8 31

時局 熱河戰事現已完全停止但此非日方愛
好和平實因義軍蠭起後顧堪虞不得不
暫停一步也係魏近已派其大將武藤為全權
大使進駐滿洲偽國令四英政治為獨裁不
特為承認傀儡之先聲抑亦為併吞東省
之初步係魏進逼實步步為營者也刻日人更
正式宣稱將於北間承認偽國并於上海亟亟
增兵時時有示威舉動民眾極為恐慌風雲
緊急又若一二八以前也此致
總務股鑒

103 6

因關外國等三
活動日人逆報
出重任閘北三
空氣致市面
又呈驚惶之象
實際上滬軍警
兵隊使重起戰端
端，亦不致有大
戰也。情形因此
民謠亦較弱不
採云。

雜組事項第61號一頁

21 9 3 104 7

儀兄 順齋 據當路不到說通函，關於徵
集儀兄事，中途經劉由定遠函寄上，外間代
徵求前後經劉襄理之手，貴儀兄但聞其姓名，
如蔣伯武君業已返川，蔡頌蘇君不知行止，敘
無法通知，外縣經袁良初、潘紀言、楊曉波三君
處中業已尋函向渠等索取儀兄矣，如何容
再聞

時局 傳聞宣稱決於九月十五日以前承認偽
國，日權極係高瀛華等，居民恐慌殊甚，但據
八一日稱日軍不再開戰于上海，必要時將直取南
京或漢口云云 此致

總務股 鑒

雜組事項第62號一六　21 9 6

時局　來孟數月之國聯調查團現已將報告書完成已於日昨由滬搭輪返歐出席秋間國聯大會矣該報告書内容未曾公佈一般揣測均不利於日本居多但倭醜方聲言承認偽僞併派遣大使進駐長春且擬佔熱河擾平津窺寧漢其氣概之雄實不可一世彼蔑國聯恐亦無法制裁也數日來時局尚稱平靜不識中秋前後能否平安渡過耳九一八國恥紀念我方擬擴大哀悼而滬上日僑斯時更將舉行慶祝大會針鋒相對可勝浩嘆此致

165　6

摠務股台照

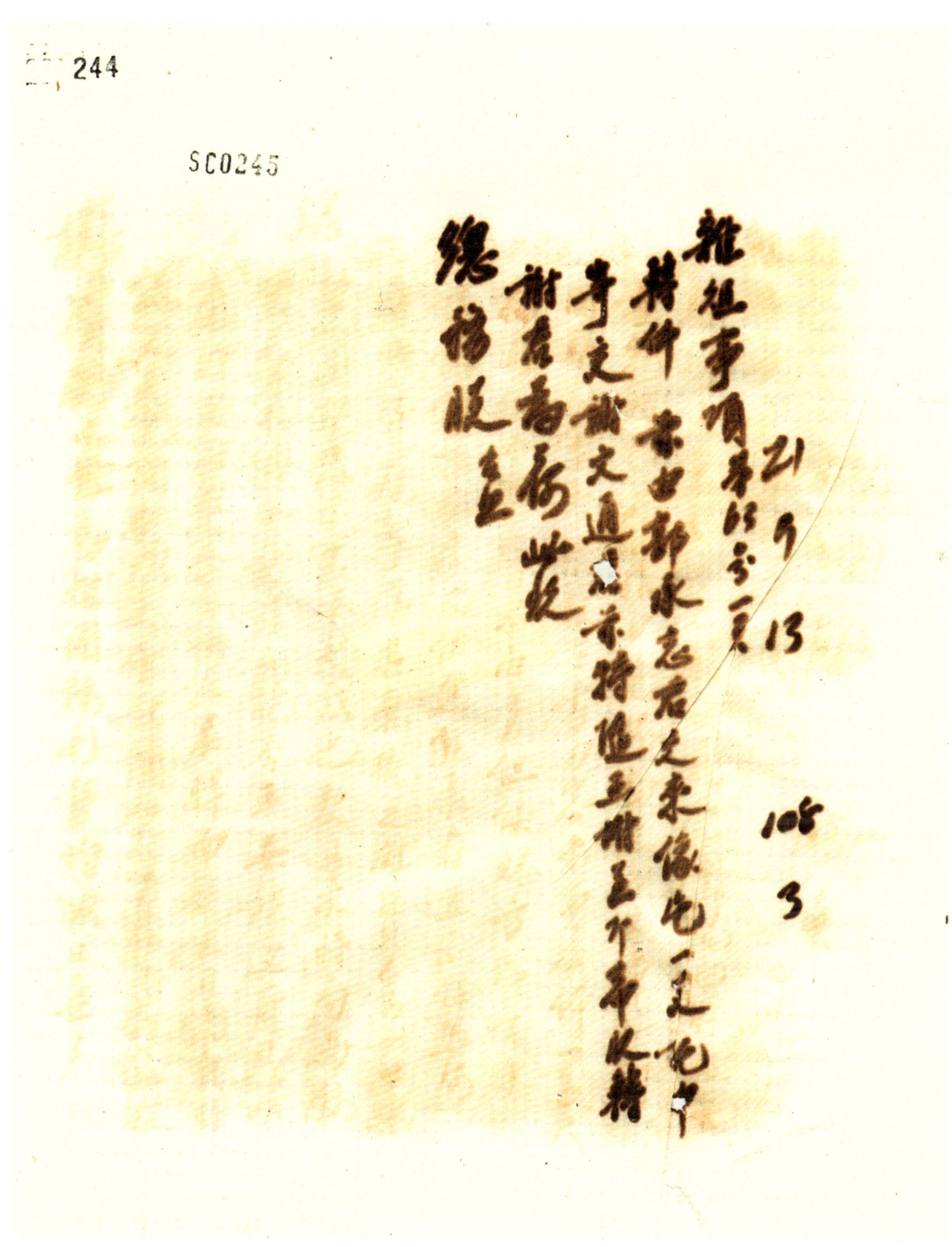
244

SC0245

雜組事項第15號一頁　21/9/13　108 3

特件　茲由郭永忠君之衣像包一支包件

寄交謝文通君　茲特隨函附呈介弁以轉

謝君為荷此致

總務股　查

245

SC0246

雜組事項第卅号二頁　21 9 16　10 4

時句　日本以非法武力一手造成之滿洲偽組政府已於昨（十五日）正式承認并由傀儡武藤漢奸鄭孝胥全權代表日滿簽訂議定書其該議定書內容（一）日滿在未另訂約款之前日本國及日本臣民滿洲國應確切尊重以前雙方所訂之公私契約及其他約款（二）日滿締約國若受領土治安及存在之威脅兩國有共同防衛之責任故日本須駐紮軍隊於滿洲國內云云我政府定今日向日本提出嚴重抗議并備文致九國公約簽字諸國促注意日本承認滿洲國之行動惟國際形勢均緘口無表示

21 7 16

難望助我，苟我政府不下破釜沉舟之決心，採武力以復失地之途徑，以表揚我不屈不撓之精神，掉轉世人之視聽，並特難望他人助我，以我日本之野心，第恐將合而謀我，以遂其瓜分豆剖之初願也。日本軍艦泊滬計有十三艘，都集有四艘，他如青島天津亦莫不有日軍密佈，飛機狂躍，累鎗示威，我國軍警亦宜佈戒嚴，惜倘對戒嚴，深恐民情憤激，致觸[illegible]兄怒耳。此致

總務股 鑒

雜組事項65號之頁 21 9 17 110 5

時句　日本於本月十五日承認其一手在我東
省造成之偽組織我外交部迭壹在起草
抗議文書已於昨日遞成并分送國際聯盟
會九國公約國及日本政府矣原文冗長述不
勝述惟我國例來抗議之外無外交外交之
外無依倚惟備人以檢擊我國筆刀在前公
理淪亡之世界中不斷定其無多大效果
聞日本政府對我將以不了了之之態度在
付而世界各國追無表示似已默認日本
之舉動者報載日本在最近期內更將大
舉侵熱不識我國執政當局意否再本其

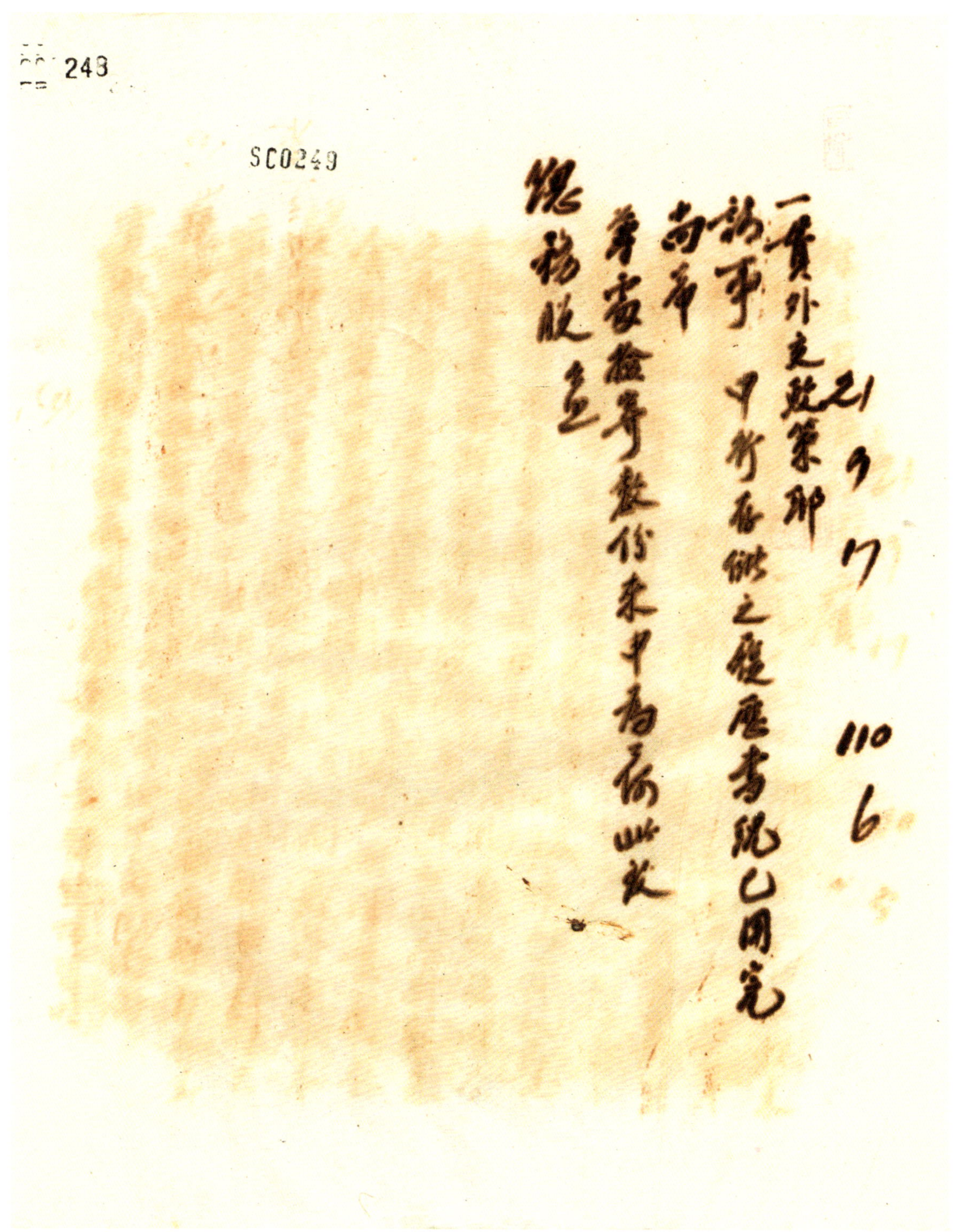

一貴外交政策耶 21
該事 中前存儲之經常費現已用完 9 17 110 6
尚希
籌寄若干數付來中為荷此致
總務股查

雜組事項66號廿頁　21 9 27 114 6

蘇州辦事處　蘇州為富户聚居之區，去年營商即有倡設辦事處之議，旋經九一八、一二八之劇變，遂於中止。近因市氣漸漸恢復，各行分設蘇地者亦日見其多，營商曾於夏間向梁總係旺一切當道而許初步擬定明年一月初旬為開幕之期。近因營商欲提前開倉，倉前先行營業（開倉即蘇地收租米之時期，約在十一月初開）期得多收存款。此一月來營商長住蘇州，積極籌劃，茲將各節條述如下：(一)地址暫定觀前街197號，此地每月租金約[illegible]元，刻在商洽中，因內面尚屬寬敞，惟門面不佳，在營商意本是暫住性質，旺

年秋間蘇州中國銀行遷移後擬移往中行舊 21 9 27 114 7
址(二)人位 本行策源四川年來經許多時勢
風濤屹然履險如夷雖取得一部信譽究於蘇
地人士印象不深非籍手人力不足以言進展因是
蘇處主任一席經營須多方致慮擬由蘇州中
行經理許德林介紹江綬卿君充任江君係鎮
江人[illegible]四十餘歲現任蘇州義康錢莊協理在
蘇錢業界歷二十餘年其人忠厚誠樸且資
倚任擬薪一百元隨以江君隨之司籌營業尚
君碩閣高君長於交際擬薪約五十元其餘蘇
地就同見習生及初級職員約有四五名擬薪大
約捌元至拾元中國帳務處處遵本行規模次

21 9 35 14 8

派一人前往管帳會與 榮揚商定以鄧仲芸
前去擔任鄧君本係商人出身已歷十年之久悉
諳本行章程且於當地情況又甚熟悉故為
相宜（三）辦事處範圍中擬有辦事綱要十六
條另呈核復（四）主要人職務名稱中行對於江
君原定為辦事處主任江君與 榮揚一再商
洽以辦事處主任名義對外殊有不便深恐引
起辦事上之阻礙意欲以分行經理名義對
外中行組織系統殊有未合未便擅允應與
榮揚相商擬予以經理名義作為對外張羅
之用對內則悉依常行辦事處之規律以
至無大礙 榮揚已將此情詳達 梁總矣

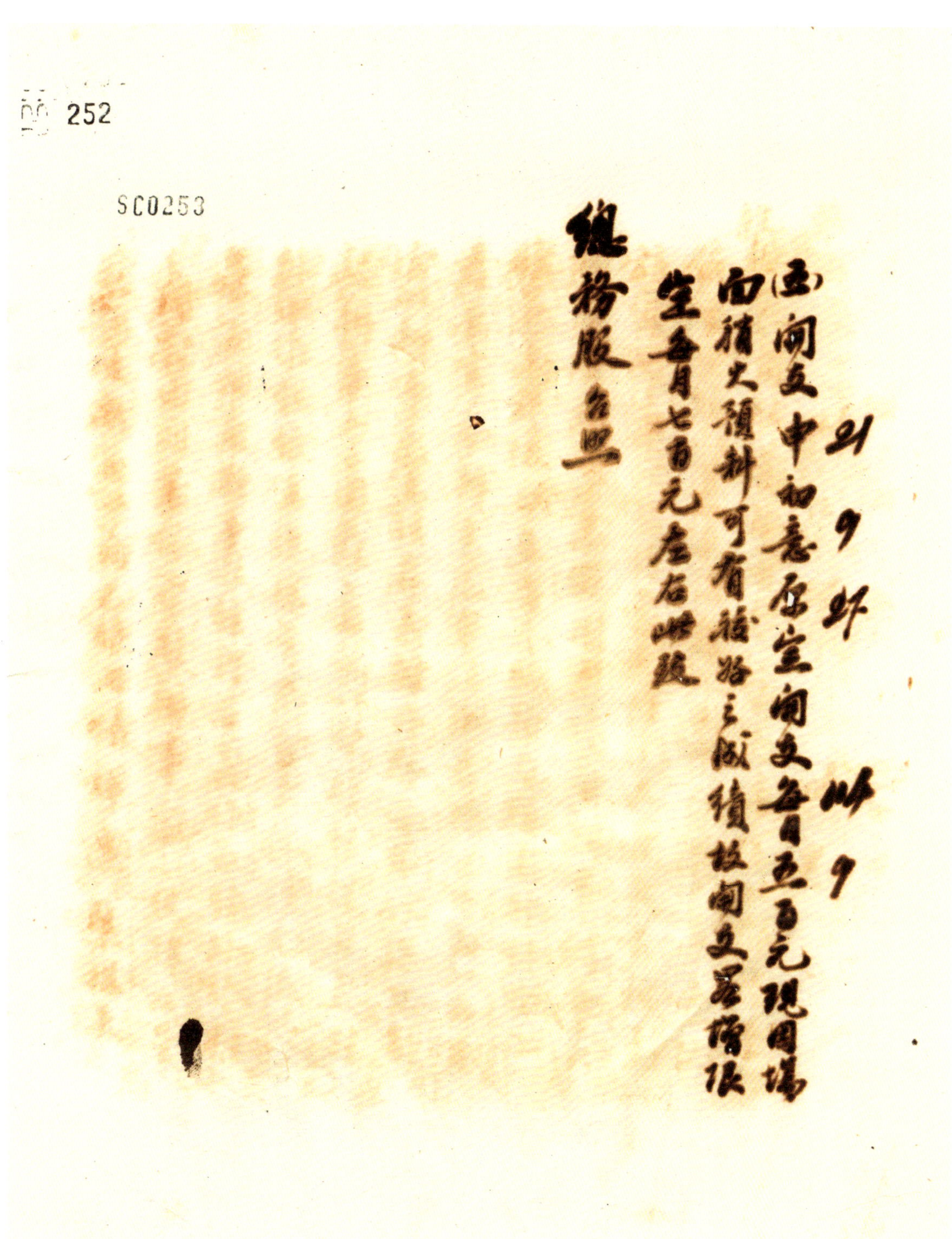

(五)閒文中和意原定閒文每月五百元現因場面稍大預料可有被將之繼續故閒文呈增張至每月七百元左右此致

總務股 台照

聚兴诚银行关于「一·二八」淞沪抗战前后政治军事时局与金融动态情报（十）

（一九三二年十月七日至二十六日）

雜俎事項 6節 五頁

21 10 7 119 2

修改章程　須接上海合益房地產公司來函稱本公司爲註冊問題須修改章程特召集臨時股東會議其修改項下中有以前之股東均係銀行名義依法證行使董監事之職務應改爲各該銀行經理人名義書立信託權柄以示代理人之性質并將股本定額改爲五十萬元各行原執之銀行公會銀兩債券以七錢折合銀元以百元爲一股單位查貴行原有債票壹萬叁千五百兩得換新股一百九十二股計洋壹萬九千貳百元懇請推定重要職員爲本公司股東酌配股款就日玉慶君語中已照孫玉慶以喻元慎名義占一百股計洋壹萬

21 10 7 119 3

元劉寒楓名義占九十二股計洋九千弍百元祭

將該公司來函簡呈並祈

存詧是荷此致

總務股台鑒

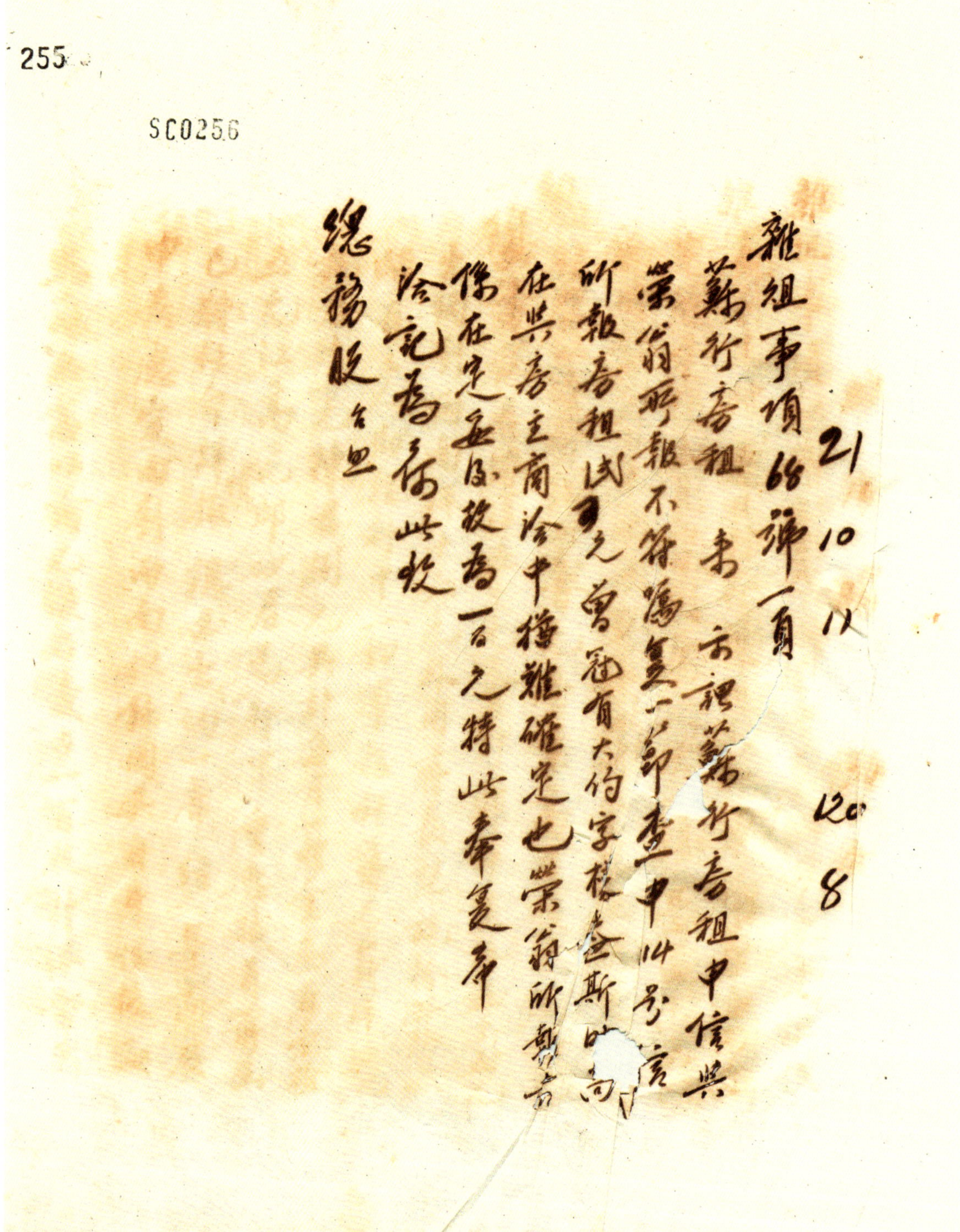

雜組事項68號一頁　21　10　11　120　8

蘇行房租　來　示祇蘇行房租中信興

榮翁所報不符囑(?)復一節查中14號房

所報房租[illegible]之曾留有大約字樣蓋斯時尚

在與房主商洽中極難確定也榮翁所報者

係在定妥後按為一百元特此奉復希

洽記為荷此致

總務股　台照

雜組事項69號二頁

21 10 26 124 4

蘇州支行 近日對於蘇州支行事務籌備已告
完竣 定於十一月二日開幕 人位一項 業兩來函已
酌用八人 分任蘇行事務 薪金亦照規定 計
經理江綬卿洋壹百元 營業高君碩洋陸拾元
文書范君博洋五十元 會計邵仲星洋五十五元
出納劉丙南洋十六元 外用蔣長耀 施梓霖
師員二人 助理行中一切事務 計蔣君薪洋拾元
施君十二元 陳君樹元 共計每月薪金叁百壹拾
五元 江高范邵四君為行中重要職員 前函
已將任命詳情報 總函出納一席 經 業函及
中居應定由劉丙南担任 因其自身性格及

此封聯負核証
書及唐應香
房以函寄來再
簽名寄呈

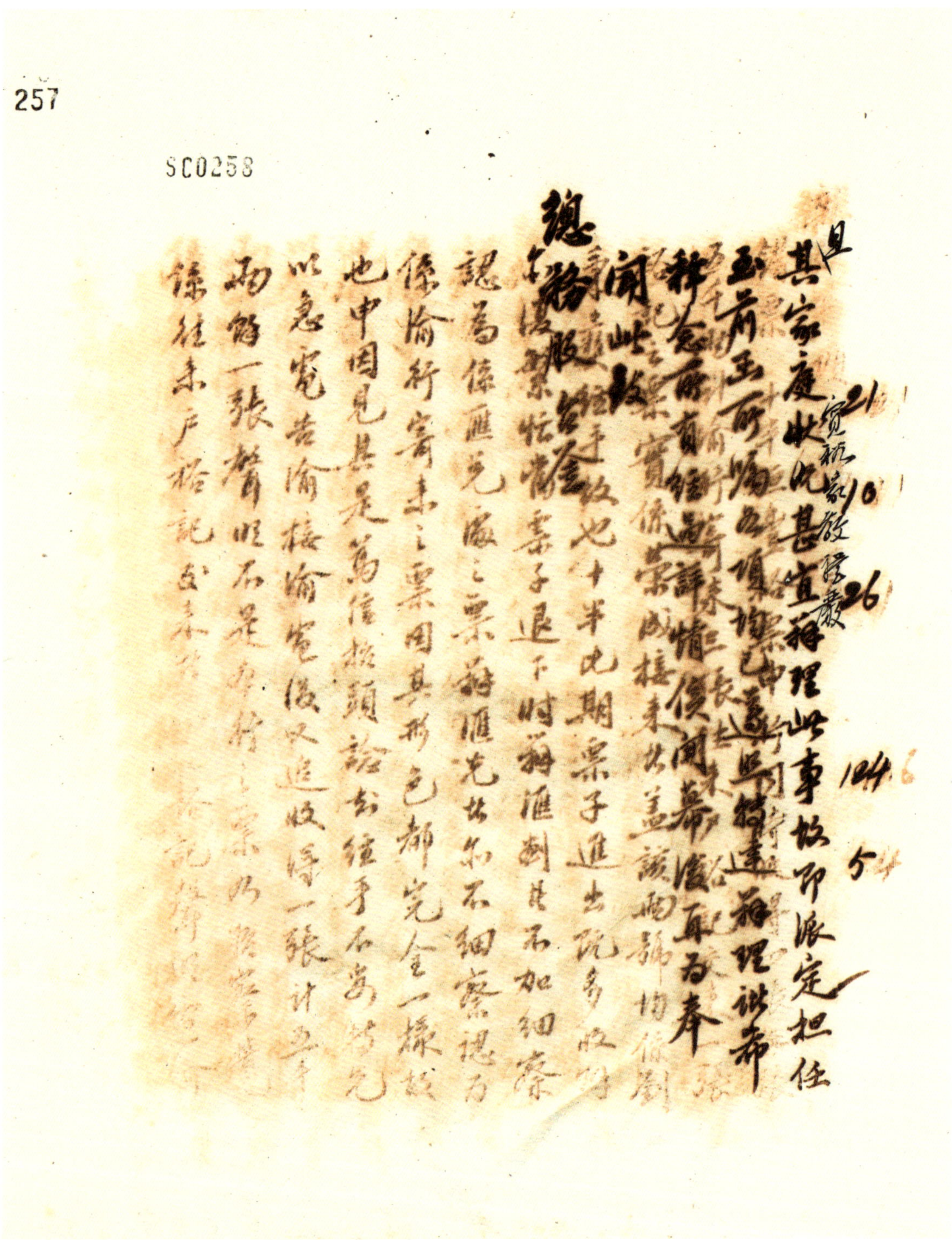

且

其家庭状况甚宜办理此事故即派定担任

至前至所嘱各项均已遵照特达办理讫希

释念所有经过详情俟闻幕后再为奉

闻此致

总务股台鉴

21 10 26 1846 5

……故也十半此期票子进出既多收时

汇票恰当票子退下时办汇划且不加细察

认为係汇兑之票办汇兑出知不细察认为

係渝行寄来之票因其形色都完全一样故

也中国见其是为信放头汇出经手不当特究

以急电告渝接渝电后又追收得一张计四千

两路一张嘱照不是承付之票以致……

该往来户格记出示……

雜俎事項 70號 2頁 21/11/1 1206 4v

錯票 十年恒豐裕票中行同時收得四張每張五千兩計渝行寄來三張往來户裕記交來一張裕記之票實係榮盛楼來者蓋該兩號均係劉秉彝經手收也十年此期票子進出既多收得亦復繁忙當票子退下時籌滙劃者不加細察認為係滙兑處之票籌滙兑者亦不細察認為係渝行寄來之票因其形色都完全一樣故也中国見其是篤信招頭論出經手不妥特先以急電告渝接渝電後又追收得一張計五千兩餘一張聲明不是本行之票乃招察覺係往來户裕記交來者乃向裕記聲明電渝

21 11 1 126 5

函詢年已蔣發此事純是蔣溉先生（施韓林）其蔣溉劉生（曹翰藩）相熟之營中已嚴飭鈴負出所有話柄電費四十餘元已責由該兩君如數賠償矣知

注特復此致

總務股台照

要聞事項71號四頁　21　11　5　127　4

蘇行開幕　蘇州支行經　崇爾積極籌備已
經飭署妥照業於前日（十一月二日）正式開業申派
寒楓襄理去蘇參與據云是日該地紳商各界
蒞止者達四百餘人各種懸陳禮物收至三百餘份之
多賓主歡洽頓極一時之盛當日及次日共收定期存
款約有五萬餘元活期存款三萬餘元同業存款
不達十一萬元統計約貳拾萬之譜當地口碑甚好
將聽各棧開倉後存款或將陸續增加前途可
望並聞最展開業日中行去存七萬元刻已完全
調回吳立蘇行人位職務總日當慎表寄呈以備
存管帳稍有缺者該支行人位既為新進大多

21 11 5 127 5

不諳本行規模，同業互相往來，彼此利率不無差
池，而關支亦未能盡守範圍，除隨時指陳外，尚
希望我
總局注意叮嚀為荷。
附錄稅　附錄保證退稅事，中前亦去函請求
戴先生關說，並據夏稱關務署方面已經商有
眉目，現託書課我行既係殷實行家，保證當可
照辦，並詢各公會是否已送遞，回文可望批示下來。並
請許司長向沈署長關說，准予令江海關照
辦云。今復據許司長電話，云公會已發交關務
署，關於此案，可望成功。中央此事成功，可不生
問題，將來批示後，如中途須向此間江海關接洽

262

SC0263

情形如何容再續報惟此事既准錢行保證後責
任重大渝方對於錢商既放一層亦須特別注意
妥為商訂以免日後發生事端致貽後累哉
總對於此層請早有詳密計劃商訂情形爲
何尚望便中　示知為禱
余鎰蘭　余鎰蘭君因需款甚切來行接洽以
其成都田產價值五萬餘元之田契向中行抵借貳
萬元期限五個月對於此項不動產抵押借款本
行[illegible]規定不能借放但錢君與
梁總經理特請行長與錢商情誼甚篤年來信
用頗佳此番爲需向中行借中央行遂允議君知
中行錢君特電商

00263

SC0264

某總可否允許該有虞電來述矣聞伊借此款

俾為政治活動之用如至前為稱富南特資以

公債所得之款予據亦不久可望回滬特仰被逐

此事特此奉達即希

台詧示復為荷此上

總務股長鑒

21 11 5 127 7

雜組事項72號 5頁

21 11 11 128 8

代客買賣 八月廿三日萬行中字24號 總字33號委託書內中 代滙華買14 15 16 18各號錦緣四十盤中挂遠後正與鴻康接洽間 八月廿一日萬行又來電催購並加買廿五盤共重六十五担(一盤一担)中國委託人指定在鴻康買故將原單直交鴻康配貨國前途電催故趕裝捷江公司之宜江輪運萬縣貨運至萬後行市不揚滙價又高不能討好乃故意藉生枝節(一)前途要買沖新本行買爲會新(二)六十五盤買爲七十六盤(三)水脚太貴據此電辯(一)沖新會新本行並不知其分別是將原單交與鴻康說明要沖新(二)六十五盤安

為七十六盤因外國貨財有虧更從前每盤一担
者現改為卅斤盤數雖異重量相同長度相
同絲毫不虛關係(三)水脚每担四兩貼扣本行
向各家報關行探詢都是一樣且本行亦係照
此外尚有回單簿可查若係小報關行勾結船
上賬司偷重量偷尺碼(即以多報少)又為本
行絕對所不爲之事以上三點答復壽新復詢
推一二物照即來真說又說貨價太高頂本太
大不肯接受查買處鴻康亦係前途指定之
家重量長度亦係前途開來價格十一兩亦係
前途限價且推水脚四兩無論貴賤與否前途
事先並無聲明限制所裝貨到亦不能繳錢

266

SC0267

反須析閱非是鬴此謬詞不肯接受我萬行
不慎甚初遊陷於無着之境乃將貨賣去損
失歸歸中結（計須損失貳百元之譜）聞向來未
有之奇例中行當然不能處理綠于萬桂猶
外問將將經過事實奉陳并請向本行代
濂部究竟是代客買賣抑是自行買賣倘
誠是自行買賣其盈虧亦應由五勉行負責立
尋懇亦將此中責任劃限明白宣判以前中
行對於萬行代理買賣應暫行停止活動
爲荷敬候
裁決祇遵又按萬行代買事項自七月以來今日
共有十四五筆種類有數十種之多都是電

91 11 11 108 10

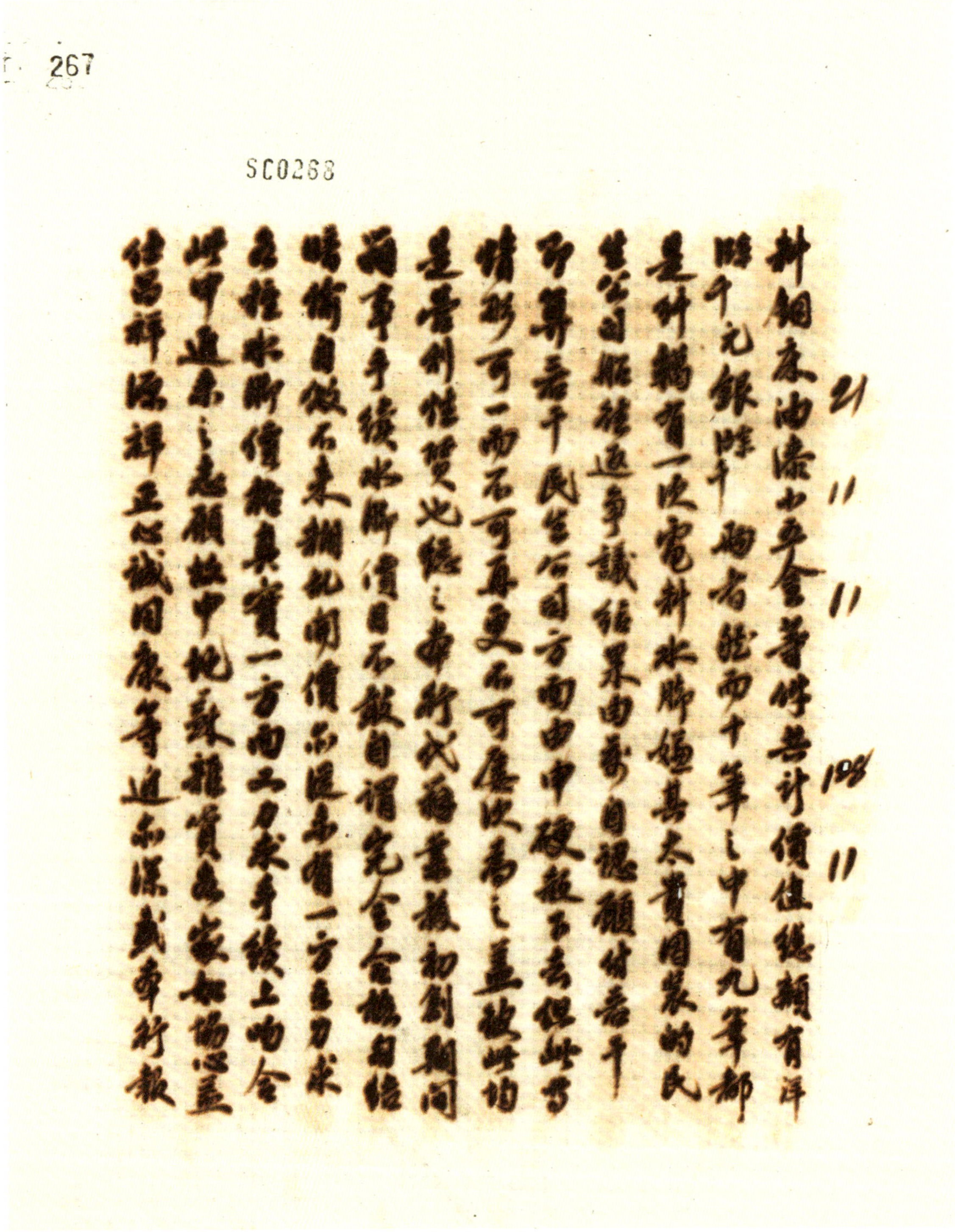

耕鋤康由滬北來會等件共計價值總額有洋
貳千元銀洋貳千兩者總而十筆之中有九筆都
是耕鋤有一次電耕水靴嫌其太貴同泰的民
生公司脫後還爭議結果由泰自認願付若干
印算若干民生公司方面由中發放不去但此等
情形可一而不可再更不可屢次為之蓋彼此間
是帶創性質也總之每次代辦業務初創期間
萬事手續水靴價目不能自謂完全合轍自然
時備自做不來搁起開價而還要有一方要力求
合理水靴價能真實一方面工力求手續上的合
此中道來之意願故中純屬難實為家如協心益
任昌祥源祥五心誠同康等道而深感幸希報

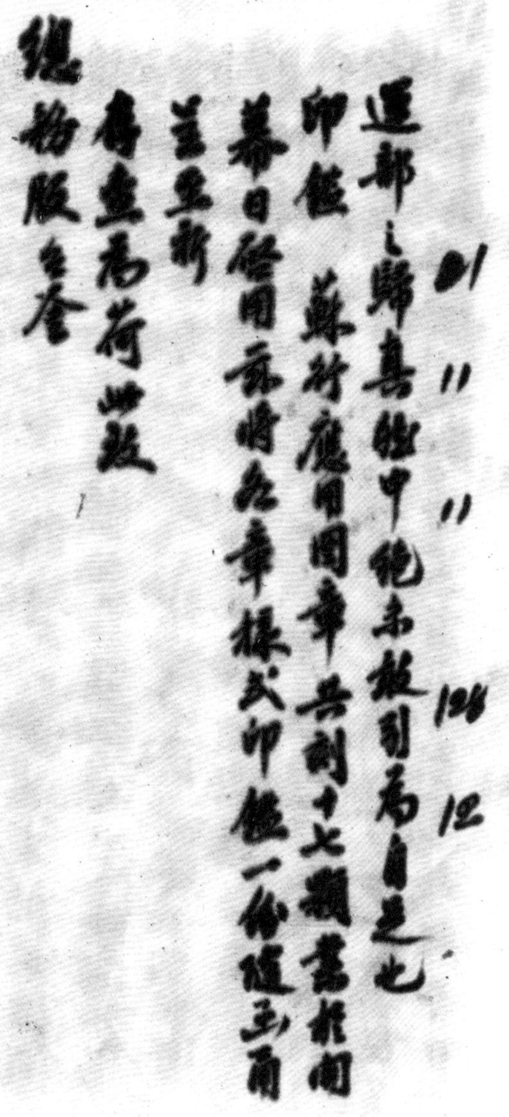

01 11 11 128 12

運部ゝ歸嘉興中總未敘列為自是也

印鑑　蘇州應用圖章共刻十七顆業於開

幕日啟用茲將各章樣式印鑑一份隨函附

呈　並乞轉

備查為荷此致

總務股台鑒

甚宏為援
被難同胞
甚宏為援

雜組事項乃歸之頁

東北難民救濟會　此間市商會全體執監委員及各界人士發起東北難民救濟會以喚醒民族意識援救東北被難同胞為宗旨成立以來收效甚宏現為準備長期間源源接濟起見由該會議訂救濟捐款辦法十條計分營業捐成薪資捐成自由捐助三種其自由捐助者另由救濟會製具捐册及捐款辦法分送各業公會由各公會議訂捐募辦法通知各同業認捐本市銀行業同業公會現對此事已議決月捐辦法計分百元五十元及二十元三種自本年十二月份起以六個月為度逐月提捐凡會員銀行應就以上三項認定

270

SC0271

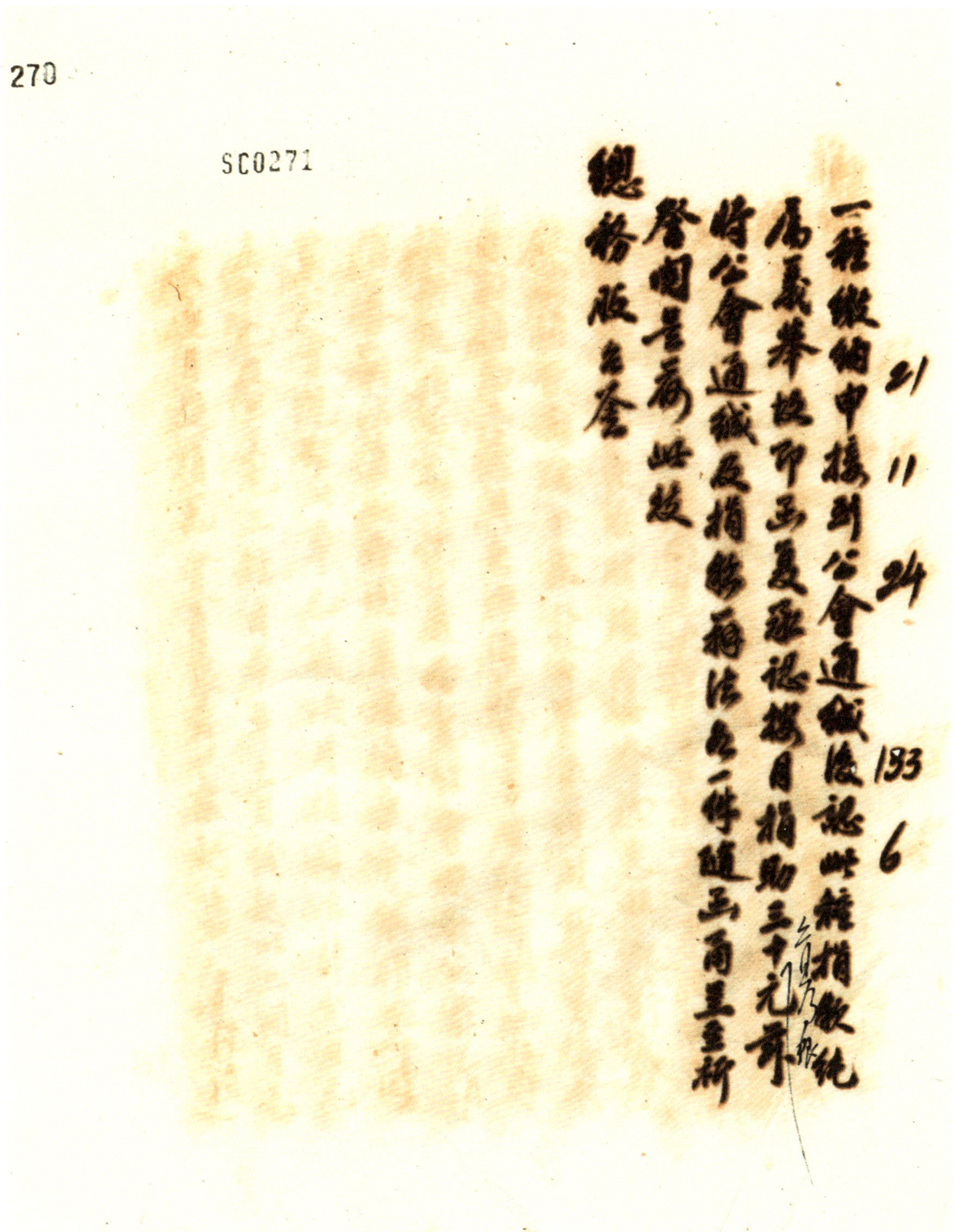

21 11 24 193 6

一種繳納中接到公會通緘後認此種捐款純
屬義舉故即函复承認按月捐助三十元并
將公會通緘及捐款辦法各一件隨函附呈至祈
鑒閱是荷此致
總務股台鑒

六、“一·二八”淞沪抗战上海东方图书馆被毁涵芬楼善本书清册

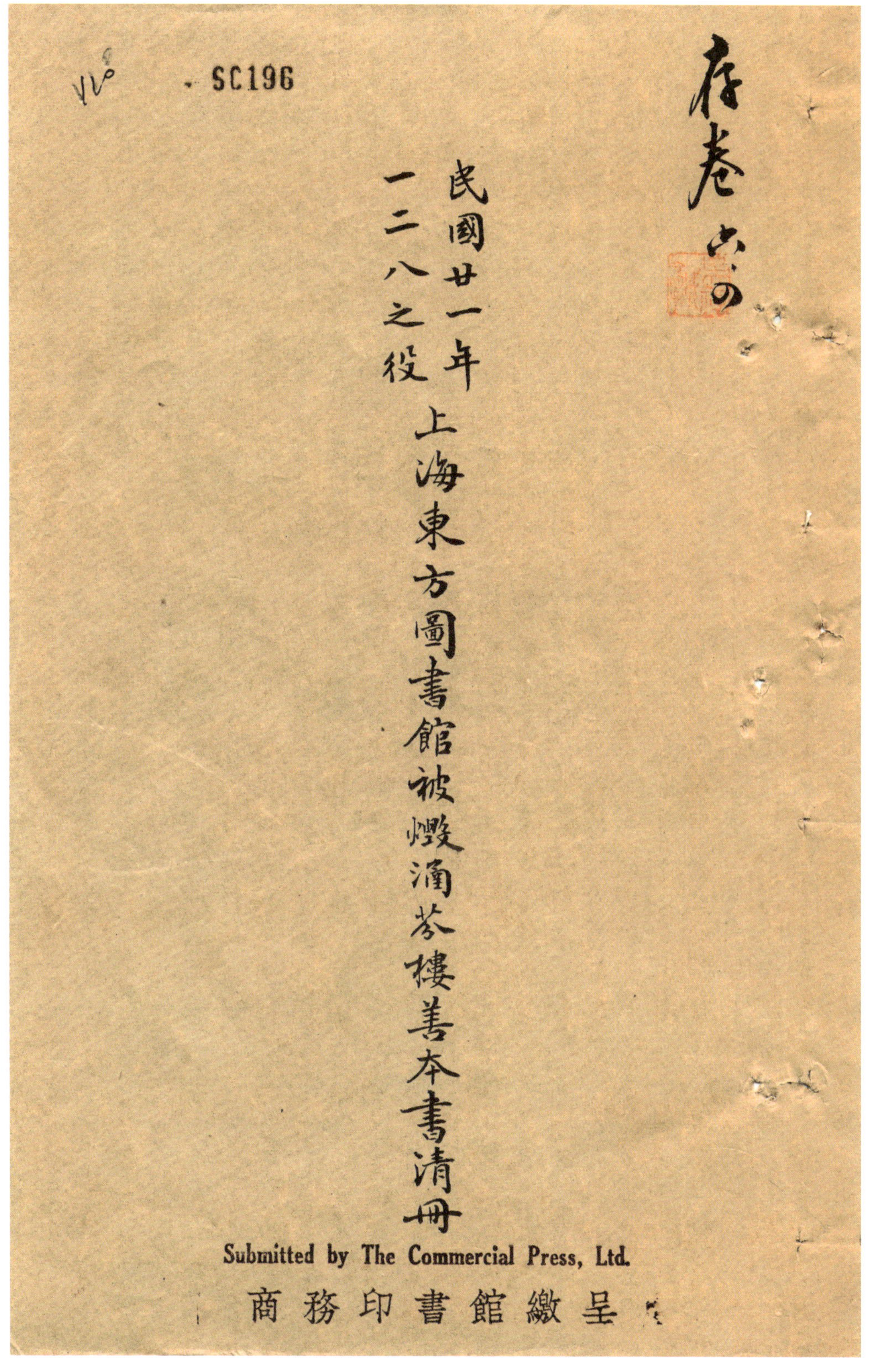
存卷
SC196
民國廿一年
一二八之役
上海東方圖書館被燬涵芬樓善本書清冊
Submitted by The Commercial Press, Ltd.
商務印書館繳呈

111

民國廿一年一二八之役上海東方圖書館被燬涵芬樓善本書清冊

經部

書名	版本	冊數
周易	王弼注 鈔本	六冊
周易正義	明刊本 世学楼鈕氏藏	五冊
安定先生周易口義	十二卷 鈔本	七冊
了齋易說	一卷 宋陳瓘撰 傳鈔文瀾閣本 陸心源藏	二冊
讀易詳說	十卷 宋李光撰 傳鈔文瀾閣本 陸心源藏	四冊
周易窺餘	宋鄭剛中撰 鈔本	六冊
周易義海撮要	僅存卷四五六 明鈔本	三冊 不全
周易要義	存卷一至八 宋魏了翁撰 鈔本	八冊 不全

第一頁

書名	版本	冊數
讀易考原	鈔本	一冊
周易圖說	二卷 元錢義方撰 傳鈔文瀾閣本	一冊
周易啓蒙意見	明嘉靖刊本	四冊
易學象數論	黃宗羲撰 鈔本 周季貺藏	四冊
周易洗心	抄本	二冊
周易旁註	不分卷 明朱升撰 抄本 陳曼生藏	四冊
周易說翼	明嘉靖刊本 曹倦圃藏	二冊
古易世學	二卷 豐道生託名撰 明抄本 天一閣藏	一冊
周易廣義殘本	明吳縣鄭敷教撰 稿本存下經 黃蕘圃徐紫珊藏 並黃跋	一冊 不全
易學著貞	趙世對撰 鈔本	二冊

36.8.10

112

書名	版本	冊數
易論	抄本	二冊
周易彙解衷翼	鈔本 清乾隆雲州許體元撰	八冊
周易粹義	五卷 清長洲薛雪撰 抄本	六冊
尚書白文	不分卷 半葉八行十七字 明初刊本	二冊
尚書	明正統刊本	六冊
尚書	抄本	一冊
尚書正義	日本影宋本	二十冊
附釋音尚書注疏	二十卷 宋刊明修本	二十冊
敷文鄭氏書說	一卷 宋鄭朴撰 傳抄文淵閣本 陸心源藏	一冊
鄭敷文書說	抄本	一冊

第二頁

書名	版本	册數
尚書精義	抄本 周季貺藏	十二册
洪範統一	一卷 宋趙善湘撰 傳鈔文瀾閣本 陸心源藏	一册
尚書通考	明鈔本	六册
尚書考異	校鈔本	一册
尚書疑義	不分卷 明馬明衡撰 明抄本 天一閣藏	一册 不全
尚書古文疏證 朱子古文書疑	八卷 清閻若璩撰 一卷 閻詠撰 抄本 王鳴盛藏	四册
禹貢詳略	二卷 明韓邦奇撰 明嘉靖刊本	二册
書經直解	十三卷 明張居正輯 明內府刊本	十三册
古文尚書考	鈔本	一册
毛詩注疏	宋刊明修本	十六册 不全

36.8.10

書名	版本	冊數
附釋音毛詩注疏	宋刊明修本	六冊 不全
附釋音毛詩注疏	宋刊明修本	十八冊 不全
詩序	抄本	一冊
詩本義	抄本	一冊
嚴氏詩緝	三十六卷 宋嚴粲述 明嘉靖刊本	六冊
詩經疏義	明覆元刊本	八冊
韓詩外傳	明通津草堂刊本	四冊
韓詩外傳	明野竹齋刊本	四冊
韓詩外傳	明野竹齋刊本	五冊
韓詩外傳	明嘉靖芙蓉泉書屋本 盛伯羲藏	四冊

第三頁

魯詩世学 詩傳	三十二卷 明豐道生託名撰 四卷 明抄本天一閣藏	二十四冊
陸堂詩學	清刊本 潢川吳氏藏	四冊
鄭氏三禮注	明覆宋本	二十冊
周禮鄭氏注	明刊本	十二冊
周禮注疏	明刊九行本	十四冊
周禮 考工記	六卷 陳鳳梧編次明刊本 一卷 項藥師藏	八冊
周禮復古編一卷 附尊孟辨三卷續辨一卷附錄一卷	宋俞庭椿 宋余允文撰 抄本	合一冊
周禮句解	十二卷 宋魯齋朱申周翰撰 明嘉靖刊本	四冊
周禮集說	十一卷 明陳友仁編 明刊本	十二冊
儀禮白文	明刊本	二冊

36.8.10

114

書名	版本	冊數
儀禮白文	明刊本	二冊
儀禮注疏	明刊本	十冊
儀禮注疏	明陳鳳梧刊本	二十四冊
儀禮圖十七卷 附旁通圖一卷	元刊明補本	六冊
儀禮鄭注句讀	十七卷明刊本 朱壽階校 陳碩甫跋	六冊
禮記白文	明刊本	八冊
禮記白文	明刊本	六冊
附釋音禮記注疏	宋刊明修本	三十二冊
禮記集說	明刊本	二十四冊
禮記集說	明內府刊本	十六冊

第四頁

書名	版本	冊數
禮記纂言	明正德刊本	八冊
禮記集說	元陳澔撰 明寬復書堂刊巾箱本	十六冊
大戴禮記	許遇孫校本	二冊
三禮圖	校本	二冊
禮書	一百五十卷 宋刊本	三十二冊
禮記偶箋	抄本 潘林潤識	三冊
三禮考注	元吳澄撰 明嘉靖刊本 四十八卷 錢梅溪沈林國識	十六冊
春秋經文	明弘治刊本	一冊
春秋經傳集解	明覆宋本 怡府藏	十二冊
春秋經傳集解	明覆宋本	二十四冊

36.8.10

115

SC205

春秋左傳注疏	六十卷 明北監刊本 錢竹汀校	二十册
春秋左傳白文	明刊本	一册
春秋穀梁傳注疏	明刊九行本	六册
春秋集解纂例	內有微旨辨疑各一卷 新刊本 校過	四册
春秋趙啖集傳纂例	明刊本	五册
春秋啖趙二先生集傳辨疑	十卷 唐陸淳纂 明嘉靖刊本	六册
龍學孫公春秋經解	鈔本 三册	三册
東萊先生左氏博議	二十五卷 抄本 校過	四册
東萊博議左傳句解	明弘治刊本 淡生堂藏	四册
春秋左傳要義	抄本	三册

第五頁

書名	版本	冊數
洪氏春秋說	惠士奇附識案語 顧氏藝海樓鈔藏 存十五卷	八冊
則堂先生春秋集傳詳說	鈔本	八冊
春秋提綱	十卷 元陳則通撰 陳應龍編 景元鈔本	四冊
春秋集傳釋義大成	鈔本	十二冊
春秋集解大全	明胡廣等修 明正德刊本 三十七卷	三十二冊
左氏釋	抄本	一冊
春秋長歷	十卷 清陳厚耀撰 抄本 顧竹泉藏	十冊
春秋經左氏傳句解	七十卷 明初刊本 果親王府舊藏	三十五冊
董子春秋	譚獻撰稿本	二冊
春秋繁露	明刊本	二冊

36.8.10

116

SC207

書名	版本	冊數
董子繁露	九行十八字 明刊本	一冊
孝經	一卷 吳枚庵據日本刊本抄藏	一冊
經典釋文	明刊本 臧鏞堂校藏	八冊
刊正九經三傳沿革例	鈔本 吳枚庵藏	一冊
九經古義	十六卷 清惠棟撰 抄本	一冊
經咫	鈔本	二冊
九經辨字瀆蒙	十二卷 清歸安沈炳震撰 抄本	四冊
石渠意見拾遺	二卷 補闕二卷 明王恕撰 抄本	一冊
說經劄記 附古梅洞谷	八卷 明德清蔡汝楠撰 說明一卷 嘉靖刊本 吳氏兔床藏	四冊
論語	校本	二冊

第六頁

書名	版本	册數
孟子	校本	二册
論語注疏解經	二十卷 明刊本 何心友臨毛晉校本	十册
論語集解	錢遵王影抄日本正平刻本 黄蕘圃蔡廷相翁大年識	五册
論語筆解	十卷 抄本 劉彥清跋	一册
論語筆解	明天一閣刊本 陳仲魚識	一册
四書	明覆宋刊本	十六册
大学中庸古本	明正德刊本 林佶跋 孫錫恭田修藏	一册
四書釋地	鈔本	二册
四書逸箋	抄本 六卷 應城程大中撰	一册
樂書	鈔本	十册

117

書名	版本	冊數
樂律全書	明萬刊本	三十二冊
大樂律呂元聲 考註	六卷 明莆田㓨山李文利著 四卷 明嘉靖刊本	二冊
樂典	三十六卷 明黃佐撰 明嘉靖刊本	十六冊
爾雅	三卷 半葉十行 二十二字 明刊黑口本 席玉照藏	三冊
爾雅	明刊本 查聲山舊藏	三冊
爾雅注疏	十一卷 半葉九行 二十字 明刊本	八冊
校本爾雅	校正釋草 明刊本 吳興姚氏邃雅堂藏	一冊
釋名	明嘉靖刊本 陸香圃藏	二冊
釋名	明刊本	四冊
埤雅	明正統刊本 莫友芝藏	六冊

第七頁

埤雅	明刊本 鳴野山房藏	十冊
埤雅	明刊本	六冊
爾雅翼	三十卷 明崇禎虞宗刊本 汪啓淑德香圃藏	六冊
爾雅翼	明刊本	八冊
爾雅翼	明刊本	十三冊不全
爾雅 釋名 博雅 廣雅 爾雅翼	明嘉靖刊本	共六十冊
急就篇四卷 附正文一卷	汲古閣抄本 毛子晉 蔡廷相藏	二冊
說文解字	汲古閣刊 石韞玉 楊岩藏 費念慈跋	六冊
說文解字	汲古閣刊本 孫原湘臨惠定宇校	六冊
說文解字	汲古閣刊本 鈕春松點勘	六冊

36.8.10

18

SC211

說文解字	汲古閣刊本 孫傳鳳校宋本	六冊
說文解字	汲古閣刊本 丁俭卿校	八冊
說文解字	校本 金甾峰藏	六冊
說文解字	汲古閣刊本 鈕景洞臨段玉裁 惠半農黄蕘圃校本	八冊
說文繫傳	校本	十冊
說文解字篆韻語	抄本	二冊
說文解字篆韻语	鈔本	二冊
玉篇	元本	四冊
大廣益會玉篇	明內府覆元刊本	十六冊
大廣益會玉篇	明刊本	四冊

第八頁

書名	版本	冊數
干禄字書 一卷	清刊本 翁覃谿校 東吴錢塘跋	一冊
汗簡	抄本	二冊
佩觿	明刊本 毛子晉 李滄葦藏	二冊
佩觿	明萬曆刊本	一冊 不全
佩觿	抄本 梅會里朱氏藏	一冊
佩觿	明嵩玉堂覆宋刊本 柳蓉邨舊藏	二冊
鐘鼎彝器款識	二十卷 宋薛尚功撰 吴平齋藏 影抄本	四冊
復古編	葉東卿校本	二冊
漢隸字源	六卷 汲古閣刊本 丁小雅批校	六冊
漢隸字源	汲古閣刊本	六冊

36.8.10

119

説文字源 六書正譌	明刊本	七册
六書本義	明洪武刊本	三册
隸辨	刊本 校過	八册
廣韻	五卷 明内府刊本	
切韻指掌圖	鈔本 重遠書樓藏	三册
韻補	五卷 宋吴棫撰 明嘉靖刊本	二册
改併五音集韻	明成化刊本	六册
四聲等子	一卷 鈔本	一册
經史正音切韻指南	元劉鑑撰 明天順刊本	一册
洪武正韻	明刊本	八册

第九頁

洪武正韻	明刊本	五冊
毛詩古音考	抄本	四冊
六藝綱目	抄本	一冊
五音韻譜	明陳大科刊本	六冊
改併五音類聚四聲篇海 改併五音集韻	十五卷 十五卷 明萬曆刊本	十冊
六書統溯源	明刊本	十冊
六書精蘊 音釋	六卷 明魏校撰 一卷 徐官撰 明嘉靖刊本	十二冊
六書索隱	抄本 吳任臣撰	四冊
韻要粗釋	一卷 明王應電撰 明刊本 天一閣藏	一冊
韻經	明刊本	六冊

36.8.10

書名	版本	冊數
讀易通	二卷 明正德刊本 濟南周氏琳琅山房藏	四冊
十三經注疏	九行本明李元陽刊本	一百三十冊
十三經注疏	明萬曆監本	一百二十八冊
以下經部不見四庫及其存目者		
周易兼義九卷附音義一卷略例一卷	宋刊明修本	四冊
周易傳義	明刊本	四冊
解義易傳	十卷 抄本 宋龔原撰 盧抱經何夢華藏	十冊
學易說附讀易私記	抄本 蔣香生藏	八冊
希南先生趙陽說易錄	抄本	三冊不全
易道入門	抄本	四冊

第十頁

周易解	十卷 抄本 無撰人名氏 朱跋定為明人陸氏撰 怡府舊藏 朱学勤跋	六冊
周易疏略	不分卷 清黃國詹大衛撰 稿本	十冊
周易啓蒙疑義	抄本 仁和朱繙撰	一冊
書經集注	十卷 明嘉靖刊巾箱本	四冊
古文尚書	抄本 王鳴盛 葉名澧藏	一冊
尚書大傳	三卷 稿本 清吳興董豐垣編輯	一冊
書經外考	抄本 明褚任心撰 孫淵如藏	四冊
尚書天地圖說	六卷 抄本 尉氏潘成撰	六冊
書經必讀	校抄本	四冊
詩緒輯雅	抄本	二冊

86.8.10

書名	版本	冊數
毛詩訂詁 三十卷 附錄二卷	稿本 清顧棟高撰	十五冊
詩異文補	稿本	四冊
毛詩周韻誦法	稿本	二冊
漢三家詩異文疏證	稿本 馮登府撰	二冊
周官	鈔本	一冊
周禮纂要	鈔本 惠定宇藏	一冊
周禮讀法	明鈔本 鐘川吳氏藏	三冊
儀禮摘要	抄本	一冊
儀禮正義	鈔本 王廷桂撰	七冊
續禮記集說	校抄本	四冊

第十一頁

書名	卷數版本	冊數
輯盧氏禮記詳詁	一卷 清臧鏞堂輯 稿本	一冊
周正彙考	抄本	二冊
鄉射禮集要	一卷 明三山傅鼎撰 明正德刊本	二冊
薦終錄	八卷 稿本 無撰人名氏 專論葬事 闢堪輿家言	二冊
古文春秋左傳	十二卷 宋王應麟撰集 吳兔床校有跋 抄本	二冊
音註全文春秋括例始末左傳句讀直解	七十卷 元刊本	十二冊
春秋啓鑰龍虎正印	五卷 明抄本 元廬陵進士彭飛南溟撰 天一閣藏	一冊
春秋詞命	三卷 明王鏊撰 明正德刊本	一冊
春秋通議畧	抄本 明婁江鄒午撰 何元錫藏	二冊
春秋衷徵	抄本	四冊

36.8.10

書名	版本	冊數
春秋疑義	抄本 孫幽如藏	二冊
春秋彙選	抄本	三冊
春秋左傳地名考	抄本	四冊
經典文字辨正	抄本	二冊
經義模範	一卷宋人經義明嘉靖刊本 天一閣藏	一冊
經書補注	二卷明黄潤玉撰景抄弘治本 天一閣藏	一冊
經史通譜	鈔本華亭楊謙孫撰	一冊
十三經原委舉要 附博学鴻詞試題	抄本 邵二雲藏	一冊
經史問答	李宗蓮高子受校本	二冊
石經閣未刻書二種	稿本	四冊

第十二頁

書名	版本	冊數
精刊四書二家釋義	明江西刊本 靜香齋藏	十二冊
大學易傳論語傳殘稿	明蔡安易道暹藏 侯文殘稿 吳兔床跋稿本 存二十卷	四十冊
文廟樂章一卷 鹿鳴樂章一卷 鷹揚樂章一卷 五倫樂章一卷 附自譽樂章一卷	明保昌鄧鳴鸞校注音律 明嘉靖刊本	一冊
八音樂器圖論	不分卷 無撰人名氏 稿本	二冊
樂書叢鈔	鈔本	一冊
爾雅一切注音	十卷 清嚴鐵橋撰 嚴啓豐校 稿本	四冊
說文解字通釋繫傳	鈔本 孔葒谷藏	十六冊
說文解字韻原十二卷 表一卷	清南豐劉凝二至編 稿本	十六冊
說文校議議	三十卷 清歸安嚴章福撰 稿本	五冊
說文新附考	六卷 清鈕樹玉撰 稿本	三冊

36.8.10

SC221

書名	版本	冊數
說文疑疑	不分卷 江陰孔廣居撰 餘渠 新抄本	二冊
說文諧聲譜	稿本	二冊 不全
說文述誼	鈔本 戴子高校 蔣香生跋	三冊
字學集要	明刊本 朱琰識	十二冊
訂訛類編	抄本	六冊
字類音義辨體	稿本	十二冊
續復古編	鈔本	一冊
六書正譌	明刊本 張燕昌舊藏	五冊
六書正譌	鈔本	二冊
篆隸源流 一卷 印章軌範	古吳陳〃陳浩智園輯 一卷 稿本	一冊

第十三頁

廣韻校刊札記	抄本	一冊
增廣事吟料詩韻集大成	元廬陵胡繼宗編集 明初刊本 二卷	二冊
詩韻輯略	明刊本	五冊
韻要	五卷 明嘉靖刊本	一冊
改併五音類聚	明刊本 鄧二雲識	三冊 不全
四聲切韻表補正	清烏程汪曰楨撰稿本 五卷	五冊
經史正音	明刊本 季滄葦識	二十四冊
續古篆韻	元吾邱衍集 抄本 六卷	一冊
古篆分韻	五卷 明嘉靖刊本	五冊
草韻辨體	明刊本	五冊

36.8.10

草韻辨體	明萬曆刊本	五冊
真指玉鑰匙門法	明弘治刊本	一冊
小學鉤沉	明刊本 吳兔床藏	六冊
渡江書	述閩人方言 鈔本	四冊
語助語	鈔本	一冊
諸史夷語音義	明刊本	四冊
王三聘字學大全	明嘉靖刊本	十二冊
積古齋鐘鼎彝器款識	阮氏刊本 校過	三冊
積古齋鐘鼎彝器款識	阮氏刊本 校過	二冊

第十四頁

史部

正史

史記　明嘉靖金臺汪諒刊本　陳碩甫校　四十冊

史記　明蘊古堂刊本　錢梅溪批點　三十冊

史記　明震澤王氏刊本　五十六冊

史記　明嘉靖秦藩仿宋刊本　二十四冊

史記　明刊本　半葉十四行行二十五字　四十冊

史記　汲古閣刊本　前人批點　十六冊

史記　全上　八冊

史記集解　明白鹿洞書院刊本　二十冊

第一頁

書名	版本	冊數
史記正義	四庫正本 古稀天子之寶 乾隆御覽之寶	三十冊
史記平準書	宋刊本	一冊
史記扁鵲倉公列傳	日本寶宋黃善夫刊本	四冊
漢書	宋刊元明遞修本 黃堯圃 顧千里 汪閬源 袁漱六藏	六十冊
漢書	元大德刊本	四十冊
漢書	明南監刊本	三十二冊
漢書	明北監本	三十冊
漢書	明汪文盛刊本 劉漢臣藏	十六冊
漢書	明汪文盛刊本	二十冊
漢書	明汪文盛刊本 稍有殘缺	五十六冊

36.8.10

書名	版本	冊數
漢書	明德藩刊本	三十冊
漢書	明崇德書院本	二十四冊
漢書	汲古閣刊本 前人以宋本監本汪本校	十五冊
漢書評林	明刊本 初印絕精	五十冊
蕭氏漢書音義	鈔本	一冊
漢書疏證	三卷 清沈欽韓撰 稾本	一冊不全
後漢書	元大德刊成化補本	三十六冊
殘本後漢書志	元刊本	四冊
後漢書	明南監刊本	二十八冊
後漢書	明北監本	三十冊

書名	版本	冊數
後漢書	明正統刊本 袁漱六藏	六十冊
後漢書	明正統刊本	十七冊 不全
後漢書	明汪文盛刊本 周釆芹傳跋 前人據宋本校過	二十冊
後漢書	明汪文盛刊本	二十冊
後漢書	仝上	二十冊
後漢書	仝上	十二冊
後漢書	明崇德書院本	二十四冊
後漢書	明刊本 羅鏡泉校	二十四冊
後漢書	汲古閣刊本 臨何義門批校 孔繼涵跋	十八冊
後漢書年表	鈔本	一冊

36.8.10

書名	版本	冊數
殘本三國志魏書	宋刊本 卷六七八	四冊
三國志	明南監刊本	十六冊
三國志	明北監本	二十冊
三國志	明北監本 汪郎亭臨何義門校	十四冊
三國志	明北監本	十二冊
三國志	汲古閣刊本 孔葒谷臨何義門校	十二冊
三國志補注	鈔本	二冊
晉書	宋刊元明遞修本	九十六冊
晉書	元刊明修本 趙宧光校	三十冊
殘本晉書	元刊本 卷七十九至八十一	一冊

第三頁

書名	版本	冊數
晋書列傳	元本 卷二十四五	一冊
晋書	明覆宋本	四十八冊
晋書	明覆宋刊本	三十二冊
晋書	明覆宋刊本	四冊 不全
晋書	明刊本	三十六冊
晋書	明西爽齋刊本	
宋書	宋刊元明遞修本 五硯樓藏	二十四冊
宋書	宋刊元明遞修本	三十冊
南齊書	宋刊元明遞修本	八冊
南齊書	宋刊元明遞修本	十二冊

86.8.10

書名	版本	冊數
南齊書	宋刊元明遞修本	二十四冊
梁書	宋刊元明遞修本 首冊鈔補	十冊
梁書	宋刊元明遞修本	十四冊
梁書	明北監本	六冊
梁書	明北監本	六冊
陳書	宋刊元明遞修本	六冊
陳書	仝 上	八冊
陳書	仝 上	十二冊
陳書	明北監本	六冊
魏書	宋刊元明遞修本	七十二冊

魏書	宋刊元明遞修本	六十四册
北齊書	仝上	十五册
北齊書	仝上	十六册
北齊書	仝上	八册
周書	仝上	十册
周書	仝上	十册
殘本隋書	元刊本	十册
隋書儀禮志	元刊本	十一册
隋書	明南監本	二十册
南史	元刊明修本	三十二册

36.8.10

書名	版本	冊數
南史	明南監本	三十二冊
南史	仝上	二十四冊
北史	元刊明修本	四十冊
北史	明南監刊本	三十二冊
北史	明北監本	三十冊
舊唐書	明嘉靖聞人詮刊本	四十冊
舊唐書	同上 二百卷	五十冊
唐書	宋刊元明遞修本	一百二十冊
唐書	元刊本 稍有殘缺	五十七冊
五代史	元刊本 盛伯羲 張文襄藏	二十四冊

五代史	元本 卷五十五、六	一冊
五代史	明汪文盛刊本 劉漢臣藏	五冊
五代史	仝上	六冊
五代史記	仝上	八冊
五代史	明萬曆歐陽藏采刊本 江德量臨何義門校	十冊
五代史	明刊本	十冊
五代史	明北監本	八冊
五代史記	明萬曆刊本	十二冊
五代史記	鈔本	四冊
宋史	明成化刊本	一百二十冊

36.8.10

書名	版本	冊數
宋史	明北監本	一百冊
金史	明刊本	二十冊
金史	明刊本	二十冊
金史詳校	稿本　清烏程施國祁撰	十二冊
元史	明初刊本	四十一冊
元史	明刊本	四十八冊
元史	明刊本	三十六冊
元史	明刊本	二十九冊不全
十七史	汲古閣刊本	二百四十冊
編年		

第六頁

竹書紀年辨正	稿本	二册
前後漢紀	明嘉靖黄姬水刊本	二十四册
前漢紀	明正德刊本 池北書庫藏	十二册
元經薛氏傳	明刊本 莫友芝藏	六册
元經	鈔本	二册
資治通鑑	元刊明補本	八十二册
資治通鑑	元刊本	一百八十七册
資治通鑑	明嘉靖孔天胤刊本	一百册
通鑑釋文辨誤	元刊本 十二卷	四册
資治通鑑考異	明嘉靖刊本 袁廷檮藏 葉調生以胡注通鑑及正史校	八册

36.8.10

131

書名	版本	冊數
稽古録	明嘉靖刊本	四冊
稽古録	明刊本	二冊
文公先生資治通鑑綱目	元刊本	六十冊
通鑑綱目	元本	五十八冊
通鑑綱目	明刊本	二十一冊
資治通鑑綱目發明	明監本	六冊
續資治通鑑長編	一百七十五卷 景宋抄本 黃蕘圃藏	六十冊
續通鑑長編	鈔本	二十冊
續資治通鑑長編	鈔本	八十四冊
大事記講義	鈔本	十冊

第七頁

皇朝編年備要	抄本	宋陳均撰	三十二冊
皇朝編年備要	鈔本		十二冊
皇朝編年備要	鈔本		十六冊
西漢年紀	鈔本		八冊
通鑑前編	明刊本		八冊
通鑑續編	元刊本		二十二冊
通鑑續編	元刊明修本 北平黃氏藏	元陳桱撰	十二冊
大事記續編	明刊黑口本		四十八冊
資治通鑑後編	稿本	徐乾學撰	三十六冊
紀事本末			

36.8.10

書名	版本	冊數
通鑑紀事本末	明刊小字本	三十三冊
通鑑紀事本末	宋刊元明遞補本	四十二冊
通鑑紀事本末	宋刊本 汪士鍾藏	四十二冊
通鑑紀事本末	宋刊元明遞修本	八十四冊
通鑑紀事本末	明萬曆刊本 半葉十二行二十八字	四十冊
左傳事類本末	明抄本 宋章沖撰 汲古閣藏 五卷	十冊
三朝北盟會編	鈔本 稍有殘缺 前人校過	十六冊
三朝北盟會編	抄本 吳省蘭 王宗炎藏	八十冊
蜀鑑	明嘉靖刊本 宋李文子 郭允蹈撰	四冊
別史		

逸周書	鈔本	一册
逸周書	譚仲儀臨趙文叔校本	二册
汲冢周書	明刊本 盛伯二舊藏	一册
汲冢周書	明刊本	四册
隆平集	明刊本	四册
通志	元刊本	二百册
通志	元刊明修本	一百二十册
東都事畧	明抄本 李兆洛藏	六十册
東都事畧	抄本 汪鈍翁跋	十二册
東都事畧	影宋刊本	二十六册

36.8.10

東都事畧	明影宋鈔本	十一冊
路史	明嘉靖刊本前紀九卷後紀十四卷國名紀七卷發揮六卷餘論十卷附歸愚子大衍數大衍說國姓衍慶紀原各一卷	二十四冊
路史	明萬曆刊本	十二冊
契丹國志	抄本　孔葒谷藏	四冊
契丹國志	鈔本　畢瀧藏	七冊不全
契丹國志	鈔本	二冊
大金國志	鈔本	十冊
續後漢書	抄本	四十七冊
續後漢書	鈔本	十六冊
續後漢書	鈔本	六冊

第九頁

書名	版本	冊數
謝氏後漢書補逸	抄本 五卷 清錢唐姚之駰輯 孫志祖增訂	二冊
宋史新編	明嘉靖刊本	四十冊
南宋書	鈔本 王昶藏	十冊
雜史		
戰國策	明吳勉學刊本 藏在東校	四冊
鮑氏戰國策注	明刊本	四冊
貞觀政要	鈔本	八冊
松漠紀聞	景宋鈔本 一卷 續一卷 顧俠君藏	二冊
松漠紀聞	顧氏文房小說本	一冊
弔伐錄	鈔本	二冊

書名	版本	冊數
錢唐遺事	抄本十卷 元武陵劉一清編 戈小蓮 劉泖生藏	二冊
伯顏平宋錄	影元抄本 惠定宇讀川吳氏藏	一冊
弇山堂別集	明刊本	十八冊
革除逸史	鈔本	一冊
建炎復辟記	抄本	二冊
竊憤錄	鈔本	一冊
襄陽守城錄	抄本 馬二槎藏	一冊
辛巳泣蘄錄	鈔本	一冊
三朝野史	鈔本	一冊
平巢事跡考瓜州甃渠記	鈔本 古歡堂藏	一冊

第十頁

書名	版本	冊數
焚椒錄	鈔本 吴匏庵 錢牧齋 錢遵王 葉石君 陳仲魚藏 姚士粦跋	一冊
南遷錄	一卷 知不足齋抄本 宋張師顏輯	一冊
南遷錄	鈔本	一冊
南遷錄	鈔本	一冊
漢唐秘史	明初刊本 明寧王編 戴東原藏	八冊
文廟靖難記	鈔本	四冊
文廟靖難記	鈔本	二冊不全
天順日錄	明刊本 天一閣藏	一冊
三朝聖諭錄	三卷 明抄本 明楊士奇編 天一閣藏	一冊
否泰錄	一卷 明抄本 保齋劉定之編	六冊

36.8.10

書名	版本	冊數
皇明政要	明嘉靖刊本 明婁慎撰 二十卷 天一閣藏	四冊
安楚錄	明刊本紀明南京兵部尚書秦忠敏巡撫湖南功績 十卷	四冊
治世餘聞	鈔本 璜川吳氏藏	一冊
姜氏祕史	鈔本	八冊不全
今言	明嘉靖刊本明海鹽鄭曉撰	四冊
今言	仝 上	二冊
安南奏議 議處安南事宜 平蠻錄 東征紀行錄	各一卷 明抄本 天一閣藏	一冊
議處安南事宜	明嘉靖刊本 記嘉靖十九年安南王莫登庸投降事	一冊
使琉球錄	明刊本	二冊
建文朝野彙編	明萬曆刊本	十六冊

書名	版本	冊數
先撥志始	鈔本	四冊
平叛記	鈔本	二冊
詔令奏議		
唐大詔令集	鈔本	十二冊
包孝肅奏議	明刊本	八冊
孝肅包公奏議	明鈔本 孫淵如藏	四冊
楊文襄關中奏疏	十卷 明抄本 明楊一清撰	十冊
胡端敏奏議	十卷 明刊本 明胡世寧撰 天一閣藏	四冊
會通館校正宋諸臣奏議	殘本 明活字本	三冊
歷代名臣奏議	明刊本	二百三十冊

36.8.10

書名	版本	冊數
范文正奏議尺牘	明刊本	三冊
傳記	聖賢 名人 總錄 雜錄	
東家襍記	鈔本	二冊
晏子春秋	八卷 明活字本	八冊
晏子春秋	明刊本	二冊
魏鄭公諫錄	鈔本	二冊
紹陶錄	鈔本	一冊 缺下卷
金陀粹編	二十八卷 續編三十卷 明嘉靖覆元本 宋岳珂編	二十四冊
金陀粹編續編	明刊本	八冊 不全
列女傳	明嘉靖刊本 八卷 盱眙吳氏藏	二冊

重刊伊洛淵源錄	明刊本	五册
名臣碑傳琬琰集	明刊本	十六册
寶祐四年登科錄	鈔本	二册
昭忠錄	鈔本	一册
敬鄉錄	十六卷 抄本 元吴師道撰	四册
名臣言行錄	明復宋刊本 前集十卷 後集十四卷 續集八卷 別集廿六卷 外集十七卷	十八册
宋名臣言行錄	高麗刊本	二十册
殿閣詞林記	明嘉靖刊本 明廖道南撰 二十二卷 天一閣藏	八册
明名臣琬琰錄	鈔本	十二册
皇朝名臣琬琰錄後集	二十二卷 明刊本 明徐朝文輯 天一閣藏	六册

36.8.10

書名	版本	冊數
明儒學案	原刊本 前人評點	十六冊
攬轡 驂鸞 吳船 錄	鈔本 小山堂趙氏藏	一冊
入蜀記	鈔本	一冊
闕里志	十三卷 明正德刊本 明陳鎬撰 天一閣藏	十冊
韓忠獻公別錄	三卷 明抄本 天一閣藏	一冊
豐清敏公遺事	抄本一卷附錄门人章貢李朴編次 又一卷嗣孫慶編次	二冊
君臣相遇傳	鈔本	二冊
廣卓異記	鈔本 謙牧堂舊藏	一冊
南渡十將傳	鈔本	二冊
錄鬼簿草莽私乘	鈔本	一冊

書名	版本	冊數
國寶新編	一卷 明嘉靖刊本 明碩璘撰 天一閣藏	一冊
莆陽文献	十三卷列傳七十四卷 明鄭岳編 明嘉靖刊本 怡府藏	二十冊
崑山人物志 十卷	抄本 明方鵬撰 校過	四冊
建寧人物傳 四卷	明嘉靖刊本 天一閣藏 明祥符李默撰	四冊
祥符鄉賢傳 八卷	明嘉靖刊本 天一閣藏 明祥符李濂撰	二冊
列卿紀	明鈔本	五十冊
善行録	八卷 明嘉靖刊本 明張時徹編 天一閣藏	三冊
碩輔寶鑑要覽	四卷 明耿定向輯 明萬曆刊本 天一閣藏	三冊
榕陰新檢	鈔本	四冊
榕陰新檢	鈔本	四冊

36.8.10

第十四頁

書名	版本	冊數
弇州史粹	明刊本	三十二冊
勝朝彤史拾遺記	鈔本 清毛奇齡撰	二冊
蜀碧	鈔本 清彭遵泗撰	二冊
兩宮鼎建記	鈔本	二冊
安祿山事蹟	鈔本 宋姚汝能輯 馬二槎陳仲魚藏	一冊
安祿山事迹	鈔本	四冊
史鈔		
兩漢博聞	明刊本	十二冊
通鑑總類	宋刊本 半葉十一行二十三字 汪文端藏	二十冊
通鑑總類	宋刊明補本	四十冊

通鑑總類	明刊本	二十册
十七史詳節	明慎獨齋刊本	九十六册
十七史詳節	明正德刊本	六十册
史記前後漢書隋書南北史五代史詳節	明慎獨齋刊本	三十八册
晋書詳節	明刊本	十册
史纂左編	明嘉靖刊本	一百册
右編	明刊本	三十二册
載記		
吴越春秋	明鄺璠刊本	二册
越絶書	明刊本	二册

36.8.10

越絶書	鈔本	一冊
華陽國志	明萬曆刊本	四冊
江南野史	抄本 十卷 陸心源藏	四冊
江南野史	鈔本	二冊
江表志	三卷 鈔本 鮑以文抄藏	一冊
五國故事	鈔本 鮑以文抄校	一冊
南唐書	明嘉靖刊本 宋馬令撰 萬玉樓藏	十冊
南唐書	明刊本 宋陸游撰	四冊
吳越備史	明刊本 南書房謫史印	二冊
吳越備史	鈔本 四庫底本	二冊

書名	版本	册數
安南志略	鈔本	二册
安南志略	鈔本	五册
南詔事略	一卷 明嘉靖刊本 明顧應祥撰 天一閣藏	一册
滇載記	一卷 明嘉靖刊本 新都楊慎撰	一册
滇載記	一卷 明抄本 新都楊慎撰 天一閣藏	一册
南詔野史	鈔本 何元錫藏	二册
時令地理	總志 都會郡縣 河渠 山川 古蹟 雜記 遊記 外記	
四時氣候集解	四卷 明嘉靖刊本 明李泰撰 天一閣藏	二册
禁扁	鈔本	四册
元和郡縣圖志	四十卷 抄本 臨盧抱經校	十册

元和郡縣圖志	四十卷 抄本 王西莊校 汪閬源藏	八冊
輿地廣記	三十八卷 影宋抄本 周有香校 孔繼涵舊藏	二冊
新編方輿勝覽	七十卷 宋刊本	三十二冊
大明一統志	九十卷 明內府刊本	四十冊
歷代宅京記	二十卷 抄本 顧炎武撰	八冊
歷代宅京記	二十卷 鈔本 清顧炎武撰	二冊
水經注	四十卷 明吳琯刊本 汪道謙校	八冊
水經注	校本	八冊
水經注	鈔本	六冊
河防通議	鈔本 蔣香生藏	一冊

治河圖略	鈔本 元王喜撰 蔣香生藏	一册
崑崙河源考	鈔本 清萬斯同撰 蔣香生藏	一册
西湖遊覽志	明刊本	十册
雍錄	十卷 明嘉靖刊本 新安程大昌撰 天一閣藏	四册
長安志	二十卷 抄本 宋敏求撰 長安志圖三卷 河濱漁者編 汪魯賢藏 黃俞邰 朱竹垞跋	八册
東京夢華錄	明刊本	二册
六朝事跡編類	二卷 影宋抄本 宋張敦頤編	二册
會稽三賦	一卷 明嘉靖刊本 天一閣藏	一册
中吳紀聞	六卷 汲古閣刊本 盧抱經校	一册
夢粱錄	鈔本 缺卷一至十一 存十二至二十卷	一册

141

書名	版本	冊數
武林舊事	十卷 鈔本 彭文勤跋 知聖道齋彭氏劉履芬藏	三冊
吳中舊事	一卷 附平江紀事抄本 周香巖沈韻初藏	一冊
益部談資	鈔本	一冊
臺海使槎錄	鈔本	四冊
大唐西域記	鈔本	六冊
大唐西域記	明抄本	五冊
宣和奉使高麗圖經	四十卷 鈔本 宋蘭揮藏	二冊
諸蕃志	鈔本	二冊
朝鮮賦	一卷 明正德刊本 明寧都董越撰 天一閣藏	一冊
東西洋考	明刊本 秀野草堂舊藏	四冊

書名	版本	冊數
東西洋考	明本 翰林院印 朱竹垞藏	四冊
職方外紀	鈔本	四冊
職方外紀	鈔本 陸心源藏	一冊
職方外紀	鈔本	二冊
朝鮮志	二卷 明抄本 高麗人撰無名氏 天一閣藏	一冊
歷代地理指掌圖	一卷 明刊本	二冊
今古輿地圖	明崇禎刊本	二冊
澳门紀略	二卷 鈔本 清印光任等撰	四冊
問水集	三卷 明刊本 明劉天和撰	二冊
通惠河志	二卷 明嘉靖刊本 明吳仲撰 天一閣藏	一冊

38.8.10

治河通考	十卷 明嘉靖刊本 明劉隅輯 天一閣藏	三冊
潞水客譚	鈔本 不分卷 明徐貞明撰 鳴野山房藏	一冊
河渠志	鈔本 不分卷 明吳道南撰 徐興公藏	一冊
廬山紀事	十二卷 明嘉靖刊本 明廣陵桑喬撰 天一閣藏	四冊
黃海	明萬曆刊本	十六冊
齊雲山志	八卷 明嘉靖刊本 無撰人名氏 天一閣藏	四冊
大嶽太和山志	十二卷 明宣德刊本 明任自垣撰 天一閣藏	四冊 不全
太岳太和山志	十七卷 明嘉靖刊本 明慎旦撰 天一閣藏	四冊 不全
九華山志	六卷 明嘉靖刊本 明仁和王一槐撰 天一閣藏	二冊
大滌洞天圖記	鈔本 朱竹垞 汪魚亭藏	一冊

古今遊名山記	明刊本	三十二冊
咸賓録	八卷 明鈔本	二冊
職官	官制 官箴	
唐六典	三十卷 明嘉靖刊本 汪閬源藏	八冊
唐六典	明嘉靖刊本	八冊
南宋館閣録續録	鈔本	六冊
皇朝宰輔編年録	明鈔本 缺四卷	七冊
宋宰輔編年録	明刊本 吳省蘭藏	三十二冊
秘書志	鈔本	四冊
吏部職掌	明嘉靖刊本 無撰人名氏 天一閣藏	六冊

38.8.10

書名	版本	册數
大明官制	明刊本	四册
政書	通制 典礼 邦計 軍政 法令 考工	
杜氏通典	明刊本	五十册
建炎以来朝野雜記	鈔本 存前十四卷	二册
西漢會要	鈔本 沈十峰藏	十二册
文獻通考	元刊本	六十册
文獻通考	元刊明補本	一百廿册
文獻通考	明正德慎獨齋刊本	六十册
文獻通考	仝上	六十二册
續文獻通考	明萬曆監刊本 明王圻輯	七十二册

大唐開元礼	鈔本	十四册
大唐開元礼	鈔本	四册不全
大金集禮	鈔本	三册
大金集禮	鈔本 校過	一册不全
廟學典禮	鈔本	三册
廟學典禮	鈔本	三册
大明集禮	明嘉靖司礼監刊本	三十二册
歷代建元考	鈔本	四册
救荒活民書	鈔本	一册
補漢兵志	抄本	一册

36.8.10

書名	版本	冊數
唐律疏義	鈔本 顧千里藏	六冊
唐律疏義	鈔本	四冊
元典章	影元鈔本 吳尺鳧藏史	二十四冊
存心錄	明初刊本 洪武中命儒臣編次 天一閣藏	五冊
太常因革禮	鈔本	五冊不全
皇明祖訓	一卷 條章一卷 明內府刊本 天一閣藏	一冊
鹽政志	明嘉靖刊本 明通山朱廷立等修 天一閣藏	四冊
古今鹾略	鈔本	四冊
大明律	明刊本 存上卷	一冊

郡齋讀書志	汪氏刊本 吳有堂臨顧千里校	四冊
郡齋讀書志	汪氏刊本 校過	六冊
遂初堂書目	鈔本	一冊
遂初堂書目	抄本 鮑以文抄藏	二冊
遂初堂書目	抄本 郁泰峯藏	一冊
直齋書錄解題	校抄本	二冊
漢書藝文志考正	元刊本	四冊
千頃堂書目	鈔本	八冊不全
集古錄	鈔本 何義門藏	三冊
金石錄	抄本 毛子晉朱修伯藏	四冊

36.8.10

書名	版本	冊數
金石錄	抄本 魏稼孫校	四冊
法帖釋文	鈔本	六冊
隸釋	明萬曆刊本 任啓淑藏	十冊
隸續	抄本 吳兔床校 朱竹垞抄藏	五冊
絳帖平	鈔本	一冊
石刻鋪叙	鈔本	一冊
寶刻叢編	抄本 朱竹垞跋	四冊
寶刻叢編	鈔本	六冊
輿地碑記目	抄本 王西莊藏	一冊
輿地碑記目	抄本 缺後二卷 徐紫珊藏	二冊

輿地碑目	鈔本	一冊
金薤琳琅	明刊本 校過	八冊
法帖釋文考異	明刊本	二冊
求古錄	抄本 潘秋谷跋	一冊
求古錄	抄本	一冊
國史經籍志	鈔本 袁漱六藏	五冊
國史經籍志	鈔本	五冊
國史經籍志	鈔本	五冊
金石表	抄本 清曹溶撰	一冊
金石遺文錄	稿本 陳香泉輯	十八冊

36.8.10

史評		
史通	明嘉靖刊本 劉麓樵藏	四冊
史通	明萬曆刊本 臨孫潛夫葉石君顧千里校	六冊
史通通釋	明刊本 周季貺臨陳仲魚校本	十二冊
史通通釋	清刊本 汪日楨評校	六冊
唐史論斷	鈔本 校過	一冊
三國雜事	鈔本	一冊
李侍郎經進六朝通鑑博議	抄本 宋李燾撰 孔葒谷藏	一冊
大事記講義	鈔本	十冊
歷代名賢確論	明弘治刊本	二十冊

書名	版本	冊數
歷代名賢確論	鈔本	十六冊
學史	明嘉靖刊本 明邵𡐊撰 天一閣藏	二冊
通鑑博論	明洪武刊本	二冊
政監	明成化刊本缺目錄卷十八至卅四	三冊
宋論	明成化刊本 修四庫時呈進本 明劉定之撰 天一閣藏	一冊
漢書集論 宋元史闡論	鈔本	二冊
世史積疑	明正德刊本 二卷 豫章李士实撰 天一閣藏 未見四庫及抄目之書並未查	二冊
以下皆史部	明先後但略依類編次	
續資治通鑑	明刊本	十冊
續資治通鑑	六十四卷 明刊本 明王宗沐編	三十二冊

36.8.10

書名	版本	冊數
續資治通鑑綱目廣義	明弘治刊本 十七卷 明雲間張時泰撰 天一閣藏	六冊
資治通鑑續編	一百五十七卷 稿本 吴郡嚴衍彙編 璜川吴氏藏	二十四冊
皇明通紀輯要	念四卷 高麗活字本 明東莞陳建輯著 舜水孫鑛參訂 馬晉允增訂	二十冊
明紀	六十卷 稿本 陳鶴撰 陳克家續 俞曲園校 吴平齋藏	六十冊
憲宗實錄	明抄本	五冊
大明穆宗莊皇帝實錄	七十卷 明抄本 天一閣藏	十六冊
通歷	影宋抄本 孫星衍藏	二冊
資治通鑑節要續編	明監本	十八冊 不全
歷代通鑑纂要	明監本	六十冊
國史紀事本末	鈔本	十冊

通紀直解	明刊本	八冊
吾學編	六十九卷 明隆慶刊本 明海鹽鄭曉編 怡府藏	二十四冊
金小史	明刊本 翰林院印 玉雨堂韓氏藏	二冊
遼金小史	鈔本	二冊
元史續編	鈔本	四冊
九國志	鈔本	二冊
南唐近事江表志	明刊本	二冊
宋史記	鈔本	七十六冊
宋史記凡例	鈔本 戴子高校 方柳橋藏	一冊
明代全朝事略	鈔本 廣堪齋藏	六冊 不全

36.8.10

書名	版本	冊數
國史唯疑	鈔本	六冊
史竊	明刊本	十四冊
非國語	鈔本 焦理堂抄藏	一冊
晉書雜纂	鈔本 焦理堂抄藏	四冊
古今歷代十八史略	明經廠刊本	三冊
五代史要 越岳家疑辨	鈔本 璜川吳氏藏	合一冊
續宋論	鈔本	一冊
音注史斷	宋刊本 存卷一二 十九二十	二冊
國榷	抄本	十冊
建炎筆錄	鈔本 宋趙鼎撰	一冊

建炎筆錄	三卷 抄本 宋趙鼎撰 吳尺鳧藏	一冊
南燼紀聞	抄本 校過	一冊
南燼紀聞	一卷 抄本 劉履芬藏 附阿計替本末一卷	一冊
南燼紀聞	一卷 抄本 知不足齋抄本 鮑以文校藏	一冊
南燼紀聞錄	附阿計替本末一卷 抄本 江建霞藏	二冊
南燼紀聞	鈔本	二冊
南燼紀聞錄	鈔本 畢瀧藏	一冊
南燼紀聞錄	鈔本	一冊
竊憤謀夏錄	抄本 宋劉忠恕撰 知不足齋抄本	一冊
竊憤謀夏錄	鈔本	一冊

38.8.10

書名	版本	冊數
永樂聖政記	明抄本 天一閣藏	三冊 不全
癉惡續録	一卷 洪武中頒示 明抄本 天一閣藏	一冊
欽明大獄録	二卷 明嘉靖刊本 天一閣藏 紀張璁桂萼方獻夫平反張寅獄事	二冊
譙周古史考	鈔本 清章宗源撰	一冊
漢記	稿本 孫星衍撰	三冊
奉天録	享帚精舍刊本 唐趙元一撰	二冊
辯誣筆録	鈔本 宋趙鼎撰	一冊
建康實録	鈔本	六冊
北狩蒙塵録	天一閣鈔本 何元錫藏	一冊
隆平紀事	鈔本	二冊

第二十五頁

書名	版本	册數
宋西事集	明刊本	二册
崖山集	鈔本 吳氏繡谷亭抄藏 吳城跋	二册不全
汴圍濕襟錄	鈔本	二册
汴圍濕襟錄	鈔本 廣堪齋藏	一册
保孤記	鈔本 謙牧堂藏	一册
靖康紀聞	鈔本 校過	三册
九朝談纂	十三卷 明抄本 無撰人名氏 記洪武至正德朝事	二十册
三朝紀略	鈔本	一册
三朝正論	鈔本	一册
三朝野紀	鈔本	六册

36.8.10

150

書名	版本	冊數
三朝野録	鈔本	一冊
三朝典要	明刊本	十冊
三垣筆記	鈔本	一冊
千百年眼	鈔本	四冊
元功垂範	明刊本	三冊
酌中志	鈔本	三冊
酌中志餘	杪本 輯書十種 多紀明東林事	一冊
酌中志略	鈔本	四冊
酌中志略	鈔本	六冊
天運紹統	明鈔本 成親王王懿榮舊藏	四冊

書名	版本	冊數
吳乘竊筆	鈔本 附使遼語錄	一冊
南略	鈔本	十三冊
北略	鈔本 與刊本稍有不同	七冊不全
南疆逸史	鈔本	二冊
疆事集	鈔本	二冊
嘉定屠城記	鈔本 畢瀧藏	一冊
明季燕京略記	鈔本	三冊
海甸野史	鈔本	十二冊
豫變紀略	明刊本	二冊
嘐城遺事	鈔本 秦敦父藏	一冊

36.8.10

書名	版本	冊數
東塘日劄	鈔本	二冊
兩廣紀畧 江變紀聞	鈔本	合一冊
江變紀畧	鈔本	一冊
海濱外史	鈔本	一冊
海上見聞録	鈔本	一冊
金陵野抄	鈔本	一冊
嶺海焚餘	稿本	三冊
剩後録	鈔本	二冊
所知録	鈔本	四冊
也是録	鈔本 廣堪齋藏	一冊

第二十七頁

幸存録	鈔本	二冊
幸存録	鈔本	一冊
續幸存録	鈔本	一冊
續幸存録	二卷 抄本 土室餘編一卷 明夏完淳撰	合一冊
續幸存録 粤遊紀聞	二卷 一卷 明夏完淳撰 抄本 明瞿共美記	合一冊
續幸存録	鈔本	一冊
風倒梧桐記	鈔本	一冊
爐餘録甲編	鈔本	一冊
墨香樓見聞隨筆	鈔本	一冊
研堂見聞雜記	鈔本	二冊

38.8.10

劫灰録	鈔本	三冊
劫灰録	鈔本 處堪齋藏	二冊
劫灰録	鈔本	二冊
明季甲乙彙編	鈔本	十冊
清流摘鏡	六卷 抄本 明吳巘輯 詳記前明党禍 蔣香生藏 周季貺跋	一冊
門戶志略	一卷 抄本 記明東林事 璜川吳氏藏	一冊
先朝遺事 先朝佚事	一卷 鈔本 明程正揆記 鮑以文藏 明邵之麟記	合一冊
明季甲乙彙略	鈔本	三冊
甲乙彙略	鈔本	一冊
甲乙事案	鈔本	二冊

書名	版本	冊數
甲乙史	鈔本	二冊
明季略	鈔本	六冊
明季實録	鈔本	四冊
明季遺聞	四卷 抄本 江左鄒漪流綺輯 記李自成倡亂迄順治七年戡定閩廣事 吳仰賢藏	四冊
明季續聞	鈔本	一冊
明季災異録	鈔本 廣堪齋藏	二冊
明季災異録	抄本	二冊
明朝小史	明刊本 明呂毖輯	八冊
明事雜鈔	鈔本	四冊
甲申野史彙鈔	四十一卷 抄本 清全祖望輯 書名見下面	十八冊

36.8.10

甲申小紀	鈔本 周季貺校藏 平寇紀二卷 東萊毛霦記孔有德耿仲明叛事 圍城日錄一卷 明徐從治撰 記守萊州事 延陵野鈔四卷 顧苓 記甲申三月至乙酉五月事 [illegible]南都死難畧紀一卷 四藩本末四卷 錢名世編 崇禎閣臣事畧一卷 四川陳盟撰 殷頑錄六卷 清揚陸棠撰 兩翼剿復錄六卷 明吳應箕輯 清流摘鏡六卷 明吳應箕輯	二十冊
甲申日紀	鈔本	八冊
甲申傳信錄	鈔本	二冊
甲申傳信錄	鈔本	一冊
崇禎長編	鈔本	二冊
福王登極實錄	鈔本	一冊
弘光實錄抄	鈔本	二冊

書名	版本	冊數
思文大紀	鈔本	四冊
聖安本紀	六巻抄本 顧炎武輯 陳碩甫藏	三冊
行在陽秋	鈔本	四冊
行朝録	鈔本	二冊
流寇編年	鈔本 李文田藏有跋	一冊
南明野史稿	鈔本	四冊
史餘	紀明季事略 鈔本	一冊
紀異録	鈔本	一冊
海陽妖亂志	鈔本	一冊
碧血	鈔本	一冊

36.8.10

書名	版本	册數
莊氏史案本末	鈔本	一册
莊氏史畧 哭廟紀畧	鈔本	合一册
丁酉北闈大獄記	鈔本	一册
急難始末	附雒洲行述 清宋琬撰 鈔本	二册
大義覺迷錄	殿本	四册
端肅遺事密札	稿本	一册
御製大誥	明洪武刊本 天一閣藏	一册
皇明詔勅	不分卷 明抄本 天一閣藏 自洪武元年至宣德元年止	四册
皇明詔赦	五卷 明嘉靖刊本 天一閣藏 自永樂二十二年至嘉靖二十四年	四册
皇明詔赦	明嘉靖刊本 天一閣藏 自正德五年至嘉靖十三年	二册

第三十頁

書名	版本	冊數
英宗寶訓	鈔本	四冊
大明英宗睿皇帝寶訓	十三卷 明抄本 天一閣藏	三冊
歷官表奏	鈔本	四冊
臺省奏議	明刊本	四冊不全
嘉靖奏對錄	鈔本	六冊
少保奏議	鈔本	八冊
楊太宰獻納稿	明刊本 楊溥撰	五冊
皇朝奏議	清代 鈔本	四十冊
江西巡撫奏議	四卷 明嘉靖刊本 明周相撰 天一閣藏	四冊
石季峰奏議	二卷 明嘉靖刊本 附文集一卷 明石天柱撰 天一閣藏	二冊

36.8.10

渭厓疏要	二卷 明霍韜撰 明嘉靖刊本 天一閣藏	二冊
館省書疏	三卷 明鄭一鵬撰 明隆慶刊本 天一閣藏	二冊
小泉林公奏稿	一卷 明嘉靖刊本 天一閣藏 續録一卷 明林庭棉撰	二冊
南宮奏議	三十卷 明鈐山堂刊本 明嚴嵩撰 天一閣藏	八冊
南宮疏略	八卷 明嘉靖刊本 明嚴嵩撰 天一閣藏	四冊
翁完虛掖垣疏草	七卷 抄本 明翁憲祥撰 翁同龢跋	四冊
永昭二陵題稿	明隆慶刊本 天一閣藏 萬曆九年工部奏	一冊
南部藎言錄	三卷 抄本 無撰人名氏 弘光時人作	三冊
漁石唐公奏議	明嘉靖刊本 明兵部尚書浙東唐龍撰	二冊
方文襄西樵遺稿	明隆慶刊本	五冊

明臣奏疏	明抄本 自嘉靖元年至十四年 天一閣藏	二册
明臣諫疏	明天啓刊本	四册
張文忠公奏疏抄	明刊本	二册
西漢書疏 東漢書疏	各八卷 明弘治刊本 天一閣藏	廿六册
東漢書疏	八卷 明刊本	八册
尊聖録	一卷 明隆慶刊本 明通郡陳堯撰 天一閣藏	一册
三邊志	六卷 明嘉靖刊本 明史鶚黄曾同撰 天一閣藏	六册
兩程故里志	六卷 明正德刊本 明邊庚竇程放編 天一閣藏	四册
皇明中州人物志	十六卷 明隆慶刊本 明朱睦㮮撰 天一閣藏	四册
臨江先哲言行録	二卷 明弘治刊本 明清江龔守愚編 天一閣藏	四册

36.8.10

書名	版本	冊數
廣信先賢事實録	六卷 明刊本 明四明姚堂編集 天一閣藏	一冊
廬陵九賢事實始末	九卷 抄本 元進士 彭士奇編	一冊
歷代帝皇姓系統譜	鈔本 懷新書院載籍捺記印	二冊
歷代妃后紀略	鈔本	四冊
建文遜國臣記	明嘉靖刊本	四冊
循良彙編	十二卷 明嘉靖刊本 明桂林李仲撰輯 天一閣藏	四冊
新刊皇明名臣言行録	二十四卷 明嘉靖刊本 明海鹽徐咸撰輯 天一閣藏	十二冊
勳臣襲爵始末	明抄本 記忠勇王金忠至鎮安伯魏英六十八人立功受封始末及其絶續之故 不分卷 無撰人名氏 天一閣藏	二冊
皇明名臣録贊	一卷 明刊本 明彭韶撰 録徐中山至葉文莊凡三十一人	一冊
皇明開國功臣録	三十二卷 明弘治刊本 明黄金輯	十五冊

第三十二頁

皇明同姓諸王傳	明刊本	三冊
王貞白祠堂記	明景泰刊本	一冊
鄉賢實蹟	明崇禎刊本	一冊
宰輔錄表	鈔本	一冊
宰輔錄	鈔本	三冊
歷代宰輔彙考	鈔本	二冊
高奇往事	十卷 明萬曆刊本 明栝蒼何鏜輯 延令季氏藏	六冊
忠孝集	一卷 明正統刊本 明何自學編 天一閣藏	一冊
求退錄	三卷 明正德刊本 明李東陽撰 天一閣藏	二冊
宸翰錄	三卷 明刊本 明楊一清編 天一閣藏	二冊

36.8.10

恩綸錄	二卷 明萬曆刊本 明張学顔錄 天一閣藏	二冊
光濟錄	明萬曆刊本 天一閣藏	一冊
華陽陶隱居傳	鈔本	一冊
昭明太子事實	二卷 抄本 宋趙彥博撰	一冊
經進皇宋中興四將傳	鈔本	二冊
忠簡宗公遺事	鈔本	二冊
太師楊文敏年譜	四卷 明嘉靖刊本 天一閣藏 明蘇鑑撰 楊肇校補	四冊
盧菴奉使錄	一卷 明成化刊本 天一閣藏 明李實撰	一冊
江表貳臣傳	鈔本	一冊
江上孤忠錄	鈔本 廣堪齋藏	二冊

書名	版本	册數
殉難錄	鈔本	二册
續名賢小紀	鈔本 吳枚菴抄藏	一册
麻姑集	明嘉靖刊本 明陳克昌輯	一册
女教史傳通纂	鈔本	一册
黃黎洲思舊錄	鈔本	一册
先孝奉國公年表	一卷 明嘉靖刊本 明朱睦㮮撰 天一閣藏	一册
純孝編	四卷 明嘉靖刊本 天一閣藏 明朱睦㮮編記其父奉國將軍安河之孝行	一册
卹典題呈	明萬曆刊本 天一閣藏 象鄉明南京兵部尚書張時徹卒後請卹諸牘 一卷	一册
傅尚書傳	一卷 明嘉靖刊本 明崔銑撰 礼部尚書清苑傅經家傳 天一閣藏	一册
王氏家乘	一卷 明嘉靖刊本 明王侹集 象鄉明御史豪山王藏齋渙墓誌碑誄等文 天一閣藏	一册

36.8.10

158

大枝旌孝編	一卷 明嘉靖刊本 明成皋王載烷編 天一閣藏	一冊
翊運錄	二卷 明嘉靖刊本 明劉基九世孫瑜編	一冊
沐氏三世行狀	三卷 明嘉靖刊本 天一閣藏	一冊
宋氏傳芳錄	八卷 明成化刊本 天一閣藏 潜溪門人輯其孫汶增輯	二冊
忠義錄	一卷 明正統刊本 明秦忠徽編 天一閣藏	一冊
楚昭王行實	一卷 明正統刊本 明楚王繼烷撰 天一閣藏	一冊
楓山章恭毅年譜	二卷 明弘治刊本 明章玄應述 天一閣藏	一冊
章楓山先生實紀	一卷 明嘉靖刊本 明章接編 天一閣藏	二冊
章樸庵狀志銘傳	明章 諭錄 明嘉靖刊本 天一閣藏	一冊
忠烈編十卷	明嘉靖刊本 明孫堪等編 天一閣藏	四冊

SC291

姚氏家乘	八卷 明嘉靖刊本 明姚應期撰 天一閣藏	五冊
南海陳氏統宗譜述類編	八卷 明萬曆刊本 明陳紹儒撰	二冊
文氏族譜續集	稿本 明長郡文含書深氏修 按含為文休承五氏孫	一冊
先賢事狀	稿本 清彭紹升撰 沈韻初跋記 魏敏果之湯文正熊文端于清端徐公肅 李文貞陸清獻楊文定事	一冊不全
十五國人物志	清稿 上元龔瀚撰 記明代人物以十五布政司分類	八冊
夏氏略	稿本 秀水萬光泰輯	一冊
明清之際名人傳	鈔本	二十冊
張獻忠傳	鈔本	一冊
李自成傳	鈔本	一冊
明山東省鄉試錄	明官板 明嘉靖元年十年十三年十六年二十五年四十年萬曆元年 共三十一年每一年一冊 天一閣藏	八冊

36.8.10

書名	版本	冊數
明浙江省鄉試錄	明抄本 官刻本 弘治、年抄本十一年 兩部 內抄本一部 各四冊 [illegible] 正德十四年 嘉靖十年 抄本 十九 二十二 二十五 三十一年 萬曆十年 又一部 年分 史六冊 天一閣藏 每一年一冊	二十冊
明福建省鄉試錄	明官刻本 弘治二年 嘉靖元年 十九年 二十二年 三十四年 天一閣藏	五冊
明江西省鄉試錄	明官刻本 嘉靖二十八年 天一閣藏	一冊
明湖廣省鄉試錄	明官刻本 弘治十四年 十七年 嘉靖十三年 二十八年 四十三年 天一閣藏	五冊
明廣西省鄉試錄	明官刻本 天一閣藏 嘉靖四年 十年 十九年 三年 二十八年 二十五年 三十一年 三十四年 萬曆元年	十冊
明雲南省鄉試錄	明官刻本 嘉靖二十二年 二十五年 二十八年 三十一年 隆慶元年 四年 天一閣藏	六冊
明貴州省鄉試錄	明官刻本 天一閣藏 嘉靖二十二年 二十八年 四十二年 萬曆七年	四冊
明順天府鄉試錄	明官刻本 成化十九年 弘治九年 嘉靖二十二年 二十五年 四十年 天一閣藏	五冊
明應天府鄉試錄	明官刻本 天一閣藏 弘治十七年 嘉靖四十年	六冊

第三十五頁

書名	版本	册數
明山西省鄉試録	明官刻嘉靖三十七年天一閣藏	一册
明河南省鄉試録	明官刻本 天一閣藏 嘉靖三十一年 三十七年 萬曆十年	三册
明陝西省鄉試録	明官刻本 天一閣藏 正德五年 嘉靖四十三年	二册
明四川省鄉試録	明進刻本 嘉靖。。年 天一閣藏	一册
明廣東省武鄉試録	明官刻本 天一閣藏 嘉靖二十五年 二十七年	二册
明福建省武鄉試録	明官刻本 天一閣藏 嘉靖三十七年	一册
明湖廣省武鄉試録	明官刻本 天一閣藏 嘉靖二十五年	一册
明會試録	明官刻本 成化十四年 弘治三年 九年 嘉靖五年 十四年 十七年 天一閣藏	六册
明登科録	明官刻本 弘治九年 嘉靖五年 十七年 二十三年 隆慶元年 天一閣藏	五册
宋史略	元刊本	二册

36.8.10

書名	版本	冊數
歷代志略	四卷 明嘉靖刊本 昆陵唐瑤纂集	二冊
南史朝	三十一卷 明刊本 明李國瑤刪頁 晚谷老人精補 潘曾沂藏	四冊
二史會編	明嘉靖刊本	二十冊
南北朝史鈔	抄本	二冊
晉書摘鈔	抄本	八冊
讀史兵略	稿本	八冊
九國志	八卷 抄本 宋路振撰 孔江石藏	二冊
九國志	十二卷 抄本 南海伍元華藏	四冊
宣靖備史	抄本 明陳霆撰	一冊
南疆逸史	二十卷 抄本 無撰人名氏	六冊

書名	版本	冊數
淮海逸史	鈔本 楊復吉孫淵如吳枚菴藏	四冊
西域記	鈔本 西南風土記 西藩聞見錄	共一冊
日本國考略	一卷 明嘉靖刊本 補遺一卷 梓山薛俊纂述 金陵王文光增補 天一閣藏	一冊
日本國史	鈔本 廣堪齋藏	二冊
吾妻鏡	日本刊本	二十六冊
朝野記聞	鈔本 高麗人記其本國史事	五冊不全
高麗史	鈔本	三十八冊
東國通鑑	五十六卷 明抄本 朝鮮國史臣撰 吳任臣 馬笏齋藏 笏齋跋	廿四冊
東史綱目	三十六卷 附錄四卷 高麗抄本 漢山安鼎福編 天一閣藏	三十四冊
通志藝文略	八卷 元刊本 宛平王蓀齋藏	三冊

36.8.10

161

書名	版本	冊數
秘書省續編到四庫闕書	二卷抄本	一冊
元史藝文志	鈔本	一冊
古今書刻	鈔本	三冊
脈望館書目	鈔本　貝簡香藏	三冊
也是園書目	鈔本	二冊
也是園書目	鈔本	四冊
竹崦盦傳鈔書目	鈔本　何元錫舊藏	一冊
傳是樓書目	鈔本	六冊
曹楝亭書目	鈔本	二冊
四庫存目	鈔本	八冊

第二十七頁

SC297

曝書亭書目	鈔本	四冊不全
稽瑞樓書目	鈔本	二冊
徵刻唐宋秘本書目	鈔本	一冊
持靜齋書目	鈔本	一冊
海源閣宋元秘本書目	鈔本	一冊
謏聞齋書目	鈔本	一冊
嘉郡人著述總目	鈔本	一冊
藏書紀事詩	鈔本	六冊
湖錄	六卷 析本存經籍考集部	二冊
寰宇訪碑錄	校本	二冊

36.8.10

書名	版本	冊數
宋金元明佚碑原文	鈔本	十二冊
閬中金石沽錄	稿本 馮登府撰	一冊
扶風縣石刻記	鈔本	一冊
楊升庵金石文字錄	鈔本	三冊
金石苑	校本	八冊
碑版考	鈔本	五冊
古今碑帖考	鈔本 袁漱六藏	一冊
拾錢題名殘刊	鈔本	三冊
郟縣金石志	抄本 清偃師武億宛平毛師沅同輯 何夢華 勞季言藏	一冊
湖北金石簿	不分卷 未定稿本 周鑾詒校	八冊

濰縣金石志	八卷稿本 金石遺文錄一卷 私本一卷 郭麐輯 潘祖蔭序 陳介祺校記	七册
金石文隨錄	抄本 葉石君輯	四册
金石韻府	五卷 明嘉靖刊本 毘陵朱雲時望輯篆	五册
蘭亭序考	抄本 宋金滋撰 吳枚菴跋 結一廬藏	一册
晉代五胡僭號編年	鈔本	十二册
十六國紀年表	稿本 烏程汪曰楨撰	一册
諸儒集注永嘉陳先生兩漢博議	明影宋抄本 宋陳季雅撰	五册
班馬異同	明嘉靖刊本 郁泰峰藏	六册
讀史愚見	三卷 明刊本 無撰人名氏	一册
詠史集句考	四卷 明嘉靖刊本 新安程敏政撰	二册

38.8.10

書名	版本	册數
讀史歌	一卷 明嘉靖刊本 明陳儒撰 天一閣藏	一册
讀史漫稿	明嘉靖刊本 詠史絶句一百四十二首 慈溪陳諒撰 天一閣藏	一册
評鑑闡要	十四卷 乾隆三十六年進呈本	十四册
讀史大略	六十卷 抄本 江陰張沙白撰	十二册
史略	稿本 翁方綱輯 葉志詵藏	一册
史記文類	明刊本 趙文華次	一册
史記論文	一百三十卷 何義門評校 清康熙刊本	十六册
歷代宮殿名	鈔本 張芙川藏	一册
皇輿表	殿本	四十八册
輿地紀勝	影宋抄本 錢儀吉蔣鳳藻舊藏	二十四册

方輿備考	鈔本	六册
讀史方輿紀要	抄本 顧祖禹撰 吴省蘭藏	七十册
肇域記	鈔本	二册
大明輿地名勝志	明崇禎刊本 明曹学佺撰 一百九十三卷	三十四册
輿地總圖	不分卷 明抄本 無撰人名氏	二册
廣輿圖	四卷 明萬曆刊本	四册
明海防邊防地輿圖说	明抄本	十六册不全
雍勝畧	明刊本	六册
金陵古今圖考	一卷 明正德刊本 明陳沂撰 天一閣藏	一册
四都賦	一卷 明隆慶刊本 明方詔撰 天一閣藏	一册

36.8.10

164

秦志輯要	鈔本	十二冊
滇考	鈔本 葉志詵藏	一冊
嶺南紀略後集	明崇禎刊本	六冊
粵西叢載補遺	鈔本 清汪森編	十冊
竹鎮紀略	鈔本	一冊
三吳襍志 新安山水志	明刊本	五冊
東泉志	明刊本	四冊
西吳里語	四卷 明嘉靖刊本 吳興宋雷著	四冊
西吳里語	抄本 繡谷亭舊藏	四冊
續吳錄	二卷抄本 貝簡香藏 沛國劉鳳子威撰 周香巖藏	二冊

SC303

書名	版本	冊數
游名山録	四卷 明刊本 天一閣藏 明鄞陳沂魯南撰	一冊
鎮虜記 劉 榆鎮問答 涉史隨筆 禦戎論 西番事跡	鈔本	合一冊
寧古塔志 出塞詩 封長白山記	鈔本	合一冊
雲巖襍紀	鈔本 錢梅溪輯	三冊
南嶽總勝集	一卷 明抄本 無撰人名氏 天一閣藏	一冊
西嶽華山誌	一卷 明嘉靖刊本 天一閣藏	一冊
重修江南華蓋山志	五卷 明嘉靖刊本 明張宇初撰 天一閣藏	一冊
金山志	四卷 明嘉靖刊本 明廬陵胡儉撰 天一閣藏	二冊
大嶽志略	五卷 明嘉靖刊本 明方升撰 天一閣藏	三冊
北岳編	三卷 明嘉靖刊本 明室甫湧撰 天一閣藏	三冊

38.8.10

165

書名	版本	冊數
羅浮山志	十二卷 明嘉靖刊本 明黎民表撰 天一閣藏	四冊
西樵山水文獻總志	六卷 明嘉靖刊本 明順德周學心編輯 天一閣藏	二冊
泰山志	四卷 明嘉靖刊本 明歙縣汪子卿編 天一閣藏	四冊
天台山志 陽明洞天圖經 四明洞天丹山圖詠 南岳總勝集	鈔本	合一冊
馬鞍山志	鈔本 孫淵如藏	二冊
虎邱山志	明成化刊本 黃蕘圃藏	四冊
虎邱山志	明刊本	二冊
河干問答	鈔本 吳兔床藏	一冊
語海一隅	鈔本	一冊
星槎勝覽	四卷 明刊本 明費信撰 天一閣藏	一冊

歷代官制考	鈔本 汪李青藏	一册
後漢郡國令長考	鈔本 蔣香生藏有跋	一册
歷代封建考	二十卷 明初刊本 無撰人名氏 天一閣藏	四册
皇朝百官述	鈔本 缺下卷	一册
皇明太學志	十二卷 明嘉靖刊本 明郭鎜等修 天一閣藏	十册
欽定國子監志	稿本 存經籍藝文二門	六册
徐州洪志	十卷 明嘉靖刊本 古鄞陳穆撰 天一閣藏	二册
户部兵科名例仕籍	明嘉靖刊本 天一閣藏	六册
長蘆運司志	七卷 明嘉靖刊本 明郭五常徐宗元撰 天一閣藏	二册
河東鹽池録	四卷 天一閣藏 明弘治刊本 明李鑑撰	一册

166

SC306

書名	版本	冊數
文武敎劄	明抄本 天一閣藏 給文武官員敎書及劄付之式	一冊
皇宋事實類苑	景宋鈔本	十二冊
資治大政記	明刊本	四十冊
祖訓條章	明抄本 明太祖敎諭皇太子親王並定皇太子親王國、禮儀制要 天一閣藏	一冊 不全
太平寶訓政治紀年	鈔本	二冊
臣軌	鈔本	一冊
風紀輯覽	明鈔本 傅漢臣輯	四冊
京察紀事	明刊本 周季貺藏有跋	二十四冊 不全
宮中現行則例	鈔本	四冊
牧民心鑑	三卷 明成化刊本 檇李朱逢吉編 天一閣藏	二冊

第四十二頁

為政準則	三卷 明嘉靖刊本 無撰人名氏 天一閣藏	一冊
吏學指南	八卷 明正德刊本 吳郡徐元瑞君祥纂 天一閣藏	一冊
醒貪錄	明抄本 明太祖撰 天一閣藏 定文武官俸前後附敘戒	一冊
禮儀定式	一卷 明嘉靖刊本 洪武十二年礼部題本 天一閣藏	一冊
洪武禮制	一卷 明洪武刊本 天一閣藏	一冊
郊廟賦	五卷 明刊本 宣城貢汝成撰 天一閣舊藏	二冊
大明新定九廟之頌	明抄本 天一閣藏	一冊
累朝榜例	一卷 明抄本 天一閣藏 永樂宣德年所定民間賑舍崇用等事	一冊
復古議	明萬曆刊本 明龐尚鵬撰 天一閣藏 龐督理九邊時遍催楊見其風俗太靡因為此議以訓俗編	二冊
鄞縣丈量田総	明刊本 明齋周高臣編 天一閣藏	一冊

36.8.10

書名	版本	冊數
廬陽荒政錄	四卷 明嘉靖刊本 豐城陸夢麟編集 天一閣藏	二冊
會議邊儲	明刊本	一冊
兩浙南關志	六卷 明嘉靖刊本 明薛僑撰 天一閣藏	二冊
河西關志	明嘉靖刊本 濡陽楊濂撰 天一閣藏	二冊
北關新志	明嘉靖刊本 王廷幹撰 天一閣藏	二冊
荊南権志	十卷 明嘉靖刊本 仁和邵經邦東汝閣陳梧增修 天一閣藏	二冊
淮關條約	明嘉靖刊本 莆陽黃日敬撰 天一閣藏	一冊
食貨志選	三卷 明嘉靖刊本 明余思學編 天一閣藏	二冊
淮鹽法奏議	明刊本 天一閣藏	一冊
漕運議單	明嘉靖刊本 嘉靖三十五年戶部議定 天一閣藏	一冊

漕運議單	明嘉靖刊本 天一閣藏 嘉靖三十七年户部議定	一冊
後湖志	明嘉靖刊本 天一閣藏 合州趙官編次 南豐李萬實 蘭溪陸鳳儀先後重修 非志後湖乃志有明一代冊籍之事	四冊
吏部文選驗封二司條例	明抄本 天一閣藏	一冊
吏例	明抄本 天一閣藏	二冊
兵部見行事例	明嘉靖刊本 天一閣藏 嘉靖三十七年四月兵部議奏裁省驛傳冗費事例	一冊
兵部見行事例	明嘉靖刊本	一冊
歷年條例	明抄本 天一閣藏 依大明律目次編輯	九冊
刑部纂集事例	明抄本 天一閣藏 自弘治至嘉靖初新增事例	一冊
刑書據會	明萬曆刊本 天一閣藏	一冊
成化條例	明抄本	四冊

36.8.10

168

SC310

書名	版本	冊數
嘉靖新例	明抄本 天一閣藏	一冊
嘉靖各部新例	明抄本 天一閣藏	十冊
問刑條例	明正德刊本	二冊
刑部題稿	明抄本 天一閣藏 嘉靖卄六年刑部都察院題奏刑部條例	一冊
恤刑錄	明正德刊本 忠烈公審錄編 弘治十八年刑部郎中審錄江西時所上奏牘 天一閣藏	二冊
恤刑疏草	八卷 明嘉靖刊本 嘉靖六七年刑部主事署郎中葛木審錄江西時所上奏牘 天一閣藏	四冊
審錄廣東題稿	明嘉靖刊本 嘉靖三十年刑部主事署郎中林大章審錄廣東時所上奏牘 天一閣藏	二冊
審錄福建題稿	明萬曆刊本 天一閣藏	一冊
恤刑疏稿	明萬曆刊本 天一閣藏	一冊
王恭毅公駁稿	明弘治刊本 天一閣藏 明大理卿王槩撰 其門人高銓編	二冊

書名	版本	冊數
批駁抄略	明嘉靖刊本 天一閣藏	一冊
比部招議	二卷 明嘉靖刊本 天一閣藏	三冊
張文博招	明抄本	一冊
讞獄記	不分卷 明嘉靖刊本 明呂柟撰	一冊
諭解州略	明嘉靖刊本 明呂柟撰 天一閣藏	一冊
籌邊一得	明嘉靖刊本 明易文撰 天一閣藏 明都督僉事何卿鎮守松潘付易武所陳籌邊之策	一冊
申明保甲鄉約法	明嘉靖刊本 天一閣藏 王文成撫江西時所定	一冊
禦虜安邊策	明刊本 明張鋐撰 天一閣藏 備答入寇 鋐居京師時所上	一冊
沿海經略總要	明抄本	一冊
海防疏	明嘉靖刊本 天一閣藏 嘉靖三十四年督察軍務趙文華題	一冊

169

勘處夷情疏　明刊本　明萬鏜撰　鏜奉命剿撫湖廣時獨山蠻條上善後之策　天一閣藏　一冊

守城事宜　明萬曆刊本　天一閣藏　一冊

17°

子部

儒家

孔子家語	明刊本	五冊
孔子家語	明南監刊本	五冊
孔子家語	明隆慶刊本 十卷	八冊
孔子家語	明刊本	七冊 缺卷一
孔子家語	明刊本 三卷	二冊
纂圖互註荀子	宋刊本 半葉十一行廿一字	五冊
纂圖互註荀子	元刊本	十冊
纂圖互註荀子	明覆宋刊本 劉履芬舊藏	六冊

第一頁

書名	版本	冊數
荀子	明刊本	一冊
孔叢子七卷釋文一卷	明覆宋刊本 翰林院藏印	二冊
孔叢子	明刊本 校過	四冊
新語	明刊本 缺上冊	一冊
賈子	明正德刊本	四冊
新書	明覆宋刊本	六冊
新書	明正德刊本 吉藩梁蕉林盛伯義舊藏	二冊
賈誼新書十卷附錄一卷	明刊黑口本 梁蕉林舊藏	六冊
新書	明正德刊本 天一閣舊藏	四冊
賈誼新書	明正德刊本	四冊

新書	明刊本	四冊不全
鹽鐵論	十二卷明嘉靖張之象刊本	十冊
鹽鐵論	明嘉靖倪邦彥翻涂刻本 王翰舊藏	四冊
鹽鐵論	明崇禎刊本	二冊
新序	明刊本	四冊
說苑	明嘉靖刊本	六冊
說苑	明崇德書院刊本	十二冊
說苑	明刊本 半葉十一行二十一字	八冊
說苑	明刊本	四冊
纂圖互注揚子法言	宋刊本	二冊

第二頁

書名	版本	冊數
纂圖互注揚子法言	元刊本 半葉十一行二十一字 劉漢臣舊藏	二冊
揚子法言	元刊本	一冊
纂圖互註揚子法言	明刊黑口本	二冊
纂圖互注揚子法言	明刊黑口本	三冊
揚子法言	世德堂刊本 戈小蓮校宋本	四冊
五臣音注揚子法言	明世德堂刊本 校宋本 葉名澧舊藏	二冊
揚子法言	明刊本	二冊
五臣音注揚子法言	明刊本 即世德堂本但字已剗去	二冊
潛夫論	明刊本 半葉十行十八字	四冊
潛夫論	明刊本	二冊

36.8.10

書名	版本	冊數
申鑒	明正德覆元大德本 天一閣舊藏	一冊
申鑒	明正德刊本	二冊
文中子	明刊黑口本	三冊
文中子	明嘉靖刊本 江建霞舊藏	二冊
文中子	明刊本 陳仲魚舊藏	三冊
伸蒙子	明鈔本	一冊
帝學	抄本 陸心源舊藏	四冊
帝學	省園藏板	四冊
二程遺書	六十二卷 明弘治刊本 天一閣舊藏	十冊
呂氏童蒙訓	清覆宋本	一冊

第三頁

書名	版本	冊數
朱子語類大全	一百四十卷 明成化刊本	二十冊
胡子知言	明刊本	一冊
子思子	宋汪晫編 鈔本 顧湘舟舊藏	一冊
潛室陳先生木鐘集	明弘治刊本	八冊
西山讀書記 乙集下廿二卷 丁集二卷	兩集後均有監雕銜名 宋刊本	六冊
西山讀書記 乙集上大學衍義	半葉十行二十字 宋刊本 郁泰峯舊藏	八冊
真西山讀書記	宋刊元補本	二十冊
真西山讀書記	宋刊本	十九冊不全
西山讀書記 丁集	明刊本 天一閣舊藏	二冊
真氏心經	明成化刊本 陳仲魚校藏	一冊

36.8.10

173

書名	卷數及版本	冊數
慈谿黃氏日抄	八十八卷 明活字本	四十冊
黃氏日抄	明慎獨齋刊本	四十八冊
言子	宋王爚編 鈔本 盧抱經舊藏	一冊
東宮備覽表	鈔本 知聖道齋 結一廬舊藏	一冊
夜行燭	明曹端撰 鈔本	一冊
四子抄釋	周子三卷 二程子十卷 張子六卷 朱子二卷 明嘉靖刊本	十冊
聖學格物通	一百卷 明湛若水撰 明嘉靖刊本	三十冊
薛子庸語	明薛應旂撰 明隆慶刊本	二冊
呻吟語	抄本 持靜齋舊藏	二冊
讀朱隨筆	抄本 清陸隴其撰	二冊

第四頁

兵家

孫子集註	明嘉靖談愷刊本	五冊
孫子集註	明嘉靖刊本	五冊
黃石公三略	抄本 顧湘舟舊藏	一冊
三略直解	抄本 顧湘舟舊藏	一冊
虎鈐經	明嘉靖刊本	三冊
何博士備論	四庫底本	一冊
守城錄	抄本	四冊
守城錄	抄本	四冊
守城錄	抄本	一冊

36.8.10

書名	版本	冊數
百將傳	明刊本	四冊
武編前編 後編	明刊本	二十四冊
塞語	抄本 明尹耕撰	一冊
古今將略	鈔本	一冊不全
洴澼百金方	抄本	八冊
手臂錄	抄本 吳殳修齡撰	一冊
法家		
管子	明趙用賢刊本 黃蕘圃校宋本	三冊
管子	明刊本 蔣香生校 書德園舊藏	二冊
鄧析子	抄本 顧湘舟舊藏	一冊

第五頁

書名	版本	冊數
韓非子	半葉八行十四字 出宋乾道本而易其行款較諸刻為近 明刊本	八冊
韓非子	日本景宋鈔本	一冊
韓非子	半葉十行二十一字 天一閣舊藏 明刊本	四冊
韓非子	明萬曆趙氏刊本 沈成大校	四冊
韓非子	明刊本	二冊
韓非子	吳氏刊本	六冊
農家		
齊民要術	明刊本	三冊
農書	明萬曆刊本	十二冊
泰西水法	鈔本	二冊

175

野菜譜	明嘉靖刊本	一册
野菜博錄	明天啓刊本	十二册
醫家		
重廣補注黄帝内經素問	明嘉靖顧氏覆宋刊本	六册
重廣補注黄帝内經素問	明覆宋刊本	十六册
黄帝内經素問	明嘉靖刊本	十册
素問六氣玄珠密語	抄本 鮑以文舊藏	六册
素問靈樞經	明趙居敬堂刊本	二十册
靈樞經	明趙居敬堂刊本	六册
黄帝甲乙經	明刊本 凌嘉六據宋本校	三册

第六頁

書名	版本	冊數
甲乙經	鈔本	八冊
金匱要略論注	鈔本	十冊
傷寒論	明嘉靖刊本	八冊
脉經	十卷 明覆宋刊本 楊守敬舊藏	四冊
千金要方	日本刊本	三十四冊
千金翼方	明鈔本 錢遵王舊藏	六冊
千金翼方	日本刊本	十二冊
外臺秘要	四十卷 四庫正本	三十二冊 缺最後八卷
政和新修經史証類備用本草	金刊明補本 周季貺跋	二十冊
政和新修經史証類備用本草	金刊本 季滄葦 顧俟君 汪秀峰 吳枚庵 郁泰峰舊藏	二十四冊

36.8.10

176

SC325

書名	版本	冊數
重修政和經史証類備用本草	元刊本 朱竹垞陳仲魚孫淵如舊藏	二十四冊
類証普濟本事方	十卷 抄本	二冊 稍有殘缺
衛濟寶書	鈔本	一冊
醫說	明刊本	二冊
醫說	明嘉靖刊本 曹彬侯舊藏	五冊
素問玄機原病式	二卷 金河間處士劉完素撰 明嘉靖刊本 天一閣舊藏	二冊
此事難知	明刊本	二冊
奇效良方	六十五卷 明方賢輯 明初黑口本	十八冊
醫史	李濂輯 明嘉靖刊本	二冊
折肱漫錄	抄本	一冊

第七頁

東醫寶鑑	高麗刊本	二十五冊
本草拾遺	抄本	二十八冊
天算		
新儀象法要	抄本 郁泰峯舊藏	二冊
四元玉鑑	抄本 元朱世傑撰 羅茗香演草	四冊
革象新書	二卷 明正德刊本	二冊
革象新書	明嘉靖刊本 天一閣舊藏	一冊
渾蓋通憲圖説	抄本 李之藻撰	二冊
曆體書略	抄本 明王英明撰 陳仲魚舊藏	一冊
測圓海鏡	抄本 孔廣森校藏	四冊

36.8.10

書名	版本	冊數
益古演段	鈔本 五硯樓袁氏舊藏	三冊
嘉量算經	抄本 明朱載堉撰 文選樓五硯樓舊藏	二冊
術數	學 占候 相宅墓 占卜命相 陰陽五行	
太玄經	明萬玉堂刊本	六冊
太玄經十卷 釋文一卷	明萬玉堂刊本	四冊
太玄經十卷 音一卷	明嘉靖刊本	六冊
元包經傳五卷 元包數總義二卷	明後宋張洗臨印刊本	四冊
潛虛	明天一閣刊本	一冊
皇極經世	明刊本 蔣香生舊藏	十冊
天原發微	明天順刊本 天一閣舊藏	二十冊

第八頁

書名	版本	冊數
天原發微	明天順刊本 五卷	八冊
靈臺秘苑	抄本 孫淵如舊藏 有跋	三冊
大唐開元占經	抄本 楊芸士舊藏	三十六冊
星文一卷 天文會元占 三十三卷	明抄本 天一閣舊藏	四冊
星文一冊 天文會元占十三冊 天文會通占六冊	明抄本	二十冊
玉歷通政經	抄本 張芙川舊藏	一冊
觀象玩占	明抄本	十冊
觀象玩占	明抄本	八冊
觀象玩占	鈔本	十冊
大明清類天文分野之書	二十四卷 明洪武刊本 天一閣舊藏	十二冊

36.8.10

178

書名	版本	冊數
鎮世神書	抄本	二冊
靈棋經	明嘉靖刊本 天一閣舊藏	二冊
靈棋經	抄本 秦敦父舊藏	二冊
焦氏易林	明嘉靖刊本	四冊
易林釋文	稿本	一冊
六壬五變中黄經	抄本	二冊
珞琭子三命消息賦注	二卷 抄本 劉履芬舊藏	一冊
星命總括	抄本	一冊
玉管照神局	抄本	一冊
太乙統宗寶鑑 二十卷 全鑰匙一卷	明抄本	八冊

第九頁

太乙统宗寳鑑	十四卷 明抄本 錢遵王舊藏	十二册
遁甲奇门要略	抄本	一册
佐玄直指圖解	十卷 明刊本 天一阁舊藏	一册
藝術		
歷代書品	抄本	三册
唐朝名画録	明鈔本	一册
唐朝名画録 五代名画補遺 聖朝名画评	抄本	一册
益州名画録	明仿宋刊本 天一阁舊藏	一册
圖畫見闻志	影宋抄本	一册
米海嶽画史 一卷 書史 一卷	抄本	一册

36.8.10

179

書名	版本	册數
寶章待訪錄	抄本 戴松门錢夢廬跋	一册
寶章待訪錄 附師友談記	抄本	一册
宣和画譜	二十卷 明刊本	八册
書苑菁華	明鈔本	十六册
書苑菁華	鈔本	四册
法書攷	鈔本 小重山館何氏舊藏	一册
圖繪寶鑑	汲古閣刊本據元本校過	四册
圖繪寶鑑	明刊本	四册
書史會要 九卷 補遺一卷	影抄洪武本 孔荭谷舊藏	六册
珊瑚木難	鈔本	六册 不全

第十頁

SC332

珊瑚木難	鈔本	一冊不全
鐵網珊瑚	抄本	四冊
鐵網珊瑚	鈔本	八冊
繪事微言	鈔本	二冊不全
畫史會要	鈔本 繆小山舊藏	四冊
書畫題跋記	鈔本明郁逢慶編 蔣長泰舊藏	六冊
續書畫題跋記	十二卷郁逢慶撰 抄本	六冊
圖畫寶鑑	明鈔本	一冊
小山畫譜	鈔本	二冊
琴譜合璧	刊本不詳	五冊

36.8.10

180

SC333

太古遺音	明刊本	二冊
玄玄棋經	元刊本	一冊
秋仙遺譜前集八卷後集四卷	明褚克明集棋譜 明嘉靖刊本 天一閣舊藏	
譜錄		
嘯堂集古錄	明覆宋刊本 王鴻緒舊藏	四冊
博古圖	存卷一卷三至十 元刊本	九冊不全
博古圖錄	明刊本	十六冊
宣德彝器譜	二卷 明工部尚書呂棠奉敕編次 抄本	二冊
硯箋	四卷 明抄本 天一閣舊藏	一冊
墨史	鈔本	一冊

第十一頁

墨苑十四卷 附録九卷	明萬曆刊本 姚文僖舊藏	二十三册
茶史	劉源長撰 清康熙刊本 何義门校藏	二册
膳夫经	抄本	一册
膳夫經手録	抄本 丁禹生舊藏	一册
冠譜	抄本馬寒中跋 屠伯洪舊藏	一册
蒲易	抄本宋鹿亭翁撰 吳枚菴舊藏	一册
雜家		
鬻子	八行十七字 明刊本	一册
墨子	明嘉靖陸穩刊本 嚴元照舊藏	四册
墨子	明江藩霞唐堯臣刊本	八册

1181

- SC335

書名	版本	冊數
子華子	明弘治刊本 天一閣舊藏	一冊
呂氏春秋	明許宗魯刊本	六冊
子華子	明刊本	一冊
尹文子	十行十九字明刊本	一冊
公孫龍子	八行十七字 明刊本	一冊
鬼谷子	十行十九字 明刊本	一冊
鬼谷子	鈔本	一冊
呂氏春秋	明嘉靖刊本 校過	十二冊
呂氏春秋	明吳勉學刊本	五冊
呂氏春秋	明萬曆刊本 戈小蓮校藏	五冊

第十二頁

71

書名	版本	冊數
呂氏春秋	靈巖山館刊本 朱邦衡校藏	四冊
淮南鴻烈解	半葉十行廿二字明安正堂刊本 馬笏齋舊藏	四冊
淮南子	明刊本	八冊
淮南鴻烈解	明萬曆汪一鸞刊本	八冊
淮南鴻烈解	莊逵吉刊本 陳碩甫校藏	四冊
淮南子	莊氏刊本劉泖生臨盧抱經顧千里校本	八冊
淮南子	莊氏刊本丁敬身校玉雨堂結一廬舊藏	三冊
人物志	明刊本汪魚亭舊藏	一冊
人物志	明刊本	一冊
金樓子	抄本 孔葒谷舊藏	一冊

26.8.10

182

SC337

金樓子	鈔本	二册
重編金樓子	鈔本	六册
劉子	明嘉靖刊本 天一閣舊藏 二卷	二册
劉子	明崇德書院刊本	一册
儒门經濟長短經	鈔本	九册
太平兩同書	明鈔本天一閣舊藏 二卷	一册
芻言	鈔本	一册
經鉏堂襍志	明抄本 宋倪思撰 天一閣舊藏	一册
經鉏堂雜志	鈔本 王宗炎舊藏	一册不全
厚德錄	明刊本 宋李元綱撰 天一閣舊藏	二册

第十三頁

雅述	二卷 明嘉靖刊本 明浚川王廷相撰 天一閣舊藏	二冊
存愚錄	明永嘉張璁撰 明嘉靖刊本 翰林院印 天一閣舊藏	一冊
天祿閣外史	鈔本 紅豆書屋舊藏	二冊
推篷寤語	明松江李豫亨撰 明隆慶刊本	四冊 缺卷九
脈望	明內江趙台鼎撰 鈔本 畢瀧校藏	一冊
古言	明海鹽鄭曉撰 明刊本	二冊
七克	明西洋人龐迪我撰 抄本	四冊
雜考		
白虎通德論	十卷 半葉九行二十七字 元刊本	四冊
白虎通德論	二卷 明嘉靖傅鑰刊本	一冊

86.8.10

(8)

白虎通德論	傳錄傳鑰本 明抄本	二冊
白虎通義	明萬曆刊本	四冊
崔豹古今注	明白鶴山房刊本 天一閣舊藏	一冊
中華古今注	明嘉靖孔天胤刊本 天一閣舊藏	一冊
資暇集	明抄本 天一閣舊藏	一冊
近事會元	抄本徐星伯王蓮生舊藏	四冊
近事會元	鈔本結一廬舊藏	一冊
東觀餘論	抄本 校過	二冊
東觀餘論	抄本吳枚庵抄藏	二冊
靖康新雕緗素襍記	明抄本 天一閣舊藏	一冊

第十四頁

書名	版本	册數
猗覺寮雜記	抄本朱竹垞黄荛圃舊藏	一册
容齋五筆	明崇禎馬調元刊本 金鄂巖跋何義门校	三十册
能改齋漫録	抄本據宋本校 王西莊陳仲魚舊藏	八册
能改齋漫録	抄本馬日璐舊藏 叢書樓	八册
能改齋漫録	臨嘯書屋校本	八册
容齋五筆	明馬調元刊本顾竹泉校藏	十四册
程氏考古编	抄本吴免床舊藏	五册
演繁露	明萬曆刊本以宋本校過	一册
演繁露六卷 續六卷	抄本徐紫珊閒閑萬樓舊藏	三册
演繁露續集	抄本吴省蘭校秦敦夫舊藏	二册

36.8.10

184

SC341

書名	版本	冊數
緯略	抄本 校過	四冊
緯略	明鬱岡齋抄本	
芥隱筆記	明刊本	一冊
野客叢書	明刊小字本	八冊
野客叢書	明寶顏堂秘笈本	六冊
經外雜鈔	抄本	二冊
潁川語小	二卷抄本	一冊
賓退錄	抄本	二冊
鼠璞	景宋抄本張芙川蔣香生舊藏	一冊
困學紀聞	半葉十行十八字元刊本丁小雅跋 周書昌藏	六冊

第十五頁

書名	版本	册數
困學紀聞	半葉十行十八字 元刊本 楊守敬藏	十二册
困學紀聞	明刊本	十二册
困學紀聞	明刊本	十六册
困學紀聞	桐鄉汪氏刊本 袁壽階沈韻初校藏	六册
識遺	十卷 抄本	二册
丹鉛總錄	明嘉靖刊本	十册
丹鉛總錄	明嘉靖刊本 天一閣舊藏	十册
丹鉛總錄	明嘉靖刊本	十二册
丹鉛續錄	明刊本 天一閣舊藏	四册
正楊	存卷二三 抄本	一册

36.8.10

185

SC343

書名	版本	冊數
筆精	明徐𤊹撰 明崇禎刊本 方濬師跋	六冊
雜說		
論衡	明通津草堂刊本	十冊
風俗通義	半葉十行十六字 明刊本 何義门陳仲魚舊藏	二冊
春明退朝錄	明鈔本	一冊
宋景文筆記	鈔本	一冊
宋景文筆記附案城遺言	抄本	一冊
東原錄	抄本 小山堂趙氏舊藏	一冊
東原錄附省心襍言	抄本	一冊
王氏談錄	明抄本 天一閣舊藏	一冊

第十六頁

文昌雜録	鈔本	一冊
文昌雜錄	抄本 朱竹垞舊藏	二冊
麈史	鈔本	二冊 缺卷上
夢溪筆談	明刊本	十二冊
仇池筆記	鈔本	一冊
東坡志林	明萬曆刊本盧抱經校藏	五冊
東坡志林	明趙開美刊本	五冊
晁氏客語	明嘉靖刊本 天一閣舊藏	一冊
蒙齋筆談	明抄本 天一閣舊藏 題宋鄭景望撰	一冊
曲洧舊聞	明抄本 張芙川舊藏	一冊

88.8.10

書名	版本	册數
石林燕语	明正德刊本前五卷配稗海本 四庫底本	四册
石林燕语	明正德刊本	二册
石林燕语	琳琅秘室刊本 校勘極精	四册
石林燕语	抄本 葉調生校	二册
石林避暑錄话	明刊本	四册
辟暑錄话	明稗海本 天一阁舊藏	二册
五總志	鈔本小山堂趙氏陳仲魚吳兔床舊藏	一册
東園叢說	鈔本 秦敦夫舊藏	一册
常談	抄本	一册
雲麓漫抄	抄本	二册

第十七頁

履齋示兒編	鈔本校過	四册
游宦紀聞	景宋鈔本 鮑以文校 璜川吳氏舊藏	一册
梁溪漫志	明抄本 從宋本出	二册
鶴林玉露	明刊本 天祿琳琅舊藏	四册
鶴林玉露	十六卷 明刊本	八册
新刊鶴林玉露	日本刊本	三册
鶴林玉露天地人三集	日本刊本	三册
鶴林玉露	日本刊本	八册
吹劍錄	抄本	一册
佩韋齋輯聞	抄本	二册

36.8.10

書名	版本	冊數
書齋夜話	抄本 俞琰撰 汪魚亭舊藏	一冊
志雅堂雜抄	明抄本 宋周密撰 天一閣舊藏	一冊
志雅堂雜鈔	鈔本 校過	二冊
讕言長語	明正德刊本 天一閣舊藏	一冊
震澤長語	明刊本	一冊
震澤長語	明抄本 天一閣舊藏	一冊
震澤長語	抄本	一冊
春明夢餘錄	抄本	十六冊
餘冬序錄	明刊本 明何孟春撰 楊守敬舊藏	十三冊
餘冬序錄	明萬曆刊本	十三冊

第十八頁

書名	版本	册數
餘冬序錄	明鈔本	十二册 缺外篇五卷
真珠船	八卷 明関西胡侍撰 天一閣舊藏 明嘉靖刊本	二册
墅談	六卷 明関西胡侍撰天一閣舊藏 明嘉靖刊本	二册
南園漫錄	十卷 明張志淳撰天一閣舊藏 明正德刊本	六册
綵雪亭樵言	明清江敖英撰 天一閣舊藏 明嘉靖刊本	一册
逌旃瑣言	明濮州穀原山人蘇祐撰天一閣舊藏 明刊本	二册
濯纓亭筆記十卷附禮記集說辨疑一卷	明長洲戴冠章甫撰天一閣舊藏 明嘉靖刊本	三册
禪寄筆談	明陳師撰 明刊本	八册
草木子	明嘉靖刊本 天一閣舊藏	四册
梅花草堂集筆談全書	明崑山張大復撰 明刊本	四册

36.8.10

188

天都載	明徽州馬大壯撰 知至道齋葉東卿舊藏 鈔本	二冊
焦氏筆乘	明焦竑撰 明萬曆刊本	十冊
青溪暇筆	一卷 明金陵姚福撰 明刊本 天一閣舊藏	一冊
棗林雜俎	明談遷撰 抄本	四冊
餘菴雜錄	明海鹽陳洵撰 抄本 結一廬舊藏	—
雜品		
東坡物類相感志	鈔本	十二冊
東坡物類相感志	鈔本	二冊
負暄野錄	二卷 明抄本 朱卧庵黄蕘圃舊藏	一冊
負暄野錄	抄本	一冊

第十九頁

書名	版本	冊數
多能鄙事	鈔本	十冊 缺卷十一、十二
格古要論	三卷 續一卷 抄本 季滄葦舊藏	三冊
飛鳧語略	明秀水沈德符撰 鈔本	一冊
韻石齋筆谈	抄本	一冊
雜編		
意林	閩聚珍本 趙撝叔臨校	二冊
意林	抄本	三冊
紺珠集	十三卷 明天順刊本 汪閬源 莫友芝 江建霞舊藏	六冊
類說	鈔本	十二冊
自警編	半葉十行廿字 明刊本	十冊

經子法語	宋洪邁撰 天一閣舊藏 明抄本	一冊
養生類纂	二十二卷 宗窠菴周守忠撰 明成化刊本 孔葒谷舊藏	八冊
仁孝皇后勸善書	明刊本	五冊
新刊諸子纂要大全 四卷	明東川黎堯卿纂 明正德刊本 天一閣舊藏	二冊
使規使緬附錄	明張洪撰 鈔本	一冊
欣賞編	吳郡沈津潤卿編 明刊本	八冊
學圃萱蘇	明陳耀文撰 明刊本缺目錄卷三 [illegible]	四冊
類編古今名賢彙語	無撰人名字 明隆慶刊本	十冊
養正圖解	明刊本 董邦達舊藏	四冊
少室山房筆叢	明刊本	二十冊

第二十頁

書名	版本	册數
鈍吟齋襍錄	抄本	一册
類書		
藝文類聚	明嘉靖刊本陳碩甫舊藏	四十册
藝文類聚	明嘉靖陸采刊本劉漢臣舊藏	二十册
藝文類聚	明嘉靖刊本	二十四册
北堂書鈔	明陳禹謨刊本	八册
初學記	明安氏刊本臨嚴鐵橋校宋本	十册
初學記	明嘉靖安桂坡刊本沈濩舊藏	十二册
初學記	明藩刊本	十二册
元和姓纂	清孫星衍刊本周季貺校藏	四册

38.8.10

19

書名	版本	冊數
唐宋白孔六帖	明覆宋刊本	五十冊
白孔六帖	明刊本	一百冊
事類賦	明嘉靖刊本 孫淵如舊藏	六冊
太平御覽	明活字本	一百冊
太平御覽	明刊本	一百三十二冊
事物紀原集類	明正德刊本 張載華舊藏	四冊
海錄碎事	明萬曆刊本 周季貺蔣香生舊藏	二十冊
海錄碎事	明抄本 天一閣舊藏	二十冊
職官分紀	抄本 季滄葦舊藏	十七冊
職官分紀	抄本	三十二冊

第二十一頁

書名	版本	冊數
古今事文類聚	明刊本	五冊不全
記纂淵海	明刊本	三十二冊
記纂淵海	抄本	十六冊
小字録	抄本 天一閣舊藏	一冊
全芳備祖前後集	鈔本 翰林院印	十六冊
天台陳先生類編花果卉木全芳備祖	明抄本 天一閣舊藏	一冊不全
羣書考索前後續別四集全	明刊本 池耕園包屏臣舊藏	四十四冊
羣書考索	明刊本後集缺卷五十三至六十五 汪啓洲舊藏	二十八冊
羣書攷索	明慎獨齋刊本	三十冊
古今合璧事類	明刊本	四十六冊

新箋決科古今源流至論前後續別四集全	元刊本錢竹汀郁泰峰舊藏	十六冊
古今源流至論	明刊本	四冊不全
玉海二百卷附辭學指南四卷	元刊本	二百四十冊
玉海	元刊明印本	二百冊
小學紺珠	元刊明補本	五冊
六帖補	鈔本	四冊
韻府羣玉	元刊本	二十冊
四溪史韻	景宋鈔本碩翬聲舊藏	二冊
新編排韻增廣事類氏族大全	日本刊本	十冊
原始秘書	明寧王權撰鈔本	八冊

第二十二頁

書名	版本	冊數
姓源珠璣	六卷 江陰楊信民編輯 明成化刊本 天一閣舊藏	四冊
考古詞宗	明高安況叔祺編 明刊本 天一閣舊藏	十四冊
百家類纂	四十卷 明慈谿沈津纂輯 明隆慶刊本 天一閣舊藏	三十八冊
廣博物志	明萬曆刊本	四十八冊
五侯鯖	明江西彭儼撰 明萬曆刊本	二冊
廣韻藻	明長洲方夏撰 明刊本	六冊
淵鑑類函	殿本	冊
佩文韻府	殿本	九十五冊
古今圖書集成	清殿本	
三體摭韻	清朱昆田撰 鈔本	十二冊

36.8.10

書名	版本	冊數
三體摭韻續編	抄本	五冊
玉笈金箱	抄本	四冊
小說雜事		
西京雜記	六卷 明嘉靖刊本 天一閣舊藏	一冊
西京雜記	二卷 明抄本 范堯卿校 天一閣舊藏	一冊
西京雜記	校抄本 曹志忠據汲古閣鈔本校	一冊
世說新語	三卷 明嘉靖袁佳趣堂刊本 天一閣舊藏	六冊
世說新語	六卷 明嘉靖袁氏佳趣堂刊本 錢牧齋舊藏	六冊
世說新語	明袁聚刊本	六冊
世說新語	明嘉靖刊本	六冊

第二十三頁

書名	版本	冊數
世說新語	明萬曆刊本	八冊
劉須溪評校世說新語	明刊本 校過	三冊
嘉話錄	明顧氏文房刊本	一冊
北里誌	抄本	一冊
隋唐佳話二卷 幽閑鼓吹一卷	抄本 劉履芬舊藏	一冊
雲仙散錄	抄本	一冊
開元天寶遺事	景宋抄本	一冊
開天遺事	明鈔本	一冊
儒林公議	明抄本 天一閣舊藏	一冊
江鄰幾雜志	明抄本 天一閣舊藏	一冊

36.8.10

書名	版本	冊數
後山談叢	抄本 孫淵如舊藏	二冊
孫公談圃	景宋鈔本 謙牧堂書畫室舊藏	一冊
孫公談圃	明抄本 天一閣舊藏	一冊
續世說	景宋鈔本 馬笏齋舊藏	四冊
續世說新語	明萬曆刊本	十冊
改正湘山野錄三卷 續一卷	抄本 劉履芬舊藏	一冊
侯鯖錄	明嘉靖刊本 孔繼涑舊藏	四冊
侯鯖錄	明雲窗書院刊本	二冊
東軒筆錄	抄本	四冊
泊宅編	明刊本 天一閣舊藏	二冊

第二十四頁

書名	版本	冊數
友會叢談	抄本	二冊
續墨客揮犀	抄本 惠定宇 顾湘舟舊藏	一冊
南窗記談	抄本 畢瀧舊藏	一冊
玉照新志	景元抄本 汪閬源舊藏	二冊
聞見前錄	汲古閣刊本 何義门周季貺校藏	四冊
聞見後錄	汲古閣刊本 何小山周季貺校藏	六冊
北窗炙輠錄	校鈔本	一冊
桯史	明嘉靖覆宋本	四冊
獨醒雜志	四庫全書本 古希天子之寶 乾隆御覽之寶	二冊
歸潛志	抄本 孔氏微波榭舊藏	一冊

36.8.10

静齋至正直記	抄本	四冊
冀越集	一卷 元熊尚古撰 明刊本	一冊
水東日記	明刊本 天一閣舊藏	十二冊
蹇齋瑣綴録	八卷 明尹直撰 明嘉靖刊本 天一閣舊藏	二冊
双槐歲抄	明香山黄瑜撰 明嘉靖刊本 天一閣舊藏	三冊
菽園襍記	明刊本 天一閣舊藏	六冊
復齋日記	明許浩撰 明抄本清默道人跋	一冊
何氏語林	明刊本	十冊
何氏語林	明刊本	十六冊
翦勝野聞	明刊本 天一閣舊藏	一冊

第二十五頁

書名	版本	冊數
林居漫錄	明伍袁萃撰 稿本	四冊
小說異聞		
山海經	半葉十二行 二十字 明刊本	四冊
山海經	王不曜 校本	一冊
穆天子傳	抄本 臨盧抱經校本	一冊
漢武帝內傳	抄本 陸仲直舊藏	一冊
異苑	明刊本	二冊
杜陽雜編	抄本 吳枚庵舊藏	一冊
劇談錄	明抄本 天一閣舊藏	一冊
唐闕史	抄本 唐六如舊藏	一冊

36.8.10

太平廣记	明嘉靖刊本	五十册
太平廣记	明嘉靖譚愷刊本	五十九册
太平廣記	明嘉靖譚愷刊本	三十六册
太平廣記	明活字本	三十六册
太平廣記	明刊本	四十册
夷堅志	明刊本 抄配四册	二十册
夷堅志類编	明抄本	十册
夷堅志	明清平山堂刊本	十册
青瑣高議别集	抄本	一册
志怪錄	明祝允明撰 明刊本	一册

第 二十六 頁

SC364

書名	版本	冊數
都公談纂	明都穆撰 明刊本 天一閣舊藏	二冊
都公談纂	抄本	一冊
錄異記	蜀杜光庭撰 傳錄適園藏本 明抄本 天一閣舊藏	一冊
耳譚	明黃岡王同軌撰 明刊本	八冊
板橋雜記	清余懷撰 抄本 吳枚庵校藏	一冊
小說瑣記		
酉陽雜俎	明萬曆刊本	四冊
清異錄	明抄本 天一閣舊藏	四冊
釋		
弘明集	明萬曆刊本 何文錫舊藏	三冊

36.8.10

書名	版本	冊數
廣弘明集	明萬曆刊本缺卷九至十二廿四至二十六係元錫舊藏	七冊
法苑珠林	明刊本	二十四冊
楞嚴經	明刊本	一冊
宋高僧傳	明萬曆徑山寺刊本	六冊
法藏碎金錄	明嘉靖刊本	六冊
法藏碎金錄	明嘉靖刊本	三冊
道院集要	抄本	一冊
五灯会元	明覆元刊本天一閣旧藏	十冊不全
五鐙会元	明崇禎刊本	二十冊
道		

第二十九頁

書名	版本	冊數
老子	明刊黑口本 天一閣旧藏	二冊
老子道德經	明刊本	一冊
道德經解	明刊本	二冊
列子	明刊黑口本	二冊
纂圖互註南華真經	宋刊本	十冊
南華真經	明刊本	六冊
文子	明萬曆刊本	二冊
文子	明刊本	一冊
周易參同契發揮三卷釋疑一卷	明宣德刊本	三冊
周易參同契發揮三卷釋疑一卷	抄本	二冊

36.8.10

197

書名	版本	冊數
玄真子	明刊本	一冊
仙苑編珠	明鈔道藏本	一冊
墉城集仙錄	六卷 明抄本 天一閣舊藏	二冊
雲笈七籤	明刊本	二十冊
席上腐談	抄本	一冊
至游子	二卷 宋曾慥撰 天一閣舊藏 明刊本	二冊
龍門子凝道記	明宋濂撰 明嘉靖刊本 天一閣舊藏	二冊
列仙通紀	清吳縣薛大訓撰 明刊本	二十冊
涇林續記	抄本 玉蘭堂文氏 延令季氏 玉雨堂韓氏舊藏	一冊
讀苗子	抄本	四冊

第二十八頁

書名	版本	册數
小畜子	十行十九字 明刊本	一册
鹿門子	明刊本	一册
天隱子	明刊本	一册
讀韓非子	日本物茂卿撰 鈔本	三册
騶子	鈔本	一册
上水録	鈔本	一册
百忍箴	明刊本	四册
遠異录	抄本 盧抱經堂旧藏	一册
闌毛先声	合浦蒋元撰抄本 古香楼吴牧庵旧藏	二册
横渠經学理窟	五卷 明嘉靖刊本	一册

86.8.10

橫渠經學理窟	抄本	一册
讀書日記	明刊本	一册
林子一卷 崇禮堂條約一卷 明經堂條約一卷	明嘉靖刊本 天一閣舊藏	一册
南皋東林商語	抄本	一册
黃苇素說略	抄本	一册
閒居錄 前存黃文獻辨史節錄 日損齋筆記	抄本	一册
胡仲子先生襍著	十四卷 金華胡翰仲申氏撰 明抄本 章紫伯舊藏	十三册
尚論編	一卷 錫山王達善撰 明正德刊本 天一閣舊藏	一册
奎璧小學 樹忠孝經	奎璧齋刊本	二册
傳習錄八卷 續錄二卷 大學問一卷 朱子晚年定論一卷	明嘉靖刊本	三册

第二十九頁

陽明先生則言	二卷 明嘉靖刊本 天一閣旧蔵	二册
破邪集	高砂慶明本	八册
人鏡陽秋	明刊本	二十四册
不得已	鈔本	二册
日知録之餘	鈔本 梁茝林旧蔵	一册
覲闈録附經書筆記讀書筆條	鈔本	一册
經略纂要	鈔本	十五册
劍經實論 根佐	明俞大猷撰明刊本天一閣旧蔵	一册
義勇賸技四種	明程宗猷明刊本	
裝理全書 一名武備彙編	抄本	

36.8.10

百將傳續編	明景泰刊本	二冊
嘉謀錄	鈔本 畢瀧舊藏	二冊
道出編 以大明律判元世不法事跡逆亂之文	常郡陸奎章撰 明嘉靖刊本 天一閣舊藏	二冊
童氏食規拯譜	鈔本	六冊
新編金匱要畧方論	三卷 明刊本 從宋官本出 天一閣舊藏	二冊
難經述解	二卷 吳郡周復吳撰 明六梅館刊本 天一閣舊藏	二冊
傷寒明理續論	五卷 餘杭節菴陶華撰 陶氏有傷寒六書此僅其一 明嘉靖刊本天一閣舊藏	二冊
三因極一病源論粹	抄本	六冊 不全
太醫院經驗奇效良方	明刊本	十冊 不全
歷朝醫譜	鈔本	四冊

第三十頁

医学綱目	四十卷 明抄本 天一阁旧藏	二十四册 存十四卷
医方捷徑	二卷 櫟陰道者王宗路撰 均七言歌括 明刊黑口本	二册
續名医案	六十卷 清魏之琇輯 鈔本	二十四册
節齋医論	慈溪王汝言撰 明弘治刊本 畢[illegible]旧藏	一册
養生大要	一卷 專論食物 吴□撰 里居名號不詳 明刊本 天一阁旧藏	一册
原病集	抄本	六册
原機啓微	一卷 專論眼科 吴人倪惟德撰 明嘉靖刊本 天一阁旧藏	一册
活人心	二卷 明寧獻王權撰 明嘉靖刊本 天一阁旧藏	二册
体仁彙編	五卷 廬陵彭用光集撰 明刊本 天一阁旧藏	二册 存後三卷
諸症辨疑	四卷 括蒼茭山吴球撰 明嘉靖刊本 天一阁旧藏	二册

86.8.10

痰火点雪 二卷	金谿应园龔居中撰明刊本 天一阁旧藏	一册
二難宝鑑 一卷	論痘科瘄科蕭山魏直陽川郡口合撰明刊本黄荛圃旧藏	一册
女科萬金方	有隆兴章三年郑春敷自題序 抄本徐靈胎旧藏	四册
婦人良方	明嘉靖刊本	十册
婦人規	鈔本	二册
秘传小兒推拏訣	抄本	一册
稀痘方論	抄本	一册
金匱秘录 存乾坎二册	抄本 楊復吉旧藏	二册
易筋經	抄本	一册
泰西人身说概	抄本	二册

第三十一頁

本草单方	明嘉靖刊本 天一阁旧藏	四册
本草单方 八卷	杭州府经历王銈蒐辑明弘治刊本 怡府旧藏	六册
随园食单	抄本 任曰桢评阅	二册
進呈秘本食谱	抄本	十二册
授时历法撮要 一卷	吴兴顾应祥编明嘉靖刊本 天一阁旧藏	一册
天象志	钞本 孙渊如旧藏	一册 不全
明历志	抄本 黄百家撰	八册
天文玄象说	抄本 张芙川旧藏	一册
天文地理集要 二卷	四明陆俊撰 明嘉靖刊本 天一阁旧藏	一册 地理集要佚
历代长术辑要 十卷 古今推步诸术考二卷 附廿四史日月考序目	乌程汪曰桢撰 稿本	四册

38.8.10

201

日高歷指 四卷 月高表 一卷	西洋羅雅谷撰 抄本 陳仲魚舊藏	八冊
歷通要覽略 一卷	明張應隆撰 明刊本 天一閣旧藏	一冊
幾何用法	抄本	一冊
田家五行志	抄本	二冊
新撰元經	抄本	五冊
演禽數	抄本	四冊
九星鈎玄	明刊本	一冊
六壬課傳九宗	抄本	二冊
遁甲指南	明抄本	一冊
數學舉要	抄本	二冊 不全

第三十二頁

書名	版本	冊數
新刊秘傳四先生通天竅甲集	一卷 明刊本 天一閣舊藏	一冊
太乙福應一覽	明抄本	二冊
地理纂要	明萬曆刊本	四冊
脩方涓吉符	一卷 四明屠本畯田叔重輯 明刊本 天一閣舊藏	一冊
寢陵重刊造福秘訣	二卷 古歙望江子吳天洪撰 明萬曆刊本 天一閣舊藏	二冊
記師口訣節文	不分卷 無撰人名氏 明正德刊本 抄 天一閣舊藏	四冊
占候圖	不分卷 明抄本	十二冊
天地鏡	抄本 楊復吉 吳枚菴舊藏	二冊
絕學微言	抄本	十九冊 缺第四冊
爽竹梅花	何野雲輯 抄本	一冊

202

羅經撥霧集	鈔本	一冊
遊年安宅書	二卷 易水梁志熙撰 明萬曆刊本 天一閣舊藏	一冊
堪輿秘笈	凡繕書六種 鈔本	一冊
堪輿經	鈔本	二冊
地理發微	明弘治刊本 天一閣舊藏	一冊
金針辨言	鈔本	一冊
道合兩間	鈔本	一冊
讀畫錄	清周亮工撰 鈔本	一冊
畫髓玄詮	原五卷存一二卷 鈔本	四冊 不全
畫髓玄詮	明天啟刊本	六冊

第三十三頁

書名	版本	冊數
續書畫題跋記	抄本	一冊不全
家法筆記	抄本 秦敦夫吳枚庵舊藏	一冊
孫氏書畫鈔	孫鳳撰 鈔本	四冊
書畫什鈔	鈔本	十冊
書經補遺	抄本	一冊
玉堂書史	一卷 錢唐厲鶚輯 抄本	一冊
小楷偶記題跋 集翁覃谿	抄本	二冊
琴操	孫星衍輯 抄本	一冊
抱經樓日課編	鈔本	一冊
古印攷	鈔本	一冊

36.8.10

宝書堂印型	摹本	十冊
叶氏硯志	明嘉靖刊本	一冊
鞠小石	抄本 吴枚菴旧蔵	一冊
文房四譜	明姜紹編鈔本 陳仲魚旧蔵	三冊
古甎录	張霞房輯抄本 畢瀧旧蔵	一冊
繡譜	抄本	一冊
文房圖贊一卷續一卷補一卷續補一卷	宋林洪龍撰明正德刊本 天一閣旧蔵	一冊
誠齋牡丹譜	明抄本 天一閣旧蔵	一冊
馬書	十四卷明太僕寺卿楊時喬等撰 明萬曆刊本 毛子晉旧蔵	十四冊
蕉雨廊說硯	抄本	四冊

第三十四頁

澗泉閑記摘抄 附茰梗概跋當哥書	抄本	六冊 不全
麈談一錄	明沈仪撰 鈔本	一冊
家訓筆錄	抄本 巫湘舟旧藏	一冊
五茸志逸	抄本	八冊
孫氏日抄	嘉靖洞庭孫宜序 抄本	十冊
明興什記	明隆慶刊本	二冊
幼学日記	嚴我斯撰 稿本	三冊
千一疏	程涓刊本未详	八冊
蒼雪菴日抄三種	抄本 曹倦圃旧藏	一冊
榕城隨筆	明刊本 徐興公旧藏	二冊

204

識小錄	徐樹丕撰 抄本 璜川吳氏舊藏	四冊
識小褁編	抄本	六冊 不全
明五十七事 附金石要例	抄本 王鏡夫跋	一
羣譚採餘	明刊本	十冊
金陵瑣事	明萬曆刊本	四冊
廣陵夢记	抄本	一冊
吳興雜錄	抄本 知聖道齋舊藏	二冊
勁泉錄	抄本	四冊
林屋書稿	抄本	一冊
幽夢影	抄本	二冊

第三十五頁

書名	版本	冊數
佘氏偶記	佘翹建雲著 鈔本 瓊川吳氏 孫淵如舊藏	二冊
三國識略	抄本	三冊
景蘇雜錄	抄本 何義門校藏	四冊
居東筆塵	抄本	一冊
筆夢	抄本	一冊
摘疑一得	二卷 毘陵胡統撰 明嘉靖刊本	一冊
醒心集	一卷 天台王董撰 明抄本 天一閣舊藏	一冊
客座贅語	明顧起元撰 明刊本	十冊
傍秋亭什記	明顧清撰 抄本 何元錫舊藏	一冊
炊飯錄	鈔本 季滄葦 吳枚菴舊藏	一冊

36.8.10

205

SC383

吴郡放言	钞本 吴枚庵旧藏	一册
宽垂餘編稿	钞本	一册
蘇米志林	汲古阁刊本	三册
谷水談林	明胡友寄楔 抄本	三册 缺卷二三六
北窗代枕編	谢凤翙楔 钞本	二册
晴史放言	钞本	一册
二老堂什志	抄本	一册
建炎進退志	抄本	二册
玉壶冰	明嘉靖刊本	一册
玉壶冰	明嘉靖刊本 天一阁旧藏	一册

第三十六頁

書名	版本	册數
王壷氷	鈔本	一册
玄中記 趨朝事実 碧雲騢	明茶夢齋鈔本 周季貺一名香生旧蔵	一册
寒夜録	二巻 新建陳宏著士業撰 抄本	二册
唐世説新語	明刊本	四册
大唐逸史	抄本	三册
意林語要	五巻 明嘉靖廖自顕刊本 周廣業旧蔵有跋	二册
香霧雲鬟録	泸城無盡盦主撰 稿本	一册
劝世方言語言通俗韻	薰谿旦窗刘鈔撰 明嘉靖刊本 天一閣旧蔵	二册
延生玉室	明抄本 天一閣旧蔵	一册
延生玉室	二巻 蒙城馬相編集 明正徳刊本 天一閣旧蔵	二册

86.8.10

書名	卷數撰人版本	册數
師資論統	三十九卷 無撰人名氏 明刊本 嚴鐵橋方柳橋旧藏	十册
岷山廣乘 抄撮史傳並漢至宋小説	八卷 無撰人名氏 抄本 張[illegible]表目修張子和旧藏	四册
類裒	杜士基撰 鈔本 缺第四十三葉 五十五册	六十二册全
釋文三注故事	元周寔文撰 明刊本	
四六叢珠	一百二十卷 建安葉蕡子寔編 明抄本 吳平齋旧藏	十册存卌卷
七十二子粹言	明刊本	一册
書言故事大全	明刊本	十二册
歷代不知姓名錄	昭陽李清映碧編 抄本 八卷 顧竹泉旧藏	四册
三才廣記	一千一百八十四卷 明長興吳珫編 明抄本 天一閣旧藏	八十三册 存四百七十六卷
百氏統要	四卷 古巢張到文編 明嘉靖刊本	十册

第三十七頁

書名	版本	册數
碎金集	不分卷 明張輝編 明弘治刊本	二册
百子類函	明萬曆刊本	四十册
野語秘彙	抄本	十册
山居雜錄	抄本 吴尺鳧旧藏	一册
古人雜稱	抄本	二册
古人别號	明楊慎編 抄本 徐康跋 顧湘舟旧藏	一册
群書類要事林廣記	明刊本 徐健菴孫渊如旧藏	十册
事林廣記	明初刊本	二册 不全
姓氏尋源	抄本	三十二册
埶林伐山	明嘉靖刊本 天一閣旧藏	八册

36.8.10

207

校正新刊古今大全剪燈餘話	五卷 明嘉靖刊本 天一閣旧藏	四冊
金姬傳	一卷 楊儀夢羽述 天一閣旧藏 明刊本	一冊
廣異記	抄本 黄蕘圃跋	三冊
鬼董	明抄本 天一閣旧藏	一冊
鬼董狐	鈔本 不全 周應承跋	二冊
景德傳燈錄	抄本	五冊
南華真經評註	抄本	四冊
列子鬳齋口義	明刊本 校过	四冊
玉清金笥青華秘文金宝内煉丹訣	三卷 缺卷上 明正德刊本	一冊
陰符經玄解	抄本 吴枚菴旧藏	一冊

第三十八頁

書名	版本	冊數
修習止觀坐禅法要	明刊本 天一閣旧藏	一冊
大佛頂首楞嚴經會解	十卷 明正統刊本 天一閣旧藏	五冊
四家語錄 一名佛果圜悟禅师碧巖錄	明刊本	六冊
萬緣雜錄	明萬曆刊本 天一閣旧藏	一冊
禅林宝訓 二卷	明刊本 天一閣旧藏	一冊
宗鏡撮要	明刊本 天一閣旧藏	一冊
諸天傳	明刊本 天一閣旧藏	一冊
船子和尚機緣	明萬曆刊本 天一閣旧藏	一冊
湘山事狀全集 十二卷	宋清湘蔣擢民秀編 明正德刊本 天一閣旧藏	四冊
廬山蓮宗宝鑑 念佛正因	十卷 元釋普渡編 明宣德刊本 天一閣旧藏	一冊

208

金剛般若波羅蜜經注解一卷 般若波羅蜜多心經注解一卷	明嘉靖刊本 天一閣旧藏	一册
諸祖歌頌	明刊本 天一閣旧藏	一册
楞伽阿跋多羅宝經集注	四卷 明嘉靖刊本 天一閣旧藏	四册
龐居士傳一卷附龐居士詩二卷	明刊本 天一閣旧藏	一册
緇门警訓	明成化刊本	六册
重刊四十二章經一卷遺教經一卷 證道歌一卷決題集一卷	明正統刊本	二册
雲棲頌編	抄本	二册
净土单持錄	朱錫庚撰 鈔本	一册
技子青和尚頌古	元刊本	一册
雪竇顯和尚頌古	元刊本	一册

第三十九頁

書名	版本	册數
瑜伽論略纂	日本鈔本	十六册
建中靖国續燈錄	日本鈔本	十册
貞元華嚴經疏	日本鈔本	十册
元始說先天道德經注解	五卷 明刊本 張芙川旧藏	一册
太上老子道德經	四卷 無始子何道全述注 明刊本 天一閣旧藏	二册
老子集解二卷 考異一卷	大寧居士薛蕙撰 明刊本 天一閣旧藏	四册
道德經評注	歸有光文震孟批校 抄本	四册
老子新解	明抄本 天一閣旧藏	一册
道德會元	明刊黑口本 天一閣旧藏	二册
老子通義	二卷 元朱濤之旁注並通義 明嘉靖刊本	二册

209

書名	版本	册數
列子鬳齋口義	明刊本	
列子通義	八卷 叅元朱得之旁注并通義 明嘉靖刊本	四册
天隐子	抄本	一册
太上感应篇經傳	西蜀李昌齡傳注 明刊本	一册
真誥殘本 後附蔭真人戒行實錄	明刊本	一册
太上黄庭内景玉經 外景玉經 黄庭内景五臟六腑圖說	抄本	一册
太上黄庭内景玉經一卷 外景玉經 黄庭内景五臟六腑圖說	梁丘子註 明萬曆刊本 孫仍沂跋	一册
呂祖百字碑	抄本	二册
純陽呂真人文集	八卷 明正德刊本	三册
冲同偏	江陰曹禾輯凡十二神均道家言 抄本徐炯旧藏	一册

第四十頁

書名	版本	册數
青華祕書五卷 紫阳祕書一卷	抄本	一册
一化玄宗	輯書二十八种 明抄本	十四册
異書辯	二卷 彭城青鶴道人錢標鼎撰 稿本 張芙川旧藏	一册
鉄柱延真万年宫重刊紀錄類編	六卷 明正德刊本 天一阁旧藏	一册
陳虛白規中指南	二卷 明刊本 天一阁旧藏	一册
上清灵宝大法宗旨一卷 上清灵宝大法齋壇領告符留冥	明宣德刊本	二册
清和真人北游語錄四卷	按真人即長春弟子 明抄本 天一阁旧藏	二册
三丰遺蹟	清刊本	一册
易學辨惑附炊飲錄	抄本	一册
歷世真仙体道通鑑	元刊本 不全	二册

38.8.10

210

SC393

子部 近人著作 未编次		
鈍翁説銓	抄本	一册
西齋偶得 二卷	蒙古博明希哲撰 翁某齋編定 稿本	一册
鐙窗叢錄	吴翌鳳撰 鈔本	二册
人海記	鈔本	一册
人海記	抄本	二册
炳燭齋雜著 七卷	甘泉江藩撰 守山閣旧藏 抄本	四册
困話錄 雜論書画詩詞雜技並史傳瑣事	携李蔣如馨撰 稿本	二册
心太平錄	稿本	二册
芝省齋隨筆	嘉兴李遇孙撰稿本	

第四十一頁

書名	版本	冊數
蟲獲軒筆記	海寧張為儒撰 稿本	二冊
馮登府遺著四種	梵雅 風懷補註 小槜李亭摭談 全唐詩未備書目 稿本	一冊
醉里餘錄	西堂名士手編 稿本	二冊
自叙官夢錄	閩晉江黃景昉撰 稿本	二冊
尖陽叢筆	十卷 稿本 吳騫撰 其孫鐘香校 管芷香跋 別下齋舊藏	二冊
校邠廬抗議	稿本 曾國藩題	二冊
施耐庵水滸傳	明刊本	三十六冊
投筆記	羅懋登注釋 明刊本	二冊
施耐庵水滸全書	明刊本	二十四冊
出像西洋記	明羅懋登撰 明刊本	十冊

36.8.10

211

書名	版本	冊數
京本演義三国志傳	李贄評註 明刊本	
三国志通俗大全	明内府刊本	七冊 不全
子部		
老子	世德堂刊本	二冊
老子	世德堂刊本	一冊
莊子	世德堂刊本	六冊
列子	世德堂刊本	二冊
荀子	明世德堂刊本	六冊
楊子法言	明世德堂刊本	二冊
古玉圖	清乾隆刊本	十六冊

第四十二頁

書名	版本	册數
博古圖	清乾隆刊本	二十四册
書法正傳	清乾隆刊本	四册
剪桐載筆	明王象晉撰汲古閣刊本	一册
封氏聞見記	江都秦氏刊本	二册
白虎通	明程榮刊本	二册
曲洧旧闻	汪氏校刊本	四册

86.8.10

217

楚詞	以下漢魏六朝别集	
重刊王逸注楚詞	明正德刊本 天一閣藏 半葉十行十八字	四冊
楚辞章句 又一部	明隆慶夫容館重雕宋本	各六冊
楚辞章句	明刊本 錢求赤校本	三冊 不全
楚詞洪興祖補注	明覆宋刊本 小注 半葉九行大字十五小字二十	八冊
楚辞集注	明朱宗沐刊本	四冊
楚詞	明刊本 前人評點	六冊
楚詞	汲古閣刊本 顧千里跋 黄蕘圃臨惠半農評校	六冊
楚詞	汲古閣刊本 勞巽卿臨何義門評點	十冊
楚辞	汲古閣刊本	六冊

第一頁

書名	版本	冊數
離騷草木疏	景宋鈔本	一冊
反離騷	影宋鈔本 半葉七行十五字	一冊
蔡中郎文集	蘭雪堂活字本 何元錫旧藏 鈔配一冊	三冊
蔡中郎文集	還蘭雪堂活字本 毛子晋盛伯羲旧藏	二冊
蔡中郎集	明萬曆刊本 丁晏旧藏	八冊
蔡中郎文集	鈔本黃蕘圃校 顧千里跋	二冊
孔北海集	鈔四庫本	一冊
曹子建文集 十卷	影宋抄本周九松朱文石旧藏	一冊
曹子建文集	明嘉靖刊本	四冊
陸士衡集	明刊本	四冊

213

書名	版本	冊數
陶靖節集	十卷 附錄一卷 明嘉靖刊本 天一閣藏	二冊
陶靖節集	明嘉靖刊本	四冊
陶靖節集	明嘉靖刊本	四冊
陶靖節集	十卷 明萬歷休陽程氏刊本 戈小蓮父子校藏	二冊
陶靖節集	明萬曆刊本	三冊
陶淵明集	明刊本校過	四冊
陶靖節集	明刊本 項墨林舊藏	四冊
陶詩精選	抄本 韓桂舲抄藏	一冊
校注陶淵明集	稿本 陶文敍撰	一冊不全
謝宣城集	五卷抄本 臨何義門校 韓小亭舊藏	二冊

第二頁

書名	版本	冊數
昭明太子集	五卷 明嘉靖遼府刊本	二冊
華陽陶隱居集	鈔本	一冊
陶貞白集	鈔本 項湘舟舊藏	一冊
何水部集	明刊本	一冊
庾子山集	抄本	一冊
徐孝穆集	明刊本	四冊
謝康樂集	明萬曆刊本 文選樓阮氏藏	四冊
阮嗣宗集	明汪士賢刊本	二冊
左貴嬪集	鈔本	一冊

以下唐人別集

36.8.10

唐太宗集	鈔本 據明朱應居本	一冊
唐太宗集	鈔本	三冊
唐元宗集	鈔本	三冊
王子安集	九卷 鈔本	九冊
駱丞集	明林紹發刊本	四冊
駱賓王集	石研齋覆宋本	二冊
駱丞集	十卷 明刊本	四冊
靈隱子	明萬歷陳大科刊本 駱賓王撰	六冊
陳伯玉集	明刊本	一冊不全
陳伯玉文集	鈔本 顧湘舟校藏	一冊

第三頁

子昂集	钞本 王宗炎校 有跋	六册
張文獻公集	十二卷 明成化刊本 樂意軒吳氏江都秦氏舊藏	十二册
張曲江集	明萬曆刊本 顧湘舟舊藏	六册
分類補注李太白詩	元刊本	一册不全
分類補注李太白集	明刊本	十二册
李翰林集	范德機批選 明嘉靖刊本 天一閣舊藏	二册
李翰林分類詩賦集	明萬曆刊本 天一閣舊藏	四册
李詩補注	明刊本	十册
昌黎詩集注	臨朱竹垞何義门評本	二册
杜工部詩箋注	刊本 錢謙益註	四册

36.8.10

書名	版本	册數
錢牧齋註杜詩	臨王阮亭評本	八册
草堂詩箋	四十卷 高麗覆宋本 黎庶昌舊藏 缺卷二十五	九册
集千家註分類杜工部詩	明汪諒覆元刊本	十二册
集千家注杜工部詩集二十卷	文集二卷 附錄一卷 明嘉靖明陽山人刊 又一部十二册	十二册
集千家注批點杜工部詩集	二十卷 明嘉靖刊本 天一閣舊藏 杜工部集 清刊本 六册 校過 又一部 六册	六册
杜子美集	明刊本評註甚詳 馬寒中舊藏	十二册
須溪批點杜工部集	明初刊本 廿四卷 朱竹垞舊藏	十二册
須溪批點選註杜工部詩	明刊本	十册
杜詩集註	明刊	十册
杜工部集	明刊本	十二册

書名	版本	冊數
杜工部集	明抄本 汪郎亭舊藏	十冊
杜少陵詩文集	鈔本	四冊
王摩詰集	明鈔本	五冊
王右丞集	抄本	一冊
王右丞詩集註	明刊本	三冊
孟浩然詩集	明覆宋刊本四卷天一閣藏	二冊
元次山集	明刊本馬衎齋舊藏	二冊
元次山文集	鈔本 倪光瑯舊藏	一冊不全
顏魯公文集	明錫山安氏館刊本	四冊
顏魯公集	明萬曆刊本	四冊

36.8.10

216

SC405

書名	版本	冊數
顏魯公文集	鈔本	二冊
宗玄先生文集	鈔本	一冊
劉隨州集	明正德刊本 汪魚亭舊藏	二冊
劉隨州集	明刊本	四冊
劉隨州集	鈔本黄蕘圃跋項湘舟舊藏	二冊
韋蘇州集	明刊本	二冊
韋蘇州集	明玉烟堂刊本	二冊
韋江州集	十卷明刊本坿錄卷天一閣藏	二冊
韋江州集	明太華書院刊本	六冊
毘陵集	抄本葉石君校藏	八冊

第五頁

書名	版本	冊數
陸宣公集	明刊本	四冊
陸宣公奏議	明刊本	六冊
朱文公校昌黎先生文集	四十卷元刊本外集十卷傳一卷遺文一卷	十二冊
朱文公校昌黎先生文集	四十卷元刊 袁漱六舊藏	六冊
韓昌黎集	東雅堂本	八冊
韓昌黎集	東雅堂本	十冊
昌黎先生集	四十卷 外集十卷 又一部八冊 明東雅堂徐氏刊本	十冊
韓退之文集	四十卷外集五卷 元人抄本	十二冊
韓文公集	明刊本 蔣之翹輯註	十六冊
朱文公校昌黎先生文集	明刊黑口本	八冊

36.8.10

書名	版本	冊數
昌黎詩集	香野草堂刊本 臨朱竹垞查初白查一查浦評校	二冊
昌黎詩集	香野草堂刊本 仇叔如評閱 師漢齋秋樹齋舊藏	二冊
五百家註音辯昌黎集	日本刊本	十五冊
增廣註釋音辯唐柳先生集	元刊本 袁漱六舊藏	十二冊
增廣註釋音辯唐柳先生文集	元刊本	十二冊不全
柳集音義	元刊本	十八冊
柳河東先生集	濟美堂本	十二冊
河東先生集	明濟美堂刊本	三十二冊
柳河東集	濟美堂本	二十冊
柳河東集	明濟美堂刊本	二十冊

第六頁

唐柳先生集	明刊本	八册
柳河東集	明刊本	十册
柳河東集	鈔本 陳墫袁廷檮舊藏	六册
劉賓客集	明鈔本	一册 不全
劉賓客外集	十卷 鈔本 顧湘舟舊藏	一册
劉賓客集	四十卷 鈔本	八册
劉夢得集	董氏覆宋本	十二册
張司業集	明劉成德刊本	一册
皇甫持正集	汲古閣刊本 臨黄琴六校	一册
歐陽行周集	抄本	四册

36.8.10

218

李元賓集	鈔本	一册
李元賓集	鈔本	一册
孟東野集	明秦禾刊本	二册
孟東野集	明秦禾刊本 顧湘舟舊藏	二册
孟東野集	明凌濛初套印本	四册
李長吉集	明刊本劉須溪評點吳正子箋注	二册
李長吉詩	四卷 集外詩一卷 汲古閣刊本 臨何義門校	二册
沈亞之下賢集	抄本	四册
沈下賢集	明覆宋本	二册
沈下賢文集	鈔本	四册

第七頁

書名	版本	冊數
元氏長慶集	明華氏活字本	二冊不全
白氏長慶集	明華氏活字本 張月霄跋	九冊不全
白樂天文集	明郭勛覆宋本璜川吳氏舊藏	十六冊
白樂天詩集	明郭勛刊本 缺卷十六、三十六	十二冊
白氏文集	明刊本 淩勳光跋	一冊不全
樊川集	明抄本 葉石君舊藏	一冊
樊川文集	明覆宋刊本	八冊
杜樊川集	鈔本 竺理堂舊藏有跋	一冊
樊川文集	明覆宋本	十二冊
李義山詩	鈔本 前人評註極詳	一冊

219

李義山集	汲古閣刊本楊稼軒校宋本	四本
李義山詩	鈔本	一冊
李義山集	刊本 李芋仙校藏	
温飛卿集	秀野草堂刊本 何義门校藏	四冊
增廣音註唐郢州刺史丁卯詩集	明覆元刊本 天一閣舊藏	二冊
孫劉合刻	明崇禎刊本	二冊
文泉子集	鈔四庫本 唐劉蛻撰 顧湘舟舊藏	一冊
孫可之集	汲古閣刊本 臨黃蕘翁顧千里校	一冊
孫可之集	明正德刊本 結一廬朱氏舊藏	一冊
曹祠部集	鈔四庫本 唐曹鄴撰 顧湘舟舊藏	一冊

第八頁

麟角集	鈔本	一册
皮子文藪	鈔本	六册
皮子文藪	清覆宋本　校過	二册
笠澤叢書	碧筠草堂刊本	一册
甫里集	明刊本	四册
司空表聖文集	鈔本	一册
韓君平集	明萬曆刊本　八行十八字	一册
韓君平集	鈔本	一册
桂苑筆耕集	高麗活字本	四册
唐秘書省正字先輩徐公鈞磯文集	抄本　章紫伯舊藏	四册

86.8.10

220

書名	版本	册數
釣磯文集	鈔本 巴陵方氏舊藏	二册
讒書	鈔本 汲古閣舊藏	一册
白蓮集	鈔本	二册
浣花集	綠君亭刊本	二册
廣成集	明抄本	四册
披沙集	影宋抄本 毛子晉舊藏	一册
唐女郎魚玄機集	鈔本	一册
以下北宋人別集		
徐公文集	鈔本 缺卷一至五	三册
咸平集	鈔本	六册

第九頁

書名	版本	冊數
逍遥集	鈔本 宋潘閣樓	一冊
王黃州小畜集	影宋鈔本 汪閬源舊藏	六冊
小畜集	鈔本 缺卷一至七	五冊
林和靖集	明刊本	二冊
林和靖集	明萬曆刊本	四冊
穆參軍集	鈔本 王昶舊藏	二冊
穆參軍集	鈔本海虞攤書樓吳氏舊藏	一冊
河南穆公集	鈔本 盛伯羲舊藏	二冊
河南穆先生文集	三卷 附錄一卷 校過 抄本 宋穆修撰	三冊
河南穆公集	鈔本 臨朱竹垞 何義門 汪吉峰校本	二冊

書名	版本	冊數
穆參軍集	鈔本	一冊
春卿遺稿	鈔四庫本 宋蔣堂撰	一冊
鉅鹿東觀集	景宋鈔本	一冊
東觀外集	鈔本	一冊
元憲集 四十卷 宋景文集 六十二卷	坿錄各一卷補遺一卷 抄本 二卷孔葒谷抄藏	十六冊
范文正公集	明復元刊本謝在杭徐興公舊藏	八冊
范文正集	明刊本	八冊 不全
河南尹先生集	鈔本	六冊
尹河南集	鈔本	四冊
河南先生文集	二十七卷 坿錄一卷 宋尹洙撰 抄本 宋蘭揮舊藏	二冊

孫明復小集	鈔本 王芑孫評點	一冊
蔡忠惠文集	明萬曆刊本	十冊
蔡忠惠集	明萬曆刊本	十冊
陳古靈先生集	鈔本	四冊
伐檀集	明刊本	二冊
司馬溫公傳家集	明萬曆刊本	十二冊
趙清獻公文集	明成化嘉靖修刊本 天一閣舊藏	四冊
公是集	武英殿聚珍本 王揚夫評點	二十冊
都官集	鈔本	四冊
都官集	鈔本 知聖道齋彭氏舊藏	六冊

36.8.10

書名	版本	冊數
丹淵集	汲古閣刊本	八冊
丹淵集	鈔本 顧湘舟舊藏	二冊 不全
丹淵集	汲古閣刊本	五冊
鄖溪集	二十八卷抄本 顧湘舟抄藏 以四庫本校過無缺	六冊
安岳集	抄本 顧湘舟抄藏	一冊
南豐先生元豐類稿	五十卷 元刊本 宋牧仲舊藏 附行狀碑誌哀挽一卷	二十四冊
元豐類稿	明成化刊本	五冊 不全
元豐類稿	明嘉靖王忬刊本	六冊
南豐文集	明萬曆刊本	十四冊
宛陵先生集	明萬曆刊本	十四冊

第十一頁

宛陵先生集	明刊本	十冊
宛陵詩集	明刊本	十冊
忠肅集	鈔四庫本 宋劉摯撰 何元錫舊藏	六冊
王魏公集	鈔本	四冊
文潞公集	鈔本 璜川吳氏如至道齋 彭氏舊藏	四冊
文潞公集	文瑞樓抄本 汪閬源舊藏 足以校正嘉靖本甚多	六冊
伊川擊壤集	明刊本	六冊
鄱陽先生文集	沈虹屏抄本 陸梅谷汪閬源小謨觴館彭氏舊藏	六冊
石學士集	一卷附錄一卷抄本江[illegible]城跋 據錢[illegible]藏本 勞季言舊藏	一冊
曾文昭集	鈔本 陳仲魚錢聽默舊藏	二冊

36.8.10

書名	版本	冊數
周濂溪集	明嘉靖刊本 樂意軒吳氏舊藏	一冊
安陽集五十卷 別錄三卷 家傳十卷 遺事一卷	明萬曆刊本	十二冊
節孝先生文集	明嘉靖刊本	十冊
歐陽文忠大全集	元刊本	七十二冊
居士集	明覆宋刊本	十六冊
六一居士集	明刊本	七十六冊
歐陽文粹	明郭雲鵬刊本	十冊
樂全先生文集	抄本 彭文勤舊藏	二十四冊
嘉祐集	明嘉靖刊本	四冊
王臨川集	明嘉靖刊本樸學齋舊藏	二十冊

第十二頁

臨川集	明刊本	十六册
王荆公詩注	清綺齋張氏刊本	四册
廣陵先生集	二十卷抄本 莫友芝舊藏 拾遺一卷補遺一卷附錄一卷	八册
廣陵文集	抄本以樂峴呂氏藏本校	八册
王廣陵集	鈔本	四册
東坡集前集四十卷	後集二十卷 明嘉靖刊本	九册
百家注分類東坡詩集	明萬曆刊本	十二册
東坡全集	明萬曆刊本	二十五册
東坡先生編年詩	原刊本缺序目 查慎行注 王西莊舊藏	十五册
東坡外制集	明弘治刊本	二册

36.8.10

224

施註蘇詩	原刊本 前人評校甚詳 知不足齋鮑氏舊藏	十冊
王註蘇詩	朱世延刊本 嚴思庵校 翁松禪跋	八冊
欒城集	明刊本 初二三集 又應詔集	十八冊
欒城集	明活字本	十四冊
欒城應詔集	鈔本	二冊
豫章黃先生文集三十卷	外集十四卷 別集二十卷 詞一卷 簡尺二卷 年譜三卷 附伐檀集二卷 明嘉靖刊本 溎春園舊藏	二十四冊
山谷全書	明嘉靖刊本	二十八冊
山谷集	日本刊本	十冊
山谷外集詩注	十七卷 明刊本 莫友芝舊藏	八冊
山谷刀筆	明弘治刊本 王惕夫舊藏	六冊

第十三頁

書名	版本	冊數
山谷刀筆	明刊本	十冊
豫章遺文	汪氏靈漢梁本	四冊
陳后山詩文集	雍正刊本	六冊
任註陳后山詩	鈔本	二冊
張右史文集	抄本	十二冊
張右史文集	鈔本	十二冊
張右史集	鈔本	六冊不全
淮海集 四十卷	後集六卷 元明間華州刊本嘉靖州安張孟容修校正張延刊本補字不少	八冊
淮海集	明萬曆刊本	四冊
濟南集	抄本	六冊

36.8.10

215

SC423

書名	版本	冊數
斜川集	趙懷玉舊藏	二冊
寶晉英光集	鈔本	二冊
寶晉山林拾遺	明抄本　豐南禺跋	十冊
西塘先生文集	明萬曆刊本	六冊
景迂全集	鈔本	一冊不全
雞肋集	明鈔本	一冊不全
雞肋集	明詩瘦閣刊本	十二冊
雲溪居士集	鈔本	八冊
道鄉全集	明刊黑口本	十二冊
道鄉集	明刊本	五冊

第十四頁

書名	版本	册數
北湖集	鈔四庫本	一册
溪堂集	鈔四庫本	六册
謝幼槃文集	十卷 鈔本	二册
慶湖遺老集 九卷	拾遺一卷 後集補遺一卷 抄本 莫郘亭舊藏	四册
慶湖遺老詩集	鈔本	四册
忠肅集	抄本 王西莊舊藏	三册
以下南宋人別集		
老圃集	四庫正本 宋洪芻撰	一册
翟忠惠集	鈔本	四册
北山小集	影宋抄本	十六册

36.8.10

筠溪文集	鈔本	八册
苕溪集	抄本	六册
韋齋集 十二卷	附玉瀾集一卷 抄本 劉履芬藏	四册
陵陽先生詩集	鈔本	二册
陵陽先生集	鈔本 带经堂陳氏舊藏	四册 不全
鴻慶居士文集	抄本 校過	十册
宋太學生陳東盡忠錄	抄本 八卷 文選樓舊藏	六册
飄然集	鈔本 宋歐陽澈撰 繆小山藏	二册
歐陽修撰集	鈔本 古香樓汪氏舊藏	四册
飄然集	鈔本 三卷	二册

第十五頁

高東溪文集	鈔本	一冊
高東溪先生文集	二卷 附錄一卷 抄本	一冊
岳集	明嘉靖刊本	四冊
雪溪詩	校鈔本	二冊
胡五峯集	鈔本	十冊
知稼翁集	鈔本	六冊
知稼翁集	明刊本	二冊
莆陽知稼翁文集	十一卷 詞一卷 附錄一卷 抄本	二冊
葛侍郎歸愚集	鈔本	四冊
侍郎葛公歸愚集	抄本	二冊

36.8.10

第十六頁

書名	版本	册數
香溪先生范賢良文集	明成化刊本	八册
香溪先生集	元刊本	四册
夹漈遺稿	鈔本	一册
張子湖集 八卷	附錄一卷抄本孔葒谷校藏	三册
鄮峯真隱漫錄	鈔本	二十四册
羅鄂州集	明刊黑口本	二册
朱子大全	元刊本	十六册不全
朱子大全集	元刊修補本	三十九册不全
朱子大全集	明嘉靖刊本	四十八册
晦菴文抄 六卷	續四卷 明嘉靖刊本 天一閣舊藏	四册

書名	版本	册數
晦菴先生文集	一百卷 無續集別集 宋刊本	五十五册
周益公集	明鈔本	四册不全
方舟集	鈔本	六册
方舟集	鈔本	一册不全
林網小集	鈔本	一册
東萊呂太史文集	景宋鈔本	四册
東萊呂太史文集	十五卷 別集十六卷 外集五卷 宋刊本 附錄三卷 附錄拾遺一卷	二十册
止齋集	明弘治刊本 四庫底本 翰林院印 結一廬朱氏舊藏	八册
梅溪集	明正統刊本 橋藻堂汪氏舊藏	二十四册
王梅溪集	明正統刊本	十册

36.8.10

書名	版本	冊數
梅溪文集 二十卷	後集二十九卷 明正統刊本 廷試策一卷 奏議四卷	二十四冊
蠹齋鉛刀編	鈔本	四冊
雙溪集	鈔本 蔣香生舊藏	六冊
王雙溪集	明刊本	六冊
雙溪文集	抄本 劉石庵舊藏	二冊
緣督集	抄本 沈文達舊藏	十冊
陸象山先生文集	三十六卷 明嘉靖刊本	八冊
象山集	六卷 四庫正本 与著録本不同 古稀天子之寶、乾隆御覽之寶	六冊
陸象山集	明嘉靖刊本 十行二十字	十二冊
陸象山集	明嘉靖刊本	十冊

第十七頁

書名	版本	冊數
慈湖先生遺書十八卷	續集二卷 明嘉靖刊本	十冊
洪文敏公集	鈔本	四冊
盤洲文集	鈔本	二十冊
范石湖詩集	清愛汝堂刊本	六冊
誠齋集	抄本 朱竹垞馬笏齋扶閣舊藏	四十冊
誠齋集	景宋鈔本 何元錫舊藏	十五冊不全
誠齋集	附新錄 明刊本 玉堂春百詠	五冊不全
渭南文集	明正德刊本	十冊
水心先生別集	校鈔本	四冊
斷腸詩前集	抄本	一冊

36.8.10

書名	版本	冊數
石屏續集	鈔本 吳枚菴舊藏	一冊
江湖長翁集	四十卷 明萬曆刊本 郁泰峯舊藏	十冊
山房集	鈔本	四冊
漫堂文集	明萬曆刊本	十二冊
漫塘文集	明萬曆刊本	十二冊
龍川先生文集	明刊本 金元功稽瑞樓陳氏 舊山樓趙氏舊藏	十二冊
龍洲道人文集	明抄本 十五卷	六冊
龍洲道人集	抄本十卷 陳琢堂校 畢瀾飛潘景坡藏	二冊
鶴山先生大全集	鈔本	四十八冊
西山先生真文忠公集	明萬曆刊本	二十冊

第十八頁

白石道人詩詞集	鈔本 華瀧校藏	二冊
蒙隱集	二卷 鈔本	一冊
野谷詩稿	鈔本 宋趙汝燧撰 蔣西圃校藏	一冊
洪平齋四六箋注	鈔本	二冊
杜清獻集	鈔本	二冊不全
方是閒居士小稿	鈔本	一冊
南征錄	鈔本 路德批校	四冊
梅亭四六標準	明萬曆刊本	十六冊
方壺先生集	四卷 鈔本	二冊
方壺存稿	九卷 鈔本 查聲山校藏	一冊

書名	版本	冊數
默齋遺稿	鈔本 宋游九言撰 結一廬朱氏舊藏	一冊
滄浪吟	鈔本	一冊
後村先生大全集	一百九十六卷抄本 秦敦父舊藏	三十四冊
後村大全集	明鈔本	四冊 不全
劉後村大全集	鈔本 顧湘舟舊藏校過	三十冊
彝齋文編	鈔本	二冊
秋崖先生小稿	明嘉靖刊本	五冊
劉蒙川遺稿	鈔四庫本 藝海樓顧氏舊藏	一冊
勿齋文集	鈔本 四庫底本 翰林院印	一冊
雪磯叢稿	鈔本 馬奉村舊藏	一冊

第十九頁

書名	版本	冊數
雪磯叢稿	鈔本 四庫底本 翰林院典籍廳印	一冊
梅屋詩稿	鈔本 四庫底本 翰林院印	一冊
梅屋詩稿雜著五種	鈔本	一冊
文山全集	二十卷附錄一卷 明崇禎刊本	八冊
文文山集杜詩	鈔本 貝簡香舊藏	一冊
文山先生文集	十七卷 明景泰刊本 王鴻緒舊藏	十冊
文山先生全集	二十八卷 明嘉靖鄢懋卿刊本	二十冊
文山先生集杜詩	明祠堂刊黑口本 天籟閣舊藏	一冊
疊山集	十六卷 鈔本 張芙川抄藏	二冊
新刊重訂疊山謝先生文集	二卷 明嘉靖刊本 彭文勤舊藏	二冊

36.8.10

書名	版本	冊數
謝疊山集	明萬曆刊本 顧湘舟舊藏	二冊
劉須溪記鈔	八卷 明天啟刊本	四冊
深寧居士集	鈔本	六冊
有宋福建莆田黃仲元四如先生集	五卷 抄本	六冊
黃四如先生集	鈔本	二冊
晞髮集	清平湖陸氏刊本	六冊
古梅遺稿	鈔本 四庫底本 翰林院印	一冊
勿軒先生集	八卷 補遺一卷 鈔本	六冊
勿軒先生文集	鈔本	四冊
佩韋齋文集	二十卷 抄本 海鹽夏曉峰舊藏	三冊

第二十頁

佩韋齋文集	十六卷 抄本 韓小亭朱修伯舊藏	八冊
西湖百咏	明黑口本 鮑以文跋	一冊
戴巖詩選	三卷 鈔本	二冊
白玉蟾集	明刊本	六冊
海瓊玉蟾先生文集	明刊黑口本	八冊
白海瓊摘稿	十卷 明嘉靖刊本 季滄葦舊藏	二冊
方韶卿集	抄本 宋方鳳撰 盧抱經校藏	八冊
存雅堂遺稿	五卷 抄本	二冊
吾文藁	鈔本	四冊
寧極齋集	鈔本	一冊

39.8.10

232

SC437

書名	版本	冊數
石屋遺集	鈔本	八冊
以下金元人別集		
閑閑老人滏水文集	抄本翰林院印淮湯馬裕舊藏	十冊
滏水文集	抄本晋江黄氏舊藏	四冊
閑閑老人滏水文集	校抄本	四冊
滏水集	鈔本	四冊不全
滹南集 四卷	詩話三卷 潛采堂謙牧堂張芙川盛伯羲舊藏	四冊
滹南遺老集	鈔本	六冊
莊靖集	鈔本	四冊不全
遺山詩集	汲古閣刊本 丁晏評點	四冊

第二十一頁

書名	版本	册數
湛然居士集	七卷抄本	四册
湛然居士文集	抄本	三册
湛然居士集	金亦陶抄本 盛伯羲舊藏	二册
湛然居士集	抄本 張古餘劉履芬潤州蔣氏舊藏	二册
湛然居士集	抄本 吴穀人抄藏	八册
藏春集	四卷抄本	一册
藏春集	六卷抄本	一册
張淮陽詩集	抄本	一册
郝文忠陵川集	抄本 翰林院印 周永年舊藏	八册
歲寒中稿	抄本 瓚川吴氏舊藏	一册

36.8.10

月屋樵吟	四卷抄本 校過	二冊
月屋漫稿	鈔本 漁書樓舊藏	二冊
戴剡源文集	金平陶鈔本 朱竹垞舊藏	一冊
剡源集	明萬曆刊本	六冊
唐東類稿	微波榭抄本 孔葒谷舊藏	四冊
巴西文集	抄本 鮑以文校藏 不分卷	六冊
巴西集	鈔本 知不足齋鮑氏舊藏	四冊
玉斗山人文集	鈔本 四庫底本 翰林院印	一冊
竹素山房詩集	三卷 附錄一卷 抄本	一冊
吳文正公集	四十九卷抄本 樂之軒吳氏蔣香生舊藏	十八冊

第二十二頁

書名	版本	册數
吴草廬集	明三槐書堂刊本	十二册
臨川吴文正公集 四十九卷	道學基統一卷 外集三卷 明成化刊本 天一閣舊藏	九册
草廬集 四十九卷	外集三卷 附錄一卷 四庫正本 古稀天子之寶 乾隆御覽之寶	三十一册
文正公草廬吴先生文粹 五卷	明正統刊本 季滄葦 瞿氏恬裕齋舊藏	四册
小亨集	微波榭抄本 孔葒谷舊藏	一册
許魯齋集	鈔本	四册
劉靜修集	明弘治刊本	四册 不全
劉文靖公集	明成化刊本 二十八卷	三册
靜修先生文集	明弘治刊本 陸香圃舊藏	八册
存悔齋集	鈔本 元龔璛撰 文瑞樓金氏舊藏	一册

36.8.10

書名	版本	冊數
存悔齋集	抄本	一冊
默庵先生文集	抄本	一冊
秋澗先生大全集	鈔本	一冊 不全
姚文公牧庵集	二卷抄本 宋蘭揮舊藏	二冊
楚國文憲公雪樓程先生文集	抄本 汪魚亭舊藏	五冊 不全
陳剛中詩集	三卷附錄一卷舊本 元陳孚撰	一冊
清容居士集	鈔本 朱之赤校	二冊 不全
清容居士集	微波榭抄本 孔葒谷舊藏	十冊
周此山先生集	鈔本 何元錫舊藏	二冊
霞外集	金小陶鈔本 元馬臻撰	一冊

第二十三頁

書名	版本	冊數
蒲室集	鈔本十五卷	八冊
續軒渠集	明抄本	一冊不全
貢文靖雲林詩集	六卷附錄一卷 抄本陸次源校藏	四冊
梅花字字香	鈔本 知聖道齋彭氏結廬先生舊藏	一冊
勤齋集	鈔本元蕭𣂏撰書雲韓氏舊藏	二冊
石田集	明萬曆刊本	四冊
道園學古錄	元刊本	十冊
廣道園集	金希陶鈔本	一冊
道園遺稿	鈔本	四冊
道園遺稿六卷	影元抄本陸時化廷潤源舊藏	一冊
道園學古錄	元刊本	二十四冊

235

SC443

揭文安公詩集	明抄本 據元本校 李兆洛李錫暎跋 王弇州錢竹汀張蓉鏡舊藏	三册
揭文安公詩選	鈔本 李兆洛李錫暎跋 顧肇聲黄丕烈張蓉鏡舊藏	二册
揭文安公全集	十四卷 激波謝抄本 孔葒谷校藏	三册
唫嘯集	明黑口刊本 元宋无撰 王蓮涇舊藏	二册
檜亭集	九卷抄本 陸心源舊藏	二册
淵穎先生文集	明嘉靖刊本	八册
淵穎吳先生集十二卷	附錄一卷 楊雪滄 鄭杰舊藏 明嘉靖刊本	十二册
黄文獻集	金東陶鈔本	一册
柳待制文集	明天順刊本 張載華舊藏	四册
所安遺集 陳泰 金囦集 元淮 漢泉漫稿 曹伯啟 蕭𣂏勤齋集	金東陶抄本	合一册

第二十四頁

吳禮部文集	鈔本元吳師道撰繆小山舊藏	六冊
吳禮部文集	抄本章戳伯包虎臣跋陸心源校	四冊
秋聲集	抄本 劉燕庭舊藏	二冊
杏亭摘稿	傳抄文瀾閣本	一冊
杏亭摘稿	鈔本元洪焱祖撰錄趙清常跋	一冊
安雅堂集	抄本	二冊
安雅堂集	抄本	三冊
滋溪文集	鈔本	二冊不全
青陽先生文集	六卷明正德刊本盛伯羲舊藏	二冊
經濟文集	一卷 抄本	四冊

38.8.10

236

SC445

書名	版本	冊數
張蛻庵集	三卷 明弘治刊本 天一閣藏	一冊
蛻菴集	詩五卷 詞二卷 鈔本	二冊
蛾術詩集	鈔本	一冊不全
梼杌山人詩集 三卷	抄本 周亮工舊藏 陸心源跋	一冊
梼杌山人詩集	抄本 汪魚亭舊藏	二冊
貢禮部玩齋集	鈔本	六冊
羽庭集	六卷 傳抄文瀾閣刊本 鮑以文藏	六冊
不繫舟漁集	鈔本	一冊不全
居竹軒詩集	金亦陶抄本 元成廷珪撰	一冊
句曲外史集	鈔本	四冊

第二十五頁

書名	版本	冊數
鹿皮子詩集	金東陶抄本 元陳樵撰	一冊
鹿皮子詩集	四卷抄本 何元錫舊藏	一冊
師山先生文集	鈔本	二冊
支石山人遺稿一卷	附錄一卷 抄本 陸心源校藏	一冊
北郭集	六卷 補遺一卷 抄本	一冊
丁孝子詩集	鈔本	三冊
華陽貞素齋文集	鈔本 之舒頤樓	四冊
江月松風集十二卷	續集一卷 抄本 沈寶研校藏	一冊
江月松風集十二卷	補遺一卷 抄本 鮑以文抄藏	一冊
龜巢集	鈔本	十冊

86.8.10

石初集 十卷	附錄一卷 抄本 宋蘭揮舊藏	二冊
石初集	微波榭抄本 孔葒谷跋	二冊
山窗餘稿	抄本 顧湘舟抄藏	一冊
郭靜思詩集	金東陶鈔本 元郭彥章撰	一冊
九靈山房集	三十卷 抄本 翰林院印 朱子清劉履芬遂伯藏	六冊
貢南湖詩集	金東陶抄本 元貢性之撰	一冊
倪雲林集	十五卷 明萬曆刊本	六冊
雲林詩集	明天順刊本 顧元慶汪季青舊藏	四冊
雲林集	鈔本	二冊
倪雲林先生詩集	六卷 附錄一卷 明萬曆刊本 莫郘亭舊藏	四冊

呂敬夫詩集	鈔本 曹倦圃舊藏	一冊
雲松巢集	鈔本 四庫底本 翰林院印 元朱希晦撰	一冊
花溪集	三卷 抄本	四冊
鐵崖詩集	鈔本	一冊
東維子集	鈔本	一冊
東維子文集	抄本	十二冊
鐵崖詩集	抄本 以甲乙分十集	一冊
夷白齋稿	抄本	十三冊
書林外集	鈔本 朱竹垞跋 元袁士元撰	二冊
黃陽集	三卷補遺一卷 明萬曆刊本 元華幼武撰	二冊

86.8.10

以下明人別集

宋學士集	明刊本	十二冊
潛溪集	明萬曆刊本	八冊
誠意伯集	明嘉靖刊本　缺卷十五	九冊
劉誠意集	明正德刊本　陳仲魚舊藏	十三冊
鳳池吟稿	明刊本	二冊
陶學士集	明弘治刊本	十冊
王忠文公集	鈔四庫本	四冊
翠屏集	明成化刊本　明張志道撰	二冊
張翠屏先生集	明刊本	二冊

第二十七頁

覆瓿集	明萬曆刊本 明朱同撰	二冊
覆瓿集	鈔本	二冊
覆瓿集	鈔本 明朱同撰	四冊
柘軒集	鈔本 明淩雲翰撰 汪晋賢舊藏	三冊
白雲稿	明朱右鈔本 四庫底本 秦恩復舊藏	六冊
清江貝先生文集	鈔本	六冊
蘇平仲集	鈔本 文選樓阮氏舊藏	四冊
胡仲子文集	鈔本 明胡翰撰	二冊
臨安集	鈔本 錢宰撰 文端樓金氏舊藏	一冊
青邱詩文集	鈔本	六冊

36.8.10

書名	版本	冊數
季廸大全集	清刊本 校過	四冊
鳴盛集	明洪武刊本 明林鴻撰	二冊
望雲集	鈔本五卷 明郭奎撰	二冊
蚓竅集	鈔本 明管時敏撰 曹楝亭富察昌齡舊藏	一冊
李草閣詩集	鈔本	四冊
樗菴類稿	鈔四庫本二卷明鄭潛撰	一冊
鼓枻稿	鈔本 不分卷	二冊
遜志齋集	明嘉靖刊本又一部明萬曆刊本	十冊
東里文集	明萬曆刊本	八冊
東里詩集	抄本	三冊

第二十八頁

SC452

李忠文公集	明萬曆刊本　明李時勉撰	五冊
薛文清集	明刊本	二十冊
陳白沙全集	明嘉靖刊本	十冊
白沙詩教解	明隆慶刊本　明湛若水輯　澹生堂祁氏舊藏	八冊
耕石齋石田詩鈔	明刊本	六冊
懷麓堂集	明嘉靖刊本	二十冊
一峰文集	明刊本　明羅倫撰	八冊
篁墩先生文集	明刊本　富察昌齡舊藏	十六冊
定山先生集	明嘉靖刊本　明莊昶撰	六冊
醫閭集	明嘉靖刊本　明賀欽撰	四冊

86.8.10

王文恪公集	明刊本	十六冊
容春堂集	明嘉靖刊本 明邵宝撰	二十四冊
空同集	明嘉靖刊本	八冊
華泉集	明嘉靖刊本	四冊
王文成全書	明隆慶刊本	二十四冊
對山集	明萬曆刊本	八冊
康對山集	明萬曆刊本	十冊
何伯齋文集	明刊本	六冊
何文定集	明萬曆刊本	十二冊
何大復集	明刊本	十冊

第二十九頁

何大復集	明嘉靖刊本	十二冊
何大復集	明嘉靖刊本	八冊
儼山文集	明刊本	二十冊
徐迪功集	明刊本	二冊
楊升菴集	明萬曆刊本	二十冊
升菴文集	明刊本	二十四冊
李卓吾讀升菴集	明刊本	八冊
薛考功集	明刊本　明薛蕙撰	四冊
文甫田別集	鈔本四卷　顧湘舟舊藏	一冊
甫田集	明刊本	五冊

36.8.10

書名	版本	冊數
朱西村詩儗註	稿本	三冊
王遵巖文集	明刊本	三十冊
陸子餘集	明嘉靖刊本	四冊
荆川先生文集	明刊本	十二冊
王弇州初集	明萬曆刊本	三十六冊
弇州續稿	明刊本	四十冊
宗子相集	明嘉靖刊本	四冊
宗子相文集	詩二卷 明刊本	四冊
宗子相文集	十二卷 明刊本 蔣香生舊藏	四冊
四溟山人集	明刊本	十六冊

第三十頁

SC456

書名	版本	冊數
四溟山人集	明萬曆刊本	十冊
蠛蠓集	明萬曆刊本	十冊
穀城山館文集	明刊本 明于慎行撰	十二冊
陶菴集	明刊本 明黃淳耀撰 汪季青藏	二冊
晚村文集	原刊初印本	八冊
甘白文集	明正統刊本 明張適撰 涵真亭舊藏	
張孟兼集	鈔本 昔人評註	一冊
王光菴集	鈔本	二冊
澹然先生集	明萬曆刊本 明陳敬宗撰	六冊
商文毅公集	明萬曆刊本 曹倦圃舊藏	四冊

36.8.10

242

SC457

西山類稿	明嘉靖刊本　明謝復撰	八冊
布衣陳先生存稿	鈔本九卷　明陳真晟撰	一冊
文溫州集	明刊本十二卷　文林撰	四冊
渼陂集	明崇禎刊本　明王九思撰	十六冊
王氏家藏集	明嘉靖刊本　明王廷相撰	二十四冊
鈐山堂集	明嘉靖刊本	二十冊
涇野先生集	明嘉靖刊本　明呂柟撰　有殘缺	三十二冊
棠陵文集	明嘉靖刊本　明方豪撰	四冊
嵩渚文集	明嘉靖刊本　明李濂撰	二十冊
崔東洲集	明刊本　明崔相撰	十冊

第三十一頁

桂州文集	明崇禎刊本 明夏言撰	十二冊
少石集	明萬曆刊本 明陸銓撰	四冊
張文忠公集	明萬曆刊本 張孚敬撰	十二冊
雅宜集	明嘉靖刊本 明王寵撰	五冊
趙文肅文集	明刊本 明趙貞吉撰	二冊
存笥稿	明嘉靖刊本 明王維楨撰 又一部	八冊
泌園集	明萬曆刊本 明董份撰	十二冊
山帶閣集	明萬曆刊本 明朱曰藩撰	六冊
貽安堂文集	明萬曆刊本 明李春芳撰	十冊
太函集	明刊本 明汪道昆撰	二十四冊

36.8.10

俞仲蔚集	明嘉靖刊本 明俞允文撰	四册
徐文長集	明刊本	十二册
陳白陽詩	鈔本 明陳淳撰	一册不全
林初文詩選	鈔本 附吴凝甫	一册
眾文人集	明萬曆刊本 明余寅撰	十六册
瀟碧堂集	明刊本 明袁宏道撰	十二册
瀟碧堂續集	明刊本	册
由拳集	明刊本 屠隆撰	十二册
玉茗堂集選	明刊本	八册
以下清人别集		

第三十二頁

南雷文約	原刊本　三山陳氏舊藏	四冊
黃忠端公集	清遠堂刊本	四冊
黃忠端公遺集	鈔本	一冊
錢牧齋初學集	明刊本	四十冊
有學集	原刊本	十六冊
錢牧齋遺著	均詩抄本	一冊
錢牧齋尺牘	明刊本	二冊
吾炙集	鈔本	二冊
拔筆集	鈔本	二冊
梅村詩箋	鈔本　彭甘亭跋	十四冊

86.8.10

244

SC461

葉文敏公集	鈔本 清葉方靄撰	八冊
雲中集	鈔本 清曹溶撰	一冊
帶經堂全集	清程哲刊本	二十冊
漁洋山人菁華錄	原刊本	四冊
鈍翁類稿	原刊本	二十八冊
樓村詩集	清初刊本 清王式丹撰	五冊
堯峰文鈔	原刊本	十六冊
午亭文編	原刊初印本	十六冊
朱竹垞風懷詩	鈔本	一冊
敬業堂詩集	百藥山房刊本	八冊

第三十三頁

靈芬館集	原刊本	十三冊
南山集	活字本 戴福夫撰	八冊
李蒓客自寫詩文	稿本	二冊
春木先生手稿	鈔本	一冊
守甓齋詩鈔	鈔本 淩許二田撰	二冊
二田齋讀畫絕句	鈔本	一冊
述菴詩鈔	原刊本 吳兔床評閱有跋	二冊
見峰詩鈔	鈔本 畢礼撰	二冊
謙谷集	稿本 清汪筠撰	二冊
歸愚全集	原刊本	四十冊

益戒堂詩集	鈔本 清長白揆叙撰	八冊
青立軒詩	稿本 宋華金撰 有襄陽府官印	三冊
鮚埼亭集	校抄本 與刊本有異同	五冊
清容居士集	鈔本 蔣士銓撰	七冊 不全
稗畦集	鈔本 清洪昉思撰	二冊
青溪存稿	鈔本 程廷祚撰	二冊
壽松堂詩稿	稿本 陳來泰撰	一冊
存研樓二集	原刊本 校過 儲大文撰	六冊
立方文選錄	鈔本 馮桓撰 畢瀧舊藏	一冊
苦竹山房詩鈔	鈔本 桐城張純撰	不全

第三十四頁

書名	版本	冊數
抱山堂詩選	鈔本 清易諧撰	四冊
湖北金石詩	鈔本 嚴觀撰 吳枚菴畢瀧舊藏	一冊
以下總集		
文選	明刊本 怡府舊藏	六十冊
文選	明刊本	三十二冊
文選	明覆宋刊本	三十二冊
文選	汲古閣刊本 潘稼堂評校有跋	二十冊
文選	汲古閣刊本 臨何義門評校 嚴元照舊藏	三十二冊
文選	高麗活字本	三十冊
文選	明舊本	二十冊

36.8.10

第三十五頁

書名	版本	冊數
文選六臣註	明嘉靖潘惟德時校刊本	三十冊
文選	前人許注甚詳	十二冊
松陵集	汲古閣刊本	二冊
才調集	紅豆齋刊本 孫淵如校藏	十冊
古文苑	明萬曆張象賢刊本 盛伯羲據宋本校	四冊
古文苑	明覆宋刊本 翁蘇齋跋	八冊
古文苑	明刊本	四冊
古文苑	請覆宋刊本 校過	四冊
文苑英華	明隆慶刊本	一〇二冊
文苑英華	明抄本	一百十二冊

書名	版本	冊數
文苑英華	明刊本	二百四十冊
文苑英華	明隆慶刊本	二百冊
唐文粹	明嘉靖刊本	十六冊
唐文粹	許氏刊本 譚復堂許邁孫合校 邁孫跋	二十冊
唐文粹	明刊本	二十四冊
唐文粹	明嘉靖刊本	三十二冊
西崑酬唱集	景元鈔本	一冊
三孔先生清江文集	抄本	十冊
樂府詩集	元刊本	三十六冊
樂府詩集	元刊明印本	三十六冊

36.8.10

247

樂府詩集	汲古閣刊本	十二冊
新刊古今歲時襍詠	明抄本 曹倦圃舊藏 存卷一至十八	五冊
南嶽倡酬詩	明萬曆刊本 天一閣舊藏	一冊
萬首唐人絕句	明嘉靖刊本 天一閣舊藏	四冊 不全
宋文鑑	明天順刊本	六十冊
五百家播芳大全文粹	鈔本 繆小山舊藏	八十冊
崇古文訣	明刊本	四冊
新刊迂齋先生崇古文訣	明刊本 王元美舊藏	十二冊
西山先生真文忠公文章正宗	元刊本 半葉十行二十一字	二十四冊
唐僧弘秀集	明刊本	二冊

第三十六頁

書名	版本	冊數
唐僧弘秀集	鈔本 果親王舊藏	一冊
唐僧弘秀集	明刊本 朱竹垞舊藏	四冊
江湖後集	鈔本	八冊
箋註唐賢絕句三體詩法	二十卷 明內府覆元刊本 天一閣舊藏	二冊
唐三體詩	明嘉靖刊本 天一閣舊藏	二冊
吳都文粹	鈔本 朱竹垞舊藏	四冊
吳都文粹	康熙活字本 抄配二冊	十冊
柴氏四隱集	存秋堂一分 鈔本 紅豆書屋惠氏舊藏	一冊 不全
中州集	明刊黑口本	十冊
中州集	汲古閣刊本 臨馮巳蒼馮定遠何義門評校	二十冊

38.8.10

248

中州集	汲古閣刊本	十册
谷音	鈔本 紅豆書屋惠氏舊藏	一册
瀛奎律髓	黄葉村莊刊本 臨馮已蒼馮定遠陸勅先評	八册
瀛奎律髓	黄葉村莊刊本 評校本	十六册
瀛奎律髓	黄葉村莊刊本 臨馮已蒼馮定遠評蔣西圃舊藏	十册
古賦辨體	明嘉靖刊本 天一閣舊藏	四册
古賦辨體	明嘉靖刊本	四册
元文類	明晋藩刊本	二十册
皇元風雅前後集	日本刊本	四册
唐音	明刊本	四册

第三十七頁

古樂府	明刊本	六冊
古樂府	明刊本	六冊
古樂府	明嘉靖刊本	一冊不全
古樂府	明萬曆刊本	八冊
玉山名勝集	抄本何義門抄藏	二冊
玉山名勝集	鈔本	二冊
玉山草堂集	汲古閣刊本	二冊
大雅集	八卷抄本鮑以文舊藏手補目錄	一冊
唐詩品彙	附拾遺 明金陵官本	三十冊
閩中十子詩	明萬曆刊本	十二冊

249

SC471

皇明文衡	明嘉靖刊本 天一阁舊藏	二十册
新安文献志	明弘治刊本 補抄目録 盛伯羲舊藏	三十五册
風雅翼	高麗刊本	十二册
新安文献志	明刊本	三十二册
詩紀	明萬曆刊本	四十册
全蜀藝文志	鈔本 結一庐朱氏舊藏	十六册
明興詩選	明刊本	四十六册
明詩選三集	明刊本	三十二册
歷代賦彙	殿本	五十八册
御選四朝詩	殿本	五十三册

第三十八頁

書名	版本	册數
御選宋金元明四朝詩	殿本	一百廿本
御選元詩	殿本	四十册
宋詩鈔	原刊本 管芷湘校藏	二十册
聖宋名臣獻壽文	景宋鈔本 缺卷六至十二	一册
註唐詩鼓吹	明刊本	三册
至正庚辛倡和詩	抄本附名公手稿一卷考世編一卷	一册
金蘭集	抄本 曹倦圃舊藏 吳尺鳧跋	三册
虎邱詩集	鈔本	一册
興觀集	鈔本	一册
唐氏三先生集	明正德刊本 唐元筠軒詩稿八卷文稿三卷 唐桂芳白雲詩稿四卷文稿三卷 唐文鳳梧岡詩稿四卷文稿六卷	八册

36.8.10

250

SC473

文翰類選大成	一百六十三卷 明成化淮府刊本 上海李伯璵編輯	六十四冊
文翰類選	明刊本	五冊
唐文鑑	明正德刊本	四冊
風雅逸編	十卷 明楊慎編 明正德刊本 天一閣舊藏	二冊
六藝流別	鈔本	十六冊
南滁會景編	十卷 明趙廷瑞編 明嘉靖刊本 天一閣舊藏	六冊
皇華集	高麗活字本	五冊
皇明文範	六十八卷 目録二卷 四庫僅六十六卷 明隆慶刊本 天一閣舊藏	四十冊
唐詩選	抄本	五冊
唐詩選	七卷 濟南李攀龍編選 明萬曆刊本 天一閣舊藏	二冊

第三十九頁

書名	版本	册數
赤牘清裁	明刊本二十八卷天一閣藏	五册
岳陽紀勝彙編	明刊本内府舊藏	六册
古詩所	明萬曆刊本	二十册
唐詩品	明萬曆刊本	十册
古詩歸	明閔氏套印本	八册
漢魏詩乘	明萬曆刊本	四册
荊溪外紀	明刊本	八册
三蘇文粹	明覆宋刊本	二十四册
三蘇文粹	明覆宋刊本	十八册
同人集	活字本周季貺校蔣香生舊藏	十二册

38.8.10

以下詩文評		
文心雕龍	明嘉靖刊本	五冊
文心雕龍	明萬曆刊本	四冊
詩式	鈔本 題唐釋皎然撰	二冊
詩話總龜	明月窗道人刊本	十冊
詩話總龜	明嘉靖刊本	十冊
四六話	四庫正本	二冊
全唐詩話	明嘉靖刊本 題宋尤袤撰	六冊
全唐詩話	明萬曆刊本	二冊
風月堂詩話	四庫全書本 古稀天子之寶 乾隆御覽之寶	一冊

第四十頁

唐詩紀事	明嘉靖刊本	三十二冊
唐詩紀事	明嘉靖刊本 徐樹銘舊藏	二十冊
漁隱叢話	鈔本	二十冊
文則	鈔本	一冊
文說	鈔四庫本 元陳繹曾撰 顧湘舟舊藏	一冊
修辭鑑衡	鈔四庫本 元王構撰	一冊
蒼崖先生金石例	鈔本	四冊
蒼崖先生金石例	元刊本	四冊
作義要訣	鈔四庫本 元倪士毅撰 顧湘舟舊藏	一冊
新編名賢詩法	三卷 金壇史潛撰 元刊本 吳兔床舊藏	二冊

86.8.10

252

SC477

第四十一頁

書名	版本	册數
解頤新語	明嘉靖刊本 明皇甫汸撰	四册
豫章詩話	六卷 明萬曆刊本 明郭子章撰	
玉笥詩談	二卷又續一卷 朱孟震撰 鈔本 何元錫舊藏	
詩心珠會	十卷 明蜀藩華陽王宣墡為世子時所輯 明嘉靖刊本 天一閣藏	八册
漁洋詩話	鈔本 古香樓舊藏	四册
批本隨園詩話	鈔本	一册
以下詞曲類		
珠玉詞	鈔本	一册
黄山谷詞	鈔本	一册
夢窗詞甲集	汲古閣刊本 古華詞隱校	一册

張小山小令	鈔本潛采堂謙牧堂舊藏	二冊
連社詞 夢庵詞 半軒詞	鈔本 前二種校過	二冊
蛾術詞選	四卷鈔本 何元錫舊藏	二冊
澗泉詩餘 梅棠詞	鈔本 潛采堂謙牧堂舊藏	一冊
花間集	明覆宋刊本	四冊
樂府雅詞	鈔本三卷 袁壽階校 汪閬源舊藏	四冊
類編草堂詩餘	明刊本 四卷	四冊
草堂詩餘	汲古閣刊本 王蘭泉評校	二冊
類編箋釋草堂詩餘	六卷明萬曆刊本	六冊
類編箋釋國朝詩餘	明萬曆刊本	二冊

36.8.10

書名	版本	冊數
歷代詩餘	殿本	二十八冊
歷代詩餘	殿本	二十四冊
詞譜	殿本	四十冊
中原音韻	陸勑先鈔本 黃蕘圃跋 李明古葉石君舊藏	一冊
金石三例	清刊本 王惕炎校	一冊
東坡詩話	鈔本	一冊
四家詩話	明刊本 四卷	一冊
漢文鑑偶記	鈔本	一冊
楹聯四話	鈔本	一冊
楹聯三話	稿本	一冊

第四十二頁

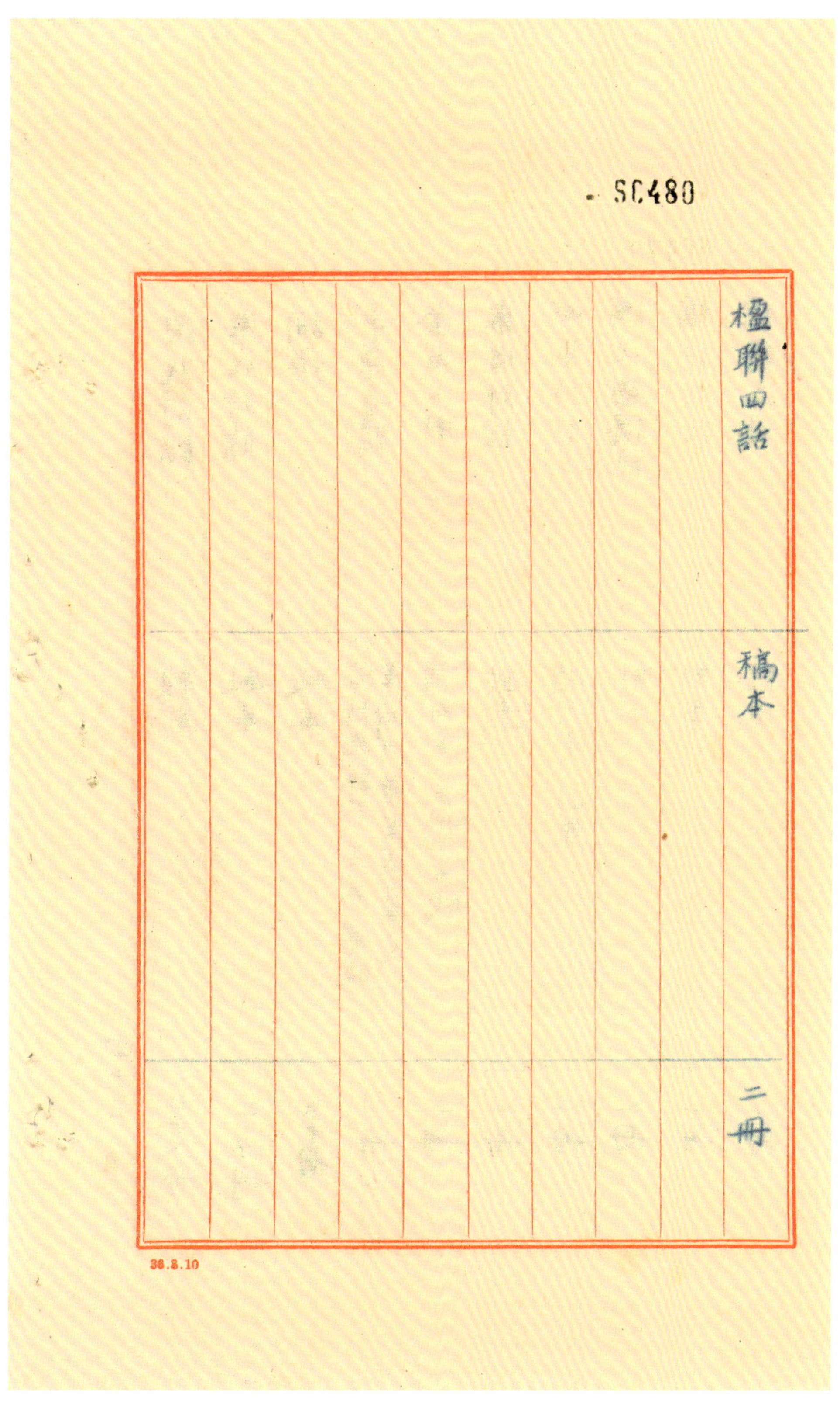

SC480
楹聯四話
稿本
二册
36.8.10

254

SC481

經史類 未編定者

書名	版本	冊數
五經大全	高麗刊本	七冊 不全
通志堂經解	桃花紙印本	一百七十三冊 不全
詒經堂續經解	張金吾抄本	三百八十七冊 不全
經典釋文	清仿宋刊本	二冊
說文	汲古閣刊本	六冊
古注千字文	日本刊本	一冊
史記	古香齋袖珍本	三十六冊
史記索隱	汲古閣刊本	二冊
三國志	孔紅谷校本	十二冊

第一頁

書名	版本	冊數
魏書	三朝本	六十四冊
南齊書	三朝本	八冊
北齊書	三朝本	十五冊
梁書	三朝本	十四冊
陳書	三朝本	十二冊
陳書	三朝本	八冊
周書	三朝本	十冊
宋書	三朝本	三十冊
南史	元大德本	三十二冊
北史	元大德本	三十四冊 不全

38.8.10

225

SC483

北史	元本	十册不全
北史	元大德本	六十册
隋書	宋本	十册不全
隋書	元刊明補本	二十册
隋書	元刊明補本	二十册
元史	明本	四十二册不全
元史	明本	四十八册
二十二史	明北監本	四百二十二册
資治通鑑	元刻初印本	七册
新元史	退耕堂刊本	六十册

第二頁

書名	版本	冊數
資治通鑑	元刊本	一冊
續資治通鑑	宋李燾撰 抄本 十八卷	五冊
晏子春秋	清覆宋本	四冊
列女傳	知不足齋刊本	十六冊
南唐書	汲古閣刊本 譚獻藏	三冊
金姬傳	抄本 楊復吉舊藏	一冊
伊犁總統事畧	鈔本	五冊
新疆建省事畧	抄本	五冊
晉稗	十卷 魏稼孫校	八冊
吴船錄 驂鸞錄	明抄本 天一閣舊藏	一冊

38.8.10

史參彙鈔	鈔本	四冊
皇朝混一方輿勝覽	元本	十二冊
吳城日記	無名氏撰 鈔本	三冊
大唐西域記	日本活字本	三冊
大明律	日本刊本	九冊
國史儒林文苑傳	抄本	六冊
列朝詩集小傳	清刊本	八冊
嘉靖浙江鄉試題名錄	明刊本	六冊
隆慶二年登科記	明刊本	一冊
四庫全書簡明目錄	抄本	三冊

第三頁

淳化閣帖考正	刊本	四冊
粵東金石略	刊本	二冊
廣金石韻府	刊本	六冊
金石萃編補目	抄本	一冊
兩朝憲章錄	明刊本	十二冊
陶政譜附硯說	抄本	一冊
江西陶政志	抄本	一冊
廣西軍務文檟	正嘉間鎮守廣西副總兵題本 明刊本 天一閣舊藏	二冊
海防錄	一卷 明翁大立撰 明嘉靖刊本 天一閣舊藏	一冊
興都營建圖式	袁鉞李汝梓編 明嘉靖刊本 天一閣舊藏	一冊

257

書名	版本	册數
河南布政司議稿	明抄本　天一閣舊藏	二册
河南布政議稿	明抄本	二册
督學規條	明刊本	一册

第四頁

25-8

涵芬樓及蔣氏地志

書名	版本	冊數
長安志	宋宋敏求撰 廿卷 明刊本 惲子居舊藏 李南澗跋	三冊
大明一統志	明刊本	三十冊
太平寰宇記	抄本	四十冊
太平寰宇記	抄本除原缺外缺二十九卷 宋蘭揮舊藏	十九冊 不全
元豐九域志	十卷 抄本	二冊
大元一統志	景鈔元本	二冊 不全
大清一統志外藩门	殿本	六冊
乾道臨安志	宋周淙撰 三卷 鈔本	一冊
乾道臨安志	鈔本	二冊

吳郡志	汲古閣刊本	六冊
嘉禾志	抄本	十冊
昌國州志	抄本	一冊
澉水志	鈔本　劉御生舊藏	一冊
澉水志	鈔本　馬笏齋舊藏	一冊
嘉禾志	鈔本	六冊
滇略	鈔本	一冊
滇略	明謝肇淛撰　明刊本	八冊
郡國利病書	清顧炎武撰　一百廿卷　抄本	四十二冊
上嘉興府圖記	二十卷　明趙大年撰　明刊本	十二冊

36.8.10

閩書 明何喬遠撰 一百五十四卷 明刊本 六十四册

臨安志 十卷 缺卷四卷十 鈔本 七册 不全

儀真縣志 抄本 四册

崑山縣志 抄本 八册

至正崑山志 鈔本 四册

弘治吳江志 鈔本 四册

四明圖經 鈔本 三册

寧化縣志 明刊本 八册

三山志 明刊本 黃蕘圃跋 八册

琴川志注草 鈔本 二册

書名	版本	册數
琴川志	汲古閣刊本	六册
嚴州圖經	三卷 劉文富撰 景宋鈔本 袁褧秋舊藏	二册
吴郡志	五十卷 宋范成大撰 汲古閣刊本 宋賓王校 宋本	十六册
重修毗陵志	三十卷 宋史能之撰 抄本 吴枚菴汪閬源舊藏	八册
咸淳臨安志	一百卷 宋潛說友撰 抄本 章紫伯臨盧抱經吴枚菴校	十二册
四明志	二十卷 元袁桷撰 抄本 錢竹汀校	六册
四明續志	十二卷 元王元恭撰 抄本	四册
蘇州府志五十卷 附圖一卷	明盧熊輯 抄本 陳碩甫抄藏	十二册
姑蘇志	明正德刊本	十六册
嘉禾縣志	六卷 教諭周詔編輯 明成化刊本	六册

36.8.10

書名	版本	册數
嘉興府志補	舊抄	四册
漳浦縣志	十三卷 明林梅撰 明嘉靖刊本 天一閣舊藏	四册
嘉靖維揚志	明刊	一册
廣西通志	六十卷 明黄佐等修 明嘉靖刊本	二十二册
廣西通志	明萬曆刊	廿八册
山東通志	四十卷 明陸峯之等修 明嘉靖刊本	二十四册
鄒平縣志	四卷 明葉林修 明嘉靖刊本 天一閣舊藏	二册
萊州府志	明嘉靖刊	二册
仙遊縣志	明嘉靖刊	四册
隨志	明抄	一册

書名	版本	册數
湖州府志	十六卷 明張鐸等修 明嘉靖刊本	十四册
太倉州志	明嘉靖刊	六册
江陰縣志	明嘉靖刊	六册
貴州通志	十二卷 明謝東山等編輯 明嘉靖卅四年刊本	十二册
河南通志	四十五卷 明李濂朱睦㮮等修 明嘉靖卅五年刊 天一閣舊藏	十二册
陵縣志	八卷 明谷蘭宗裁正 明嘉靖癸丑刊本	二册
武平縣志	六十卷 明王時槐等修 明嘉靖己未刊本	二册
蒲州志	三卷 明邊象修 明嘉靖己未刊本	三册
寧波府志	明刊	十六册
吳興掌故集	十七卷 明徐獻忠輯 明萬曆刊本	八册

36.8.10

261

蘭州志	三卷 無撰人名氏 明正德七年刊本	三冊
雲南通志	十七卷 明李元陽等修 明隆慶六年刊	十二冊
銅梁縣志	四卷 明高啓愚撰 明萬曆元年刊本	二冊
紹興府志	五十卷 明張元忭等修 明萬曆丁亥年刊本	十六冊
吳興備志	三十二卷 清董斯張編 抄本	十二冊
山海關志	八卷 明角山詹榮修輯 明嘉靖十四年刊本 天一閣舊藏	二冊
新安志	十卷 宋羅願撰 明抄本 汪閬源舊藏	八冊
新安志補	明嘉靖刊本	四冊

第八頁

262

叢書		
太平總類	鈔本	三十四冊不全
津逮秘書	汲古閣刊本	一百廿四冊
金聲玉振集	明嘉靖刊本	十二冊
古今逸史	明吳琯刊本 盧抱經堂校 蔣香生舊藏	四十八冊
陳眉公秘笈	明刊本	一百十四冊
寶顏堂秘笈續集內七種	明刊本	十冊
范氏二十種奇書	明刊本	十二冊
稗海	明刊本	四十八冊不全
藝林伐山	鈔本 李濂箋 涉園張氏舊藏	三十八冊

第九頁

書名	版本	冊數
鹽邑志林	明刊本	二十冊
稗史彙編	明刊本	五十冊
五朝小說	明刊本	八十冊
廣四十家小說	明刊本	二十冊
虞初志七種	明刊本 黄蕘圃舊藏	四冊
陳眉公秘笈	明刊本	四十六冊
論衡	明程榮刊本	十冊
百川學海 殘本六種	明弘治刊本	六冊
續百川學海 十集	明刊本	十六冊
廣百川學海 存甲乙壬癸	明刊本	四冊 不全

36.8.10

263

百川學海	明覆宋刊本	三十冊
百川學海	明弘治刊本	六冊 不全
宋元學案	鈔本	十六冊
文林綺繡	明萬曆刊本	三十四冊
唐宋畫苑珠林	明刊本	十六冊
山居雜誌	明萬曆刊本	六冊
吾學編	明萬曆刊本	二十四冊
紀錄彙編	明刊本	四十冊
先秦諸子合編	明天啓綿渺閣刊本	八冊
子彙	明刊本 缺儒家雜家	十六冊

第十頁

書名	版本	冊數
中都四子集	明萬曆刊本	十冊
四子全書 老子 莊子 關尹子 列子	明萬曆刊本	二冊
六子	明嘉靖刊本	十冊
世德堂六子	明嘉靖刊本	二十冊
二十家子書	明萬曆吉藩刊本	八冊
小荀子 鬻子 關尹子 天隱子	明刊本	二冊
道藏輯要	刊本	一百三十一冊 不全
五經歲徧齋校書三種	原刊本	十六冊
武英殿聚珍版叢書	原印本	
知不足齋叢書	周巳翁批校本	二百四十冊

36.8.10

264

書名	版本	册數
守山閣叢書	原刊本 缺六册	九十册 不全
珠叢别錄	原刊本	十六册
澤古齋叢鈔	原刊本	卌册
别下齋叢書	原刊本	二十四册
涉聞梓舊	原刊本	二十四册
士禮居叢書		二十七册 不全
士禮居叢書	原刊本	三十册
學津討源	原刊本	二百册
墨海金壺	原刊本 稍缺	一百二十六册
岱南閣叢書	原刊本	六十四册

第十一頁

154

書名	版本	册數
古逸叢書	原刊	六十册
古逸叢書	原刊初印本	四十六册
百子全書	湖北官書局刊本 譚復堂批校	一百二册
戴氏遺書	孔氏微波榭刊本	二十册
敏果齋叢書 賀縣團練規條 鄉兵救命書 左勳事宜	鈔本 清許乃釗撰	一册
叢抄二十一種	鈔本	十册
廣堪齋遺書內 搜精測隱祕訣二册 煉丹次第要知一册 靈棋經一册 馬弔譜合二册 未全	鈔本 涉園張氏畢瀧舊藏	
原入某部後知其誤應改入他部者		

38.8.10

765

少室山房類稿	明刊本	二十冊
述學	原刊本	二冊
古今書抄	明萬曆刊本	十二冊
今獻彙言 輯書三十五種	明高鳴鳳編 明嘉靖刊本	六冊
兩京遺編	明萬曆刊本 內缺三種	十三冊 不全
唐宋叢書	經德堂刊本	三十二冊
格致叢書	明刊本	十二冊
叢書 略編次未定 後附誤入某部	改入他部之書	
楝亭五種	清揚州詩局刊本	四十冊
漢魏叢書	明程榮刊本	三十冊

第十二頁

155

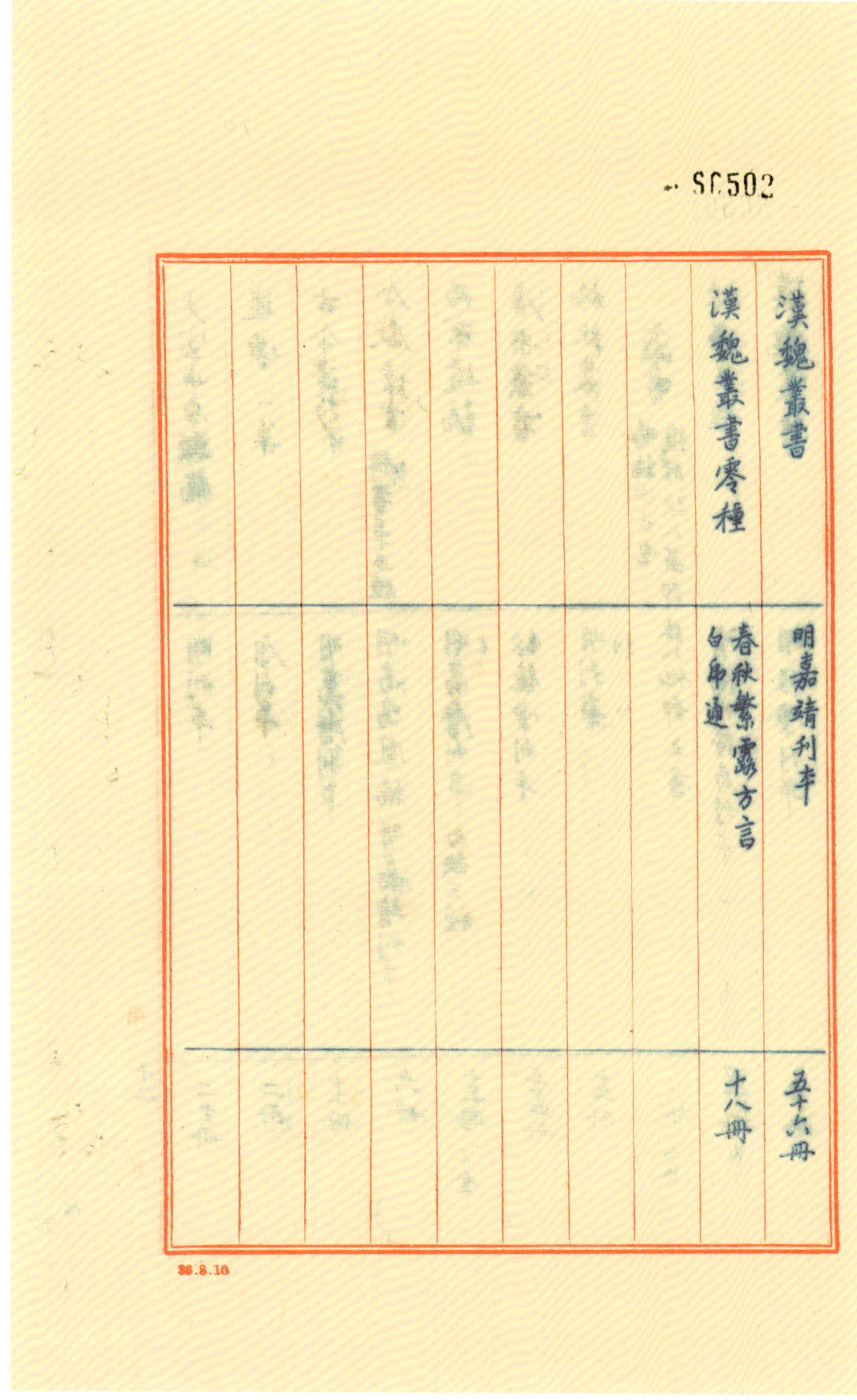

SC502

漢魏叢書

漢魏叢書零種 | 春秋繁露方言 白虎通 | 十八册

明嘉靖刊本

五十六册

38.8.10

266

SC503

以下别集未編定者

書名	版本	冊數
李衛公集	三十四卷 明刊本	八冊
李文恭集	汲古閣刊本	六冊
盧戶部詩集	明刊本	二冊
玉樵山人集	唐韓偓撰 抄本 何元錫舊藏	二冊
玉川子 曹堯賓集	鈔本 陸時化舊藏	一冊
蕊閣集	辛幼軒輯 鈔本 翰林院印	
韋先生文集	鈔本	八冊 不全
江湖後集	四庫鈔本 沈時帆 葉東卿舊藏	二冊 不全
左氏平章	稿本	四冊

第十三頁

146

松圓浪淘集	明程嘉燧撰 明刊本	十冊
隱秀軒集	明鍾惺撰 明刊本	八冊
喙鳴集	明刊本	六冊
虞德園集	錢塘虞淳熙撰 六十卷 明天啟刊本	十六冊
巢睫集	明曹棨撰 抄本	二冊
觀光詩集	明侯復撰 文瑞樓鈔本 宋賓王校藏	一冊
敬軒集	明刊本	四冊
湯睡庵集	宣城湯賓尹撰 明刊本	十二冊
張光弼詩集	元張昱撰 鈔本	二冊不全
寒支初集	明李世熊撰 十卷 缺卷四至十 明刊本 周氏翁林藏	二冊

267

SC505

劉文烈集	明劉理順撰 鈔本	一冊
滈朴園稿	明海鹽沈祐撰 明崇禎刊本	五冊
拘虛集	明陳沂撰 明嘉靖刊本	二冊
式齋文集	明陸容撰 鈔本 王西莊跋	八冊
東塘集	鈔本	十二冊
祝氏集略	明祝允明撰 三十卷 明嘉靖刊本	五冊
歸太僕集	明歸有光撰 明崇禎刊本	六冊
金星橋文集	明金達撰 鈔本	四冊
巖居稿	明無錫華察撰四卷 明嘉靖刊本	一冊
丘隅集	明喬世寧撰 明刊本	六冊

第十四頁

157

希董先生遺集	明茅大方撰 五卷 明刊本 周松靄舊藏	一冊
寄菴詩集	明長洲韓君望撰 鈔本	二冊
歇庵集	明陶望齡撰 十六卷 明萬曆刊本	八冊
歇庵集	明陶望齡撰 十六卷 明萬曆刊本	八冊
白蘇齋類稿	明袁宗道撰 明刊本	六冊
閬風集	宋舒岳祥撰 十二卷 鈔本 孔葒谷校藏	二冊
菊磵小集	宋高九萬撰 景宋鈔本	一冊
稼村先生類稿	宋王義山撰 明刊本	一冊
益齋亂稿	明高麗李齊賢撰 鈔本	八冊
幽貞集	明刊本	三冊

268

書名	版本	冊數
育齋詩集	明成化刊本	四冊
華華山人詩集	明刊本	五冊
葉梅友集	鈔本	二冊
霜猿集	周翰西撰 二卷 抄本 唐湛齋畢氏舊藏	
蔣山傭詩集	抄本	四冊
謝文莊集	明嘉靖刊本	二冊
罨畫樓集	明無錫安濬撰 鈔本	二冊
適園雜著 附禪林餘藻	明陸樹聲撰 鈔本	一冊
元素子集	明口道南撰 明嘉靖刊本	六冊
東皋集	明秦璠撰 明弘治刊本 王蓮涇舊藏	二冊

第十五頁

158

書名	版本	冊數
何仲默集	明嘉靖刊本	四冊
玉芝堂詩文集		三冊
鶴田文鈔	鈔本	四冊
浮雲玉集	鈔本	二冊
九龍山人稿	鈔本	一冊
華陽集	影宋抄本	二冊
震川先生文集	清康熙刊本	十冊
貝清江先生全集	燕翼堂刊本	六冊
遵巖文集	王慎中撰 十二卷 康熙刊本	二十四冊
青邱詩集	文瑞樓刊本	十冊

86.8.10

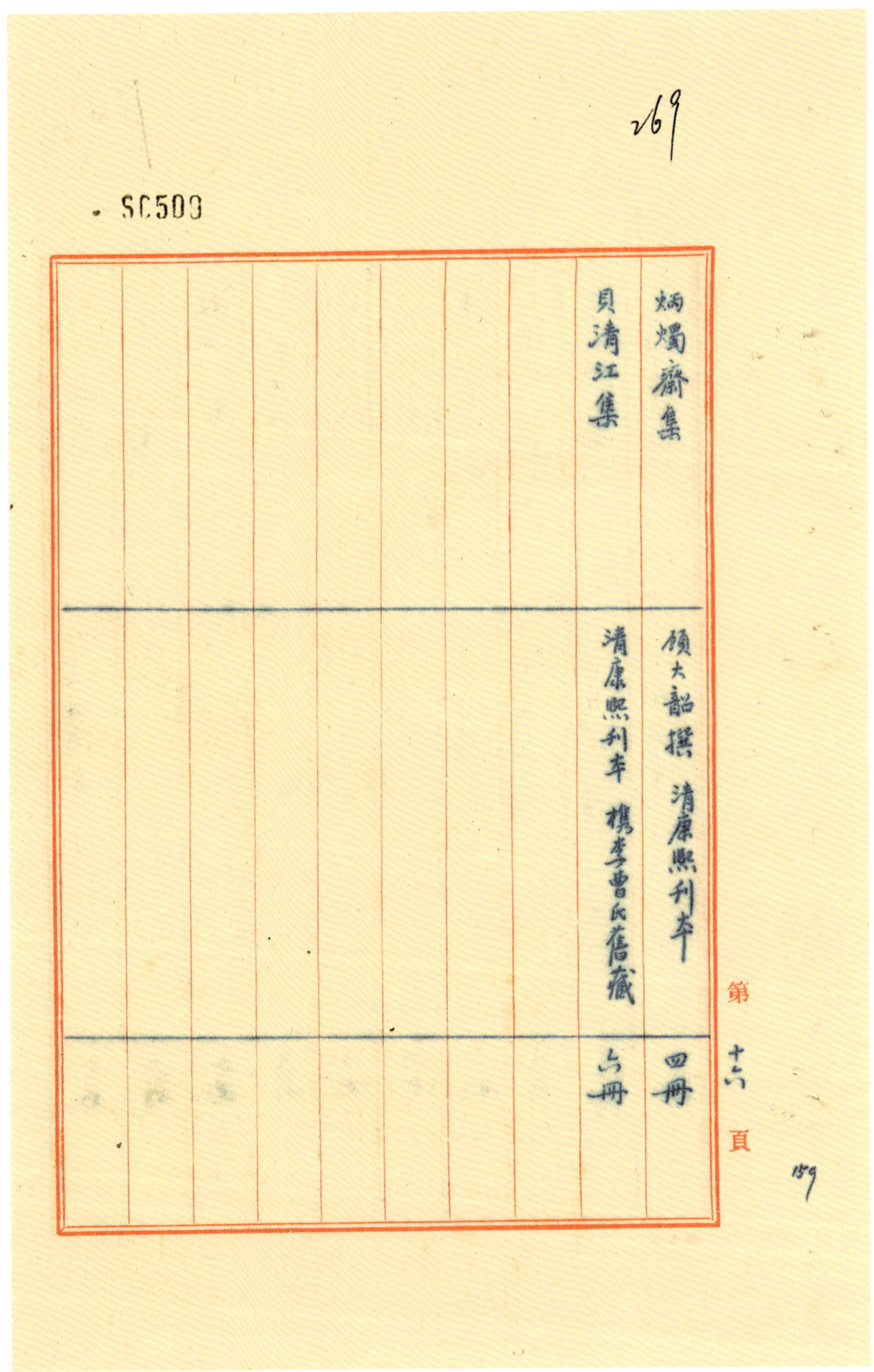
269

SC500

烱燭齋集　顧大韶撰　清康熙刊本　四册

貝清江集　清康熙刊本　檇李曹氏舊藏　六册

第十六頁

159

770

以下總集未編定者

書名	版本	冊數
秦漢書疏	明刊本	十冊
漢魏廿一家集	明刊本	卅冊
東漢文鑑	明刊本	八冊
宋文鑑	明刊本	十九冊 不全
宋文鑑	明刊本	六十冊
金文最	抄本	二十冊
國朝文輯	不分卷 無撰人名氏 多順康兩朝文 雍乾寥寥 蓋未完之書 盛伯羲舊藏	抄本 卌冊
京板新增注釋古今大全	存後集十卷 明萬曆刊本	四冊
古文淵鑑	古香齋袖珍本	三十冊

160

書名	版本	冊數
宋人三家四六	校鈔本 黄蕘圃跋 據宋本校	三冊
六朝詩彙	明嘉靖刊本 缺百五卷至一百十四卷	二十二冊
名家集 漢魏六朝人集	鈔本	九十冊
唐人選唐詩	汲古閣刊本 均據宋本校	八冊
詩詞雜俎	汲古閣刊本 缺清江碧嶂集	八冊
唐人小集 儲光羲 杜審言 郎士元 孫逖 韓君平	明刊本	六冊
東壁圖書府	明刊本 天一閣舊藏 存王楊盧駱四家	八冊
東壁圖書府	明刊本	一冊 不全
唐詩英華	明刊本 昔人評點	八冊
初唐詩	明嘉靖刊本 天一閣舊藏 三卷 信陽樊鵬編集	三冊

38.8.10

271

唐詩正聲二選	明嘉靖刊本 天一閣舊藏	八冊
唐詩正聲	二十二卷 明嘉靖刊本 天一閣舊藏 范堯卿跋	八冊
博選唐七言律詩	九卷 合肥方介選集 明嘉靖刊本 天一閣舊藏	八冊
唐律類抄	二卷 明秦雲程編 明嘉靖刊本 天一閣舊藏	二冊
唐詩拾遺	明嘉靖刊本	二冊
古唐詩合選	鈔本	八冊
唐詩別裁集	乾隆刊本 王惕夫臨何義門評点	五冊
唐詩別裁集	原刊本 不全 吳枚菴臨何義門校	四冊
宋金元詩選補遺	抄本 吳枚菴舊藏	一冊
列朝詩集	汲古閣刊本	二十一冊

國朝詩別裁	鈔本	四冊
國朝詩集 起元好問迄陳應麟	明抄本 天一閣舊藏	一冊 不全
宋詩鈔補	抄本	三冊
南宋名家小集	卌八卷 宋陈起编 抄本 法梧門舊藏有跋	六冊
嶽雪樓編定南宋六十家小集	抄本	二十四冊
元詩（前後集）	明刊本	二冊
重訂元詩正體	四卷 明符觀編 明正德刊本 天一閣舊藏	一冊
皇明詩鈔	十卷 明程旦編 明嘉靖刊本 天一閣舊藏	二冊
皇明詩鈔		二冊
皇明詩選	七卷 吳興歸安山泉慎蒙編選 明萬曆刊本 天一閣舊藏	八冊

38.8.10

272

明詩律選	雲間陸應陽選 明萬曆刊本 天一閣舊藏	一冊
元和三舍人詩集	唐王涯令狐楚張仲素撰 鈔本	一冊
唐四傑文集	明萬曆刊本	八冊
四集人集	明許自昌刊本	四冊
五唐人集	汲古閣刊本	四冊
唐人八家集	汲古閣刊本 長江集據宋本校	八冊
百家唐詩	席氏刊本 不全	三十一冊 又三冊 又二冊
唐人集	十行廿字 明刊本	十六冊
唐十二家詩	明楊元大校刊本	十六冊
唐詩二十一家	初唐十行十八字 明刊本	八冊

162

SC515

书名	版本	册数
唐十三家集	存八家 明刊	册
中州題詠集	明刊本	一册
二范集	明刊本 內抄配二册	二十册
謹依眉陽正本大宋真儒三賢文宗集	明允三卷 東坡九卷 潁濱八卷 明刊本	二十册
沈氏三先生集	明覆宋本	八册
沈氏三先生文集	影宋抄本	四册
王左丞集 陸太常集	抄本	合一册
二李先生詩選	抄本	二册
二段集四卷 補遺一卷	抄本 黃蕘圃舊藏	四册
二劉文集	傳抄四庫本 鮑以文舊藏	八册

36.8.10

天台三聖詩	明刊本	一冊
唐三高僧傳	汲古閣刊本	六冊
九僧詩	鈔本	一冊
明弘秀集	汲古閣刊本	四冊
釋門古詩	抄本	一冊
三先生詩 高季迪 楊孟載 包郎全 三家	明宣德刊本 江陰朱紹輯 天一閣舊藏	六冊
祖孫唱和集	古雲一峯范頌及其孫來賢合撰 明嘉靖刊本 天一閣舊藏	二冊
詩林韶濩	秀野草堂刊本	六冊
明詩綜	清康熙刊本	三十二冊
中州名賢文集	清刊本	六冊

聖宋文選	影抄宋本 馬衎齋 吴兔床舊藏	四册
聖宋文選	抄本	十册
庠公四六	十卷 明抄本 愛日精廬舊藏	五册
虞邵庵批點文選心訣	一卷 明刊黑口本	二册
皇明文選	明嘉靖刊本	二十册
唐宋八家文鈔	明刊本	四十册
古文精粹 前後各五集	明憲宗御編 明成化內府刊本 天一閣舊藏	四册
古文精粹	袁漱六舊藏	四册
六朝聲偶集	明徐獻之輯 明刊本 天一閣舊藏	六册
唐雅	明嘉靖刊本	十册

38.8.10

書名	版本	册數
吳興詩選 六卷 起六朝迄弘治末	常熟錢學輯刊 明嘉靖刊本 天一閣舊藏	二册
金華文統	十三卷 明趙鶴編 明正德刊本 天一閣舊藏	四册
明聖睿製詩	抄本	一册
定山梅約唱和詩	明刊本	一册
金臺一覽集	明抄本	一册
海右唱和集	二卷 濟南李攀龍撰 附集二卷 許邦才撰 明嘉靖刊本 天一閣舊藏	一册
天台勝跡錄	邑人梅鋆 潘瑊編輯 明嘉靖刊本 天一閣舊藏	四册
松陵文獻	明刊本	二册 不全
岳陽樓集	影元刊本 張芙川 吳平齋 吳郘亭舊藏	一册
全閩明詩鈔	鈔本	十六册

書名	版本	册數
吴中古蹟詩	抄本 貝簡香舊藏	一册
秦藻幽勝錄	明刊本	六册
苧蘿西子誌	明刊本	四册
湖州詩錄	抄本 别下齋蔣氏 天壤閣王氏舊藏	三十二册
皇越詩選	越南人裴存菴選 抄本	二册
文要	嚴思菴選 抄本	八册
藝贊	三卷 明鄺灝編 明嘉靖刊本 天一閣舊藏	三册
學約古文	三卷 楊撫定 岳倫輯 明嘉靖刊本 天一閣舊藏	三册
彤管新編	八卷 雲間張之象玄超釆撰 明嘉靖刊本	四册
東山壽言 四卷 附錄一卷	明貴州巡撫劉培菴七十壽其子寧國守和初泉五十壽朋好所贈詩文 明嘉靖刊本 天一閣舊藏	二册

36.8.10

書名	版本	冊數
交游贈言錄	明李華史編　明嘉靖刊本　天一閣舊藏	二冊
懷賢錄	一卷　東崑倪侗生沈愚編輯　明抄本　天一閣舊藏	一冊
舊雨集	清周準輯　抄本	一冊
永日編	抄本　張金吾跋	六冊
耕讀堂家集	六卷　抄本	二冊
文氏家集	明刊本	十六冊
皇華集 五卷 附錄一卷	華察 薛廷寵合撰　高麗活字本	六冊
茨村詠史新樂府	山陰胡介祉撰　抄本	四冊
彙韻詩鈔	庚韻以下缺　鈔本	五冊
詩選	抄本	四冊

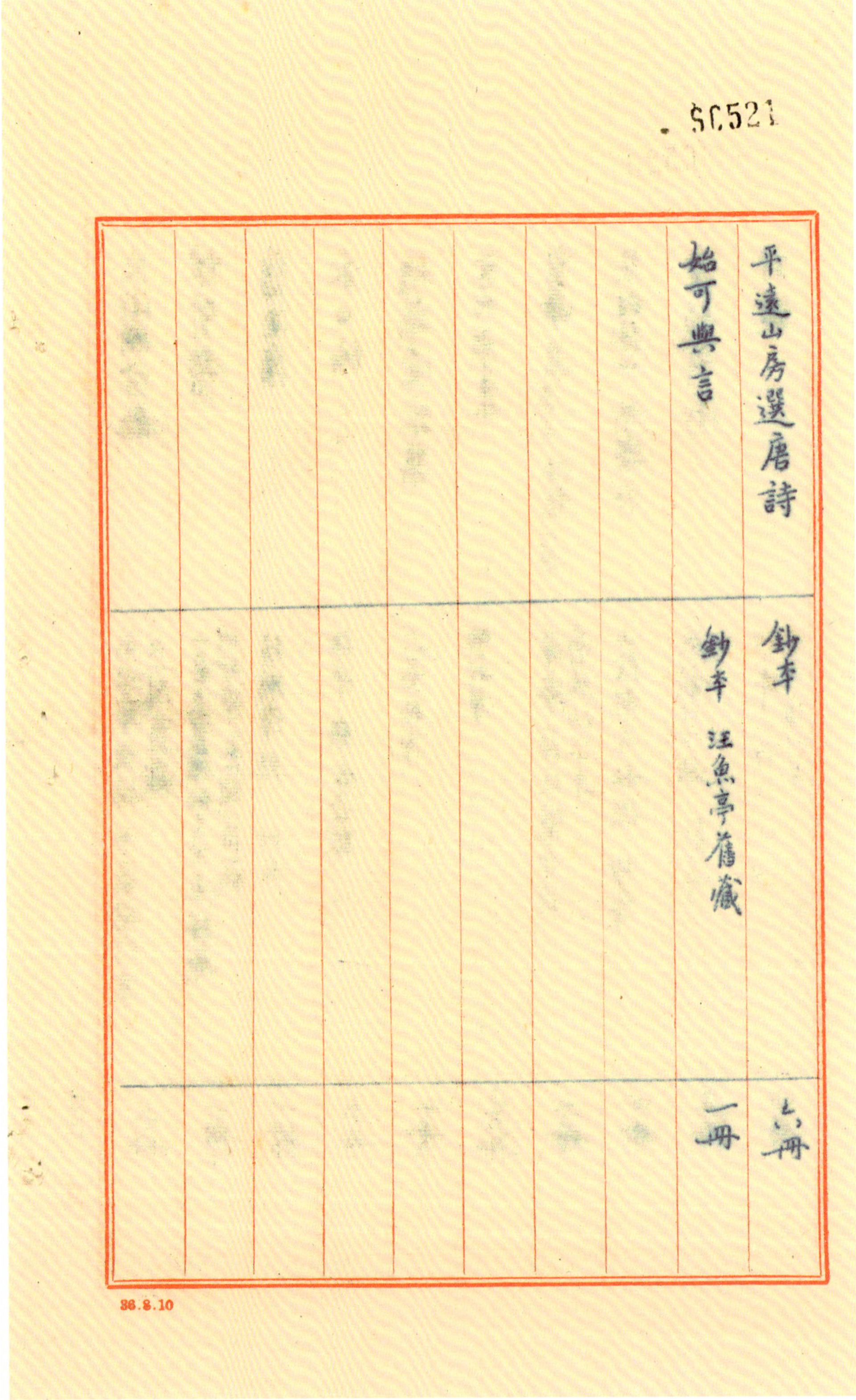

平遠山房選唐詩	鈔本	六册
始可與言	鈔本 汪魚亭舊藏	一册

以下詩文評詞曲類未編定者

四家宮詞	四卷 明黃魯曾編 明刊本	二冊
精選名儒草堂詩餘	抄本	三冊
宋人未刊十四家詞	抄本 張宗橚舊藏	四冊
宋名家詞續抄 五集	抄本	十二冊
小庚詞存	潘曾瑩陳壽祺評 鈔本	一冊
璇璣圖	抄本	二冊
曼殊留視圖遺蹟	抄本	一冊
巧對續錄	稿本	二冊
詩餘圖譜	三卷 高郵張綖撰 明嘉靖刊本 天一閣舊藏	三冊

衆香詞	彤雲軒鈔本	六冊
排悶齋樂府	抄本	四冊
擬古樂府	明刊本昔人通體評注史可法舊藏	一冊
今樂府	抄本	二冊
本事詞	抄本	二冊
天籟軒詞韻	抄本	一冊
天籟軒詞選	抄本	二冊
天籟軒詞譜	抄本	四冊
唐詩主客圖	抄本	四冊
菉斐軒詞林韻釋	抄本	二冊

36.8.10

277

書名	版本	冊數
詞海遺珠	明刊本	一冊
詩餘 凡七家	抄本 許邁孫抄藏	四冊
松陵詞選	四卷 康熙周氏刊本 盛百二舊藏	一冊
唐宋諸賢絶妙詞選	明刊本	五冊
宋六十名家詞	汲古閣刊本	二十二冊 又一冊
詞苑英華	汲古閣刊本	十二冊
紅樓夢散套	抄本	二冊
海萍逢傳奇	五恕齋編 抄本	二冊
新定十二律京腔譜	王正祥纂 曲盧鳴鑾 施鐸恭訂 停雲室刊本	十冊
南詞叙錄	明鈔本 秦丞涯舊藏	一冊

第二十四頁

167

書名	版本	册數
草廬記 琴心詞 東窗記 昇仙詞 香山記 玉釵記	明刊本	十八册
新定九宮大成南北詞宮譜	殿本	五十册
絃索調時劇新譜	毘陵鄒金生等撰 殿本	二册
太古傳宗琵琶調 宮詞曲譜	毘陵鄒金生等撰 殿本	四册
吳騷合編	明刊本	十二册
雍熙樂府	明刊本	十册
絃索辨訛	刊本	二册
祭皋陶	二鄉亭主人編 明刊本	一册
笠菴傳奇四種	永團圓 一捧雪 占花魁 人獸關	
續琵琶記	吴山竹醉生撰 鈔本	二册

36.8.10

278

書名	版本	冊數
四聲猿	抄本	一冊
新刊張小山北曲聯樂府三卷外集一卷	抄本 勞平甫抄藏	二冊
北曲聯樂府	抄本	二冊
顧曲齋十六種曲	明刊本	八冊
四聲猿	明刊本	二冊
貫華堂六才子書	抄本	四冊

第二十五頁

168

此皆何氏書前摘錄於郘亭知見書目者 经史子未抄

前抄存載刊備用目何氏書似皆記出應查可併抄出攙入

東觀集 宋魏野撰 抄本

武溪集 宋余靖撰 明嘉靖刊本

無為集 宋楊傑撰 抄本

曲阜集 宋曾肇撰 抄本

節孝集 明覆宋刊本

廣陵集 抄本

北湖集 宋吳則禮撰 抄本

北湖集 傳抄四庫本

第二十六頁

溪堂集	宋謝逸撰	抄本
竹友集	宋謝邁撰	抄本
東堂集	宋毛滂撰	抄本
清非集	宋洪朋撰	抄本
忠肅集	宋傅察撰	抄本
雪溪集	宋王銍撰	抄本
竹洲集	宋吳儆撰	明萬曆刊本
石屏集	宋戴復古撰	抄本
龍川文集		明崇禎刊本
篔窗集	宋陈耆卿撰	抄本

86.8.10

280

SC529

清正存稿	宋徐鹿卿撰 抄本
可齋集稿	宋李曾伯撰 抄本
庸齋集	宋趙汝騰撰 抄本
彝齋文編	宋趙孟堅撰 抄本
楳埜集	宋徐元杰撰 抄本
秋崖集	宋方岳撰 明嘉靖刊本
秋崖集	
秋崖集	
廬山集	宋董嗣杲撰 抄本
毅齋詩集別錄	宋徐僑撰 抄本

第二十七頁

170

復齋集　宋陳宓撰　抄本

紫巖詩選　宋于石撰　抄本

月屋漫稿　元黃庚撰　抄本

默菴集　元安熙撰　影元抄本

靜春堂集　元袁易撰　抄本

安雅堂集　元陳旅撰　抄本

栲栳山人集　元岑安卿撰　抄本

羽庭集　元劉仁本撰　四庫正本

師山文集　元鄭玉撰　明刊本

玉山璞稿　元顧瑛撰　抄本

36.8.10

281

花溪集　元沈夢麟撰　抄本

存復齋集　抄本

雲林集　二卷　明危素撰　抄本

覆瓿集　明朱同撰　明萬曆刊本

眉菴集　明楊基撰　明嘉靖刊本

鳴盛集　明林鴻撰　抄本

河汾詩集　明薛瑄撰　明成化刊本

白沙集　明陳獻章撰　明嘉靖刊本

椒邱文集　明何喬新撰　明嘉靖刊本

甔甀洞稿　明吳國倫撰　明萬曆刊本

第二十八頁

石田詩選　明沈周撰　明萬曆刊本

浮湘集　山中集　憑几集　息園存稿　明顧璘撰　明嘉靖刊本

王文成全書　明嘉靖刊本

對山集　明萬曆刊本

大復集　明嘉靖刊本

大復集

夢澤集　明王廷陳撰　明刊本

唐荊川集　明唐順之撰　明刊本

唐荊川集

弇山堂別集　明王世貞撰　明刊本

38.8.10

282

SC533

大泌山房　明李維楨撰　明萬曆刊本

震川文集　明歸有光撰　明刊本

檥㰍集　明盧柟撰　明萬曆刊本

鍾伯敬全集　明崇禎刊本

潤籠壹集　明尹臺撰　明刊本

遯菴詩集　明吳復一撰　抄本

蒼霞草又續草　明葉向高撰　明刊本

西樓存稿　明鄧原岳撰　明刊本

潛学編　明鄧原錫撰　明刊本

睡菴集　明賓尹撰　明萬曆刊本

第二十九頁

白蘇齋集　明袁宗道撰　明刊本

渼陂集　明王九思撰　明嘉靖刊本

白榆集　明屠隆撰　明萬曆刊本

由拳集　明屠隆撰　明萬曆刊本

太岳集　張居正撰　明萬曆刊本

大滌函書　明黄道周撰　明崇禎刊本

兩城先生集　明靳学顔撰　明萬曆刊本

容臺文集　明董其昌撰　明崇禎刊本

36.8.10